BIBLIOGRAFIA E BIBLIOTECONOMIA

105.

Giorgio Montecchi – Fabio Venuda

Manuale di biblioteconomia

Quinta edizione
interamente riveduta e aggiornata

EDITRICE BIBLIOGRAFICA

1ª edizione: ottobre 1995
2ª edizione: gennaio 2000
3ª edizione: dicembre 2005
4ª edizione: novembre 2006
5ª edizione: gennaio 2013

Copertina: tram19 - San Gimignano
Fotocomposizione:
Arti Grafiche Colombo - Muggiò (MB)
ISBN: 978-88-7075-719-4

Via F. De Sanctis, 33/35 - 20141 Milano

INDICE

Testi e documenti

PREFAZIONE

Un proverbio, non so se coniato o ripreso da Antonio Baldini in *Le scale di servizio. Introduzione al libro e alla lettura* (Napoli, Ricciardi, 1971, p. 115), che voleva convincere il suo allievo a imparare il mestiere di scrivere tenendo la penna in mano e il foglio bianco davanti a sé senza aspettare rivelazioni dalla nube o dal roveto ardente, recita: «il bibliotecario deve bibliotecare in biblioteca». Il lavoro in biblioteca era dunque considerato il mestiere che, per antonomasia, si imparava nella pratica quotidiana, stando, come si diceva, a bottega. In questa ottica, i manuali non potevano essere null'altro che strumenti utili al lavoro, e si specializzarono a seconda del tipo di biblioteca cui si rivolgevano: ponderosi e massicci per le biblioteche di conservazione; più agili e meno impegnativi per le biblioteche popolari e di pubblica lettura.

Ma a partire dagli anni Settanta il mondo delle biblioteche è radicalmente cambiato. Sono sorte nuove biblioteche accanto a quelle tradizionali. Le biblioteche italiane, dalle più grandi alle più piccole, si sono uniformate, al loro interno, a comuni criteri di descrizione e di indicizzazione dei libri; si sono inoltre aperte verso l'esterno offrendo ai lettori servizi sempre più diversificati e attenti alle nuove esigenze di informazione e di cultura. Lo sforzo di rinnovamento nei settori sempre più sofisticati della catalogazione e dei servizi ha richiesto ai bibliotecari conoscenze specifiche nei diversi rami dell'organizzazione, dell'indicizzazione, della informatizzazione e del dialogo con il pubblico, nonché un ripensamento organico delle finalità, dei compiti e della natura stessa della biblioteconomia: a queste esigenze potevano rispondere, in prima istanza, non tanto manuali generali, ma monografie specializzate, verso le quali si è indirizzata di buon grado l'editoria negli ultimi trent'anni.

Si era inoltre avvertita, con sempre maggiore insistenza, la mancanza di un manuale di base per quanti desideravano essere avviati a una conoscenza non superficiale delle biblioteche e della biblioteconomia, per accedere alla professione bibliotecaria, oppure, semplicemente, per rendere più robusto il proprio bagaglio culturale impadronendosi di strumenti e di procedure divenute indispensabili a ogni attività di studio e di ricerca. Per rispondere a queste esigenze abbiamo pubblicato, una decina d'anni fa, la prima edizione di questo manuale, i cui destinatari erano, in prima istanza, gli studenti dei corsi di biblioteconomia attivati presso le università e in qualsiasi altra sede istituzionale che offrisse una prima preparazione al lavoro in biblioteca; l'opera, inoltre, si rivolgeva anche a quanti si accingevano ad affrontare concorsi ed esami per la professione di bibliotecario.

La ricerca biblioteconomica e la pratica bibliotecaria, in questo volgere di secolo, hanno compiuto notevoli progressi nel rendere la biblioteca sempre più vicina ai cittadini, sia grazie all'attuazione dei principi ormai consolidati dell'integrazione e della cooperazione nei servizi al pubblico, sia nell'aprirsi ai supporti multimediali e digitali della comunicazione, sia, infine, nell'adozione delle nuove tecnologie elettroniche nelle attività di gestione e nel dialogo coi lettori. Inoltre le recenti riforme istituzionali hanno cambiato l'intero quadro legislativo entro cui si svolge la vita della biblioteca pubblica in Italia. Il manuale, costantemente aggiornato in questi anni, non ha fatto altro che tenere in debito conto le innovazioni con integrazioni, approfondimenti e sostituzioni, rivolgendo una particolare attenzione al peso che le risorse elettroniche e la circolazione dei dati bibliografici hanno assunto nella vita bibliotecaria di oggi.

L'esposizione conduce, passo dopo passo, a una conoscenza sempre più complessa e approfondita della teoria e della pratica biblioteconomica, nel tentativo di non separare mai il lavoro in biblioteca dalle ragioni storiche, istituzionali e concettuali che sempre devono animarlo e guidarlo al servizio dei lettori. In questo quadro unitario, dopo un capitolo introduttivo, si cerca di definire, nel secondo capitolo, il concetto di biblioteca pubblica, le sue funzioni e i suoi servizi che sono stati posti alla base di tutto il manuale; se ne sono, infatti, approfonditi gli aspetti istituzionali e organizzativi (capitoli 3-7), le procedure catalografiche e gestionali (capitoli 8-13), e, infine, l'apertura alle altre biblioteche e alle esigenze di conoscenza e di informazione dell'intera società con l'attivazione di servizi e di procedure informatizzate (capitoli 14 e 15). Un apparato di testi e documenti, con finalità strettamente didattiche, presenta alcune letture da autorevoli testi di biblioteconomia, i principali interventi legislativi in materia di biblioteche e alcuni strumenti propri del lavoro in biblioteca.

Gli autori e l'Editrice Bibliografica si augurano che anche

questa quinta edizione possa incontrare il favore degli studenti e possa offrire, come le precedenti, un piccolo contributo alla formazione di nuovi bibliotecari e al miglioramento della qualità del lavoro in biblioteca.

Università statale di Milano, 17 gennaio 2013 G.M. e F.V.

Giorgio Montecchi ha scritto e aggiornato i primi cinque capitoli; Fabio Venuda i restanti dieci, con i rispettivi apparati. Gli autori ringraziano quanti, con i loro suggerimenti e i loro consigli, hanno reso questo lavoro agile e al tempo stesso proficuo.

1. DAL LIBRO ALLA BIBLIOTECA

Il libro

Il libro, non meno del tavolo su cui è posato o della poltrona sulla quale ci abbandoniamo per leggerlo, fa parte di quell'insieme di oggetti talmente familiari e presenti alla nostra esperienza quotidiana da non aver bisogno di nessuna particolare definizione. Come un tavolo è un tavolo e un'automobile è un'automobile, allo stesso modo un libro non è altro che un libro. Sono certamente esistite società senza libri, come ne sono esistite senza tavoli e senza automobili, anzi senza neppure la ruota. Tuttavia non sappiamo immaginare la nostra società senza tavoli, senza automobili e senza libri. Di profeti della morte del libro ce ne saranno ancora molti: ma, si sa, i profeti – anche gli apocalittici – parlano sempre per paradossi.

La forma del libro non è sempre stata quella che noi oggi conosciamo. Nell'antichità i libri non erano aperti o chiusi, ma srotolati o riavvolti. Erano infatti costituiti da rotoli di papiro che il lettore svolgeva davanti a sé. Le colonne di scrittura, invece di disporsi su ogni singola pagina, si succedevano l'una parallela all'altra senza interruzioni fino alla fine del rotolo. Solo nell'età tardo antica si diffuse un nuovo modo di costruire i libri, assemblando e cucendo più fogli, piegati in due, di pergamena ma anche di papiro e, più tardi, prevalentemente di carta. Questo libro in forma di codice si estese dal bacino del Mediterraneo in tutte le direzioni: verso l'Europa continentale, verso l'Oriente e verso l'Occidente, tanto che esso costituisce oggi un bene dell'umanità tutta intera. È infatti uno dei principali strumenti di rappresentazione, di comunicazione e di trasmissione del sapere.

Per una fenomenologia del libro: il supporto fisico e il testo

Il libro è costituito da un supporto fisico (papiro, pergamena, carta) e da un testo scritto da conservare e da trasmettere nel tempo e nello spazio. Il libro vive dunque in due diverse dimensioni della realtà. È un oggetto materiale su cui è registrato e codificato un testo. È una sorta di proiezione all'esterno della mente degli uomini e una rappresentazione dei loro pensieri. Un libro è fatto per essere tenuto in mano, per essere aperto e letto. Grazie al processo di scrittura e di lettura entra a far parte della realtà concettuale e intenzionale che è propria e specifica dell'attività umana. Configurazione fisica e contenuto intellettuale sono le due dimensioni essenziali dell'unica e indivisibile struttura del libro.

Allo stesso modo in cui la voce traduce in suoni le idee e i pensieri, il libro e la scrittura li traducono in segni fisici, tali da rimanere immutati nel tempo e da essere percepiti dalla vista, e ritornare così, attraverso gli occhi, a stimolare e a suggestionare la mente umana, stabilendo con essa un circuito di comunicazione interattiva. Il libro presenta dunque una natura bivalente: ha anche una sua anima interiore che prende vita al contatto con l'uomo e partecipa, per questa via, della sua natura intellettuale.

Lo stretto e inscindibile vincolo che unisce in un'unica struttura gli elementi fisici del libro ai loro significati fa sì che non possiamo mai considerare la carta, le pagine, i caratteri e le illustrazioni separatamente dai loro contenuti concettuali. Formerebbero niente altro che un corpo senz'anima. La bibliologia che si riducesse ad analizzare gli elementi del libro prescindendo dalla struttura unitaria del libro di cui fanno parte si ridurrebbe ad analizzare strutture morte, inerti e insignificanti: sarebbe come ridurre l'insieme delle discipline dell'uomo alla sola anatomia. Ambedue queste dimensioni concorrono infatti, ciascuna nella sua specificità, a fare del libro il principale strumento della comunicazione tra gli uomini e della trasmissione del loro sapere alle generazioni future.

Le procedure analitiche della comunicazione scritta

Il tipo di comunicazione attivato dal libro avviene principalmente attraverso gli occhi. La trasmissione delle idee e la formazione dei concetti è infatti mediata dai processi di scrittura e di lettura, che privilegiano la vista sugli altri sensi. Sappiamo del resto che gli strumenti sensibili di cui si serve la nostra mente hanno un peso notevole sul suo modo di analizzare, di selezionare e di organizzare i contenuti. Il modo proprio della comunicazione scritta, a differenza, per esempio, di quello dei suoni, è quello della analiticità. La scrittura scompone il testo in periodi, in frasi, in parole, in sillabe e in singole lettere alfabetiche. La lettura riaggrega le parole, le frasi e i periodi per percepirne le idee i concetti e i discorsi. Tutto ciò comporta una sequenza nello spazio e nel tempo. Il modo proprio di comunicare del libro consiste dunque nel mettere in fila, anzi nel mettere in riga il testo, dopo averlo scomposto nelle sue particelle elementari, in parole e in singole lettere alfabetiche.

La ricomposizione del testo sulla pagina grazie alla scrittura manoscritta o a stampa, e la sua lettura per recuperarne concetti e idee da trasmettere alla mente hanno abituato gli uomini di lettere a organizzare i propri pensieri secondo procedure analitiche e a esporli secondo scansioni spaziali e temporali. Tutto ciò non è avvenuto senza esiti di vasta portata nella formazione della nostra società, soprattutto a partire dall'invenzione della stampa. La cultura infatti, in tutte le sue forme e manifestazioni, non è mai impermeabile e indifferente ai meccanismi mentali e agli strumenti che la pongono in essere e la diffondono.

Il libro nella realtà intenzionale

Grazie alla scrittura, ai libri e alla lettura si stabiliscono tra gli uomini relazioni e rapporti che oltrepassano le barriere del tempo e dello spazio. Nasce da queste relazioni intellettuali una sorta di comunità che, pur contando al suo interno cittadini di patrie e di fedi differenti e lontane, trova nel libro un forte elemento di coesione, di confronto e di dialogo. Nell'Europa di alcuni secoli fa gli appartenenti al mondo della scrittura e della lettura amavano considerarsi gli abitanti fedeli e privilegiati di una universale repubblica delle lettere; in questa sorta di terra promessa o di paradiso terrestre si sentivano in comunione tra di loro e legati da vincoli intellettuali e morali: gli spiriti alti e forti – si pensi ad esempio a Lodovico Antonio Muratori – erano convinti di essere l'avanguardia di un generale movimento di incivilimento e di progresso. Ma spesso, nelle sue forme meno alte, questa *respublica* tende a trasformarsi in una cittadella arrogante e solitaria, isolata dalla comunità degli uomini e arroccata nella sua inaccessibile e lontana torre d'avorio.

Le infinite relazioni stabilite tra gli uomini dalla scrittura e dalla lettura definiscono lo spazio e i confini di una realtà che nulla ha da invidiare, per vivacità e concretezza, ai rapporti allacciati nella esistenza quotidiana. I libri costituiscono il substrato fisico e il veicolo di una realtà che potremmo, fin da ora, chiamare «intenzionale», nel senso che partecipa della natura più intima e profonda dell'uomo: di tutto ciò che lo collega non solo al mondo intellettuale ma anche ai fini e agli scopi che egli si propone nella sua vita tra gli altri uomini. La comunicazione scritta entra perciò di diritto tra gli strumenti che consentono all'uomo di rapportarsi agli altri uomini, e di aprire all'esterno quanto costituisce il nucleo centrale della sua persona e della sua intenzionalità più piena e più libera.

La comunità degli uomini che nasce dalla partecipazione a questa realtà intenzionale forma un milieu intellettuale che ha nella scrittura e nella lettura non solo il proprio fondamento ma anche il veicolo privilegiato di comunicazione e di dialogo. L'avventura dell'incivilimento umano può essere vista anche come allargamento e potenziamento di questo *milieu* e di questa realtà intenzionale, che, negli ultimi secoli, grazie all'alfabetizzazione e a una sempre più rapida diffusione dei libri e della lettura, si sono estesi a nuovi popoli, a nuovi strati sociali, fin quasi a comprendere l'umanità intera.

Il libro e la memoria

Come la zappa – ci insegna Jorge Luis Borges – è il prolungamento della mano dell'uomo (ma anche la spada, quando la sua condizione sociale non è quella dell'agricoltore, ma del guerriero), allo stesso modo il libro non è altro che il prolungamento dell'intelletto e della mente di chi desidera comunicare il proprio pensiero a grandi distanze e nel tempo a venire. Il libro diviene in tal modo una estensione della memoria. Mentre la parola, pur avendo trovato da un centinaio di anni efficaci forme di registrazioni sonore, vive l'effimero spirare di un attimo (*verba volant*), il testo scritto rimane fissato sulla pagina, pronto a sfidare i secoli e a far dialogare tra di loro, generazione dopo generazione, uomini di tutte le epoche e di tutti i continenti.

In forza della sua duplice natura di testo e di supporto fisico, il libro può far sì che una realtà di tipo concettuale si codifichi e si depositi, per così dire, sulle pagine e vi resti in attesa. Nel libro è il pensiero dell'uomo che si fa corpo sensibile, in modo tale da essere conservato e trasmesso, preso o lasciato, a discrezione del lettore.

Su questo punto non ci resta che ricordare quanto Francesco

Petrarca (un esempio tra i mille che si potrebbero addurre dall'antichità fino a oggi) scriveva a Giovanni dell'Incisa: «i libri ci danno un profondo diletto, discorrono con noi [colloquuntur], ci danno consigli e si legano a noi con una familiarità viva e penetrante» (Petrarca, *Familiarium rerum libri*, III, 18).

La scrittura e il libro, partecipi della dimensione intenzionale dell'uomo, svolgono in questo ambiente una funzione in tutto simile e parallela a quella della memoria. Anzi, ne costituiscono, pienamente e compiutamente, una forma di istituzionalizzazione, al servizio della capacità degli uomini di ricordare e di far ricordare anche oltre la breve esistenza loro accordata sulla Terra. Tutto ciò fa sì che la cultura libraria non viva tanto nell'effimero degli attimi che passano, ma si estenda, nella lunga durata del tempo, al passato, al presente e, si spera, anche a quanto ci tiene in serbo il futuro.

Il desiderio di potenziare la capacità di ricordare aveva assillato gli uomini fin dai tempi più lontani. Già nell'antichità erano stati escogitati vari artifici per facilitare l'esercizio della memoria. I ritmi melodici e la stessa scrittura ebbero, allora, anche il compito non marginale di offrire un valido supporto alla memorizzazione e alla recitazione orale dei testi. Accanto a queste forme furono anche approntate specifiche tecniche mnemoniche che consentivano, in un certo senso, di registrare i testi sui meccanismi stessi della mente umana. Ai luoghi (una città o una regione) e agli edifici (un palazzo, una cattedrale o un castello) ben conosciuti e ben impressi nella mente erano associate le varie tappe di avvenimenti da ricordare o le varie sezioni di poemi, trattati, summe, argomentazioni, narrazioni ed esposizioni di ogni genere. La mente, ripercorrendo gli spazi ben noti dei luoghi e degli edifici, richiamava alla memoria, per un normale processo di riconoscimento parallelo, anche le idee, gli avvenimenti o le diverse porzioni di testo che vi erano stati depositati in precedenza. Su questa procedura si fondavano, in generale, tutte le antiche arti della memoria.

L'applicazione di queste tecniche mnemoniche poggiava sui meccanismi interni della mente umana, e non durava oltre il breve spazio dell'esistenza individuale. Al superamento di questa barriera contribuirono sia la scrittura sul papiro o sulla pergamena, sia l'incisione dei testi sulla pietra: il monumento, in forma di libro o in forma di edificio, aveva il compito di protrarre la memoria degli avvenimenti, degli uomini e delle loro idee nei secoli. Già Plinio il Vecchio afferma che sull'uso del papiro si fondava gran parte della civiltà umana e del suo tramandarsi (Plinio, *Historia naturalis*, XIII, 68). Inoltre, le stesse cattedrali del Medioevo, grazie alle innumerevoli figure simboliche e ai testi incisi sulle loro pietre, costituiscono, non meno dei libri, complesse strutture unitarie di comunicazione e di trasmissione di un sapere non solo scritturale e liturgico ma anche profano e civile.

Il libro a stampa, grazie alla diffusione in centinaia e in migliaia di esemplari e grazie alle alte probabilità di sopravvivenza nei secoli, è diventato fin dal suo primo apparire il principale artificio al servizio della memoria. Esso non prende solo il posto e le funzioni del codice manoscritto, ma si assume anche gran parte dei compiti che, a sostegno della memoria umana, erano stati fino ad allora affidati alla scansione ritmica dei testi, alle tecniche mnemoniche e alle stesse iscrizioni monumentali sulla pietra. Il libro, infatti, nella sua duplice struttura di testo e di oggetto scritto, partecipa pienamente della natura intenzionale della mente umana. Vivendo, però, al di fuori di essa nella realtà del mondo sensibile, può viaggiare in tutte le direzioni, nel tempo e nello spazio, ben oltre i limiti imposti all'esistenza dell'uomo e alla sua individuale capacità di ricordare. Il libro a stampa si pone, pertanto, come l'erede di tutti gli strumenti messi in opera per sostenere e per prolungare la memoria. È, allo stesso tempo, artificio per la registrazione dei testi, sostegno per la loro scansione sulla pagina, e monumento per la loro conservazione nel tempo a venire. Negli ultimi cento anni nuove tecnologie e nuovi strumenti hanno affiancato il libro in questo compito di esteriorizzazione della memoria umana: radio, cinema, televisione, fotografia, nastri, videocassette, CD-ROM, basi di dati e tutte le altre novità che si affacciano sulla scena dei media a ritmo quasi quotidiano.

Il libro e la lettura

Alla nascita del libro concorrono, accanto all'autore, numerose persone variamente impegnate nella sua produzione: i copisti, i rubricatori e i miniatori per i manoscritti; gli stampatori, gli editori, i grafici e gli illustratori per i libri a stampa. Ciascuno di essi contribuisce, con la sua arte specifica, a rendere il libro uno strumento unitario di comunicazione, che parla al lettore un suo specifico linguaggio filtrato attraverso il testo, la scrittura, i caratteri, la veste grafica, e tutti gli altri segni di cui il libro è portatore. Il processo di lettura non fa altro che decodificare questi segni e recuperare l'insieme dei messaggi giunti al lettore attraverso il libro.

Noi siamo stati abituati a considerare la lettura come un fatto puramente concettuale e intellettuale. È vero, ma non del tutto. Nella lettura ci confrontiamo infatti principalmente con il testo, cioè con concetti, idee e ragionamenti. Ma il testo, pur potendo essere pensato in astratto, come anima senza corpo, non vive mai, in concreto, una esistenza separata e sciolta dalla pagina in cui è scritto; inoltre il processo di lettura, in tutto speculare a quello di scrittura, non comporta solo un rapporto astratto e assoluto, di tipo esclusivamente intellettuale, con la mente di chi scrive. La comunicazione tra lettore e scrittore è mediata dal libro nella sua struttura unitaria di testo e di supporto fisico. Benché a un livello di percezione non sempre cosciente e pienamente avvertito, il libro parla anche attraverso i suoi stessi elementi fisici. La scrittura, il carattere, la pagina, l'alfabeto, la griglia grafica, la carta, le immagini e ogni altro segno sensibile costituiscono l'ambiente, l'aria stessa si potrebbe dire, in cui il testo riprende vita e si anima davanti agli occhi e alla mente del lettore.

Nella comunicazione orale la voce e la sua intonazione (ma anche la gestualità e l'atteggiamento interiore di chi parla) danno sostanza e corpo alle parole; nella comunicazione libraria queste stesse funzioni sono assolte dal libro e dalla sua configurazione fisica. Le scelte tipografiche hanno dunque un peso notevole non solo nel determinare la distribuzione del testo sulla pagina, l'aspetto esteriore e la fisionomia del libro, ma soprattutto nello scandire i ritmi e i tempi della lettura. Come la nostra mente stenta a riconoscere una confidenza intima in parole sgraziate e urlate ai quattro venti, allo stesso modo fa fatica a riconoscere e a penetrare nella riposta natura di un testo che sia stato stampato con una veste grafica non in armonia con i suoi contenuti. La lettura infatti non può essere ridotta né a una pura decodificazione di segni fisici, né a una astratta comunicazione intellettuale; essa comporta sempre una giusta proporzione tra i contenuti e le forme del testo, da una parte, e la cultura e le abitudini grafiche del lettore dall'altra. Ne sanno qualcosa quanti si interessano della leggibilità dei testi, delle parole e delle singole lettere dell'alfabeto: incerti se dar più peso alla struttura grafica della pagina e dell'alfabeto o alla cultura e alle abitudini del lettore. Un solo esempio: all'inizio del Cinquecento, quando Aldo Manuzio decise di stampare per gli umanisti i testi dei classici senza commento in libri di piccolo formato – da tempo prediletto per questo genere di pubblicazioni – dovette adottare anche il tipo di scrittura corsiva a mano con cui questi testi si presentavano nei manoscritti. Introdusse pertanto la scrittura corsiva anche negli usi di tipografia, nel rispetto di consolidate abitudini di lettura e in nome della struttura unitaria del libro.

Le tre epoche della circolazione libraria

Secondo una metafora secentesca la vita del libro in tipografia è come quella del bimbo nel grembo materno. Il libro, quando esce dalla bottega del rilegatore per incamminarsi, fresco e intonso, sulle vie del mondo dopo un lungo processo di produzione, è come un neonato che va incontro al suo destino e porta con sé le tracce e i segni impressi nella sua natura dall'autore e da quanti hanno in qualche modo contribuito alla sua nascita. Il lettore nel suo incontro con il libro entra in comunione con l'universo mentale di quanti lo hanno posto in essere. Le strade sulle quali i libri si incamminano dopo aver lasciato l'officina tipografica hanno una importanza fondamentale nello svolgimento del loro compito primario di allacciare relazioni tra gli uomini, di comunicare e di trasmetterne il pensiero.

Anche se l'adozione di nuove procedure e di nuove tecnologie coesiste di solito con la volontà di offrire un libro in tutto simile a quello che il pubblico ha sempre conosciuto e letto, i modi della produzione non sono mai senza conseguenze sui prodotti finali. Per questo il libro che usciva dai torchi in legno non presentava la medesima fisionomia né dei libri manoscritti né dei moderni libri nati dalla fotocomposizione. Inoltre, poiché tra contenente e contenuto si danno sempre reciproche relazioni e influenze, anche i testi contenuti nei libri stampati in piombo nelle tipografie tradizionali non possono, di certo, essere identici, per qualità e varietà, a quelli copiati dagli amanuensi o a quelli prodotti nelle moderne officine grafiche.

La differenza maggiore, però, si riscontra non tanto nel libro in se stesso, quanto piuttosto nella sua circolazione. Per chi, infatti, prenda in considerazione la circolazione libraria, si allarga a dismisura la distanza tra il libro scritto a mano in un numero limitato di copie e quello a stampa, pubblicato contemporaneamente in diverse centinaia di esemplari, nonché tra il libro stampato a mano con il torchio dal XV al XIX secolo e il libro contemporaneo che esce, in rapidissima successione, dalle moderne macchine tipografiche.

Alle tre grandi epoche scandite dai diversi modi della produzione libraria corrispondono, grosso modo, tre diverse fasi nella circolazione dei libri: quella del libro manoscritto, quella del libro a stampa antico e quella del libro moderno. Il passaggio da una fase all'altra non è mai immediato, né senza interferenze o sovrapposizioni. Il libro a stampa, ad esempio, si impose compiutamente solo ai primi del Cinquecento e una cospicua quantità e varietà di libri scritti a mano continuò a sopravvivere anche nei secoli seguenti per gli usi più diversi presso fasce di lettori non solamente marginali o clandestine.

La committenza libraria nella circolazione manoscritta

Nell'età del libro manoscritto la vicinanza spirituale tra l'autore e il lettore era resa fisicamente percettibile dalla stessa distribuzione degli spazi della pagina in cui, attorno al testo, erano lasciati ampi margini bianchi per quelle che erano vere e proprie testimonianze di lettura: per le glosse, per i commenti, per le esposizioni e per ogni altra forma di annotazione che volesse apporvi anche l'ultimo dei lettori. L'esemplare della Bibbia glossata e commentata da Girolamo Savonarola, che con la sua minuta grafia ha coperto tutti i margini lasciati bianchi dal tipografo, è un esempio della sopravvivenza di questo uso e della contiguità tra testo, lettura e scrittura nella prima età del libro a stampa.

La circolazione del libro manoscritto seguiva sempre percorsi di natura personale e individuale che trovavano la loro forma privilegiata nella committenza del libro da parte di chi desiderava leggerlo e possederlo. Nella maggior parte dei casi la proposta di pubblicazione aveva il suo centro di iniziativa non a monte della produzione libraria, come nel fenomeno oggi ben noto della circolazione editoriale, ma a valle: dalla parte cioè del dotto, del letterato, dell'abate, e di quanti, allora, si trascrivevano o si facevano trascrivere codici per la loro personale lettura, per quella dei subalterni, o semplicemente per la loro biblioteca.

L'avvento dell'editoria libraria nell'età della stampa

La gran quantità di libri immessi sul mercato dopo l'invenzione della stampa ha fatto spostare l'iniziativa e la proposta di pubblicazione a monte della produzione libraria, nella mente di chi decideva di stampare o di far stampare un'opera in un grandissimo numero di copie da collocare presso un vasto pubblico. Il singolo lettore, oltre a rimanere in una sorta di anonimato, vedeva aumentare a dismisura la distanza che lo separava dalla pagina stampata sulla quale egli non era più autorizzato a intervenire: sarebbe stata considerata una sorta di invasione indebita in uno spazio che non era il suo. Anzi, gli interventi editoriali che facevano corona al testo principale (in forma di premesse, prefazioni, dediche, commenti, note, esposizioni, apparati eruditi e osservazioni), pur riprendendo una consuetudine dei manoscritti, ora, per il semplice fatto di essere stampati, sembravano marcare ulteriormente la distanza tra l'opera pubblicata e i numerosi lettori che le si accostavano. Preclusa la possibilità di lasciare traccia della propria esperienza di lettura negli spazi della pagina riservati al testo e alla scrittura (fissata e quasi bloccata nei caratteri di stampa), le legature, cioè l'abito esterno dei singoli esemplari non ancora irreggimentati in un'unica veste editoriale, rimasero l'unico campo aperto all'azione e ai gusti del singolo lettore.

La circolazione a stampa, divenuta più anonima e standardizzata di quella manoscritta, allargava in compenso il proprio raggio di azione fino a comprendere, nel caso dell'editoria più alta – come poteva essere nel corso del Cinquecento quella di Aldo Manuzio e di quanti lo seguirono in Italia e altrove –, l'intera comunità dei dotti sparsi in tutti gli angoli della vecchia Europa. In questi casi il fenomeno e la pratica editoriale, in cui un individuo si faceva garante economico e culturale per una gran massa di lettori, aveva ormai soppiantato il fenomeno della committenza diretta.

La maggior parte degli avvenimenti, non solo culturali ma anche religiosi, economici e sociali dei secoli successivi all'introduzione della stampa (dall'Umanesimo alla Riforma e dall'assolutismo al movimento illuminista), non possono essere pienamente compresi nella loro diffusione e nella loro incidenza se non si tiene nel giusto conto la parte che vi ebbe il libro stampato, il nuovo rivoluzionario mezzo di comunicazione e di trasmissione del sapere.

Ma al di sotto del commercio ad ampio raggio, che vedeva i libri spostarsi in continuazione per terra e per mare da una nazione all'altra, erano attivi migliaia di altri piccoli canali di circolazione e di consumo, più limitati ma non per questo meno intensi, tra regione e regione e tra città e città. Oppure, nel caso più semplice ma ben documentato, all'interno di una stessa città, quando, in modo non dissimile da quanto avveniva per la committenza manoscritta, un maestro di scuola per i suoi allievi, un parroco per i suoi fedeli o un vescovo per i suoi parroci ordinavano la stampa di testi scolastici, di catechismi o di breviari per le menti e le anime loro affidate.

Il libro contemporaneo e l'editoria

Tra XVII e XVIII secolo la produzione libraria aumentò considerevolmente. Inoltre cominciarono allora ad apparire le prime pubblicazioni periodiche che nel giro di alcuni decenni avrebbero modificato l'intero quadro della circolazione libraria in Europa e nel Nuovo Mondo. L'introduzione delle macchine tipografiche nel corso dell'Ottocento favorì ulteriormente la diffusione dei giornali, ormai emancipati nella forma e nella struttura dei testi dall'aspetto, pienamente librario, che avevano nei secoli precedenti. La messa a punto della linotype, nonché le innumerevoli innovazioni tecnologiche di questo secolo nel campo della stampa e della composizione (ma anche in quello delle industrie cartarie e affini) hanno dato una ulteriore spinta alla diffusione dei libri, dei giornali e, più in generale, della carta stampata.

A partire dall'unificazione italiana si sono avvicinati alla scrittura, alla lettura e al libro nuovi strati della popolazione con il conseguente e vorticoso aumento della circolazione libraria. Accanto a quelle tradizionali nascono ora nuove case editrici, specializzate nelle cosiddette pubblicazioni popolari, che raggiungono un gran numero di lettori non professionisti e distribuiti in tutte le classi sociali. Il centro principale dell'editoria è ormai Milano dove sono attivi, accanto a moltissimi altri, Sonzogno, Treves, Vallardi; ma non possiamo dimenticare gli apporti alla produzione libraria più impegnata di altre città quali la Torino di Pomba e della UTET, nonché la Firenze di Barbèra e di Le Monnier.

Un'ulteriore accelerazione si ha nei primi decenni del Novecento quando vengono gettate le basi della attuale struttura editoriale italiana grazie all'attività di alcuni grandi editori, tra i quali possiamo qui ricordare, a solo titolo di esempio, Mondadori, Laterza ed Einaudi. In questi ultimi anni la maggior parte di queste case editrici è andata incontro a innumerevoli trasformazioni, non solo in campo societario quanto piuttosto negli indirizzi e nelle scelte culturali. Si sono inoltre affermate nuove società che hanno legato le loro principali fortune alla pubblicazione di giornali di grande tiratura, e si è assistito alla nascita di una nuova editoria, non più legata esclusivamente alla carta stampata ma ai moderni mezzi di comunicazione di massa, tra i quali la televisione sta assumendo un ruolo dominante. Infine stiamo assistendo ogni giorno ai cambiamenti introdotti in molti settori di attività dalle tecnologie digitali, che sembrano destinate a sconvolgere radicalmente il mondo della comunicazione e dell'editoria.

Il libro e la biblioteca

Nel corso degli ultimi cento anni la diffusione dell'alfabetizzazione e della scolarità ha fatto sì che il pubblico dei lettori si estendesse fino a comprendere, virtualmente, l'intera comunità nazionale. Possono ormai avere accesso ai libri tutti i cittadini, sia quelli appartenenti ai ceti più disagiati, sia quelli che abitano nelle aree più lontane e depresse. La comunità di quanti si accostano alla scrittura e alla lettura e partecipano della vita intenzionale dei libri non costituisce più un'oasi felice in un deserto arido e impenetrabile, ma una sorta di nuova *respublica literaria* che si espande e mira a comprendere senza alcuna distinzione tutti gli uomini, a qualsiasi gruppo o ceto sociale appartengano.

A controbilanciare queste premesse rassicuranti, va ricordato che la capacità di lettura, condizione preliminare e indispensabile per entrare nell'universo librario, si atrofizza completamente se non si traduce effettivamente in una pratica costante, per non dire quotidiana. Molti lettori potenziali sembrano destinati a far la fine del celebre asino di Buridano il quale, pur avendo fame e pur avendo davanti a sé erba e fieno, assaporò il piacere di questa sua fortunata condizione, ma morì di fame perché non si decise mai a tradurla in atto.

Fin dal secolo scorso, accanto ai tradizionali canali del commercio librario e alle tradizionali strutture bibliotecarie erano sorte, per iniziativa di privati, di associazioni e anche di autorità pubbliche, librerie circolanti o gabinetti di lettura che avevano il compito di facilitare l'accesso ai libri e ai giornali alla gran massa, sempre in aumento, dei nuovi lettori.

A ridosso di queste iniziative e col pensiero rivolto alle classi più deboli, cominciarono a sorgere, specialmente nelle aree in cui si stavano affermando i primi processi di industrializzazione, piccole biblioteche, comunemente dette popolari che, ai primi del Novecento, sotto l'egida della Federazione delle biblioteche popolari, costituirono, di fatto, nonostante le ampie sacche di resistenza rimaste impermeabili, la prima grande rete nazionale di pubblica lettura.

La parabola, in seguito conclusa, delle biblioteche popolari, lasciò libero il campo, negli ultimi due decenni, al sorgere di biblioteche pubbliche nella maggior parte dei comuni italiani. Sembra dunque che un antico auspicio, più volte ripetuto in sede legislativa e da quanti avevano a cuore le sorti della lettura, si sia finalmente avverato sotto i nostri occhi in questi ultimi anni. Ma la presenza di biblioteche pubbliche aperte ai cittadini in tutti i comuni italiani non significa certo che sia giunto il momento di lasciar dormire tranquilla la coscienza. La biblioteca pubblica, come recita il Manifesto dell'UNESCO (vedi Letture 1), «costituisce una condizione essenziale per l'apprendimento permanente, l'indipendenza nelle decisioni, lo sviluppo culturale dell'individuo e dei gruppi sociali». Questa condizione è, tuttavia, destinata a rimanere lettera morta se i libri e i giornali restano in biblioteca a dormire sugli scaffali: come affermano la seconda e la terza legge della biblioteconomia di Shiyali Ramamrita Ranganathan (vedi Letture 2), è compito del bibliotecario far sì che il libro, in biblioteca, vada decisamente incontro al suo lettore, e che ogni lettore vi trovi il suo libro.

2. LA BIBLIOTECA PUBBLICA

Il Manifesto UNESCO sulle biblioteche pubbliche

Tutto quello che abbiamo letto nel primo capitolo ci porta a considerare il libro uno strumento fondamentale di comunicazione tra gli uomini. Esso ha anche costituito uno dei fattori principali nel processo di crescita della società umana quale via storicamente privilegiata per l'accesso alla conoscenza e al sapere. Il Manifesto dell'UNESCO del 1995 pone un accesso «libero e senza limitazioni» alla base di ogni sua considerazione sulla biblioteca pubblica, la quale, appunto, deve rendere «prontamente disponibile per i suoi utenti ogni genere di conoscenza e informazione»: non solo di quella libraria ma in qualsiasi forma o su qualunque supporto essa sia, oggi, registrata.

Pur avendo rigorosamente impostato il proprio intervento a finalità pratiche, allo scopo di orientare l'azione delle nazioni e dei governi, il Manifesto dell'UNESCO individua, in tal modo, i due elementi speculari che servono a definire concettualmente la natura pubblica della mediazione bibliotecaria: l'accesso libero e senza limitazioni a ogni genere di sapere da parte degli utenti; quindi, sul versante della biblioteca, la pronta disponibilità di tutte le sue raccolte librarie e documentarie, nonché di tutte le risorse informative consentite dalle nuove tecnologie.

Dall'esigenza di garantire il libero accesso ai servizi e la piena disponibilità delle raccolte nelle biblioteche pubbliche, si fanno spesso derivare la gratuità dell'uso di queste biblioteche e il conseguente finanziamento da parte delle amministrazioni nazionali o locali. Nulla da eccepire. Va in questa direzione anche il Manifesto dell'UNESCO che, però, parla di gratuità della biblioteca pubblica solo «in linea di principio». Più netta appare la sua posizione sul finanziamento pubblico, che trova un ulteriore punto di forza nelle responsabilità delle autorità nei confronti della biblioteca pubblica. Anche qui però l'accento non è posto tanto sul finanziamento pubblico in se stesso, quanto piuttosto sull'insieme dell'azione responsabile delle autorità, chiamate a intervenire anche con una legislazione bibliotecaria specifica e con strategie culturali ed educative a lungo termine, in cui la biblioteca pubblica trovi posto tra le componenti fondamentali. Ne consegue che la gratuità dei servizi e il finanziamento pubblico non sono, in astratto, elementi essenziali alla costituzione della biblioteca pubblica, anche se nella gran parte dei casi sono indispensabili alla sua vita e al suo sviluppo. Difficilmente, nelle attuali condizioni, si possono avere biblioteche veramente pubbliche, che traggano il loro sostentamento quasi esclusivamente da lasciti, da rendite o da servizi aggiuntivi a pagamento, senza cioè dover ricorrere a cospicui finanziamenti pubblici.

La generalità, la gratuità e la contemporaneità

Comunemente, quando parliamo in Italia di biblioteca pubblica, non possiamo prescindere dai testi, ormai canonici, di Virginia Carini Dainotti, alla quale si attribuisce il merito di aver proposto, nell'immediato dopoguerra, l'apertura di biblioteche pubbliche, non sull'esempio delle gloriose biblioteche popolari degli inizi del Novecento, ma secondo parametri concettuali e modelli operativi giunti a maturità in area anglosassone.

In tempi a noi più vicini si è soffermato sulla «pubblicità» delle biblioteche, cioè sul loro carattere pubblico, Luigi Crocetti. Accertato che le biblioteche pubbliche non si identificano né con quelle dello Stato né con quelle degli enti locali, e affermato che pertanto «la pubblicità della biblioteca pubblica non risiede nel fatto di essere proprietà o emanazione di una struttura pubblica» (vedi Letture 4), Luigi Crocetti propone di cercare la pubblicità della biblioteca nella sua attività, cioè non in connotazioni di tipo istituzionale ma in caratteristiche strettamente funzionali. Individua tre caratteri principali: la «generalità», che nasce dal fatto di essere la biblioteca di tutti i cittadini di una comunità; la «gratuità», garantita almeno nei servizi fondamentali, poiché la diffusione della cultura non è tanto un vantaggio individuale quanto piuttosto un bene dell'intera società; la «contemporaneità», che affida alla biblioteca pubblica il compito primario di soddisfare le attuali esigenze di lettura dei cittadini della comunità.

È evidente che nella determinazione di questi caratteri ha avuto un peso notevole il modello delle biblioteche degli enti locali, alle quali queste caratteristiche, almeno in prospettiva e nelle speranze di quanti hanno a cuore le sorti della lettura, si attagliano perfettamente. Vi è il netto superamento di una concezione secolare che, in Italia, tendeva quasi a identificare le biblioteche pubbliche con quelle statali, avendo di fatto ridotto la pubblicità all'appartenenza delle biblioteche all'amministrazione statale, che fin dall'unificazione avevano goduto dell'attenzione legislativa e finanziaria del governo.

Luigi Crocetti non attribuisce però un valore esclusivo a queste caratteristiche della biblioteca pubblica. Egli stesso sollecita alcuni interrogativi: quali sono i confini tra le generali esigenze dei cittadini e le particolari necessità di singoli lettori? Quali servizi possono fare eccezione alla gratuità ed essere offerti a pagamento? Fino a che punto dobbiamo considerare un'opera obsoleta o contemporanea? L'esempio proposto della biblioteca pubblica di New York, la più grande del pianeta ma anche la più attenta alle specifiche esigenze di ricerca dei singoli, sembra rendere ancora più incerta la risposta a questi interrogativi, purché non si ritenga la pubblicità della biblioteca un attributo di natura, per così dire, indivisibile, tale cioè da realizzarsi totalmente in ogni biblioteca pubblica senza diminuzioni o esclusioni di nessun tipo. In questo caso per definire la «pubblicità», invece di rinviare all'elencazione di singole caratteristiche, è forse più utile ricorrere alla individuazione degli elementi costitutivi, presenti pertanto in tutte le biblioteche pubbliche, sia in quelle degli enti locali che in quelle dello Stato, e anche nelle biblioteche appartenenti a istituzioni ecclesiastiche, a fondazioni e a enti di diritto pubblico o privato.

La «pubblicità» è un attributo indivisibile

Se resta insoddisfacente l'approccio strettamente istituzionale nel definire la pubblicità della biblioteca, l'approccio funzionale proposto da Luigi Crocetti ci avvicina alla vita concreta della biblioteca pubblica nella società, ma lascia, volutamente, il campo aperto a dubbi e a interrogativi. A una soluzione, di natura forse più ideologica che storica o funzionale, ci indirizza la sua conclusione un po' sibillina, secondo cui il carattere pubblico si identifica, alla fin fine, con l'essere stesso della biblioteca, così come è presente nell'immaginario collettivo, da quello estemporaneo del giornalaio della stazione di Firenze (ai clienti troppo intenti a sfogliare gratuitamente le sue riviste urla che il chiosco non è una biblioteca), a quello di Rainer Maria Rilke che legge, medita e scrive nella Bibliothèque Nationale di Parigi e ci lascia una delle più belle pagine sulla biblioteca pubblica, anzi sulla biblioteca senza alcun aggettivo, quella che, semplicemente, risponde alle esigenze culturali del lettore, senza alcuna limitazione di sorta. Infatti «quando limiti non ci sono, e lo scopo non è circoscrivibile e definibile in termini concreti, perché lo scopo sono gli esseri umani, siamo di fronte a una biblioteca pubblica. Detto con parole antiche siamo di fronte alla medicina dell'anima» (vedi Letture 4).

Affermare che la pubblicità è un attributo indivisibile della biblioteca pubblica significa appunto sostenere con decisione che essa attua in pieno e totalmente la sua specifica vocazione al servizio delle più intime esigenze dell'animo e della mente dell'uomo in ognuno dei centomila servizi in cui è frammentata l'azione bibliotecaria e bibliografica, non diversamente da quanto avviene nella cura del corpo, in cui la piena osservanza del giuramento di Ippocrate trova la sua totale e indivisibile attuazione in ogni singolo intervento medico.

Per fondare su solide basi la «pubblicità» della biblioteca, Alfredo Serrai ha fatto ricorso a un assioma etico: a quello secondo cui tutti gli uomini hanno il medesimo diritto «a coltivarsi e a progredire intellettualmente» (vedi Letture 5). La biblioteca pubblica è chiamata ad apprestare gli strumenti bibliografici necessari a soddisfare questa esigenza fondamentale. Viene così spostato il problema dal mondo delle cause e degli effetti a quello dei fini. Serrai individua poi nell'eclissarsi di questo imperativo morale una delle ragioni fondamentali della frammentazione e dello svilimento delle biblioteche, ridotte a non vedere nulla al di là delle tecniche catalografiche e dei limiti contingenti, imposti dalla specializzazione delle raccolte librarie, e dalle particolari e attuali esigenze dei propri utenti. La coscienza del proprio impegno civico e morale spinge invece la biblioteca a rivolgersi anche alla generalità dei suoi potenziali utenti e a superare i limiti imposti dalla specializzazione, all'interno di un sistema di biblioteche che attuino, nel loro insieme, lo spirito più genuino della biblioteca pubblica.

Non vi è dubbio che tutto ciò sposta l'azione della biblioteca pubblica verso una dimensione non tanto contingente e fattuale, quanto piuttosto ideologica e intenzionale, nel senso che a questo termine abbiamo attribuito discorrendo della funzione del libro nella società. Questa dimensione non può essere ignorata se vogliamo comprendere appieno non solo il ruolo che la biblioteca svolge nel nostro moderno villaggio globale, in cui le relazioni fondamentali corrono in massima parte sulle onde magnetiche e sulle autostrade telematiche dei nuovi mezzi di comunicazione, ma anche se vogliamo renderci maggiormente coscienti dell'impegno e della militanza biblioteconomica di molti bibliotecari di ieri e di oggi: di quanti cioè hanno fatto dell'uso comune della biblioteca lo scopo del loro impegno al servizio degli uomini e del loro sapere, al di là delle asettiche procedure, rese spesso fin troppo burocratiche, del lavoro quotidiano in biblioteca.

Le tre funzioni biblioteconomiche

L'azione della biblioteca pubblica trova la sua piena attuazione negli infiniti servizi che pone in essere per rispondere, nel migliore dei modi, alle molteplici e mutevoli esigenze dei lettori e degli studiosi. È da queste esigenze che, forse, conviene partire per comprendere la concreta articolazione di questi servizi all'interno della biblioteca.

Le richieste del pubblico che si presenta in biblioteca possono essere riunite in tre grandi gruppi, a seconda degli scopi che gli studiosi o i semplici lettori si propongono. Tradizionalmente essi infatti si presentano o per soddisfare un bisogno di lettura, o per assolvere a una necessità di studio, o, infine, per rispondere a specifiche esigenze di ricerca. Lettura, studio e ricerca possono essere considerati i tre nuclei principali di aggregazione degli interessi di quanti si rivolgono ai servizi delle biblioteche pubbliche. A queste esigenze di base possiamo far corrispondere, all'interno della biblioteca, tre diverse funzioni biblioteconomiche: di lettura, di studio e di ricerca. Nel loro ambito vanno istituiti e armonizzati i servizi di biblioteca, sia quelli interni di catalogazione e di organizzazione delle raccolte, sia quelli rivolti all'esterno, in diretto contatto con il pubblico.

Oggi, forse, si potrebbe aggiungere, accanto al bisogno di lettura, anche quello, non meno basilare e fondamentale, di informazione. Ciò è all'origine di una nuova funzione, insieme biblioteconomica e bibliografica, resa attiva in molte biblioteche, soprattutto universitarie, da servizi informativi ben articolati e autonomi rispetto a quelli tradizionalmente finalizzati in modo specifico alla lettura, allo studio e alla ricerca. A questa funzione informativa sono infatti da connettere i servizi di reference che stanno prendendo sempre più spazio anche in Italia.

A seconda del prevalere di ciascuna di queste tre funzioni sulle altre, con la ovvia conseguenza di privilegiare di volta in volta i servizi bibliotecari afferenti a ciascuna di esse, le biblioteche pubbliche presentano una fisionomia orientata principalmente o alla pubblica lettura, o allo studio scolastico e universitario, oppure alla ricerca scientifica ed erudita. Si parla in tal caso di biblioteche di pubblica lettura, di biblioteche di studio e di ricerca. Si tratta comunque in ogni caso di biblioteche pubbliche, dal momento che in esse si attuano le due condizioni fondanti dell'accesso libero e della disponibilità delle raccolte e delle informazioni. Anche la più specializzata delle biblioteche, per quanto sembri rispondere, di fatto, solo alle specifiche esigenze di ricerca di un ristretto gruppo di cittadini, ben individuati per qualifiche professionali e per competenze specifiche ed erudite, resta sempre e pienamente una biblioteca pubblica nella misura in cui non pone limitazioni al libero accesso alle sue raccolte che non siano quelle della competenza degli utenti, della tutela dei patrimoni librari e della piena valorizzazione delle proprie risorse bibliografiche e documentarie.

L'uso pubblico delle biblioteche

La biblioteca pubblica articola i servizi in funzione delle esigenze dei cittadini e apre i propri patrimoni all'uso pubblico. Nella prima metà del Seicento l'erudito Claude Clément, un gesuita non certo in vena di novità ma sicuro di riportare quella che, fin da allora, era un'opinione comunemente accolta, ha scritto che «il primo scopo delle biblioteche che si vanno erigendo è la pubblica utilità», dedicando la quarta e ultima parte del suo trattato all'uso della biblioteca da parte dei lettori. Certamente egli si riferisce a un pubblico elitario ed erudito, tuttavia ci offre una forte e non sospetta testimonianza del profondo legame che, anche sul piano storico, unisce la biblioteca alla utilità pubblica, considerato uno dei fini generali della società e che si attua quotidianamente e concretamente nell'uso pubblico dei suoi servizi e dei suoi patrimoni. Ritornando al presente, mirano a fini generali di pubblica utilità, quali «la pace e il benessere spirituale delle menti degli uomini e delle donne» che si attua attraverso l'uso pubblico delle biblioteche, sia il libero accesso sia la disponibilità delle raccolte di cui parla il Manifesto dell'UNESCO del 1995.

L'uso pubblico costituisce quindi l'obiettivo immediato al quale tendono i servizi attivati presso le biblioteche pubbliche, tanto che, generalmente, si stabilisce una certa complementarità tra i servizi di una biblioteca fisiologicamente sana e l'uso che ne fanno i cittadini. I servizi di biblioteca e l'uso pubblico costituiscono infatti le due facce di un'unica realtà, vista rispettivamente dalla parte dei bibliotecari o da quella dei lettori e degli studiosi. Tant'è vero che la struttura stessa della biblioteca, prima ancora che da scelte teoriche e astratte, dovrebbe essere determinata concretamente dall'uso che ne fa la comunità in cui si trova. L'offerta di servizi della biblioteca e le esigenze di studio e di lettura dei cittadini raggiungono un punto ottimale di equilibrio quando tra le funzioni biblioteconomiche e l'uso pubblico si stabilisce una sorta di relazione speculare, per cui la biblioteca ripropone nei suoi patrimoni e nei suoi servizi i lineamenti e la fisionomia culturale della comunità in cui vive, non solo nella sua attuale configurazione, ma anche nelle sue potenzialità di crescita, nelle aspettative e nel desiderio di un futuro migliore.

Per questo è possibile applicare con profitto all'uso pubblico della biblioteca le tre grandi partizioni che abbiamo incontrato a proposito delle sue funzioni biblioteconomiche. L'uso pubblico delle biblioteche presenta modalità, procedure e consuetudini notevolmente diverse tra di loro a seconda che si riferisca a biblioteche di pubblica lettura o a biblioteche di studio e di ricerca. Anche quando, per ragioni storiche o per scelte contingenti, le tre funzioni biblioteconomiche sono svolte da un'unica struttura bibliotecaria è bene che sia garantita una risposta qualitativamente differenziata, cioè con servizi e procedure specifiche, alle diverse esigenze di lettura, di studio o di ricerca.

Dall'uso comune dei libri all'uso pubblico

È noto che nelle città europee del secondo Medioevo, soprattutto a partire dal XII secolo, la vita economica e sociale aveva cominciato a divenire sempre più intensa e complessa. Ne beneficiarono in ogni paese soprattutto le lettere e le arti, con un incremento considerevole nella produzione libraria, ancora manoscritta e riservata a un privilegiato ceto di dotti. I libri, che nelle biblioteche monastiche erano riservati all'uso comune dei monaci, ora, nelle città del Trecento e del Quattrocento erano ancora quasi sempre conservati in biblioteche ecclesiastiche di conventi insediate all'interno del tessuto urbano e in diretto contatto con gli abitanti della città. Inoltre i loro libri non erano più riservati all'uso comune dei soli religiosi, ma aperti all'uso comune di tutti i cittadini, soprattutto di quelli che, si specificava, intendessero portare frutti duraturi negli studi.

Fin da allora si distinsero i libri in due gruppi a seconda del tipo di uso che ne dovevano fare i lettori. Alcuni vennero incatenati ai plutei per impedire che fossero prelevati e perché fossero sempre disponibili alla consultazione in loco da parte di chiunque. Incatenare i libri non era un segno di barbarie, ma una testimonianza di grande civiltà: garantiva a suo modo il libero accesso e la disponibilità in qualsiasi momento. Altri libri, non fissati ai plutei, rimanevano disponibili alla circolazione non solo nelle celle del convento ma anche al di fuori di esso, in città e terre a volte anche molto lontane, dovunque ne facessero richiesta studiosi ed eruditi per leggerli o per trarne delle copie.

La biblioteca non è mai stata concepita, neppure nei secoli considerati più bui, come una cittadella di libri arroccata in se stessa e lontana dagli uomini. Anche le concezioni maggiormente elitarie ed esclusive concepivano la biblioteca come una istituzione al servizio della «pubblica utilità». Anzi è proprio a partire da questa pubblica utilità che, con una logica non sempre condivisibile nelle premesse, ma certamente stringente nelle conclusioni, il Clément giunse a sostenere la necessità di escludere dalla biblioteca e, in alcuni casi, di bruciare i libri considerati nocivi alla salute delle menti e delle anime degli uomini: rei, a suo avviso, di essersi trasformati da medicina dell'anima in veleno. «Una città ben organizzata – scrisse Claude Clément – è retta in due modi, con il premio e con la pena: le persone sagge sono sempre state del parere che debba avvenire la medesima cosa anche nella repubblica delle lettere. Per questo sono state costruite carceri e sono stati innalzati roghi, affinché alcuni libri siano tenuti ben fermi e non possano circolare liberamente, altri invece, oltremodo pessimi, siano completamente annientati e se ne vadano in fumo e cenere» (Clément 1635, p. 432).

Negli stessi anni in cui Claude Clément auspicava roghi di libri in nome della pubblica utilità, il parigino Gabriel Naudé gettava le basi della moderna biblioteconomia mettendo al centro di ogni suaconsiderazione la natura pubblica del servizio di biblioteca. È questo infatti il ritornello che si ripete quasi a ogni pagina: non si può acquistare maggiore benemerenza di chi si propone di «innalzare belle e magnifiche biblioteche per poi votarle e consacrarle all'uso pubblico» (Naudé 1627, p. 18). Le considerazioni e le scelte biblioteconomiche che propone ai lettori trovano sempre la loro unica ed esaustiva giustificazione nell'esigenza di innalzare non una libreria privata ma una biblioteca da aprire all'uso pubblico.

Sul tema specifico dei libri da mettere in una biblioteca, ad esempio, osserva che qualora si voglia aprire una libreria per se stessi e per pochi amici, allora possono esservi collocati solo i libri che si ritiene opportuno; qualora, invece, la si voglia aprire al pubblico, allora ciascun lettore deve essere messo nella condizione di trovarvi tutto ciò che cerca, senza limitazioni. Pertanto nella biblioteca aperta all'uso pubblico deve trovare spazio ogni tipo di libro, anche le opere degli eretici e quelle ritenute dannose, in modo che ogni lettore possa farsi un retto giudizio partendo dalla conoscenza di opinioni contrarie e distanti.

Mentre Claude Clément per giustificare il passaggio dalla utilità pubblica ai roghi dei libri ricorreva all'esempio di una città ben governata in cui vi erano i roghi e le carceri, Gabriel Naudé prese a modello non la città degli uomini, ma la stessa natura creata da Dio in cui si incontrano, tra gli altri animali, anche i serpenti e le vipere col loro veleno. Non diversamente, a suo avviso, vi dovevano essere nelle biblioteche anche i libri considerati dannosi, poiché «è sull'esempio del mondo che queste cose inutili o dannose portano a compimento il capolavoro e la costruzione della sua composizione» (Naudé 1627, p. 46).

Il principio secondo cui la biblioteca deve essere orientata all'uso pubblico è il medesimo, ma i criteri biblioteconomici sull'acquisizione e sull'ordinamento delle raccolte che il Naudé e il Clément ne deducono sono agli antipodi. Per loro tramite è possibile capire quanto le posizioni preconcette e ideologiche possano influenzare le scelte biblioteconomiche, e insieme quanto sia profondamente radicata nella nostra tradizione la convinzione che l'uso pubblico debba essere posto al centro di ogni analisi biblioteconomica.

Le biblioteche pubbliche in Italia

È opinione comunemente accettata che sia compito della pubblica amministrazione farsi carico, anche se non sempre in prima persona, delle condizioni di sviluppo e di benessere in cui devono prosperare le diverse istituzioni che si pongono direttamente al servizio dei cittadini. Tra queste istituzioni vi è certamente la biblioteca pubblica. Ma non fu sempre così. In Europa, lungo i secoli del Medioevo, le biblioteche rimasero quasi unicamente all'interno delle istituzioni ecclesiastiche: nei monasteri, nei conventi e presso le cattedrali. In seguito, soprattutto a partire dal XVIII secolo, le autorità statali cominciarono a mostrare un forte interesse per l'istruzione dei loro sudditi, non solo con il potenziamento delle scuole e delle università, ma anche con l'apertura di biblioteche nelle principali città dei loro domini. Erano biblioteche orientate, oltre che alla conservazione del ricco patrimonio librario del passato, allo studio e alla ricerca scientifica ed erudita. In alcuni casi erano nate e cresciute attorno all'antico nucleo della libreria di corte, oppure erano sorte e avevano notevolmente incrementato le loro raccolte grazie all'incameramento dei libri di corporazioni ecclesiastiche e di conventi soppressi. In generale, però, le nuove e cospicue acquisizioni furono quasi sempre sorrette da una politica culturale di grande respiro, per quanto inserita in un'ottica di antico regime, in cui i libri e le possibilità di lettura non costituivano un diritto dei cittadini ma una graziosa concessione sovrana.

Nella seconda metà dell'Ottocento, grazie all'unificazione, il giovane Stato italiano divenne l'erede di tutte le biblioteche che erano appartenute ai governi degli Stati preunitari. Si trovò così a dover gestire una gran quantità di biblioteche distribuite sul territorio nazionale in modo diseguale, e non rispondente a reali e armoniche esigenze di servizio. Il loro numero, la loro natura e le loro funzioni erano unicamente determinate da scelte di politica bibliotecaria operate nei secoli precedenti, in un contesto culturale e istituzionale ormai tramontato per sempre. Questa pesante eredità del passato grava tuttora sull'intera struttura delle biblioteche pubbliche statali, troppo numerose, troppo varie nelle tipologie e con compiti, assegnati dall'alto, completamente inadeguati alle reali necessità della tutela e della ricerca.

Paradossalmente è stata forse questa «pesantezza» a consentire alle biblioteche pubbliche statali di svolgere, nel bene e nel male, un ruolo di capitale importanza nella storia delle biblioteche e della biblioteconomia italiana dopo l'unificazione. Tant'è vero che in Italia più che altrove si è spesso caduti nell'equivoco di confondere e a volte di identificare le biblioteche pubbliche con quelle statali: «pubbliche» non solo perché aperte all'uso pubblico ma anche perché appartenenti all'amministrazione pubblica. Tutto ciò è dovuto anche al ritardo con cui, se prescindiamo dalle biblioteche civiche di alcune grandi città, sorsero in Italia biblioteche con prevalente funzione di pubblica lettura e legate non allo Stato ma agli enti locali, e in particolare all'amministrazione comunale.

Non possiamo infatti non osservare che solo negli ultimi trent'anni, dopo la definitiva chiusura della lunga e gloriosa parentesi delle biblioteche popolari, abbiamo assistito in Italia a una generale fioritura di biblioteche pubbliche gestite (generalmente) dai comuni, con il coordinamento, in alcuni casi, di province e regioni, ma più spesso sorte dal basso in modo spontaneo. Sono aperte all'uso pubblico di tutta la comunità cittadina, presentano le tre caratteristiche fondamentali della generalità, della gratuità e della contemporaneità, nonché le due condizioni speculari dell'accesso e della disponibilità, e sembrano decisamente avviate verso un promettente futuro accanto alle più attempate e tradizionali biblioteche di studio e di ricerca.

3. LA BIBLIOTECA COME ISTITUZIONE DELLO STATO

La biblioteca come istituzione della pace

Le istituzioni, si sa, hanno spesso vita lunga. Poste in essere dagli uomini per rispondere in modo organico e non occasionale a particolari esigenze dettate dalle necessità quotidiane, dalla convivenza civile o da bisogni immediati e contingenti, richiedono il più delle volte un grande sforzo e non poco impegno per sorgere, ma, una volta consolidate all'interno della società, sopravvivono per secoli e a volte anche per millenni a quanti le hanno create, si adattano e si plasmano secondo usanze, gusti, mode e consuetudini sempre nuove, pur mantenendo un profondo legame con le proprie origini e con la propria tradizione storica. A volte, invece, hanno una vita effimera; la loro esistenza non si prolunga oltre i desideri e le speranze di quanti le hanno poste in vita.

Tra queste ultime istituzioni vi è certamente anche la biblioteca che Cassiodoro aveva aperto nel monastero di Vivarium nei pressi di Squillace in Calabria, quando, nella seconda metà del VI secolo, il mondo antico era ormai al tramonto e gli uomini si volgevano con sempre maggior insistenza al cristianesimo. La guerra gotico-bizantina si era ormai conclusa e delle antiche istituzioni scolastiche ben poco era rimasto in vita. Generazione dopo generazione il livello di istruzione si era progressivamente abbassato. Anche quanti desideravano impegnarsi nella vita religiosa, per mancanza di maestri e per il silenzio delle scuole in tempi di guerra, non avevano più la preparazione di una volta. Cassiodoro nelle *Institutiones*, che costituiscono in un certo senso una introduzione e un catalogo dei libri «consigliati», con particolare riferimento a quelli conservati a Vivarium, dice di aver composto la sua opera e – si può inferirne – organizzato la biblioteca del monastero, per portare a compimento un desiderio, maturato molti decenni prima: offrire ai cristiani la possibilità di avere in Italia una scuola e una biblioteca come quelle che avevano in Alessandria d'Egitto e a Nisibi di Siria. Poiché questo antico progetto era fallito a causa delle violenti guerre scoppiate in Italia, «dal momento che non vi è posto per le istituzioni della pace [*res pacis*, al singolare] in tempi senza quiete», aveva ora pensato di comporre le *Institutiones* affinché svolgessero una funzione propedeutica alla lettura e facessero le veci di un maestro nell'avvicinare i monaci ai libri e alla biblioteca.

Per questo aveva aperto una biblioteca che potesse vincere i mali della guerra, essere utile alla formazione dei suoi contemporanei e trasmettere alle generazioni future quanto era ancora possibile conservare dell'antica eredità romana e della nuova fede cristiana. La biblioteca non era altro che una *res pacis*, una istituzione della civile e pacifica convivenza tra gli uomini.

Pur non essendo sopravvissuta alle speranze del suo fondatore, la biblioteca di Vivarium ha costituito per secoli un punto di riferimento ideale per quanti si sono accinti all'apertura di nuove biblioteche. Nella prefazione alle sue *Institutiones* Cassiodoro delineò con chiarezza la funzione di incivilimento svolta dai libri e dalla biblioteca, ben convinto che, anche nei momenti più tristi e nella barbarie dei tempi presenti, la parte migliore degli uomini si esplica non tanto nella guerra, quanto piuttosto nelle opere e nelle istituzioni del sapere e della pace. Ma la sua lezione dovette aspettare ancora molti secoli prima di essere ben accolta in Europa; prima, cioè, che le stesse autorità pubbliche si facessero carico non solo delle istituzioni della guerra, della sopraffazione e del potere, ma anche dell'assistenza agli ammalati, della solidarietà verso i deboli e i più poveri, nonché, infine, dell'istruzione, del sapere e delle biblioteche. Nel frattempo, per tutto il Medioevo, la Chiesa svolse, se è lecito chiamarla così, una lunga e generosa supplenza dovunque fossero carenti o del tutto assenti le autorità civili: è per questo che dobbiamo cercare, in quei secoli, le istituzioni bibliotecarie tra quelle ecclesiastiche e non tra quelle dell'amministrazione pubblica.

Alle origini della biblioteca dello Stato

Nell'antichità, sia nel mondo ellenistico che in quello romano, accanto a biblioteche di privati, fiorirono numerose biblioteche volute dalle supreme autorità dello Stato, che miravano di solito a favorire non tanto la crescita culturale dei popoli loro sottomessi, quanto piuttosto a innalzare al sovrano un monumento di gloria perenne, non di marmo ma di papiro e pergamena, senza mai tralasciare di coinvolgere in questa celebrazione i dotti e quanti in qualche modo erano interessati ai libri e al sapere. È noto l'impegno profuso dai Tolomei per lo splendore della biblioteca di Alessandria. Del resto anche Cesare e Augusto, che avevano alle spalle le imprese e lo splendore dell'Egitto finalmente sottomesso, si impegnarono nell'apertura al pubblico di biblioteche di diretta emanazione imperiale. I loro successori non furono da meno, e su tutte primeggiò la biblioteca Ulpia dei tempi di Traiano. Ma in seguito, dopo la caduta dell'impero in Occidente, di tanto fervore per le biblioteche pubbliche e private si persero completamente le tracce. Abbiamo visto quanto abbia faticato Cassiodoro, alcuni secoli più tardi, per aprire ai suoi monaci la biblioteca di Vivarium.

Nel mondo medievale tra i compiti dei sovrani, intenti soprattutto a mantenere con la forza delle armi il loro potere, non rientrava di certo quello di erigere biblioteche pubbliche. Anche la ricca raccolta libraria che Carlo Magno aveva messo insieme nel suo palazzo non presentava affatto, neppure in embrione, i segni e le caratteristiche di pubblica istituzione, e scomparve ben presto nel nulla. Non diversamente le numerose e magnifiche biblioteche, che i re e i signori istituirono nelle loro residenze, non vennero mai considerate pubbliche, ma privata e personale proprietà del sovrano e della sua famiglia, al pari delle pietre preziose, dei quadri e degli arazzi.

Per sentire di nuovo parlare di biblioteche pubbliche appartenenti alle supreme autorità dello Stato nell'Europa continentale – a Bisanzio questa tradizione non si era mai interrotta – bisogna attendere il rinnovarsi dell'antica civiltà dei romani nella mente di Francesco Petrarca. La rilettura dei classici lo aveva riportato in contatto non solo con il pensiero dei latini, ma (quel che qui ci interessa più da vicino) anche con le loro istituzioni: nel maggio del 1362 egli sognava ancora di poter mettere a disposizione del pubblico i suoi libri, assieme a quelli del Boccaccio, presso un convento o un monastero, come allora era d'uso. I libri del Boccaccio seguirono poi realmente questa strada e trovarono accoglienza nel convento di Santo Spirito a Firenze. Alcuni mesi più tardi il Petrarca promise, invece, alla Repubblica di Venezia i propri libri che avrebbero dovuto costituire il nucleo iniziale di una pubblica biblioteca gestita dalla Serenissima, aperta a tutti gli studiosi e arricchita dalle autorità venete e da privati. Il Petrarca manifestò allora, in una lettera all'amico veneziano Benintendi de' Ravegnani, l'orgoglio di aver per primo proposto all'autorità statale, come ai tempi degli antichi, l'apertura di una pubblica biblioteca.

Per contingenti vicende storiche la donazione del Petrarca non andò in porto; fu tuttavia gettato il seme di un nuovo modo di concepire la biblioteca, non più legata alle istituzioni ecclesiastiche ma a quelle pubbliche. Solo cento anni più tardi la Serenissima si fece carico della custodia di libri a uso pubblico, accogliendo i codici greci donati dal cardinal Bessarione, che in questo modo ridava vita all'antica tradizione romana delle pubbliche biblioteche, rinnovata nella città di Venezia, da lui considerata una sorta di nuova Bisanzio e ultimo baluardo contro i Turchi.

Del resto, fin dal Quattrocento, molti signori avevano messo a disposizione degli studiosi le loro private raccolte librarie. In seguito, tra XVI e XVIII secolo, con l'apertura alla consultazione dell'originario fondo librario signorile formato principalmente da manoscritti e da libri di pregio, furono gettate le basi delle moderne biblioteche pubbliche statali con massicce acquisizioni di nuovi libri, di intere biblioteche, e quindi con l'incameramento a loro profitto della gran massa dei libri delle congregazioni religiose e dei conventi soppressi.

Le biblioteche pubbliche governative in Italia

Tra i numerosi e gravi problemi posti ai primi governi italiani dopo l'unificazione, vi era certamente la necessità di rendere il più omogenee possibili le legislazioni e le innumerevoli consuetudini e istituzioni degli Stati preunitari, che spesso avevano risposto alle esigenze dei loro sudditi in modo diverso e difforme da regione a regione e da città a città. Questo si fece avvertire soprattutto nel delicato settore dell'istruzione e della cultura; per quanto riguarda più in particolare le biblioteche vi era una notevole disparità di situazioni.

La questione dell'uniformità dei servizi offerti dall'amministrazione pubblica sull'intero territorio nazionale fu posta nel Congresso internazionale di statistica che si tenne a Firenze nel 1867. Tommaso Gar si fece carico in quella circostanza delle esigenze di tutte le biblioteche italiane, da quelle cosiddette nazionali alle popolari che cominciavano allora a sorgere. Ma poi, senza farsi troppe illusioni, propose che si promulgasse un regolamento generale che uniformasse almeno gli usi e le consuetudini delle biblioteche che dipendevano direttamente dal governo. Il 20 luglio 1869 il ministro della Pubblica istruzione insediò una commissione per «provvedere – si diceva – al riordinamento scientifico e disciplinare del Regno». Ne facevano parte alcuni dei migliori bibliotecari e archivisti italiani, tra i quali figurava, in qualità di senatore del regno, anche il direttore della biblioteca del British Museum, Antonio Panizzi, che però, alquanto deluso dal modo in cui il governo affrontava «la grande quistione delle biblioteche nazionali», rientrò a Londra prima che i lavori fossero conclusi.

La commissione, invece di affrontare la questione bibliotecaria nel suo insieme, limitò il proprio campo di intervento alle biblioteche governative dipendenti gerarchicamente dal Ministero della pubblica istruzione. Fu questa una decisione di grande portata, poiché da allora e ancora per molto tempo, l'azione del governo in campo bibliotecario si limitò quasi esclusivamente alle proprie biblioteche, con conseguenze deleterie per la crescita organica e omogenea del servizio bibliotecario in Italia. Si voleva per lo meno arrivare a imporre, d'autorità e secondo un preciso rapporto gerarchico, un unico modello di comportamento a tutti i bibliotecari delle biblioteche statali. Tutto ciò, pur consentendo una effettiva applicazione del nuovo Regio Decreto sulle biblioteche n. 5368 del 25 novembre 1869, fece imboccare alla politica bibliotecaria italiana una strada che portò col tempo a un eccesso di burocratizzazione, a scapito della dimensione più propriamente culturale del lavoro di biblioteca al servizio degli studiosi, dei lettori e di tutti i cittadini.

Dopo l'annessione di Roma, il *Regolamento organico per le biblioteche governative del Regno* proposto dal ministro Ruggero Bonghi definì la struttura gerarchica delle biblioteche, tra le quali furono dichiarate nazionali quella di Roma, appena istituita, e quelle di Torino, Firenze e Napoli, alle quali furono aggiunte più tardi anche quelle di Milano, Venezia e Palermo. Dopo variazioni e ripensamenti, non solo sulla natura istituzionale delle biblioteche governative ma anche su ogni altro aspetto della loro vita, un nuovo Regolamento organico delle biblioteche fu approvato con RD del 28 ottobre 1885. Furono così gettate le basi di una struttura istituzionale che, se non nelle disposizioni particolari, certamente nello spirito informatore e nei principi operativi ebbe più di un secolo di vita; fu infatti alla base anche del *Regolamento organico delle biblioteche pubbliche statali*, approvato con DPR 5 settembre 1967, n. 1501, rimasto in vigore fino all'approvazione del nuovo *Regolamento*, avvenuta il 5 luglio 1995 (vedi Leggi 1).

Le origini storiche delle biblioteche statali

Negli Stati preunitari la struttura delle biblioteche governative era, generalmente, di tipo binario: accanto a una biblioteca principale sorta attorno a un antico nucleo di codici o creata *ex novo* dalla volontà del sovrano (e aperta soprattutto agli eruditi e agli studiosi nella città dominante), vi era una biblioteca presso le università che, in alcuni casi (come in Lombardia, in Veneto e in Toscana), non si trovavano nella capitale ma in città vicine (per esempio a Pavia, a Padova e a Pisa). Spesso queste erano le uniche strutture bibliotecarie direttamente al servizio dello studio e della ricerca.

Le altre biblioteche sorte nelle città secondarie degli Stati preunitari, soprattutto tra Sette e Ottocento, ma anche molto prima come la Gambalunghiana di Rimini aperta ai primi del Seicento, dipendevano nella maggior parte dei casi dall'amministrazione comunale, oppure presentavano una configurazione istituzionale affatto singolare, determinata di volta in volta dalla volontà dei benefattori che avevano donato i primi libri e avevano messo a disposizione i capitali per il loro uso pubblico.

In alcune aree, però, fu perseguita una politica bibliotecaria fortemente centralizzata per cui furono legate direttamente all'autorità centrale anche biblioteche di città secondarie. Ciò avvenne, ad esempio, nella Lombardia austriaca del XVIII secolo, dove accanto alla Biblioteca Braidense e a quella universitaria di Pavia furono istituite per volontà imperiale anche quelle di Cremona e Mantova, che andarono così ad arricchire il numero delle biblioteche statali dopo l'unificazione. Aggiungiamo il fatto che in regioni come l'attuale Emilia Romagna vi erano ben due ducati e la grande biblioteca dell'Università di Bologna.

Non si fa dunque fatica a comprendere lo squilibrio che si venne a creare tra la fitta presenza di biblioteche al Nord, e la loro quasi totale assenza nelle regioni meridionali.

Anche le biblioteche cui si erano attribuite particolari funzioni culturali, come quella dell'Accademia di Santa Cecilia, e quelle acquisite in blocco dopo l'incameramento dei beni di isituzioni ecclesiastiche, come la Casanatense, la Vallicelliana e l'Angelica a Roma, erano quasi tutte dislocate nella capitale e nelle regioni settentrionali.

Il ministro Ruggero Bonghi che aveva voluto mettere ordine in questo guazzabuglio per non disperder in mille rivoli i pochi fondi a disposizione, riuscì a disfarsi solo della biblioteca di Mantova, acquistata dal comune di quella città. Per il resto, non essendo mai stato affrontato in modo radicale e generale il problema del numero e delle funzioni delle biblioteche pubbliche statali, ancora oggi, a circa centocinquanta anni dall'unificazione, il Ministero per i beni e le attività culturali, che ha sostituito quello della Pubblica istruzione nell'amministrazione dei beni librari, ha alle sue dipendenze biblioteche di ogni tipo e funzione, senza più alcuna relazione con lereali esigenze generali della nazione. È difficile, senza risalire ad avvenimenti lontani nel tempo, comprendere le ragioni per cui a Cremona, a Lucca e a Gorizia biblioteche con funzioni prevalentemente di studio e di lettura (come ogni altra biblioteca civica) debbano essere gestite dal governo, mentre altre biblioteche civiche, di certo non meno antiche e gloriose, dipendano in tutto, compresi i finanziamenti, dalle autorità cittadine.

L'amministrazione centrale delle biblioteche statali

Quando con il DPR 3 dicembre 1975, n. 805, fu istituito il Ministero per i beni culturali e ambientali, la Direzione generale delle accademie e biblioteche, sorta con RD 7 giugno 1926, n. 944, assunse l'amministrazione centrale delle biblioteche statali e il compito di coordinare l'attività di altri organi e istituti che concorrono, con la loro azione, al buon funzionamento dei servizi di biblioteca.

Il Ministero, anche in risposta alla riforma del titolo V della Costituzione con la legge costituzionale 18 ottobre 2001, n. 3 (vedi Leggi 4) è stato completamente riorganizzato con la legge 6 luglio 2002, n. 137 e con il D.LGS. 8 gennaio 2004, n. 3 (vedi Leggi 2). Il Ministero è ora articolato in quattro dipartimenti: Dipartimento per i beni culturali e paesaggistici; Dipartimento per i beni archivistici e librari; Dipartimento per la ricerca, l'innovazione e l'organizzazione; Dipartimento per lo spettacolo e lo sport. Ogni dipartimento si articola in direzioni generali. Il Dipartimento per i beni archivistici e librari comprende la Direzione generale per gli archivi e la Direzione generale per i beni librari e gli istituti culturali, la cui attività è definita dal Regolamento di organizzazione del Ministero emanato con DPR 8 giugno 2004, n. 173 (vedi Leggi 2). La Direzione generale per i beni librari e gli istituti culturali si interessa delle biblioteche pubbliche statali, di servizi bibliografici e bibliotecari nazionali, di istituti culturali, di promozione del libro e della lettura; ad essa afferisce l'Istituto Centrale per il Catalogo Unico (ICCU). Organi consultivi del Ministero sono il Consiglio superiore per i beni culturali e paesaggistici e i Comitati tecnico-scientifici, tra i quali si trova il Comitato tecnico-scientifico per i beni librari e gli istituti culturali. Organi periferici del Ministero sono le direzioni regionali, le soprintendenze (ad eccezione delle soprintendenze dei beni librari i cui compiti sono dal 1975 di pertinenza delle regioni), gli archivi di Stato e le biblioteche statali; queste ultime sono elencate nel Regolamento del 1995 (vedi Leggi 1). Particolare importanza per la vita delle biblioteche italiane, non solo di quelle statali, hanno sia l'Istituto centrale per il catalogo unico e per le informazioni bibliografiche, sia l'Istituto centrale per la patologia del libro.

Quest'ultimo è l'erede diretto dell'Istituto di patologia del libro, fondato a Roma nel 1938 (legge 23 giugno 1938, n. 1038) e da allora impegnato nella tutela e nella conservazione del patrimonio librario italiano. Oggi è attivo soprattutto nella prevenzione delle malattie del libro, e si adopera affinché siano garantite nelle biblioteche le condizioni ambientali che impediscono l'insorgere di danni nei libri. Il restauro è considerato un intervento eccezionale, da attuarsi secondo metodologie adeguate e da personale qualificato. Le funzioni e l'ordinamento dell'Istituto Centrale di Patologia del Libro (ICPL) sono stati regolati dall'articolo 16 del DPR 3 dicembre 1975, n. 805, e sono stati recentemente riformulati, in ottemperanza alle disposizioni del D.LGS 8 gennaio 2004, n. 3, dal DPR 8 giugno 2004, n. 173, che lo fa afferire al Dipartimento per la ricerca l'innovazione e l'organizzazione (vedi Leggi 2).

Il Centro nazionale per il catalogo unico e per le informazioni bibliografiche, istituito nel 1951 (DL n. 82 del 7 febbraio) e trasformato nel 1975 in Istituto centrale del ministero, aveva mirato all'impresa, non meno faraonica che generosa, di portare a compimento l'antico sogno di un unico catalogo per le biblioteche italiane. Esso contribuì, di certo, al superamento della frammentazione catalografica italiana, non solo con la diffusione delle *Regole per la catalogazione* del 1956, ma anche con la pubblicazione della *Bibliografia nazionale italiana* (BNI), redatta dalla Biblioteca centrale di Firenze. Purtroppo si arenò in quella che doveva essere la sua impresa più alta, il *Primo catalogo collettivo delle biblioteche italiane*, limitato alle edizioni stampate tra il 1500 e il 1957 e possedute da undici biblioteche statali di Roma, Firenze, Napoli e Milano, progressivamente aumentate a partire dal secondo volume. Invece di un rapido censimento segnaletico, si era preferita una catalogazione dettagliata del patrimonio di alcune biblioteche ritenute, a torto, più significative e rappresentative del patrimonio nazionale. Non si era preso in sufficiente considerazione il fatto che in Italia le biblioteche avevano seguìto per secoli strutture istituzionali, modelli organizzativi e tradizioni catalografiche completamente difformi tra di loro, con l'aggravante di una stratificazione storica dei cataloghi e di una varietà di soluzioni nella forma dei cataloghi e nelle norme descrittive, davvero impressionante. I primi nove volumi videro la luce tra il 1962 e il 1979. Le loro schede, disposte in ordine alfabetico per autori, sono giunte a completare la lettera A e le prime voci della lettera B, fino a *Barquero Miguel*. Sono stati inoltre pubblicati tre volumi monografici dedicati rispettivamente alle voci *Dante Alighieri* (1965), *Virgilio* (1981) e *Bibbia* (1983). Nel 1968, nonostante i guai causati dall'alluvione del 1966, si giunse alla pubblicazione da parte della Kraus Reprint dei 41 volumi del CUBI, cioè del *Catalogo cumulativo*, ordinato per autori, delle annate (1886-1957) del *Bollettino delle pubblicazioni italiane ricevute per diritto di stampa*.

L'Istituto Centrale per il Catalogo Unico (ICCU), riorganizzato secondo le norme dell'articolo 15 del DPR 3 dicembre 1975, n. 805, viene ora regolamentato dal DM 31 dicembre 1982, in attesa dell'attuazione delle nuove disposizioni previste dal DPR 8 giugno 2004, n. 173 (vedi Leggi 2). Una delle sue prime decisioni fu quella di interrompere, nel 1976, la pubblicazione del *Primo catalogo collettivo*, per la impossibilità di condurre a termine un'impresa che nella migliore delle ipotesi avrebbe richiesto non meno di un secolo di lavoro. Si preferì mantenere all'Istituto il compito di programmare e di coordinare l'attività di catalogazione e di informazione bibliografica sull'intero territorio nazionale, anche in collaborazione con le regioni, appena istituite con specifiche responsabilità sull'organizzazione e sul funzionamento delle biblioteche pubbliche. L'Istituto pubblicò e diffuse le *Regole italiane di catalogazione per autori* (RICA) redatte da una commissione ministeriale e si fece promotore in Italia della diffusione della descrizione bibliografica secondo gli standard internazionali delle ISBD (International Standard Bibliographic Description). Inoltre si impegnò nella diffusione di norme comuni nella catalogazione di fondi speciali, come, ad esempio, quelli musicali, e svolse le funzioni di agenzia bibliografica nazionale in tutti i processi di informatizzazione delle biblioteche e dei processi di catalogazione, in stretto accordo con le biblioteche centrali di Roma e di Firenze, ma anche con altre biblioteche e istituti. Per non ripetere gli errori del Primo catalogo collettivo, l'attenzione fu rivolta a particolari settori del patrimonio librario nazionale. Nel 1976 era già stato portato a termine l'*Indice generale degli incunaboli delle biblioteche italiane* (IGI). Fu pertanto avviato un censimento delle edizioni italiane del Cinquecento. La collaborazione degli enti locali e delle regioni è stata notevole e sono stati pubblicati a partire dal 1985 fino al 1996 i primi quattro volumi, dalla lettera A fino alla lettera C, col titolo *Le edizioni italiane del XVI secolo* (Edit 16); la stampa è stata, però, interrotta e si è preferito rendere immediatamente accessibile al pubblico su Internet l'intera base dati del censimento con tutte le descrizioni catalografiche accumulate nel frattempo.

L'impresa di maggior impegno alla quale l'ICCU si è dedicato in questi anni, con compiti di progettazione, di indirizzo e di coordinamento, è l'attuazione del Servizio Bibliotecario Nazionale (SBN). Il progetto è aperto alla collaborazione autonoma e attiva non solo delle biblioteche statali ma di tutte le biblioteche che desiderano aderirvi. Inoltre per la sua piena attuazione ci si è appoggiati a una intensa collaborazione con le regioni, con gli enti locali e con le università. Un primo protocollo di intesa tra lo Stato e le regioni sul modo di far progredire e portare a conclusione la sperimentazione di SBN sul territorio nazionale fu siglato nel maggio del 1984; un nuovo protocollo di intesa, non solo con il Presidente della conferenza delle regioni ma anche con il Ministero dell'università e della ricerca scientifica, fu sottoscritto il 10 marzo 1994 per favorire la cooperazione nella gestione e nello sviluppo di SBN. Da allora, grazie al contributo delle regioni e delle università che hanno assunto un ruolo sempre più importante, SBN ha esteso la propria azione a molte biblioteche italiane e ha allargato il suo ambito d'azione anche alla catalogazione del libro antico; inoltre, con apposite convenzioni, si sta aprendo anche alla collaborazione con biblioteche gestite con software diversi dai propri.

Lo scopo di SBN non è solo quello di razionalizzare il lavoro catalografico e organizzativo dei bibliotecari, ma soprattutto quello di rendere più efficaci e più vicini alle esigenze dei lettori i servizi di biblioteca sul territorio nazionale, ricorrendo alle moderne tecnologie informatiche, sia all'interno delle singole biblioteche, sia nella cooperazione tra più biblioteche, operanti a livello locale su un unico elaboratore (polo SBN) o collegate in rete a livello nazionale con l'elaboratore centrale (Indice SBN). Il progetto, dopo aver superato numerose difficoltà, è diventato operativo. Probabilmente non è stato sufficientemente rapido e flessibile nella fase del collegamento nazionale in Indice, al quale avrebbe dovuto arrivare fin dal 1991, deludendo molte attese e non tenendo sempre il passo con il rapidissimo sviluppo delle tecnologie informatiche, così da far apparire pesanti e un po' macchinose alcune procedure, certamente all'avanguardia due decenni fa (vedi Letture 6). In questi anni, tuttavia, il Servizio Bibliotecario Nazionale, una volta completato il processo che lo ha portato ad essere una delle più significative esperienze europee di catalogazione partecipata, si sta avviando verso una completa riorganizzazione e, avvalendosi dei più moderni strumenti dell'informatica e della bibliografia, si prepara ad adottare soluzioni più flessibili e integrate, sia estendendo il proprio raggio di intervento al libro antico, alla digitalizzazione e alla conservazione, sia, soprattutto, aprendosi all'esterno e collegandosi alle altre iniziative dello stesso tipo sorte fuori del suo ambito, nonché ai servizi bibliotecari e bibliografici che nel frattempo sono sorti, numerosissimi, in Italia e all'estero.

L'ordinamento delle biblioteche pubbliche statali

L'ordinamento delle biblioteche pubbliche statali per circa tre decenni è stato definito secondo le norme del *Regolamento organico*, approvato col DPR 5 settembre 1967, n. 1501; il Regolamento precedente, quello del RD 24 ottobre 1907, n. 733, aveva resistito per sessant'anni, con solo alcune modifiche marginali nel 1909 e nel 1938. Il nuovo *Regolamento recante norme sulle biblioteche pubbliche statali* è stato approvato con DPR 5 luglio 1995, n. 417 ed è stato pubblicato sulla «Gazzetta ufficiale» del 5 ottobre 1995 (vedi Leggi 1).

La struttura delle biblioteche statali italiane è formata, al vertice, da due biblioteche nazionali centrali, con sede rispettivamente a Roma e a Firenze. Quella di Roma fu istituita nel 1875 con i fondi di numerose biblioteche ecclesiastiche incamerate dallo Stato e riunite nel palazzo del Collegio Romano con la libreria dei Gesuiti. Nel 1975 fu inaugurata la nuova sede al Castro Pretorio. Quella di Firenze nacque subito dopo l'unificazione dalla fusione della Biblioteca Magliabechiana con la Biblioteca Palatina dei granduchi. In seguito venne notevolmente arricchita, soprattutto con fondi relativi alla storia e alla cultura fiorentina. Nel 1935 fu inaugurata la nuova sede in riva all'Arno, che la inondò con l'impeto delle acque e del fango nel 1966.

Le due biblioteche nazionali centrali hanno il compito di raccogliere, di conservare e di rendere disponibile all'uso pubblico tutto quanto si pubblica in Italia. Per questo ciascuna di esse usufruisce di una delle copie che la legge impone agli editori di consegnare allo Stato come deposito legale per il diritto di stampa (vedi Leggi 3). Esse hanno, inoltre, il compito di documentare quanto si pubblica all'estero riguardo all'Italia, nonché, per quanto possibile, la stessa produzione straniera. Per questo, a Roma viene redatto il *Bollettino delle opere moderne straniere acquisite dalle biblioteche pubbliche statali* (BOMS), e a Firenze la *Bibliografia nazionale italiana* (BNI).

Accanto alle due centrali, vi sono altre sette biblioteche nazionali che, oltre a raccogliere le più importanti pubblicazioni antiche e moderne, italiane e straniere, hanno il compito di testimoniare con i loro patrimoni storici la ricca e molteplice tradizione bibliografica italiana, e di incrementare e rappresentare, con le altre biblioteche della città e del loro territorio, la cultura della regione. Esse si trovano a Torino, Milano, Venezia, Napoli, Bari, Potenza e Cosenza. Alla Nazionale di Napoli è legata la sezione staccata di Macerata. Al gruppo di queste biblioteche si potrebbe aggiungere, per importanza e per funzioni, la Biblioteca di Palermo che è passata sotto l'amministrazione della regione Sicilia (DPR 30 agosto 1975, n. 635). In generale però, a parte gli attributi di prestigio e di nobiltà, le Nazionali non sono state messe in grado di funzionare adeguatamente come biblioteche di un'area territoriale di ambito regionale. Ad esempio, nella legge sul deposito legale del 2 febbraio 1939, n. 374 non è prevista la consegna di una copia a una biblioteca di area regionale; la terza copia, dopo le due inviate alle biblioteche centrali, va, in ogni provincia, alla biblioteca principale del capoluogo. Una lodevole attenzione alla distribuzione regionale è presente anche nel nuovo Regolamento del 1995, quando, nel primo articolo, rinuncia all'ordinamento gerarchico del 1967 ed elenca le biblioteche statali sotto il nome della regione in cui si trovano. La legge sul deposito legale del 15 aprile 2004, n. 106 compie un passo ulteriore in questa direzione, prevedendo la costituzione di un archivio regionale della produzione editoriale (vedi Leggi 3).

Dipendono direttamente dal Ministero per i beni culturali, e non dalle rispettive università, anche le undici biblioteche universitarie sorte prima dell'unificazione e allora appartenenti agli Stati preunitari. Nel 1975 le biblioteche universitarie di Messina e Catania sono passate, assieme alla Biblioteca nazionale di Palermo, sotto l'amministrazione della regione Sicilia. Da tempo si discute della possibilità di ricongiungere le biblioteche universitarie italiane con le loro rispettive amministrazioni universitarie. Tutto ciò è reso difficile dal fatto che, in alcune città, esse hanno assunto funzioni di vere biblioteche pubbliche cittadine, e ricevono anche la copia provinciale consegnata dagli editori per la legge del deposito obbligatorio degli stampati. Anche su questo versante il nuovo Regolamento mostra una maggiore disponibilità alla collaborazione suggerendo la strada di una possibile e utile collaborazione. Afferma infatti che «le Biblioteche Universitarie attuano il coordinamento con le Università nelle forme ritenute più idonee sul piano dei servizi e delle acquisizioni» (*Regolamento*, art. 2). Non verso una integrazione funzionale, ma verso una completa dipendenza dalle rispettive università si stanno avviando in questi anni le biblioteche universitarie di Bologna e di Padova, in attuazione dell'art. 151 del D.LGS. 31 marzo 1998, n. 112 secondo il quale «le università possono richiedere il trasferimento delle biblioteche statali ad esse collegate».

Le biblioteche pubbliche statali, non nazionali e non universitarie, sono nel nuovo Regolamento elencate, insieme a queste ultime,sotto il nome delle regione in cui sorgono. È certamente un primo e importante passo verso il superamento di quella dicotomia propria della tradizione bibliotecaria italiana che ha sempre visto prevalere, su ogni altra tipologia, la distinzione tra biblioteche statali e non statali. Era la logica conseguenza di un retaggio storico che aveva le sue radici nei primi anni dell'unificazione, quando per imporre l'uniformità delle procedure biblioteconomiche e amministrative, il governo preferì rinunciare a una visione organica e funzionale di tutte le biblioteche pubbliche italiane, per occuparsi d'imperio e in modo gerarchico e burocratizzato delle sole biblioteche governative. È evidente che dal momento in cui le biblioteche statali equiparabili, dal punto di vista funzionale, alle biblioteche civiche (si pensi all'Isontina di Gorizia e alla Antonio Baldini di Roma) sono pronte a svolgere i loro compiti «in cooperazione con altre biblioteche e istituzioni, al fine di realizzare un servizio bibliotecario integrato» (*Regolamento*, art. 2), perde molto peso la questione tanto dibattuta della appartenenza di questo tipo di biblioteche all'amministrazione statale: ciò che conta essendo non tanto la gestione da parte dello Stato, degli enti locali o di altri enti, quanto piuttosto il servizio pubblico della conservazione dei libri, della ricerca, dello studio e della lettura.

Più in generale si deve osservare che il nuovo *Regolamento* sembra preludere, finalmente, a una visione più organica delle biblioteche pubbliche dello Stato. Infatti, pur registrandole doverosamente tutte, dalla Nazionale di Roma a quella dell'Abbazia di Praglia a Teolo in provincia di Padova, quando passa a definire i loro compiti si limita a pochi punti essenziali e li subordina a una valutazione che tenga conto «della specificità delle raccolte, della tipologia dell'utenza e del contesto territoriale in cui ciascuna è inserita» (*Regolamento*, art. 2). È evidente che in una prospettiva illuministica di razionalizzazione della struttura delle biblioteche italiane, le biblioteche appartenenti allo Stato che non svolgono nessuno di questi compiti essenziali potrebbero un giorno passare ad altra amministrazione, come era avvenuto per quella di Mantova nel secolo scorso. Si potrebbe, in tal modo, liberare lo Stato dal peso di un'eredità storica divenuta col tempo fin troppo ingombrante e gravosa, a condizione che il comune, o qualsiasi altra istituzione che se ne faccia carico, riconosca la specifica vocazione di ciascuna biblioteca e ne garantisca in futuro la crescita al servizio dei cittadini.

Si avvertono inoltre, nel nuovo Regolamento, sia il superamento della visione quasi esclusivamente patrimoniale del 1967, sia una attenzione alle diverse esigenze degli studiosi e dei lettori, che dovrebbero in futuro avvicinare maggiormente le biblioteche statali alla vita culturale non solo della nazione, ma anche delle città e delle aree regionali in cui hanno la sede. Inoltre, pur essendo ancora presente sul piano gestionale una robusta struttura centralizzata, che non poteva certo essere abbattuta da un regolamento, si avverte lo sforzo di accordare un po' più di autonomia all'azione dei direttori, sia nella programmazione annuale e triennale, sia nella gestione quotidiana della biblioteca. Sono inoltre eliminate o attenuate le forme più estreme di burocratizzazione, presenti in gran quantità nel Regolamento del 1967. Per queste sostanziali aperture il nuovo Regolamento può divenire un utile strumento per rendere le biblioteche statali più vicine alla comunità dei cittadini, ai quali si rivolgono e ai quali, prima ancora che allo Stato, appartengono.

Le biblioteche negli ultimi decenni sono percepite, sempre più insistentemente, come parte dell'intero panorama italiano dei beni culturali, nel cui ambito svolgono le funzioni specifiche di lettura, di studio e di ricerca, nonché di diffusione delle informazioni e delle conoscenze. Inoltre la tutela e la valorizzazione dell'ingente patrimonio librario conservato nelle nostre biblioteche pongono spesso problemi non dissimili da quelli affrontati per beni archivistici, artistici, architettonici, archeologici o paesaggistici: un primo tentativo di risposta organica a tutte queste esigenze viene dal Codice dei beni culturali e del paesaggio, emanato con D.LGS. 22 gennaio 2004, n. 42 (vedi Leggi 5).

Le biblioteche delle università e di altre istituzioni statali

Le biblioteche statali elencate nel nuovo Regolamento sono solo quelle che dipendono dal Ministero per i beni e le attività culturali. Presso il Senato della Repubblica e la Camera dei deputati, presso i ministeri e presso una gran parte di organi, uffici e istituzioni pubbliche, al centro e alla periferia, sono sorte numerose biblioteche. All'inizio avevano lo scopo contingente di servire le attività di documentazione e di ricerca degli organismi presso i quali erano sorte; col tempo, però, sono diventate notevolmente consistenti per patrimoni librari e per la qualificazione scientifica delle raccolte da essere messe a disposizione non solo degli uffici interni ma anche di professionisti e di studiosi estranei all'amministrazione. Per alcune di esse si può ormai parlare di un vero e proprio uso pubblico. Si pensi, ad esempio, alle biblioteche del Senato e della Camera dei deputati, nonché, nel settore del diritto, alla biblioteca del Ministero di grazia e giustizia.

Tra tutte queste biblioteche meritano una particolare attenzione le biblioteche delle università e di tutte le scuole italiane, elementari, medie e superiori. Le prime perché possiedono ormai una parte cospicua del patrimonio librario italiano e, specialmente negli ultimi anni, hanno talmente qualificato con l'ausilio delle nuove tecnologie elettroniche e telematiche i loro servizi da costituire, per certi versi, il volano del rinnovamento delle biblioteche italiane. Le seconde, quelle scolastiche, sono rimaste inattive e nel più desolante abbandono per ormai troppo tempo e non se ne vede ancora la via d'uscita, nonostante la buona volontà e l'impegno di numerosi insegnanti e bibliotecari.

A lungo, tra Sette e Ottocento, la biblioteca universitaria era l'unica biblioteca al servizio degli studi universitari. Aveva, però, già preso piede l'usanza di allestire raccolte librarie separate, presso gli orti botanici, presso gli osservatori astronomici e presso gli altri istituti che avevano bisogno di libri per la normale e quotidiana attività di studio e di ricerca, senza dover gravare sempre sulla biblioteca universitaria. A questa naturale e fisiologica crescita di raccolte librarie decentrate, impresse una notevole accelerazione l'autorizzazione, concessa nel 1876 alle università dal ministro Ruggero Bonghi, di aprire autonomamente proprie biblioteche di facoltà, di istituto e di laboratorio. Fu così che si ebbero in Italia due tipi di biblioteche al servizio degli studi universitari: le «biblioteche universitarie» propriamente dette, che oggi dipendono dal Ministero per i beni e le attività culturali, e le «biblioteche delle università», che appartengono all'amministrazione universitaria e fanno riferimento al Ministero dell'università e della ricerca scientifica e tecnologica. Questa distinzione sarà destinata a cadere qualora tutte le università chiedessero il trasferimento alla propria amministrazione, come previsto dal D.LGS. 31 marzo 1998, n. 112, appena ricordato, delle rispettive biblioteche universitarie. Si deve tuttavia tenere presente che le attuali biblioteche universitarie sono dotate di cospicui patrimoni antichi, rari e di pregio: va da sé che per una loro corretta gestione le università, pur oberate dalla necessità di rispondere alla crescente domanda di studio da parte di studenti e docenti, si debbono dotare, qualora non ne fossero fornite, di personale e di strutture adeguate a gestire questa particolare tipologia di patrimoni.

Con la crescita quasi esponenziale delle università è aumentata considerevolmente sia la quantità dei patrimoni librari posseduti, sia il pubblico che si rivolge con sempre crescenti esigenze di studio e di ricerca alle loro biblioteche. Tuttavia solo in questi ultimi anni stiamo assistendo a un netto miglioramento nella qualità dei loro servizi bibliotecari, dovuto a una maggiore sensibilità delle autorità accademiche, a più cospicui stanziamenti finanziari, ma soprattutto a un forte incremento del numero dei bibliotecari e a una sempre più specifica preparazione tecnica e professionale.

Tutto il contrario di quanto sta accadendo sull'altro versante delle biblioteche italiane finalizzate espressamente allo studio scolastico: non possiamo ancora parlare in Italia di una struttura di biblioteche scolastiche, poiché, nonostante rari esempi di buon funzionamento, mancano libri, bibliotecari, locali e ogni forma di iniziativa e di coordinamento sia presso il Ministero della pubblica istruzione, sia presso gli uffici scolastici regionali che presso ogni singola scuola. All'inefficienza dell'amministrazione pubblica non può neppure supplire la buona volontà di presidi, insegnanti e bibliotecari, poiché non si è neppure giunti ad approvare, dopo quasi vent'anni di generosi tentativi, la proposta di legge n. 555 del 1983 sulle biblioteche scolastiche, della quale si sono perse le tracce dopo le modifiche apportate alla proposta nel 1985. L'incipiente riforma della scuola non sembra destinata a cambiare la condizione delle biblioteche scolastiche, fino a che non si diffonderà la convinzione che la scuola primaria non deve solo insegnare la meccanica della lettura, ma anche l'abitudine ad essa, e che la scuola secondaria non deve considerare i libri della biblioteca un semplice complemento dei testi scolastici, ma strumenti essenziali del processo educativo.

4. LA BIBLIOTECA COME ISTITUZIONE DELLA COMUNITÀ

Le biblioteche tra comunità nazionale e autonomie locali

La parola comunità, con la sua carica di impegno civile e con quel tanto di oleografico e di accattivante che porta in sé, ha avuto un successo straordinario in questi ultimi decenni. Si parla abitualmente di comunità mondiale e di comunità nazionale per sottolineare le istituzioni e i valori propri della convivenza civile. Così la Comunità europea richiama un'origine e un sentire comuni delle nazioni d'Europa che si sono unite per progettare insieme il proprio futuro.

Anche la parola «nazione», subito dopo la rivoluzione francese e in un clima ancora cosmopolita, portava in sé un diretto riferimento non solo a comunanza di origini e tradizioni, e al radicamento in un'unica estensione territoriale, ma anche ai convincimenti e ai valori civili e sociali che erano stati alla base delle lotte per la libertà e l'indipendenza dei popoli e che avrebbero dovuto tradursi nelle istituzioni dei nuovi Stati democratici. Furono così chiamate «nazionali» alcune biblioteche che prima erano dette «palatine», poiché da proprietà del sovrano che le custodiva nel suo lontano palazzo erano divenute, dopo l'unificazione, istituzioni pubbliche della nuova comunità di cittadini, vicine e quasi familiari. Ben presto, però, il termine di nazione attenuò il proprio riferimento alla comunità dei cittadini per privilegiare, nello Stato unitario e accentrato, il riferimento all'intera compagine statale. Su questa strada l'aggettivo nazionale passò a indicare soprattutto le istituzioni centrali, di solito dislocate nella capitale. Non fu allora più compresa la ragione e la leggerezza con cui si erano lasciate proliferare in Italia tante biblioteche nazionali. Per questo la biblioteca della città di Parma, che in clima risorgimentale si era liberata dall'attribuzione di «palatina» per quella più augurale di «nazionale», dovette, dopo alcuni anni e nella nuova Italia burocratizzata, riprendersi l'antica intitolazione. L'aggettivo «nazionale» era ormai riservato esclusivamente alle istituzioni centrali o che potevano in un qualche modo riconnettersi ai valori e alla tradizione storica dell'intera nazione. Così almeno recitavano le disposizioni governative.

Col passare degli anni e dei decenni le biblioteche pubbliche nazionali, ma anche tutte le altre gestite dallo Stato, furono sentite più come l'emanazione di un apparato statale e burocratico che come espressione dell'intera comunità dei cittadini. Si era infatti operato un capovolgimento di mentalità per cui non erano più i cittadini a crearsi le proprie istituzioni, ma era lo Stato che provvedeva benignamente alle istituzioni dei cittadini e della comunità nazionale, recuperando così non solo i patrimoni ma anche l'ottica delle biblioteche di antico regime. Questa è l'impostazione data per molto tempo alla gestione delle biblioteche italiane. Non solo di quelle statali alle quali, fin dalle disposizioni del 1869, era particolarmente rivolta l'attenzione del governo, ma anche di quelle dipendenti dalle amministrazioni cittadine che non seppero, nella maggioranza dei casi, far di meglio che imitare, a volte malamente e senza la dovuta preparazione professionale, le strutture, le norme e le procedure delle biblioteche governative.

La vocazione alla burocratizzazione centralizzata come soluzione di tutti i problemi gestionali e amministrativi aveva portato l'intero apparato delle biblioteche statali a una sorta di immobilismo istituzionale: nulla si muoveva senza il placet delle autorità centrali. I direttori delle biblioteche, anche quando si muovevano all'interno di un tessuto urbano particolarmente vivace, parevano propensi a staccarsene per guardare alle disposizioni sovrane che provenivano da Roma. Inoltre, dovendo dirigere biblioteche appesantite da fondi librari antichi e di pregio, erano portati a interessarsi più del glorioso passato che delle contingenti e meno affascinanti esigenze di studio e di lettura dei lettori contemporanei. Riducevano spesso la biblioteca a elemento di prestigio, lontano e distante, invece di farne un reale fermento culturale nella vita della città.

Questo era il modello che l'amministrazione centrale delle biblioteche statali offriva anche alle numerose biblioteche civiche e comunali sorte per iniziativa locale nelle principali città italiane, incerte tra le esigenze locali di studio e di lettura dei cittadini e la necessità di custodire e conservare patrimoni bibliografici provenienti da donazioni di privati o da fondi ecclesiastici incamerati che appesantivano i loro magazzini librari non meno di quelli delle biblioteche statali.

Le biblioteche civiche al servizio dei cittadini

Se prescindiamo dall'avventura delle biblioteche popolari, sulla quale torneremo, vediamo che fino a non più di cinquant'anni fa, accanto alla quarantina di biblioteche statali, le biblioteche italiane che dipendevano dai comuni, dalle province, dalle opere pie, da enti o da fondazioni con finalità pubbliche erano in tutto circa trecento, di cui quelle realmente attive e funzionanti, secondo un'indagine condotta da Giovanni Cecchini, non più dei due terzi. Non vi era neppure accordo sulla denominazione da assegnare loro. Nei documenti ufficiali figuravano, sinteticamente, come «non governative», mentre altri preferivano chiamarle, con espressione un po' burocratica, «biblioteche degli enti locali».

Elemento comune a tutte queste biblioteche, pur nella diversità delle origini, della consistenza dei patrimoni librari e della qualità del servizio, era proprio lo stretto legame con la città in cui sorgevano. La loro vocazione era quella di assolvere alle tre funzioni fondamentali della biblioteconomia, rispondendo alle esigenze che provenivano dalla comunità cittadina: apprestavano gli strumenti per la ricerca erudita locale; offrivano i testi e i sussidi librari fondamentali per gli studenti e per quanti, nell'esercizio delle loro professioni, nell'insegnamento o più in generale nella vita quotidiana, miravano a un continuo aggiornamento scientifico e culturale. In un secondo momento, a partire soprattutto dall'ultimo dopoguerra, fu attribuito loro anche un compito specifico in ordine alla pubblica lettura. Questa funzione, però, rimase spesso più nelle intenzioni di alcuni amministratori che nella effettiva pratica bibliotecaria.

Le biblioteche appartenenti a questa categoria, proprio per l'orientamento delle loro funzioni biblioteconomiche, si possono a buon diritto chiamare «civiche», come spesso, tra Otto e Novecento, furono denominate, indipendentemente dalla loro appartenenza all'amministrazione comunale, a quella provinciale o ad altre istituzioni cittadine.

Per amore di chiarezza, potremmo dividerle in tre grandi raggruppamenti, in relazione sia ai loro patrimoni librari, sia, soprattutto, alla grandezza delle città da loro servite: le grandi biblioteche civiche, sorte in città metropolitane o eredi di una cospicua tradizione culturale e civile; le biblioteche della gran parte delle città divenute in seguito capoluoghi di provincia; e, infine, le biblioteche di centri cosiddetti minori, spesso testimoni di una proficua vicinanza tra i cittadini e le loro istituzioni.

Tra le biblioteche civiche che hanno avuto un notevole sviluppo specialmente nella prima metà del Novecento e che vantano cospicui patrimoni librari, non possiamo non ricordarne alcune: la Biblioteca comunale dell'Archiginnasio di Bologna, fondata nel 1801 sulle spoglie dei conventi bolognesi e in particolare di quello di San Domenico, divenuta uno dei centri della vita culturale cittadina; la Comunale di Milano, sorta come biblioteca moderna negli anni Trenta, esempio di ottima gestione biblioteconomica quando fu trasferita, nel 1956, a Palazzo Sormani, ma oggi in cerca di un nuovo assetto e di un nuovo rapporto con la metropoli; la Civica di Torino, già espressione della Torino ottocentesca e risorgimentale, divenuta essa pure uno dei migliori esempi di biblioteca moderna; la Civica Berio di Genova, fondata nel 1775. Si devono aggiungere la Civica di Palermo, quella di Trento, la Querini Stampalia di Venezia, la Queriniana di Brescia e l'Augusta di Perugia, per ricordare almeno il nome di alcune biblioteche civiche che per consistenza di patrimoni e qualità dei servizi svolgono una funzione fondamentale, non ristretta all'ambito cittadino ma allargata all'intero territorio al quale si estende l'attività sociale e culturale della città in cui sorgono.

Le biblioteche civiche non sorsero solo nelle città principali – in quelle, per intenderci, che con l'unificazione erano divenute capoluoghi di provincia – ma anche in centri minori, a volte con meno di ventimila abitanti. In alcuni di questi centri non ebbero vita effimera o stentata ma riuscirono a stabilire, più che nelle grandi città, un vincolo inscindibile tra le loro raccolte librarie e la vita passata e presente della comunità in cui divennero vivaci fermenti di promozione culturale.

Le date di fondazione della maggior parte delle biblioteche civiche sorte nelle città italiane nel corso degli ultimi duecento anni si infittiscono in tre momenti particolari: nell'età napoleonica, nei primi decenni dopo l'unificazione e nel corso degli anni Trenta. Ad essi corrispondono, anche se in condizioni notevolmente diverse e con motivazioni politiche a volte opposte, tre momenti di vita particolarmente intensa per le città italiane, alla ricerca di un nuovo rapporto tra i cittadini e le loro istituzioni. In questi stessi periodi, anche le biblioteche già aperte da molto tempo riprendono, di solito, vitalità e vigore.

Le biblioteche popolari e le biblioteche per tutti

Alla vigilia degli anni Sessanta, le biblioteche pubbliche italiane di studio e di ricerca, sommando le governative alle civiche, si aggiravano tra le trecento e le trecentocinquanta unità. Pur non essendo distribuite in modo uniforme, coprivano l'intero territorio nazionale dal Piemonte alla Sicilia. Anzi, nel corso degli anni Venti e Trenta era stato raggiunto l'obiettivo di vedere aperta al pubblico almeno una biblioteca civica in ogni capoluogo di provincia. In quegli anni, si è detto, furono create dal nulla molte biblioteche civiche: non tanto nell'Italia settentrionale già sufficientemente ricca (a Milano, comunque, furono aperte la Trivulziana e la Comunale, spostata in palazzo Sormani nel 1956), ma soprattutto nel Mezzogiorno e nelle altre aree rimaste ormai da troppo tempo estranee a ogni rinnovamento culturale. Tra le biblioteche denominate «provinciali» che sorsero in questo periodo in tre regioni del Mezzogiorno, possiamo ricordare, a titolo di esempio, quelle di Benevento (1927), di Pescara (1934) e di Foggia (1936). A onore del vero, non dobbiamo dimenticare che durante il regime fascista, sul versante della pubblica lettura, si assiste allo svilimento se non proprio allo smantellamento dell'intera struttura delle biblioteche popolari.

Altro segno dell'interesse per la crescita delle biblioteche pubbliche non statali fu il fatto che le Soprintendenze bibliografiche, sorte nel 1919 e rinnovate nel 1926, furono in seguito rese più autonome e attive, non dipendendo più dai direttori delle biblioteche governative, ma da personale apposito e qualificato che, per quanto di formazione rigidamente ministeriale, ebbe un peso notevole nello sviluppo delle biblioteche di pubblica lettura, soprattutto nel corso degli anni Cinquanta e Sessanta.

Proprio allora si cominciò a pensare anche alla necessità di estendere le strutture bibliotecarie non solo a ogni capoluogo di provincia e alle altre città minori, ma a tutti i comuni del regno. Di questa estensione capillare della pubblica lettura sul territorio nazionale si occuparono nei primi anni Trenta due bibliotecari, notevolmente diversi per formazione e temperamento: Ettore Fabietti e Luigi De Gregori. Il primo aveva alle spalle una lunga militanza nel Consorzio delle biblioteche popolari milanesi e nella Federazione italiana delle biblioteche popolari, sciolta nel 1925; il secondo aveva iniziato la sua carriera di bibliotecario nel 1903 presso la Biblioteca nazionale centrale di Roma, divenendo in seguito direttore della Biblioteca Casanatense.

Ettore Fabietti, confrontando la sua personale attività con la contemporanea esperienza straniera delle biblioteche pubbliche, era giunto a due conclusioni che, a suo avviso, avrebbero dovuto rinnovare radicalmente il modo di concepire e di organizzare le biblioteche popolari: innanzitutto si sarebbe dovuto parlare più propriamente di «biblioteche per tutti», per sottolinearne l'uso aperto a tutta la comunità; esse inoltre avrebbero dovuto essere gestite direttamente dai comuni come ogni altro servizio di capitale importanza per la crescita civile dei cittadini. Ma Ettore Fabietti era già stato costretto alla quasi completa inattività dalle autorità fasciste e queste sue generose riflessioni non potevano trovare nessuno sbocco istituzionale né essere filtrate nella vita quotidiana delle biblioteche popolari italiane, ridotte ormai a sopravvivere a se stesse, sotto l'egida del nuovo Ente nazionale per le biblioteche popolari e scolastiche.

Che le biblioteche popolari non fossero in grado di trasformarsi e di portare in Italia l'esperienza anglosassone delle biblioteche pubbliche era una ferma convinzione di Luigi De Gregori, che fin dal 1930 aveva sostenuto la necessità di modellare le biblioteche italiane sull'esempio americano e su quanto si praticava in altri paesi europei. Per far sorgere in Italia biblioteche pubbliche moderne bisognava appoggiarsi alle biblioteche statali e, soprattutto, alle biblioteche dei comuni e delle province, le uniche a suo avviso che, pur essendo allora – nel 1941 – orientate più alla conservazione del patrimonio librario che alla lettura, potevano adattarsi ai nuovi tempi e trasformarsi, finalmente, in biblioteche moderne sul modello americano ed europeo delle biblioteche per tutti.

Intanto, della preoccupazione di diffondere in Italia una rete di biblioteche pubbliche moderne, cioè non esclusivamente rivolte alla conservazione di fondi antichi, si fecero carico le autorità centrali con la legge 24 aprile 1941, n. 393. Essa sancisce, nel primo comma del primo articolo, che «in ogni comune capoluogo di provincia, ove non esista biblioteca governativa, deve essere aperta ad un regolare servizio pubblico una biblioteca fornita di personale, locali e arredi idonei e di adeguata dotazione che le consenta l'acquisto di materiale librario moderno». Doveva essere l'inizio di un rinnovato impegno dello Stato nella diffusione in Italia di biblioteche pubbliche non governative, ma i tempi di guerra fecero rinviare a momenti più propizi il passo ulteriore di portare queste biblioteche pubbliche, dette moderne, a farsi carico della pubblica lettura sul-l'intero territorio provinciale loro affidato.

La biblioteca pubblica come istituzione della comunità

Di una cosa erano certi tutti i bibliotecari italiani nei primissimi anni dopo la Liberazione: in Italia non esisteva nessuna struttura di pubblica lettura che potesse almeno lontanamente paragonarsi a quella degli altri paesi europei e americani. Accanto al problema della ricostruzione delle numerose biblioteche distrutte dai bombardamenti, vi era anche quello di creare dal nulla biblioteche pubbliche per tutti i cittadini della nuova Italia democratica. Si preoccuparono di questo vuoto istituzionale sia bibliotecari legati all'apparato statale, come Luigi De Gregori e la attivissima Virginia Carini Dainotti, che sarebbe stata per oltre un ventennio l'anima di ogni iniziativa governativa in favore della pubblica lettura, sia bibliotecari impegnati nella gestione di biblioteche civiche dipendenti dalle amministrazioni locali, più propensi ad ascoltare le contingenti esigenze quotidiane dei lettori che a configurare il loro operato secondo modelli astratti e generali, imposti dall'alto o importati.

Il primo confronto fra queste due anime del mondo bibliotecario italiano lo si ebbe sul tema, in apparenza accademico, del giudizio da dare all'esperienza tutta italiana delle biblioteche popolari. Luigi De Gregori e con lui Virginia Carini Dainotti e quanti erano legati agli apparati statali erano convinti, guardando al passato, che quell'esperienza fosse stata proprio la causa prima della mancanza di una vera struttura di pubblica lettura: una brutta parentesi da condannare e da dimenticare. Mentre, però, prima della Liberazione si cercava la ragione di questo fallimento delle biblioteche popolari negli «sbandieramenti democratici» e socialisti, ora se ne addossava la responsabilità soprattutto al Fascismo, e si proponeva la nuova struttura delle biblioteche pubbliche in nome della democrazia. Altri, invece, cominciarono a guardare al pieno fiorire delle biblioteche popolari come a una promettente primavera che non era riuscita a portare a maturazione i suoi frutti, già annunciati negli ultimi scritti di Ettore Fabietti, per l'occupazione e lo svilimento di queste biblioteche da parte del regime fascista. Per impiantare in Italia una seria struttura di biblioteche di pubblica lettura era dunque necessario riprendere il cammino dal punto in cui era stato bruscamente interrotto, facendo comunque tesoro degli ammaestramenti che venivano dai paesi in cui queste strutture erano già pienamente attive e funzionanti. La biblioteca pubblica era certamente un istituto della nuova democrazia, ma doveva, nel contempo, rimanere ed essere anche una istituzione della comunità.

Nel corso degli anni Cinquanta e Sessanta furono varate numerose iniziative per diffondere il più possibile le biblioteche di pubblica lettura. Non tutte felici: in alcuni casi si esagerò nella frammentazione eccessiva, tanto da giungere a costituire raccolte librarie per singole categorie professionali come le biblioteche dei contadini, degli avieri, dei medici condotti e dei villeggianti; in altri casi si pose troppa fiducia nella possibilità di far attecchire sull'intero territorio iniziative imposte dall'alto con la collaborazione di province e comuni. Si parlò allora di Centri di lettura, di Piano L (L come lettura) e di Servizio Nazionale di Lettura (SNL), che contribuirono notevolmente a diffondere la lettura in diverse città o in alcune aree provinciali. Nelle aree più depresse vi fu anche l'impegno della Cassa per il Mezzogiorno e in particolare del Centro formazione e studi (Formez) che promosse la nascita di nuove biblioteche. Tuttavia nei primi anni Settanta non si era ancora giunti, nonostante il grande dispendio di denaro e di energie, a creare una struttura di biblioteche di pubblica lettura distribuite in modo omogeneo sull'intero territorio nazionale.

Del modello americano delle biblioteche pubbliche, di cui Virginia Carini Dainotti si era fatta promotrice in Italia con l'azione e con gli scritti, si conosceva e si imitava ormai tutto, o quasi. Eccetto ciò che non poteva affatto essere oggetto di pura imitazione. Va, infatti, rilevato che in un solo punto, fondamentale, l'applicazione italiana differiva sostanzialmente da quella del modello straniero: nel modo cioè di porre in essere le biblioteche. La biblioteca pubblica prima ancora che «per tutti», doveva essere «di tutti», nata e cresciuta all'interno della comunità, non imposta con procedure amministrative dal di fuori. Solo dove i soprintendenti bibliografici del ministero seppero valersi della collaborazione dei comuni, delle province e dello stesso Ente nazionale per le biblioteche popolari e scolastiche, fu possibile giungere, nel corso degli anni Sessanta e nei primissimi anni Settanta, a valide strutture bibliotecarie di pubblica lettura. Dove non vi fu un reale radicamento nel tessuto locale, cioè nella maggior parte del territorio italiano, ogni iniziativa rimase sterile e lasciò a testimonianza del proprio operato solo alcune, inutili, casse di libri polverosi.

Forse fu proprio la percezione di questa profonda appartenenza della biblioteca alla comunità locale la molla che, nel corso degli anni Sessanta, spinse alcuni valenti direttori di biblioteche civiche – tra i quali giova qui ricordare almeno Giovanni Bellini della Sormani di Milano – a sostenere la necessità non tanto di un intervento esterno e diretto delle autorità statali, quanto piuttosto di un sostegno alle iniziative che, sull'esempio delle antiche biblioteche popolari, dovevano partire dalla base e tradursi in biblioteche che le comunità locali sentissero come proprie. Era questo l'anello mancante alle pur generose iniziative ministeriali. Inoltre, proprio per sottolineare l'intimo legame con l'intera tradizione bibliotecaria italiana, non si esitò a proporre di mantenere in vita, per le nuove biblioteche di pubblica lettura, la denominazione di biblioteche popolari, nella certezza che su quell'antico e robusto tronco potevano essere innestate e riprendere vigore le nuove biblioteche pubbliche. Esse infatti non potevano costituire solo l'esito, quasi automatico, dell'applicazione di principi, di regolamenti, di norme e di procedure alquanto astratte, ma dovevano essere prima di tutto il frutto della crescita culturale e civile dell'intera comunità di cittadini: dovevano cioè essere, semplicemente, istituzioni della comunità.

Le biblioteche negli ordinamenti regionali

Nei primi anni Settanta due innovazioni di notevole importanza trasformarono completamente il quadro istituzionale entro cui si muoveva l'amministrazione e la gestione delle biblioteche. In primo luogo vi fu la nascita del Ministero per i beni culturali e ambientali, del quale cominciò a far parte la Direzione generale delle accademie e biblioteche, tolta al Ministero della pubblica istruzione (DL 14 dicembre 1974, n. 657, convertito nella legge 29 gennaio 1975, n. 5, e organizzato secondo le norme del DPR 3 dicembre 1975, n. 805). In secondo luogo vi fu l'effettiva attuazione delle norme costituzionali (articoli 117 e 118) che attribuivano alle regioni competenze sulle «biblioteche di enti locali» estese poi a quelle «di interesse locale», cioè alle biblioteche dipendenti da altri enti o fondazioni con funzioni di biblioteca pubblica. Le regioni avevano il potere di emanare norme legislative in tali materie e di esercitare funzioni di carattere amministrativo, sia direttamente, sia delegandole alle province, ai comuni o ad altri enti locali (DPR 14 gennaio 1972, n. 3). Più tardi, con il DPR 24 luglio 1977, n. 616, in attuazione della legge delega 22 luglio 1975, n. 382, furono precisate e meglio delineate nel loro insieme le competenze regionali sulle biblioteche di enti locali e di interesse locale; fu, inoltre, completato il trasferimento di funzioni fino ad allora esercitate dallo Stato, tra le quali sono da segnalare quelle sul Servizio nazionale di lettura.

Dopo le modifiche apportate al titolo V della seconda parte della Costituzione con la legge costituzionale 18 ottobre 2001, n. 3, allo Stato è riconosciuta dall'art. 117 la potestà di legislazione esclusiva in un ben determinato gruppo di materie, tra le quali incontriamo, per quanto ci riguarda, la «tutela dell'ambiente, dell'ecosistema e dei beni culturali». Sono invece considerate oggetto di legislazione concorrente diverse materie riguardanti numerose attività di natura civile e sociali, tra le quali l'art. 117 enumera la «valorizzazione dei beni culturali e ambientali» e la «promozione e organizzazione di attività culturali». In queste materie la potestà legislativa spetta alle regioni, mentre resta di competenza dello stato la determinazione dei principi fondamentali. Ribaltando le posizioni precedenti, l'art. 117 stabilisce che «spetta alle Regioni la potestà legislativa in riferimento ad ogni materia non espressamente riservata alla legislazione dello Stato» (vedi Leggi 4). Ne consegue che, in campo bibliotecario, la tutela dei patrimoni librari è materia di legislazione esclusiva dello stato, mentre la legislazione sulla valorizzazione, la promozione e l'organizzazione delle attività di biblioteca è di competenza delle regioni, all'interno di principi fondamentali stabiliti dallo Stato; su ogni altra azione delle biblioteche pubbliche, che non riguardi queste materie, si esercita la potestà legislativa esclusiva della regione. L'art. 118 attribuisce, in prima istanza, le funzioni amministrative ai comuni, mentre alle province e alle città metropolitane conferisce le funzioni necessarie per garantire l'esercizio unitario sul territorio delle attività amministrative; infine, demanda alla legge statale il compito di disciplinare forme di coordinamento fra Stato e regioni, con uno specifico riferimento a «forme di intesa e coordinamento nella materia della tutela dei beni culturali» (vedi Leggi 4).

Negli ultimi decenni l'attività del ministero e quella delle regioni hanno segnato in vario modo la vita delle biblioteche italiane e di tutte le iniziative bibliografiche, sia in ordine ai problemi posti dalla catalogazione e dalla gestione delle raccolte librarie, sia in relazione all'organizzazione e all'amministrazione istituzionale delle biblioteche stesse. Alcune imprese di grande rilevanza tecnica e culturale, quali l'adozione sull'intero territorio nazionale di comuni Regole Italiane di Catalogazione per Autori (RICA), il censimento delle Cinquecentine delle biblioteche italiane e, infine, l'attuazione del Servizio bibliotecario nazionale sono state rese possibili proprio dalla collaborazione tra il ministero, le regioni e le università.

La condizione delle biblioteche pubbliche italiane che passarono sotto l'impegno amministrativo delle regioni, per quanto precaria e caotica, non era però tale da non lasciare intravedere, almeno in alcuni casi, linee di sviluppo positive. L'attivismo ministeriale degli anni Sessanta in questo settore, pur dando l'impressione di voler chiudere il passo all'avanzata delle istituzioni regionali, e pur avendo spesso operato scelte contraddittorie e frammentarie, aveva tuttavia fatto tesoro delle sollecitazioni che erano venute da valenti bibliotecari e dalla loro organizzazione di categoria, l'Associazione Italiana Biblioteche (AIB), a partire dagli anni Sessanta non più diretta esclusivamente da bibliotecari di formazione ministeriale ma aperta ai contributi dei bibliotecari delle biblioteche civiche. Erano pertanto giunte in eredità agli amministratori regionali alcune iniziative e alcuni criteri operativi certamente positivi, sui quali poteva essere impostata con profitto l'azione futura. L'azione del ministero, dei suoi istituti e dei suoi bibliotecari si era particolarmente indirizzata verso tre settori: la catalogazione e la creazione di repertori e strumenti bibliografici, di cui si è già parlato a proposito dell'Istituto centrale per il catalogo unico; l'organizzazione interna delle biblioteche e dei loro servizi, campo in cui si era particolarmente distinta l'Associazione italiana biblioteche, in armonia con l'UNESCO e con la Federazione Internazionale delle Associazioni Bibliotecarie (FIAB/IFLA), elaborando gli standard di funzionamento delle biblioteche di cui si fece banditore lo stesso ministero; infine, la promozione e il coordinamento della collaborazione tra biblioteche di vario tipo all'interno del medesimo territorio, dando avvio o favorendo la costituzione di sistemi bibliotecari, di consorzi o di altre forme di aggregazione tra biblioteche.

Verso la fine degli anni Settanta, il testimone passò decisamente dalle mani dello Stato in quelle delle regioni: gli assessorati alla cultura divennero i referenti principali dell'azione delle biblioteche pubbliche comunali e provinciali. Le regioni, pur legiferando in tempi e in modi diversi, pur attivando differenti e disparate strutture istituzionali al servizio delle biblioteche e della cultura libraria, si attennero, in generale, ad alcune linee guida fondamentali che, al di là di interessi e di scelte particolari e contingenti, ci consentono, dopo oltre trent'anni di attività, una lettura sufficientemente chiara (vedi Leggi 6). Non vi è affatto stata quella frammentarietà di interventi e quello scollamento tra le istituzioni che potevano a buon diritto esse paventati in precedenza. Anzi, in alcuni settori le regioni riconobbero, in un certo senso, i meriti dell'azione governativa dove aveva mostrato capacità professionale e operativa; ad esempio nel settore, tanto delicato in un momento di grande trasformazione,della catalogazione e delle norme che la reggevano. È vero che il ministero, in cent'anni di vita unitaria e centralizzata, non era mai riuscito a estendere criteri omogenei di catalogazione e di organizzazione delle descrizioni bibliografiche sull'intero territorio nazionale; ma questa azione riuscì egregiamente con la collaborazione delle strutture regionali dopo la pubblicazione delle RICA e degli ISBD. Anche nel settore dell'organizzazione interna delle biblioteche, le strutture regionali e provinciali ebbero un ruolo non piccolo nella conoscenza e nella applicazione degli standard di gestione e di funzionamento già messi a punto in sede centrale, dall'AIB e dall'IFLA.

La legislazione regionale e le biblioteche territoriali

Nei medesimi anni in cui passarono alle regioni le competenze sulle biblioteche pubbliche locali si assistette, in Italia, a un fenomeno di grande importanza culturale e di vaste proporzioni: il sorgere, cioè, di una gran quantità di biblioteche nella maggior parte dei comuni dell'intero territorio nazionale. Le cause vanno cercate, prima ancora che in disposizioni legislative o in provvedimenti amministrativi, nella crescita prodigiosa cui andò incontro la società italiana a circa vent'anni dalla fine dell'ultimo conflitto mondiale. Qui giova sottolineare l'importanza che vi ebbe la diffusione capillare in ogni comune dell'istruzione media, ma soprattutto l'apertura di scuole superiori in molti centri del territorio provinciale e, in misura forse minore, la notevole estensione dell'istruzione universitaria. Di fronte alla mancanza quasi assoluta di biblioteche scolastiche o di fronte alla loro totale inefficienza, le biblioteche pubbliche dovettero pagare fin da allora un forte tributo a questo considerevole aumento della scolarità, dovendo spesso compiere un servizio di supplenza, che le avrebbe distolte dal loro compito precipuo di essere al servizio dell'intera comunità e non solo della fascia di utenti in età scolare.

All'origine di questo fiorire di biblioteche non ci fu, però, solamente la scuola. Vi fu anche il radicarsi profondamente nella coscienza dei cittadini della convinzione che tutti avessero il diritto al libro e alla lettura, a qualsiasi ceto, classe o fede appartenessero e che di questa appropriazione degli strumenti della cultura si dovesse fare carico l'autorità locale. Nella maggior parte dei casi non si trattava di una specifica richiesta di libri e di lettura, ma di un più generico e confuso bisogno di sapere e di conoscenza che, presso gli assessorati alla cultura che allora furono attivati in ogni comune, si traduceva spesso nell'apertura di centri civici e di centri polivalenti in cui la biblioteca non era altro che una delle tante voci, anche se quella maggiormente definita e strutturata sul piano istituzionale. Invece che di bibliotecari si preferiva parlare di operatori culturali ai quali, nei comuni minori, era affidata una gran varierà di compiti, dai servizi audiovisivi ai cineforum e alla programmazione teatrale. Tra le molle più segrete del grande impegno che allora si mise nel dar vita a queste nuove istituzioni vi era, di certo, anche una forte componente ideologica, che non può mai mancare in nessun movimento di grande portata.

Le disposizioni legislative sulle biblioteche emanate dalle regioni nei loro primi anni di attività riflettevano, di solito, la tendenza a vedere le biblioteche nel quadro generale dei beni e dei servizi culturali. Col passare del tempo emerse sempre più la specificità propria della organizzazione e del funzionamento delle biblioteche pubbliche, dei loro compiti e dei loro servizi. Pur non volendo cancellare la gestione sociale delle biblioteche affidata a commissioni in cui prevalevano i rappresentanti della comunità, si cominciò a privilegiare la competenza e la capacità tecnica e operativa dei bibliotecari. A queste nuove esigenze di una specificità biblioteconomica e organizzativa delle biblioteche risposero le leggi regionali della seconda generazione che, nel corso degli anni Ottanta, misero in evidenza la particolare natura del servizio librario, insistendo sulla preparazione professionale e qualificata dei bibliotecari. Nel corso degli anni Novanta si è assistito a un notevole allargamento nella società dell'interesse per i servizi informativi, resi più vicini e accessibili anche grazie alle nuove tecnologie, in cui le biblioteche hanno spesso giocato un ruolo di raccordo tra diverse iniziative sorte in ambito cittadino, aprendosi così ai giovani, alle donne, alle diverse categorie professionali, agli immigrati, insomma a tutti coloro che desideravano divenire partecipi e protagonisti della vita culturale e sociale della comunità. Questo, accanto al problema ancora aperto della formazione dei bibliotecari, è uno dei temi con cui si stanno confrontando le disposizioni regionali sulle biblioteche pubbliche, le quali da luoghi di studio e di lettura si stanno trasformando in centri privilegiati di informazione, di dialogo e di comunicazione, sul modello non solo delle biblioteche pubbliche anglosassoni, ma anche delle biblioteche tedesche a tre livelli (magazzino, scaffale aperto, area di ingresso orientata al pubblico) e delle mediateche, diffuse soprattutto in Francia.

Le biblioteche e le autonomie locali

La cooperazione e la collaborazione tra le biblioteche è uno dei settori in cui hanno avuto un ampio campo d'azione le disposizioni legislative regionali sulle biblioteche. Furono concessi forti incentivi e un supporto logistico e finanziario ai consorzi e ai sistemi che si costituivano tra le biblioteche di più comuni limitrofi, nelle aree urbane, nelle zone montane e nei comprensori, cioè nelle aree con la medesima vocazione sociale ed economica. Si riteneva che l'aggregazione di più biblioteche potesse rendere più qualificati e più razionali i servizi librari e informativi sul territorio.

Già le Soprintendenze bibliografiche avevano favorito all'interno del Servizio nazionale di lettura l'aggregazione di biblioteche in sistemi; erano inoltre già state sperimentate forme consortili tra più comuni di aree omogenee per gestire i servizi di biblioteca, a volte anche sull'intero territorio provinciale, come nel caso del Consorzio provinciale di Bologna. L'estensione geografica dei consorzi corrispondeva in genere a quella dei comprensori, raggruppati intorno a un centro che vantava una popolazione tra i venti e i cinquantamila abitanti ed esercitava una forte attrazione nei confronti dei centri vicini, come sede dell'Unità sanitaria locale, come centro di Distretto scolastico con licei e istituti superiori e come punto di raccordo per le attività economiche e sociali. Subito dopo l'attivazione delle regioni si attribuiva molta importanza a questi comprensori come anello di congiunzione più leggero e più efficace tra l'attività dei comuni e il coordinamento regionale, scavalcando le stesse province da alcuni ritenute troppo burocratizzate.

I consorzi bibliotecari furono in genere previsti e potenziati nel corso degli anni Settanta, ma furono sempre ben lontani dal distribuirsi in modo uniforme e omogeneo sull'intero territorio nazionale. Anche in aree in cui vi erano condizioni ottimali per la loro nascita, furono spesso preferite forme di aggregazione diverse, con la creazione dei sistemi bibliotecari. Mentre infatti i consorzi costituivano, rispetto ai comuni, una nuova entità che amministrava le biblioteche, nei sistemi erano gli stessi comuni che, grazie a convenzioni in cui si definivano gli oneri, gli impegni e benefici dei singoli partecipanti, gestivano direttamente le loro biblioteche. Questa formula riscosse il favore dei legislatori regionali soprattutto in un secondo momento, nel corso degli anni Ottanta quando, in armonia con la valorizzazione del ruolo delle province, fu attribuito a queste ultime dalla maggior parte delle legislazioni regionali il compito di indirizzare l'azione dei comuni nell'apertura e nell'amministrazione delle biblioteche e dei loro sistemi bibliotecari.

A privilegiare la dimensione territoriale provinciale non contribuirono solo fattori istituzionali, connessi con la necessità di trovare una struttura intermedia tra l'azione normativa e finanziaria delle regioni e l'operato dei comuni ai quali, nella maggior parte dei casi, appartenevano le biblioteche pubbliche locali, ma anche con l'esigenza di avvalersi di un coordinamento tecnico e professionale particolarmente preparato di fronte alle scelte imposte dalla qualificazione dei servizi e dall'adozione di nuove e sempre più sofisticate strumentazioni informatiche. Strumentazioni e servizi che richiedevano anche un impegno economico e finanziario tale da apparire spesso giustificato solamente a livello provinciale, soprattutto dal momento in cui, per aumentare la potenzialità dei servizi catalografici e informativi, divenne di capitale importanza l'allacciamento in rete di tutte le biblioteche del territorio. La dimensione comprensoriale, a parte alcune eccezioni, appariva, per questi compiti di più ampio respiro, troppo esigua.

Inoltre, spostando al livello provinciale la soluzione dei problemi posti dall'informatizzazione dei servizi, dall'adesione o meno al Servizio bibliotecario nazionale, dall'aggiornamento del personale e dagli standard di funzionamento, nonché dal collegamento indispensabile con le altre agenzie bibliotecarie e informative regionali e nazionali, si riteneva di meglio accordare tra di loro due diverse esigenze: battere risolutamente la strada dell'evoluzione tecnologica e salvaguardare il principio della gestione sociale delle biblioteche e del loro funzionamento all'esclusivo servizio della comunità, evitando che fossero completamente assorbite da un tecnicismo astratto e lontano dalle effettive esigenze di studio, di lettura e di informazione dei cittadini.

Il quadro istituzionale entro cui operavano le biblioteche pubbliche territoriali cambiò considerevolmente agli inizi degli anni Novanta del secolo scorso con le disposizioni sull'ordinamento delle autonomie locali della legge 8 giugno 1990, n. 142. Oltre a una maggior chiarezza sulle funzioni e sui compiti delle province, dei comuni e delle nuove aree metropolitane nell'organizzazione dei servizi pubblici e nell'attuazione di forme di collaborazione, la legge stabiliva che i comuni e le province potevano gestire questi servizi (tra i quali vi erano anche quelli bibliotecari e informativi) in economia, in concessione a terzi, a mezzo di azienda speciale, a mezzo di istituzione o attraverso società per azioni a prevalente capitale pubblico. Il ricorso generalizzato alle nuove forme di gestione delle biblioteche previste dalla legge 142 non ci fu; di solito si continuò a preferire la gestione diretta in economia, anche se in alcuni casi, per garantire una più ampia autonomia e una maggior efficacia nei servizi di biblioteca, si optò per la gestione a mezzo di istituzione, attuata in ambito comunale per le biblioteche di un solo comune (come ad esempio a Roma e a Cesena), oppure in ambito provinciale per i sistemi bibliotecari e informativi territoriali di tipo intercomunale, come a Modena. Altrove si sperimentarono nuove forme consortili che, in alcuni casi, sembravano consentire interventi operativi di maggiore efficacia.

Dopo la pubblicazione, nel corso degli anni Novanta, di nuove leggi sui compiti e sulle funzioni attribuite alle province e ai comuni, fu emanato con il decreto legislativo 18 agosto 2000, n. 267, il «Testo unico delle leggi sull'ordinamento degli enti locali», che mette ordine tra i numerosi provvedimenti legislativi riguardanti l'azione degli enti locali, cioè delle province, dei comuni, delle città metropolitane, delle comunità montane o isolane, e delle unioni di comuni. In esso, tra le forme associative di cooperazione, si prevedono le convenzioni e i consorzi che hanno tanta importanza nella gestione coordinata e integrata delle biblioteche sul territorio; inoltre, per quanto attiene alla gestione dei servizi pubblici, tra i quali la biblioteca occupa una posizione di sempre maggior rilievo in ambito locale, oltre alle forme di gestione già in uso, cioè in economia, in concessione a terzi, a mezzo di azienda speciale, a mezzo di istituzione o attraverso società per azioni a prevalente capitale pubblico, si è aggiunta la società per azioni senza il vincolo della proprietà pubblica maggioritaria, difficilmente applicabile ai servizi di biblioteca, che necessitano di reiterati e onerosi finanziamenti con un alto e proficuo impatto sociale e culturale, ma con esiti commerciali quasi nulli (vedi Leggi 7).

5. LA BIBLIOTECA COME ISTITUZIONE DELLA COMUNICAZIONE E DELLA MEMORIA

Le due dimensioni della biblioteca

La biblioteca pubblica è l'istituzione che ha il compito di rendere sociale l'uso del libro: in essa il libro da bene patrimoniale diviene strumento pubblico del comunicare. La contemporaneità della biblioteca, intesa nel suo significato più profondo, richiede che essa sia pronta a offrire a tutti i suoi potenziali frequentatori i libri e le informazioni bibliografiche di cui essi, nel preciso momento in cui si rivolgono ai suoi cataloghi o ai bibliotecari, hanno bisogno. Tutta la sua struttura interna è orientata a questo scopo. Se il libro è uno strumento del comunicare, la biblioteca è al servizio del suo processo di comunicazione; la biblioteca pubblica assume questa finalità generale e la indirizza, senza limiti e senza esclusioni di sorta, a tutta la comunità in cui è attiva, estensibile, in potenza, a tutti gli uomini. In questo caso la biblioteca non è interessata né al passato né al futuro; agisce nella dimensione del presente e dell'attualità contemporanea. È questa la dimensione «orizzontale» della biblioteca, estesa nello spazio ma limitata nel tempo alla vita che scorre sempre nuova e irripetibile.

Ma il libro, come abbiamo visto nel primo capitolo, è anche strumento della memoria e della trasmissione del sapere da una generazione all'altra. La sua esistenza si estende nel tempo ed è chiamata a superare lo scorrere dei secoli. La biblioteca pubblica, che non deve porre alcun limite alla sua azione al servizio dell'educazione e della crescita culturale degli uomini, assume su di sé questo compito e si propone come strumento della memoria e della trasmissione dei libri e del loro sapere da una generazione all'altra, da una età all'altra. La sua struttura interna, il suo funzionamento e i suoi servizi non possono dunque ignorare questa finalità, per la quale raccoglie l'eredità del passato e proietta verso il futuro la vita della comunità in cui si trova. Essa agisce non solo nella dimensione della estensione nello spazio ma anche in quella della durata nel tempo. È questa la sua dimensione «verticale», per cui allarga a dismisura l'uso sociale del libro dai lettori reali o potenziali del momento presente a tutti i potenziali lettori dei tempi futuri.

La dimensione orizzontale: comunicare nello spazio

La biblioteca pubblica esercita la sua funzione sociale di comunicazione del sapere attraverso i libri e i servizi informativi, resi disponibili e aperti all'universalità degli uomini. Non, però, in modo uniforme e massificato, ma dando, come la giustizia, a ciascuno il suo. Le singole biblioteche, che rendono concretamente attuale questo processo di comunicazione, sono infatti chiamate a rispondere in modo vario e diversificato alle molteplici esigenze delle comunità in cui sono attive, acquisendo i patrimoni librari e approntando i servizi in funzione delle concrete esigenze di fruizione libraria e di informazione che in esse si manifestano o che, si presume, potrebbero o dovrebbero manifestarsi. Abbiamo già visto che i servizi di pubblica lettura, di studio e di ricerca possono essere offerti, nel medesimo territorio, non necessariamente da una sola biblioteca, ma eventualmente da più biblioteche, in ciascuna delle quali prevalga, indifferentemente, ora l'una ora l'altra di queste funzioni biblioteconomiche. In tal caso queste diverse biblioteche pubbliche si rivolgono alla universalità degli abitanti della comunità per attuare, insieme, il loro compito di comunicare il sapere attraverso i libri. Le singole biblioteche possono, allora, essere classificate in base alla funzione biblioteconomica prevalentemente svolta. Si hanno così biblioteche di pubblica lettura, biblioteche di studio e biblioteche di ricerca che nel loro insieme, opportunamente coordinate in sistema, rispondono, ciascuna per la propria parte, alla loro comune vocazione di biblioteche pubbliche.

Anche biblioteche speciali o specializzate possono, a tutti gli effetti, essere considerate biblioteche pubbliche nella misura in cui mettono a disposizione della comunità i loro patrimoni specializzati, come, ad esempio, quelli sulla letteratura italiana dell'Otto e Novecento della biblioteca di Casa Carducci di Bologna; oppure i loro servizi speciali, come la documentazione sulle arti figurative presente nella biblioteca dell'Archivio storico delle arti contemporanee della Biennale di Venezia. La caratteristica della generalità che alcuni considerano essenziale alla «pubblicità» della biblioteca viene in questi casi raggiunta non dalla singola biblioteca, ma dal sistema di biblioteche che si coordinano nell'ambito di una città o entro i confini di un medesimo territorio. Infine, qualora non precludano, a priori, l'accesso a nessuno e pongano come unica condizione l'interesse e la capacità di capire e apprezzare, non si può rifiutare la qualifica di pubbliche neppure a quelle biblioteche che possiedono patrimoni particolarmente rari e di pregio e tali da richiedere, per essere consultati, alte e sofisticate competenze in campo scientifico ed erudito. Del resto la Biblioteca Ambrosiana di Milano, di pertinenza ecclesiastica, fu fin dalle sue origini, agli inizi del Seicento, portata da Gabriel Naudé quale modello di biblioteca pubblica a tutta Europa, proprio perché aperta a tutti gli studiosi, anche se era chiaro, fin da allora, che l'alta ed esclusiva rarità dei suoi fondi eruditi avrebbero di fatto ridotto enormemente il numero dei suoi effettivi frequentatori.

Resta però a tutti evidente che quando parliamo di dimensione orizzontale della biblioteca pubblica ci riferiamo soprattutto, e in primo luogo, alle biblioteche che per loro specifica vocazione, sull'esempio che ci viene dalla tradizione anglosassone, si rivolgono a tutti gli individui di una comunità e mettono i patrimoni e i propri servizi a loro disposizione senza limitazioni o preclusioni di nessun tipo, e si impegnano ad accrescerli e a migliorarli. In questo senso appare estremamente positivo il notevole incremento che, in questi ultimi tempi, hanno conosciuto in Italia le biblioteche che, senza altra aggettivazione per non apparire limitative, sono sorte nella maggior parte dei comuni italiani. Questo fenomeno è stato di tali proporzioni che, specialmente presso le generazioni più giovani, la stessa parola «biblioteca» non richiama più alla mente un mondo polveroso e lontano, ma una realtà viva e presente sul territorio. In molte città italiane e in moltissimi comuni la biblioteca non è più un luogo privilegiato ed esclusivo di pochi letterati o eruditi, quanto piuttosto il luogo, spesso familiare, in cui si va per leggere libri e riviste, acquisire informazione, conoscere e conoscersi.

La disseminazione capillare delle biblioteche sul territorio è l'esito più appariscente della piena attuazione della dimensione orizzontale della biblioteca pubblica. Lo spazio è infatti fisicamente segnato dalla loro presenza, tanto che si potrebbe parlare di una sorta di geografia delle biblioteche e prospettare una loro razionale distribuzione nello spazio. Idea che forse non era del tutto assente neppure in quanti ne hanno disegnato la mappa nel nuovo Regolamento delle biblioteche pubbliche statali, quando, invece di classificarle secondo il modello gerarchico del Regolamento del 1967, hanno preferito elencarle sotto il nome delle regioni, quasi a voler affermare il principio di una loro omogenea distribuzione geografica che raggiungesse, nelle sue articolazioni regionali, tutti i cittadini. Hanno così compiuto un primo timido passo verso la soluzione dell'ormai secolare questione del numero e della ineguale presenza delle biblioteche statali sul territorio nazionale, che era stata posta subito dopo l'unificazione quando, invece di organizzare tutte le biblioteche del regno secondo criteri di funzionalità, si preferì accogliere sotto l'egida del nuovo Stato le biblioteche appartenute agli Stati preunitari, non più corrispondenti alle reali esigenze dell'intera nazione italiana.

Oggi, però, altre due innovazioni concorrono a potenziare la capacità di comunicazione delle biblioteche, ben al di là della loro reale distribuzione geografica. In primo luogo, sul piano istituzionale, assistiamo al diffondersi non solo di singole biblioteche, ma di ben più complessi e articolati sistemi di biblioteche, che tendono a coprire, con maglie sempre più strette, l'intera nazione; in secondo luogo il processo di informatizzazione delle biblioteche e dei loro servizi non si è limitato a portare a una crescita esponenziale le occasioni di incontro tra la biblioteca e i cittadini, ma ha cambiato il modo stesso di concepire le biblioteche e il loro modo di essere presenti sul territorio; infatti la biblioteca virtuale, con la sua complessa rete di interdipendenze e di relazioni, si pone oggi come il punto più avanzato della comunicazione bibliotecaria, attuando in pieno nelle sue reti di interconnessione la dimensione orizzontale della biblioteca pubblica, ben oltre quanto era finora pensabile o auspicabile.

La dimensione verticale: trasmettere nel tempo

Le biblioteche sono annoverate tra le istituzioni più longeve. Non poche biblioteche italiane gettano le loro radici nel Medioevo e nell'età del Rinascimento, e sono ancora oggi in piena attività. Spesso, anzi, è stato proprio il peso di questa eredità del passato a pregiudicare il pieno sviluppo delle biblioteche italiane e a rendere difficile il loro aggiornamento e la loro apertura alla società contemporanea. Ma questo immenso e comune patrimonio bibliografico costituisce anche, nel suo insieme, una delle testimonianze più vive e concrete della nostra appartenenza alla comunità umana che, lungo i secoli, si è sforzata di far prevalere e di trasmettere nel tempo le ragioni del sapere e della conoscenza. È, in tal senso, elemento imprescindibile della nostra coscienza di uomini e di cittadini. I patrimoni librari che ci giungono dal passato costituiscono infatti la stratificazione della memoria nel tempo, e la biblioteca diviene, da questo punto di vista, una delle istituzioni della nostra memoria collettiva.

La conservazione dei libri del passato costituisce dunque uno dei compiti primari della biblioteca pubblica. Una società senza memoria, senza libri e senza biblioteche è come un albero senza radici: al primo soffio di vento si piega, poi cade senza lasciare tracce sul terreno. Allo stesso modo e con la stessa energia con cui la biblioteca dà vita ad attività e a servizi per la comunicazione dei libri e delle informazioni ai suoi attuali lettori, non diversamente essa deve creare servizi e provvedere alla salvaguardia dei libri del passato e del presente per garantirne l'uso alle nuove generazioni. Sono dunque due le operazioni in cui si esplica l'azione di conservazione: mantenere in buona salute e disponibili all'uso pubblico i libri del passato e salvare dalla totale dispersione le pubblicazioni contemporanee perché possano entrare, come ultima stratificazione, a far parte del patrimonio bibliografico della comunità.

Non dobbiamo però ritenere che il compito di trasmettere libri alle generazioni future debba rimanere circoscritto e quasi delegato alle biblioteche che possiedono fondi antichi. Anche le più recenti e le più piccole delle biblioteche di pubblica lettura entrano in questo processo di trasmissione nel momento in cui, senza necessariamente costituire sezioni locali specializzate, conservano le testimonianze di civiltà e di lettura della comunità in cui operano.

Un grave dovere hanno tuttavia quelle nazioni nelle cui biblioteche una ricca tradizione culturale ha ammassato libri e testimonianze di civiltà, che, come ogni cosa dello spirito, appartengono a tutta l'umanità. Mentre le biblioteche pubbliche, piccole e grandi, disseminate nell'intero territorio danno piena e soddisfacente risposta alla vocazione della biblioteca di diffondere libri e conoscenze presso il maggior numero di cittadini, si fanno invece carico della conservazione, della tutela e della valorizzazione dei libri antichi ereditati dal passato soprattutto alcune grandi biblioteche pubbliche, non solo statali ma anche civiche, ecclesiastiche o appartenenti a istituzioni pubbliche e private: tutte quelle che oggi, indipendentemente dalla loro attuale configurazione istituzionale, possiedono fondi antichi. In Italia sono moltissime. In loro aiuto, e per rendere l'azione di conservazione più appropriata anche presso le biblioteche non statali, furono aperte fin dai primi decenni di questo secolo le Soprintendenze bibliografiche. Inoltre, più di cinquant'anni fa, per rendere più efficace l'azione di queste biblioteche sorse, con compiti di studio, di sperimentazione e di insegnamento, l'Istituto centrale per la patologia del libro.

Questo ricco patrimonio del passato non deve però rimanere lontano e inaccessibile. Nella misura e in forme che siano compatibili con la tutela, deve essere valorizzato, reso noto attraverso i cataloghi e messo a disposizione della comunità. Spesso i fondi antichi sono entrati in biblioteca più di cento o duecento anni fa, quando i cataloghi, vergati a penna su enormi volumi *in folio*, erano compilati seguendo norme e criteri notevolmente diversi dai nostri. È quindi necessario favorirne l'accesso attraverso una revisione dei cataloghi, oggi resa forse più agevole dallo sviluppo delle nuove tecnologie informatiche. Come abbiamo avuto modo di vedere, era già stata tentata più di cinquant'anni fa una impresa di vastissime proporzioni che avrebbe dovuto far confluire le descrizioni dei patrimoni delle principali biblioteche italiane nel Primo catalogo collettivo; l'impresa fallì per l'impossibilità di coordinare, coi mezzi allora disponibili e con le procedure adottate, una così ampia mole di libri catalogati, a seconda dell'età in cui erano entrati in biblioteca, in modo troppo difforme e ineguale. In seguito l'Istituto centrale per il catalogo unico avviò con differenti e più moderne procedure, ma anche con più profitto, il censimento delle edizioni italiane del Cinquecento. La descrizione del nostro intero patrimonio bibliografico antico secondo moderni criteri catalografici resta un problema aperto.

Per salvare dalla totale dispersione i libri che ogni giorno si stampano e per metterli a disposizione dei lettori di oggi e di domani, in molte nazioni è stato affidato a una o a più biblioteche il compito di conservare almeno un esemplare di ogni pubblicazione uscita all'interno dei propri confini. In Italia il deposito legale degli esemplari di ogni libro stampato è stato per molto tempo regolato da una legge del 1939, modificata nel 1945, emanata più per scopi di controllo e di censura che per consentire l'uso dei libri ai cittadini e garantirne la conservazione per le generazioni future. Una nuova legge, con importanti innovazioni, era pronta per essere approvata entro il 1995, ma non se ne fece nulla. Si è giunti, infine, all'attuale legge 15 aprile 2004 n. 106 che detta le «Norme relative al deposito legale dei documenti di interesse culturale destinati all'uso pubblico», accompagnata dal suo Regolamento di esecuzione emanato con DPR n. 252 del 3 maggio 2006 (vedi Leggi 3). La nuova legge stabilisce che sono oggetto di deposito legale «i documenti destinati all'uso pubblico e fruibili mediante la lettura, l'ascolto e la visione, qualunque sia il loro processo tecnico di produzione, di edizione o di diffusione» (Art. 1), destinati a costituire l'archivio nazionale e l'archivio regionale della produzione editoriale. Le finalità del deposito legale sono di natura strettamente bibliografica e non più censoria, mirando alla raccolta e alla conservazione dei documenti, all'allestimento di servizi bibliografici nazionali e alla disponibilità delle pubblicazioni, nonché, infine, alla documentazione della produzione editoriale regionale. In questo quadro, il soggetto obbligato in prima persona al deposito non è più il tipografo, come nella legge del 1939, ma l'editore, il primo responsabile della pubblicazione. Sembra che la commissione che sta preparando il regolamento, sia orientata a prevedere, in linea di massima, il deposito di quattro copie di ogni pubblicazione: due per l'archivio nazionale, cioè per ciascuna delle due Biblioteche nazionali centrali di Roma e di Firenze, e due per l'archivio regionale: una copia, come in precedenza, per la biblioteca principale del capoluogo di provincia, l'altra per la biblioteca che sarà individuata come biblioteca principale della regione in cui ha sede la casa editrice.

I libri in biblioteca tra conservazione e uso

Le due dimensioni dell'attività bibliotecaria, quella orizzontale dell'uso dei libri da parte dei nostri contemporanei e quella verticale della loro conservazione per i posteri, costituiscono i due poli attorno ai quali si strutturano i servizi di ogni biblioteca: al prevalere dell'uno o dell'altro avremo «biblioteche di conservazione» o «biblioteche d'uso», anche se è ben difficile incontrare biblioteche finalizzate unicamente ed esclusivamente all'una o all'altro. Non esiste, infatti, neppure in sede teorica, una netta opposizione tra questi due parametri, essendo la conservazione finalizzata all'uso sia presente che futuro del libro e, sull'altro versante, non potendo l'uso dei libri in biblioteca prescindere da forme di tutela e di conservazione che assicurino loro lunga vita tra gli uomini.

Tuttavia la distinzione tra i libri destinati alla conservazione e quelli destinati all'uso è fondamentale nella vita di una biblioteca. Ogni biblioteca ha infatti una sua particolare vocazione, alla luce della quale è molto diverso il destino riservato ai libri ad essa affidati. Un romanzo di successo in edizione economica raggiunge il suo scopo in una biblioteca di pubblica lettura quel fortunato giorno in cui il bibliotecario ne constata la ormai totale inadeguatezza all'uso per il lungo tempo passato tra le mani dei suoi lettori, e decide di sostituirlo con un'altra copia. Non si augura la stessa fine agli esemplari della medesima edizione depositati per il diritto di stampa, né all'esemplare eventualmente custodito nella biblioteca della città dell'autore, qualora, con senso civico e nel culto della propria memoria locale, la cittadinanza voglia conservare le testimonianze scritte di quelli che considera i suoi figli migliori.

Non fa certamente un favore ai suoi lettori il bibliotecario che non si interroga sufficientemente sulla fisionomia e sulla vocazione della propria biblioteca, non solo prima di decidere gli acquisiti ma anche prima di predisporre i servizi al pubblico, per far sì che ogni libro segua il suo destino nel migliore dei modi: i libri d'uso più largo siano facilmente accessibili, mentre quelli da conservare siano tenuti nelle condizioni ambientali e climatiche più adatte. Alcuni libri danno i loro frutti migliori quando sono spremuti il più possibile e in un breve arco di tempo, poi divengono obsoleti e inutili; altri hanno bisogno di fermarsi per più tempo sugli scaffali, hanno una circolazione più lenta ma, dopo un onorato servizio, arrivano anch'essi al loro capolinea; altri libri, infine, consultati molto raramente da una ristretta cerchia di lettori, continuano a essere richiesti dai loro pochi ed esclusivi cultori anche a distanza di molti anni e sembrano pronti a sfidare i secoli. Ciascuno di questi libri deve avere negli spazi e nei servizi della biblioteca il suo giusto posto: spetta al bibliotecario saperglieli trovare.

I patrimoni librari e il pubblico dei lettori

Ranganathan ha espresso in sintesi il reciproco rapporto che lega in biblioteca il libro al lettore con quelle che egli chiama la seconda e la terza legge della biblioteconomia (vedi Letture 2). Esse recitano rispettivamente: «A ogni lettore il suo libro» e «A ogni libro il suo lettore». Su questi due assiomi fonda poi ogni considerazione sia sulla necessità che la biblioteca pubblica debba prendere in considerazione ogni tipo di lettore, sia sul dovere dei bibliotecari di disporre i servizi in modo che i libri, per se stessi inerti, possano giungere nelle mani dei lettori.

Alcuni secoli prima di lui, Gabriel Naudé aveva invece poggiato la reciproca relazione tra i patrimoni librari e il pubblico su un percorso pedagogico che mirava all'educazione della mente umana. Egli, che aveva alle spalle la ricca tradizione umanistica, si poneva il problema del cammino dell'uomo per giungere al sapere e alla conoscenza. La biblioteca era il luogo in cui si apprestavano gli strumenti per favorire questo itinerario della mente. Era convinto che la verità non fosse una realtà data e conosciuta una volta per tutte, ma una meta alla quale gli uomini possono solo ardire di avvicinarsi con un impegno continuo di ricerca, di analisi e di comparazione delle mille fiammelle di verità sparse nei libri: in tutti i libri anche in quelli maggiormente disprezzati o condannati. Il bibliotecario, nell'apprestare gli strumenti dell'incontro con i libri, deve avere un grandissimo rispetto della mente del lettore, offrendo le più ampie possibilità di scelta e di ricerca. Quello che conta, infatti, prima ancora del raggiungimento della verità, è il piccolo e fragile segmento di itinerario che a ciascuno è consentito di compiere verso di essa: a questo mirano tutti i principi e i consigli di biblioteconomia disseminati nell'*Advis pour dresser une bibliothèque*, per i quali l'iter del libro è sempre subordinato all'iter della mente dell'uomo attraverso i libri.

Tutte le attività della biblioteca tendono, in ultima istanza, a favorire l'incontro dei libri con i lettori di oggi e, eventualmente, con quelli delle generazioni a venire. Vi è tuttavia un settore che si pone specificatamente questo fine: i cataloghi e le bibliografie, dalle prime e succinte liste medievali fino alle moderne e sofisticate basi di dati elettroniche, mirano a far sì che ogni lettore possa ottenere le informazioni che cerca e avere tra le mani il libro di cui ha bisogno. Questo ruolo di mediazione nelle biblioteche tradizionali è fisicamente simboleggiato dai pesanti cataloghi a schede che il lettore incontra appena entra in biblioteca.

Le nuove tecnologie informatiche e telematiche stanno in questi anni cambiando profondamente i modi e le procedure della mediazione catalografica, o della mediazione *tout court*, offerta dalla biblioteca. Grazie alla facilità e alla rapidità di collegamenti fino a ieri impensabili, sono state messe in discussione competenze professionali, aree di utenza e modelli di riferimento che, nell'età dei cataloghi e delle bibliografie in volume e a scheda, erano apparse consolidate e ben codificate. Nel momento in cui si attua nella sua piena funzionalità la cosiddetta biblioteca virtuale, i confini tra le discipline dell'informazione diventano sempre più incerti e attraversati con grande disinvoltura in tutte le direzioni. L'incessante afflusso di informazioni costituisce certamente una potente risposta alle esigenze di conoscenze da parte del lettore, che in tal modo ha a sua disposizione i tesori contenuti in una sterminata quantità di libri. Speriamo che non si smarrisca e che l'itinerario della sua mente verso il sapere e la conoscenza non si trasformi in un vagare senza meta per mille sentieri che non conducono, alla fine, da nessuna parte. I bibliotecari e i bibliografi sono, per educazione e per mentalità, i tradizionali custodi e i più accreditati organizzatori delle informazioni e del sapere: proprio a loro forse spetta il compito, tutto nuovo, di approntare le bussole che orienteranno i cittadini del duemila nel loro cammino non solo attraverso i libri e i giornali, ma attraverso tutti i nuovi mezzi di comunicazione, di informazione e di conoscenza.

6. LA BIBLIOTECA COME STRUTTURA ORGANIZZATA

Funzioni e servizi della biblioteca

Esistono diversi tipi di biblioteche, con diverse funzioni: le biblioteche di pubblica lettura che hanno il compito di diffondere la cultura di base, le grandi biblioteche statali che svolgono principalmente una funzione di conservazione, le biblioteche delle università che sostengono la ricerca scientifica e le biblioteche specializzate che sono a supporto degli interessi degli enti o delle associazioni di cui fanno parte.

La natura e le finalità delle biblioteche hanno sempre come punto fermo la trasmissione del sapere e la sua messa a disposizione del pubblico. Ci sono biblioteche che garantiscono la trasmissione del sapere da una generazione all'altra, con una funzione quindi di conservazione del patrimonio intellettuale: fanno parte di questa tipologia le biblioteche nazionali centrali, le biblioteche nazionali, le biblioteche statali, le biblioteche universitarie sorte prima del 1860 (universitarie, quindi statali, e non dell'università) e tutte le biblioteche, anche specializzate (storiche, di musei ecc.), che si pongono come fine quello di conservare il sapere, o un particolare settore del sapere. Queste biblioteche avranno un aspetto spesso solenne, con grandi magazzini librari dove sono conservati libri che magari quasi nessuno ha letto, ma che sono a disposizione di chiunque ne possa aver bisogno.

Altre biblioteche garantiscono la trasmissione del sapere all'interno della stessa generazione, con una funzione di diffusione delle idee e della conoscenza che ha un esito finale esattamente contrario a quello delle biblioteche di conservazione, vale a dire la distruzione del libro, ovvero la sua consunzione per l'uso intenso che ne viene fatto. Se una biblioteca ottiene questo risultato, può affermare di avere investito bene il proprio capitale. Fanno parte di questa tipologia le biblioteche di pubblica lettura, le biblioteche dell'università (delle facoltà, dei dipartimenti, degli istituti ecc.), le biblioteche specializzate di enti di ricerca, o di grosse imprese. Tali biblioteche avranno un aspetto molto funzionale, i libri saranno a disposizione del lettore nelle stesse sale di lettura o in settori della biblioteca aperti al pubblico, al fine di facilitare al massimo l'avvicinamento del lettore alla biblioteca e ai suoi servizi.

In ognuno di questi casi la biblioteca ha comunque il compito di esercitare una mediazione tra la conoscenza che risiede nei libri e il bisogno di conoscenza proprio del lettore. In sostanza, se si è d'accordo sul fatto che il sapere risiede nei libri (o altro tipo di supporto contemplato tra i materiali posseduti dalle biblioteche) e che i libri sono a disposizione nelle biblioteche, quando una persona vuol saperne un po' di più su un dato argomento, sarà la biblioteca il luogo dove troverà soddisfatte le sue esigenze intellettuali.

La biblioteca svolge questo ruolo di mediazione sia acquisendo il materiale, sia mettendolo a disposizione dei lettori attraverso una organizzazione del proprio lavoro, degli spazi e dei servizi che soddisfino al meglio le diverse esigenze del pubblico. Le funzioni di una biblioteca sono caratterizzate proprio da queste esigenze, e l'*obiettivo* di cui la biblioteca deve tener conto nel programmare gli acquisti, la propria attività e la propria organizzazione consiste appunto nel soddisfarle.

Ogni tipo di biblioteca, dunque, svolge una sua particolare funzione legata al tipo di pubblico che ad essa si rivolge: è inevitabile quindi che ogni tipo di biblioteca si configuri in modo mirato, organizzi il proprio lavoro e sviluppi i propri servizi in funzione degli obiettivi che vuole raggiungere.

Ad esempio, la biblioteca di pubblica lettura svilupperà maggiormente il servizio di prestito dei libri, accrescerà il proprio patrimonio considerando un settore specifico di letteratura per ragazzi, o penserà a organizzare una ludoteca per prestare giochi ai bimbi. In una biblioteca di conservazione prevarranno invece i grandi magazzini librari, le sale riservate per la consultazione di manoscritti e libri rari, i servizi di riproduzione fotografica e di lettura dei microfilm.

Per illustrare come è fatta una biblioteca e come funziona dobbiamo per forza prescindere dalle sue funzioni particolari ed esaminare un modello non specifico di biblioteca, considerando la possibile organizzazione dei vari servizi, consapevoli che ogni tipo di biblioteca ne sviluppa maggiormente alcuni e ne omette altri, considerandoli superflui o sovradimensionati alle richieste del proprio pubblico.

Innanzitutto è necessario chiarire che una biblioteca non è solo un contenitore di libri e non possiede solo libri, ma diversi tipi di materiali che hanno tutti uno stesso denominatore, registrano, contengono e quindi trasmettono idee, conoscenza, sapere, e distribuiscono quindi informazione. Le biblioteche gestiscono perciò l'informazione e la conoscenza, indipendentemente dal supporto su cui vengono registrate e dalla forma in cui vengono diffuse.

I diversi supporti su cui sono registrate le informazioni e la conoscenza costituiscono i materiali che concorrono a formare il patrimonio di una biblioteca. Spesso questi materiali vengono definiti con il termine generico di «documento». I tipi di documento che costituiscono il patrimonio di una biblioteca sono diversi e ognuno di essi va trattato secondo regole e procedure precise caratterizzate dalla sua natura. Il lettore in una biblioteca può trovare informazioni e conoscenza registrate in forma di libri, pubblicazioni periodiche (quotidiani, riviste), microforme (microfilm e microfiche), testi registrati su supporto magnetico o ottico leggibili con il computer o raggiungibili in linea (electronic resources), audiocassette, videocassette, dischi microsolco, compact disc musicali, CD-ROM e DVD, letteratura grigia (cioè materiali che documentano l'attività di istituzioni od organizzazioni, sia pubbliche che private, prodotti al loro interno e circolanti al di fuori dei normali canali commerciali, come documenti ufficiali, tesi di laurea, giornali aziendali, rapporti su attività ecc.) e infine materiali minori come dépliant illustrativi, guide di musei, manifesti, almanacchi e pubblicazioni in genere estranee all'industria editoriale.

I settori della biblioteca

Una biblioteca è uno spazio organizzato, cioè un edificio o una serie di edifici in cui a ogni zona è riservata una particolare funzione. Possiamo dire che una biblioteca si divide in due grandi aree, che le consentono di funzionare e di svolgere il proprio ruolo di mediazione: l'area riservata ai «servizi interni», nascosti e in genere sconosciuti al lettore, dove vengono svolte tutte quelle operazioni che sono il motore della biblioteca, e quella destinata ai «servizi al pubblico», dove la biblioteca esprime la propria potenzialità e si confronta con le necessità dei lettori verificando se il lavoro compiuto dai servizi interni abbia raggiunto gli scopi prefissati.

I servizi al pubblico sono a loro volta organizzati su tre livelli: il primo è quello dell'accesso e delle informazioni, attraverso il quale il lettore che entra in biblioteca prende visione dei servizi offerti e recupera le informazioni che gli sono necessarie per muoversi e usare la biblioteca; il secondo livello mette a disposizione gli strumenti e i servizi grazie ai quali il lettore ottiene in concreto dalla biblioteca ciò di cui ha bisogno; nel terzo livello, costituito dai depositi, la biblioteca organizza e rende disponibile il proprio patrimonio.

Accesso e informazioni

L'entrata della biblioteca deve essere disposta in modo da consentire a tutte le persone, aventi e non aventi diritto, di prendere contatto con il punto che offre le informazioni sulle modalità di accesso e sui servizi, e deve essere configurata in modo tale da eliminare le barriere architettoniche per i portatori di handicap.

Per agevolare il primo impatto del lettore con la biblioteca, la zona di entrata deve essere arredata con appositi espositori nei quali vengono messi a disposizione dépliant informativi che illustrano il funzionamento dei servizi attivati, gli eventuali costi a cui va incontro il lettore se ne vuole usufruire, gli orari in cui questi sono disponibili, una pianta della biblioteca con la localizzazione di sale, cataloghi e punti nei quali vengono forniti i servizi. Molto utili sono anche delle bacheche nelle quali vengono esposti gli avvisi attraverso i quali la biblioteca dialoga con i lettori, dando notizia di avvenimenti culturali che si tengono nelle sale della biblioteca, interruzioni o modifiche dei servizi e ogni altra informazione che possa risultare utile al pubblico.

In sostanza, la biblioteca deve farsi pubblicità e fare in modo che tutti i servizi e le proprie potenzialità siano conosciuti e sfruttati al massimo, confrontandosi anche con le reali necessità dei lettori. Solo così si potrà ottenere il superamento di quella mentalità che vede il lettore come utente passivo e ignaro di un servizio che deve rincorrere o accettare con tutti i limiti e i malfunzionamenti che lo contraddistinguono. Al suo posto si avrà un lettore cliente di un servizio, nel quale vengono investite notevoli risorse economiche ed umane, con il quale egli interagisce, dal quale deve pretendere preparazione professionale, aggiornamento tecnologico, impegno, cortesia, ed al quale deve rispetto, osservanza delle procedure e altrettanta cortesia.

Attrezzare un punto dal quale personale preparato possa dare informazioni ai lettori è molto importante; infatti quello sarà il primo impatto con la biblioteca da cui il lettore deve poter ottenere tutte le indicazioni che lo mettano in grado di utilizzarla, muovendosi con cognizione tra i servizi e le inevitabili procedure che ne regolano il funzionamento. Purtroppo molto spesso questo ruolo viene sottovalutato e l'assistenza viene svolta da personale non sufficientemente preparato, che non riesce a considerare il lettore come un cliente alla ricerca di informazioni e materiali, e la cui presenza, da sola, giustifica il lavoro di tutto il personale che opera nella biblioteca.

Strumenti e servizi

La funzione di mediazione propria della biblioteca viene realizzata attraverso l'organizzazione di servizi e la predisposizione di strumenti che agevolano il lettore nel suo lavoro di ricerca e lo mettono in grado di sfruttare il patrimonio di informazioni gestito dalla biblioteca stessa.

Normalmente un lettore si reca in biblioteca per cercare un libro (o altro materiale) che gli interessa e di cui conosce il titolo e il nome dell'autore, oppure per approfondire un determinato argomento e in questo caso non sa cosa cercare, o meglio, cerca materiali di cui non conosce l'esistenza. Gli strumenti che la biblioteca mette a disposizione per consentire al lettore di capire, cercare e trovare ciò di cui ha bisogno sono le bibliografie e i cataloghi.

Le bibliografie, o repertori bibliografici, sono elenchi di libri; possono essere organizzate per argomento o per disciplina, oppure per area geografica, come le Bibliografie nazionali che comprendono tutti i libri pubblicati in un determinato paese senza alcun riferimento al loro contenuto, o possono, infine, essere limitate a periodi cronologici definiti all'interno di un preciso argomento. Questi strumenti sono necessari al lettore per chiarirsi le idee, cioè per sapere cosa è stato pubblicato sull'argomento che lo interessa e consentirgli di cercarlo nei cataloghi della biblioteca o incaricare questa di procurarglielo.

I cataloghi, invece, sono il cuore della biblioteca; senza questi strumenti l'intera raccolta libraria sarebbe inutilizzabile, e dalla loro corretta costruzione dipendono le possibilità di successo di una ricerca e il recupero dei materiali. Un catalogo di tipo tradizionale è un insieme di schede cartacee di formato standard, raccolte e ordinate secondo criteri omogenei in uno schedario; ogni scheda rappresenta un libro o un'altra unità di materiale posseduto dalla biblioteca, e fornisce le indicazioni per poterlo recuperare negli scaffali o nei magazzini.

La scheda, in particolare, registra una serie di informazioni che occupano un posto ben preciso nei 7,5 per 12,5 centimetri (formato internazionale) di cartoncino che la costituiscono. Al centro si trova la *descrizione* del libro che riporta gli elementi essenziali per la sua identificazione, ognuno contrassegnato da una punteggiatura convenzionale, in una successione stabilita da uno standard internazionale: prima il titolo, poi il nome e cognome degli autori e di quant'altri abbiano una qualche responsabilità intellettuale rispetto all'opera, l'edizione, il luogo di pubblicazione, l'editore, l'anno di pubblicazione, tutto come appare nel libro; di seguito viene indicato il numero di pagine di cui è composto e quali sono le sue dimensioni, infine il titolo della collana, se il libro ne fa parte, e la numerazione interna a quest'ultima. La descrizione costituisce la notizia bibliografica e consente al lettore di capire se è proprio quello il libro che gli interessa.

In alto a sinistra della scheda normalmente vengono indicati gli *accessi*, che possono essere costituiti dal cognome e nome dell'autore individuato e trascritto secondo regole precise, oppure dal soggetto, che evidenzia l'argomento trattato nel libro, o ancora dal numero di classificazione che rappresenta la materia (disciplina) entro la quale il libro rientra. Gli accessi servono al bibliotecario per ordinare le schede nei diversi cataloghi della biblioteca, e quindi al lettore per recuperare la notizia bibliografica.

In alto a destra della scheda viene riportata la *segnatura di collocazione*; questa è l'indirizzo del libro descritto nella notizia bibliografica, e serve per recuperarlo negli scaffali della biblioteca.

In basso a destra, infine, si trova il *numero di ingresso*, che viene assegnato al libro nel momento in cui entra a far parte del patrimonio della biblioteca; ha solo un valore amministrativo e non è necessario al lettore per la richiesta del libro.

Cataloghi

Il lettore può trovare le informazioni che cerca organizzate in diversi tipi di cataloghi che utilizzerà a seconda del tipo di domanda a cui cerca di dare risposta. La biblioteca ha l'obbligo di mettere a disposizione almeno un *catalogo alfabetico per autori* nel quale vengono ordinate le schede che hanno come accesso gli autori, siano essi persone o enti. Per ogni libro viene inserita nel catalogo una scheda per ciascun autore, curatore, o altro tipo di responsabilità intellettuale, secondo quanto stabilito dalle regole italiane che governano la catalogazione; inoltre, delle schede di rinvio dalla forma non corretta di un nome, sempre secondo le regole, a quella che invece è utilizzata in tutto il catalogo (*Omero* vedi *Homerus*) guidano il lettore nella ricerca; le schede di spoglio, se presenti, informano il lettore sugli articoli di periodico, o sui saggi e contributi vari che, ad esempio, compongono una raccolta degli atti di un congresso, una miscellanea ecc.

In sostanza, questo catalogo informa su quali opere di un dato autore sono possedute dalla biblioteca e in quale edizione: è il tipo di catalogo a cui si rivolgerà il lettore per cercare, ad esempio, un libro di cui conosca autore e titolo.

Una biblioteca può mettere a disposizione dei lettori anche altri tipi di catalogo. Il *catalogo alfabetico per soggetti* ordina le notizie bibliografiche secondo l'accesso per soggetto, cioè una parola o un insieme strutturato di termini che esprimono l'argomento specifico trattato nel libro, con il risultato che il lettore trova una di seguito all'altra le schede di libri che trattano lo stesso argomento, magari sotto aspetti diversi o per differente area geografica; può quindi utilizzarlo per conoscere cosa la biblioteca possiede sul tema della sua ricerca.

Il *catalogo sistematico per materia* (o *classificato*) ordina le schede per materie secondo un accesso costituito da un numero, o altra espressione alfanumerica, che le rappresenta, individuato secondo un sistema di classificazione (ad esempio secondo la Classificazione Decimale Dewey). In questo catalogo i numeri di classificazione raggruppano le schede per disciplina e per settori interni alla disciplina stessa: nel nostro caso il lettore trova le notizie bibliografiche su opere che trattano di storia e geografia in generale (900), seguite da quelle sulla storia dell'Europa (940), sulla storia della Germania (943), per poi passare a quelle sulla storia d'Italia (945), del Veneto (945.3), di Venezia (945.31), e così per ogni classe e relative divisioni e sezioni.

Il *catalogo dizionario*, pur non essendo molto utilizzato, può risultare assai utile; infatti associa le schede con accessi sia per autore che per soggetto in un unico ordine alfabetico, con il vantaggio di poter recuperare, se ad esempio il lettore cerca il nome di un autore, sia le opere scritte da quell'autore, sia le opere che parlano di lui.

Possono anche essere presenti alcuni cataloghi speciali destinati a raccogliere le notizie bibliografiche di altri tipi di materiali che la biblioteca possiede, come periodici, manoscritti, libri antichi, spartiti musicali, microforme, tesi di laurea. Ognuno di questi cataloghi verrà organizzato secondo gli accessi ritenuti più adatti (autore, titolo, data, luogo di pubblicazione, tipografo, relatore ecc.).

Dal momento in cui il lettore, grazie alla creazione del catalogo, è stato messo in grado di capire che cosa la biblioteca gli può offrire, e secondo quali modalità, può cominciare a usufruire dei suoi servizi.

Servizi al pubblico

I servizi di base che la biblioteca normalmente mette a disposizione del lettore sono la consultazione e il prestito esterno dei materiali posseduti.

Il lettore ha la possibilità di consultare il materiale di cui ha bisogno, individuato attraverso i cataloghi, sia chiedendo al personale della biblioteca di recuperarlo dai magazzini, sia prendendo direttamente il materiale dallo scaffale, se la biblioteca si è organizzata in modo da poterlo consentire. Per ottenere un libro dai magazzini è necessario che il lettore riempia un modulo fornito dalla biblioteca, nel quale deve indicare autore, titolo e segnatura di collocazione, assieme ai propri dati anagrafici. Terminata la consultazione del materiale, il lettore lo deve restituire al personale addetto per ottenere il permesso di uscire dalla biblioteca. Nel caso lo abbia preso direttamente dallo scaffale, deve invece depositarlo nei punti di raccolta indicati e non ricollocarlo nei ripiani, per evitare di mettere disordine nelle raccolte; in questo caso è opportuno che la biblioteca abbia predisposto anche un sistema di protezione dai furti che rilevi le uscite non autorizzate di libri.

La biblioteca può anche prestare al lettore il proprio materiale, secondo condizioni e modalità che devono essere prestabilite dal regolamento della biblioteca stessa e rese note al pubblico. In primo luogo, non tutti i materiali possono essere prestati, a causa del loro pregio o per il loro frequente utilizzo (libri antichi o rari, periodici, enciclopedie, testi d'esame ecc.). Di conseguenza la biblioteca deve predisporre un orario sufficientemente ampio che consenta al lettore la consultazione anche di questi materiali. In secondo luogo il prestito deve essere limitato come durata (15 o 30 giorni) e come quantità di libri richiesti contemporaneamente da un solo lettore, in modo tale da consentire a tutti i lettori di usufruire del patrimonio della biblioteca. Anche in questo caso è necessario che il lettore compili degli appositi moduli che servono sia per la registrazione del prestito, sia per consentirgli di uscire con il libro dalla biblioteca. Il lettore, per poter usufruire di questo servizio, deve essere abilitato e registrato in un apposito archivio come avente diritto al prestito.

Altri servizi possono essere messi a disposizione del lettore per dargli la possibilità di trarre il massimo vantaggio dalle potenzialità informative della biblioteca. Un buon servizio di fotoriproduzione, organizzato con un adeguato numero di fotocopiatrici, consente al lettore di riprodurre, e quindi di consultare fuori dalla biblioteca, parti di libri, periodici, enciclopedie e quant'altro sia escluso dal prestito. Nel caso in cui la biblioteca possieda materiali con particolari esigenze di conservazione, come possono essere i libri antichi o annate molto vecchie di periodici, può preservarli e garantirne lo stesso la consultazione facendone fare una copia su microfilm; allo stesso modo la biblioteca può richiedere o fornire ad altre biblioteche riproduzioni su microfilm di materiali delicati, oppure rari e preziosi che non possono essere né consultati né tantomeno sopportare i rischi di un trasferimento. Perché il lettore possa consultare questo materiale sotto forma di microfilm, la biblioteca deve mettere a disposizione un'apposita attrezzatura che consenta la lettura dei microfilm e la stampa delle immagini riprodotte (lettore-stampatore di microfilm).

Quando il lettore non trova nella biblioteca il materiale di cui ha bisogno, può chiedere alla biblioteca stessa di acquistarlo utilizzando dei moduli di «desiderata» predisposti per questo scopo, che verranno valutati dal settore responsabile delle acquisizioni. Nel caso in cui questi libri, o altro tipo di materiale, non siano più in commercio, o comunque la biblioteca non li ritenga in linea con la propria politica delle acquisizioni, il lettore può domandare alla biblioteca di attivare una procedura di prestito interbibliotecario, cioè di chiedere e avere in prestito per conto del lettore il libro da altre biblioteche che lo possiedono, garantendo per lui il rispetto dell'integrità del materiale e dei termini di riconsegna.

Depositi librari

Se è necessario gestire con cura la costruzione e la manutenzione dei cataloghi come strumenti che consentono la ricerca di informazioni e materiali, allo stesso modo è importante curare l'organizzazione dei libri nei depositi. La biblioteca può conservare il proprio patrimonio in magazzini dai quali viene escluso l'accesso diretto del pubblico, oppure disporre i libri «a scaffale aperto» consentendo ai lettori di accedere direttamente alle raccolte e di scegliere e prelevare di persona il materiale senza l'intermediazione del personale bibliotecario. Nel primo caso, i materiali devono essere organizzati in modo da sfruttare al massimo lo spazio disponibile nei magazzini e ordinati al fine di garantire al personale della biblioteca la possibilità di recuperarli con precisione e in qualsiasi momento. Nel secondo caso, la disposizione dei libri a scaffale aperto va organizzata in modo da guidare il lettore lungo il percorso che lo porta a trovare ciò di cui ha bisogno, anche senza la mediazione del catalogo; la biblioteca deve perciò adottare una collocazione che presenti i libri a scaffale secondo un ordine significativo per il lettore, ad esempio utilizzando un sistema di classificazione che consente di organizzare il patrimonio per materia. Questo tipo di collocazione comporta per la biblioteca una maggiore disponibilità di spazio sia per consentire l'inserimento delle nuove acquisizioni nel settore previsto per ogni specifica materia, sia per l'impossibilità a volte di sfruttare l'intera altezza dei locali, in quanto gli scaffali devono essere posti ad un'altezza che permetta al lettore di raggiungere i libri agevolmente.

È opportuno sottolineare la particolare cura che deve essere posta nel mantenimento dell'ordine dato ai libri nei depositi; solo quest'ordine potrà garantire il recupero di un particolare documento tra migliaia di altri documenti simili, tanto che un libro riposto a scaffale nel posto sbagliato può, nella maggioranza dei casi, essere considerato come un libro perso.

7. ORGANIZZAZIONE DELLA BIBLIOTECA E CRESCITA DELLE RACCOLTE

Organizzazione del lavoro in biblioteca

Ogni servizio e ogni strumento che la biblioteca mette a disposizione dei lettori è realizzato grazie all'attività svolta dal personale della biblioteca stessa, il cui lavoro è organizzato in una serie di procedure e mansioni spesso non evidenti o non direttamente rilevabili dal lettore. Ogni prodotto della biblioteca è frutto di un'attenta organizzazione del lavoro che elabora le informazioni e i materiali, interagisce con fornitori e clienti, offrendo un prodotto finito, cioè un insieme organizzato di informazioni, di strumenti e di testi necessario per soddisfare il bisogno di conoscenza del lettore. Il punto di partenza, si potrebbe dire la materia prima, è costituito dalla produzione libraria presente sul mercato, ancora priva di organizzazione, di informazioni e di strumenti per il suo recupero.

I servizi interni di una biblioteca sono organizzati in settori di attività specifiche e distinte che devono operare in stretta collaborazione per il raggiungimento dei fini che la biblioteca si è posta. L'esistenza di numerose attività, distinte ma correlate, che gestiscono risorse, informazioni e materiali per il raggiungimento di un fine comune porta a definire la biblioteca come un sistema, quindi non uno sterile deposito di libri, ma un organismo vivente e pulsante nel quale ogni settore lavora in funzione e in concerto con gli altri.

A seconda delle dimensioni della biblioteca ognuna di queste attività può costituire un settore distinto con personale incaricato di seguire le procedure che gli sono proprie, oppure diverse attività possono essere raggruppate in un unico settore o, addirittura, essere svolte da una sola persona nei casi di biblioteche molto piccole.

Una indicazione di massima su come la biblioteca organizza le proprie attività può essere la seguente: la selezione e l'acquisizione dei libri; il settore amministrativo; la catalogazione; la gestione dei periodici; la gestione dei magazzini e del prestito; il servizio di reference; la sezione libri rari; la direzione.

Selezione e acquisizione dei libri

È il settore che ha la responsabilità sulla scelta delle nuove acquisizioni, seguendo la politica stabilita dal direttore, dal comitato di gestione, o dall'organo preposto al controllo di attività e sviluppo della biblioteca, e perseguendo le finalità che questa si è posta. Considera le proposte d'acquisto fatte dai lettori, analizza i cataloghi degli editori, prende visione delle novità editoriali, valuta la compatibilità di eventuali donazioni con gli scopi e con il tipo di pubblico della biblioteca, controlla se la biblioteca non possieda già i libri o i materiali proposti per l'acquisto; infine seleziona i fornitori ed effettua gli ordini, riceve i libri in arrivo dei quali controlla l'integrità e la corrispondenza con gli ordini e le fatture.

Settore amministrativo

Stabilita la congruità degli arrivi con la volontà della biblioteca, il settore amministrativo avvia le procedure per il pagamento delle fatture, compila il *registro cronologico di entrata*, assegna al libro un numero di ingresso e lo contrassegna con il timbro della biblioteca. È opportuno segnalare che spesso, nelle biblioteche, il registro cronologico di entrata viene fatto coincidere, pur essendo diverso, con l'inventario dei beni mobili, e il numero che viene assegnato al libro può anche venire definito numero d'inventario. A questo punto, il libro diventa a tutti gli effetti parte del patrimonio della biblioteca e viene avviato al settore catalogazione.

Catalogazione

Questo settore è responsabile della catalogazione dei libri e quindi della creazione e del mantenimento dei cataloghi di cui la biblioteca dispone. Crea le registrazioni bibliografiche necessarie secondo le norme e le regole vigenti in Italia: ISBD (International Standard Bibliographic Description) per la descrizione del libro e quindi per la creazione della notizia bibliografica; REICAT (Regole Italiane di Catalogazione) per la definizione degli accessi di tipo formale (autori, titoli, titoli uniformi) che consentono al lettore di recuperare la notizia della presenza del libro in biblioteca nel catalogo per autori; il *Nuovo Soggettario*, curato dalla Biblioteca nazionale centrale di Firenze (o altro sistema giudicato dalla biblioteca più adatto allo scopo), per la definizione degli accessi per argomento, che sono utili al lettore per cercare libri di argomento affine nel catalogo per soggetti; la CDD (Classificazione Decimale Dewey) o altro schema di classificazione adottato dalla biblioteca (anche se la CDD è largamente usata in Italia) per individuare gli accessi per materia (storia, letteratura italiana ecc.) che rendono possibile al lettore il recupero delle notizie su libri affini per disciplina posseduti dalla biblioteca, attraverso l'utilizzo del catalogo sistematico.

Infine assegna la segnatura di collocazione, cioè l'indicazione del posto occupato dal libro a scaffale, ovvero l'indirizzo che consente di recuperare un libro specifico nel deposito, proprio in quell'armadio e su quel palchetto.

Gestione dei periodici

Cataloga i periodici (riviste, quotidiani ecc.), riceve i fascicoli correnti e ne controlla il regolare arrivo inoltrando solleciti ai fornitori se necessario, sovrintende alla rilegatura delle annate quando sono complete e tiene aggiornati gli schedoni amministrativi che sono la memoria della consistenza delle collezioni periodiche possedute dalla biblioteca, nei quali vengono registrati i fascicoli pervenuti ed evidenziati quelli mancanti, le annate non complete e gli elementi amministrativi di riferimento come i numeri di inventario e della fattura.

Gestione magazzini e prestito

Ha la supervisione dei depositi librari e gestisce il servizio di prestito esterno della biblioteca. In sostanza questo settore ha la responsabilità della presenza del libro in biblioteca: dopo che il libro ha subito tutto il processo preparatorio ed è pronto per essere collocato a scaffale, passa a questo settore, che studia la disposizione dei libri e gli spostamenti necessari a garantire il posto per le nuove acquisizioni; inoltre, grazie alla gestione del servizio di prestito, può informare il lettore e rispondere alla direzione sulla disponibilità del libro in biblioteca e consentire le prenotazioni per libri già in prestito; avvia i libri alla rilegatura e segnala al lettore la data di rientro del libro; gestisce infine i ritardi nella riconsegna dei libri per i quali è scaduto il periodo di prestito e le relative sanzioni.

Reference

È responsabile del servizio di informazione bibliografica e documentaria: dà informazioni sui cataloghi di cui dispone la biblioteca, indirizza i lettori all'utilizzo dei repertori bibliografici, fornisce supporto per il recupero di notizie bibliografiche, notizie su persone, su avvenimenti o altro che siano necessarie allo studio o semplicemente agli interessi del lettore. Per questo scopo utilizza tutti i repertori disponibili: bibliografie e cataloghi di altre biblioteche su supporto cartaceo, su microforme, immagazzinati su dischi ottici o raggiungibili in Rete con l'uso di computer. Si occupa inoltre di concretizzare, con il prestito interbibliotecario e con il recupero di articoli di periodico, le informazioni bibliografiche ottenute dai repertori utilizzati, siano essi tradizionali, oppure di tipo informatizzato. In funzione del recupero di notizie e informazioni, il settore reference può gestire anche fondi particolari come ad esempio le pubblicazioni ufficiali, come la Gazzetta ufficiale della Repubblica italiana, quella dell'Unione Europea, bollettini dell'ISTAT ecc.

Libri rari

Amministra le collezioni speciali di manoscritti, di libri antichi, rari o di pregio e i relativi servizi offerti al pubblico. Se teniamo presente che l'Italia è la nazione che conserva nelle sue biblioteche il più ricco patrimonio di libri rari, comprendiamo l'importanza che questo settore ha avuto nella storia e nella evoluzione delle biblioteche italiane. Manoscritti e libri rari o di pregio sono spesso presenti non solo nelle grandi biblioteche storiche, ma anche in biblioteche piccole e non adeguate alla loro conservazione; sarebbe preferibile in questi ultimi casi il loro deposito presso biblioteche adatte. La biblioteca deve garantire a questi patrimoni librari condizioni ambientali e climatiche ottimali per prevenire la genesi di alterazioni fisiche e biologiche, e deve provvedere al loro restauro quando si siano manifestate patologie e danni irreparabili.

Direzione

L'ufficio del direttore coordina la pianificazione dei progetti di sviluppo e di funzionamento corrente della biblioteca e la supervisione di tutti i settori di attività della biblioteca; si occupa inoltre di tutte le questioni di carattere amministrativo e finanziario per il buon andamento dell'intera struttura.

Un libro non entra per caso in biblioteca

Ogni biblioteca deve tener conto delle disponibilità finanziarie sulle quali può contare e deve fare all'inizio di ogni anno delle scelte di gestione che considerino non solo la necessità di acquistare libri, ma anche quella di erogare un tipo di servizio che la rende diversa da un semplice magazzino.

La biblioteca deve considerare, ad esempio, se le sale di lettura sono confortevoli, se è necessario acquistare sedie e tavoli per i lettori (sarebbe infatti un controsenso comprare libri e non avere posti sufficienti per la consultazione), oppure se c'è bisogno di nuovi scaffali, o se le fotocopiatrici del servizio di fotoriproduzione richiedono manutenzione. Deve valutare quanto denaro è necessario per l'acquisto delle schede che vanno a costituire i cataloghi, per le etichette da applicare al dorso dei libri e per i sistemi magnetici che li proteggono dai furti, per le spese di segreteria, cancelleria, rilegatura ecc.

Solo dopo che è stata effettuata questa analisi del bilancio e la relativa ripartizione, la biblioteca può procedere all'acquisto dei libri.

Normalmente, una biblioteca accresce il proprio patrimonio librario acquistando i materiali presso librai, ordinando direttamente presso gli editori, o utilizzando concessionarie o grosse organizzazioni che distribuiscono opere pubblicate da più case editrici sia nazionali che straniere. Può inoltre ricevere libri in dono, oppure, nel caso di biblioteche di grosse dimensioni o legate a istituzioni, scambiare le proprie pubblicazioni con quelle di altre biblioteche.

Un modo particolare di acquisizione libraria che riguarda poche e particolari biblioteche è il diritto di stampa; per salvaguardare e conservare l'intera produzione libraria italiana, ogni editore deve consegnare, per legge, quattro copie dei libri pubblicati, o per meglio dire di qualsiasi documento pubblicato e destinato ad uso pubblico indipendentemente dal supporto su cui è registrato e dalle modalità di fruizione; di queste, due giungono alla Biblioteca nazionale centrale di Roma e a quella di Firenze al fine di costituire l'Archivio nazionale della produzione editoriale, le due restanti vanno alla biblioteca principale della regione e a quella della provincia in cui ha sede l'editore dove concorrono a formare l'Archivio della produzione editoriale regionale. Queste modalità di deposito sono state definite recentemente dalla legge n. 106, del 15 aprile 2004, che identifica e descrive nel dettaglio le «categorie di documenti destinati al deposito legale» (art. 4) – individuati come «qualsivoglia stampato o pubblicazione» dalla precedente legge (n. 374, del 2 febbraio 1939) – comprendendo anche i documenti diffusi su supporto informatico e quelli diffusi tramite rete informatica. Al successivo Regolamento attuativo, contenuto nel DPR n. 252, del 3 maggio 2006, è stato affidato il compito di individuare, tra le altre cose, il numero delle copie da depositare e gli istituti in cui dovranno essere conservate, oltre naturalmente alle due Biblioteche nazionali; i casi di esonero, e gli speciali criteri e modalità di deposito che dovranno essere adottati per garantire la documentazione e la conservazione dell'enorme quantità di documenti (programmi, database, testi, immagini, audio, pagine web e così via) prodotti e diffusi su supporto elettronico e pubblicati in Rete (vedi Leggi 3).

La Biblioteca nazionale centrale di Firenze cataloga tutti i documenti ricevuti per diritto di stampa e pubblica la *Bibliografia nazionale italiana* che costituisce il repertorio ufficiale delle pubblicazioni italiane. Da questo repertorio possono trarre vantaggio sia i lettori, per motivi di studio e ricerca, sia i bibliotecari che, per la soluzione di problemi legati alla catalogazione, possono recuperare le notizie bibliografiche di tutto ciò che è stato pubblicato nel nostro paese.

La crescita delle collezioni di una biblioteca non è un fatto banale, ma deve essere programmata in modo organico ed equilibrato. Più che le strade attraverso le quali un libro diventa patrimonio della biblioteca è importante capire perché in biblioteca entrano quei determinati libri; infatti le diverse modalità di acquisizione che una biblioteca ha a disposizione devono essere sempre subordinate alla domanda: il nuovo libro che sto acquisendo potrà servire al mio pubblico?

Ad esempio, la biblioteca pubblica di un piccolo paese, con un pubblico di lettori che prediligono principalmente la letteratura, impegnata o di evasione, e di ragazzi delle scuole medie che, oltre alla letteratura per ragazzi, cercano strumenti per poter effettuare ricerche adeguate al loro livello scolastico, starà attenta a non acquisire opere specializzate che approfondiscano una particolare disciplina, ma preferirà opere di carattere generale (enciclopedie, dizionari ecc.), testi di narrativa, di poesia, di saggistica cercando di assecondare un'ampia gamma di interessi, e sforzandosi di offrire al lettore una rassegna sempre aggiornata delle novità editoriali.

Al contrario, una grande biblioteca di conservazione, oltre ai libri che ottiene per dovere istituzionale (per le biblioteche nazionali c'è il diritto di stampa) e alle opere di carattere generale, cercherà di acquisire grandi collezioni che altre biblioteche con minori mezzi non possono permettersi, cercherà di procurare per i propri lettori la maggiore produzione scientifica nazionale e mondiale, inseguirà libri rari o di pregio che hanno bisogno di restauro e di un trattamento adeguato, oppure opere che diversamente andrebbero perdute o segregate nella biblioteca di qualche privato, escludendo gli studiosi dalla possibilità di studiarle.

Nelle biblioteche delle università la scelta delle nuove acquisizioni viene fatta per la maggior parte dai docenti, che dispongono di fondi erogati dal ministero per supportare la propria ricerca e di fondi distribuiti dall'università stessa per il funzionamento delle proprie strutture. In questo modo è assicurato il rigore scientifico nella scelta delle opere da acquistare. Ma è necessario sostenere le indicazioni di acquisto con l'operato di una commissione per il funzionamento della biblioteca, o di un'altra istituzione simile che abbia il compito di assicurare una crescita equilibrata delle collezioni.

Per poter organizzare una crescita intelligente del proprio patrimonio la biblioteca deve conoscere il tipo di pubblico a cui si rivolge, e quindi prendere in seria considerazione i suggerimenti d'acquisto che i lettori possono fare attraverso appositi moduli o registri di «desiderata».

La biblioteca ha in questi suggerimenti uno strumento molto importante per sondare le preferenze dei lettori e orientare la propria politica delle acquisizioni potendo cogliere anche le minime variazioni di interesse nel pubblico.

Acquisti

È necessario che la biblioteca acquisti con accortezza tenendo in debito conto la propria funzione e le esigenze del suo pubblico. Per questi motivi le persone che hanno l'incarico di decidere gli acquisti della biblioteca devono avere una capacità culturale che le metta in grado di vagliare, con cognizione di causa, le segnalazioni dei lettori, gli innumerevoli cataloghi con cui le case editrici annunciano la propria produzione, considerando anche la visione diretta delle opere qualora la valutazione fatta sui cataloghi degli editori risulti difficile o dubbia.

Le attività di selezione e acquisizione hanno lo scopo di individuare e ottenere il materiale necessario a incrementare il patrimonio della biblioteca secondo le linee di crescita che la biblioteca stessa si è data.

Il settore che si occupa della selezione e dell'acquisizione del materiale deve lavorare in stretta collaborazione con i settori che preparano il libro per la sua destinazione finale a scaffale, con quelli che lo catalogano e con chi ha la gestione dei fondi per poter, in questo caso, operare rispettando la copertura finanziaria degli acquisti.

È importante che la selezione sia attenta e consideri le linee di sviluppo che la biblioteca si è data sulla base del tipo di pubblico che deve servire, delle finalità che le sono richieste dall'ente in cui è inserita, oppure dal ruolo che la biblioteca ricopre nella realtà cittadina, regionale o nazionale.

Scelti i nuovi libri che sono necessari alla biblioteca per far crescere le proprie collezioni, è necessario verificare che questi non siano già posseduti dalla biblioteca, o se sia necessario acquisirne una seconda copia; vanno quindi controllati attentamente i cataloghi e gli ordini di libri già inviati dalla biblioteca e non ancora evasi; è necessario inoltre assicurarsi che i libri da ordinare siano disponibili, e questo va fatto sia controllando i cataloghi dei libri in commercio, sia contattando direttamente il fornitore oppure l'editore; si eviterà in questo modo di impegnare e rendere inutilizzabili fondi per l'acquisto di libri che non arriveranno.

Lo staff dovrà poi scegliere con attenzione il fornitore a cui è più conveniente inviare l'ordine, considerando sia la rapidità di consegna sia il vantaggio economico delle condizioni di fornitura praticate: eventuali sconti sul prezzo di copertina, entità delle spese di spedizione, il tipo di cambio applicato sulla valuta straniera nel caso di libri provenienti dall'estero.

Per evitare il più possibile errori di fornitura, l'ordine verrà trasmesso al fornitore con una breve, ma precisa descrizione bibliografica che identifichi il più esattamente possibile il libro che la biblioteca vuole acquistare. Un aiuto in questo senso viene dall'ISBN (International Standard Book Number). Questo è un numero che di solito appare nella quarta di copertina (dietro al libro, in basso a destra) e nel verso del frontespizio, ed è formato da dieci cifre organizzate in quattro gruppi: il primo gruppo identifica la nazione, l'area linguistica o geografica di appartenenza, il secondo l'editore, il terzo quel libro in quella particolare edizione, mentre l'ultimo è una cifra di controllo che risulta dall'applicazione di un certo algoritmo alle cifre dei primi tre gruppi. A partire dal 1° gennaio 2007 il codice ISBN sarà composto da tredici cifre: un prefisso di tre cifre (978 o 979, che già oggi sono riservati a identificare internazionalmente il libro nella codifica EAN, European Article Numbering) precederà le prime nove cifre del codice e sarà seguito dal numero di controllo calcolato però secondo l'algoritmo finora utilizzato per l'EAN. Il nuovo codice ISBN a tredici cifre andrà così a coincidere con il codice numerico dell'EAN, come appare già oggi stampato sulla quarta di copertina del libro sotto all'ISBN. Se l'ISBN è riportato correttamente sul catalogo dei libri in commercio oppure sulla segnalazione editoriale, può essere utilizzato per effettuare gli ordini con precisione, sia da solo, in quanto identifica senza ombra di dubbio il libro, l'editore e l'edizione, sia accompagnato alla breve descrizione bibliografica per eliminare eventuali dubbi di interpretazione o errori di trascrizione.

Nella scelta del fornitore bisogna considerare che non sempre l'editore è la fonte più conveniente per l'acquisto, ma può risultare più efficiente rivolgersi a grosse organizzazioni di fornitura e distribuzione, poiché queste consentono alla biblioteca di ottenere da una sola ditta materiali che altrimenti dovrebbe ordinare a diversi editori o librai, con il vantaggio di avere un solo o, al massimo, pochi interlocutori e quindi meno ordini, meno fatture e la possibilità di risolvere più agevolmente gli eventuali problemi di fornitura, come l'invio di libri diversi da quelli ordinati, libri con difetti di paginazione o eventuali solleciti per il mancato arrivo di fascicoli di periodico. Inoltre, poiché queste grosse organizzazioni acquistano da ogni editore molti più libri di quanto possa fare una qualsiasi biblioteca da sola, esse possono ottenere sconti maggiori e quindi fornire alle biblioteche i libri a un prezzo più basso di quanto potrebbe offrire l'editore a fronte dell'esiguo ordine di una sola biblioteca. Infine, i grossi fornitori offrono anche speciali servizi di informazione bibliografica sulle novità editoriali, nazionali o internazionali, tagliati sulla tipologia e sulle specifiche esigenze di ogni biblioteca. In un sistema composto da più biblioteche, come ad esempio in un sistema bibliotecario cittadino, è economicamente vantaggioso che le acquisizioni vengano fatte in modo unitario, invece che dalle singole biblioteche.

Quando il libro arriva, il personale che si occupa delle acquisizioni deve confrontare tutti gli elementi bibliografici (autore, titolo, editore, anno di pubblicazione, edizione) con quelli che a suo tempo sono stati inseriti nell'ordine, e rilevare ogni minima incongruenza al fine di stabilire che quello è proprio il libro che la biblioteca ha richiesto; deve controllare che il libro sia correttamente riportato nella fattura al prezzo che è stato pattuito con il fornitore; una attenta analisi del libro deve evidenziare se questo è danneggiato, incompleto o, in alcuni casi, con la paginazione dei fascicoli invertita: in questo caso il libro sarà inviato tempestivamente al fornitore che ha l'obbligo di provvedere alla sua sostituzione con un esemplare integro.

Se il libro è corrispondente all'ordine, è integro, e la fattura è corretta e approvata per il pagamento, libro e fattura possono essere inviati al settore amministrativo per la presa in carico.

Doni

Un'altra via attraverso cui la biblioteca può arricchire il proprio patrimonio sono le donazioni. Queste giungono ad esempio da parte di qualche ente interessato a diffondere copie dei libri che ne esprimono l'attività culturale o di ricerca, o che più semplicemente vuole svecchiare la propria raccolta libraria; oppure da parte della famiglia di qualche studioso che, nel corso della vita, ha raccolto migliaia di volumi e costituito quindi una biblioteca della quale gli eredi non sanno cosa fare.

Il dono è il modo più subdolo attraverso cui i libri entrano in biblioteca; infatti, normalmente è difficile rifiutare un dono, perché la biblioteca può correre il rischio di essere tacciata di scarso livello culturale o di poca sensibilità: in fin dei conti sono libri e sono regalati, non si può dire di no!

E invece, a volte, è necessario rifiutare un dono o deviarlo verso una biblioteca più adatta ad accoglierlo degnamente. Infatti un libro, quando entra in biblioteca, al di là del prezzo pagato o del valore espresso dalla copertina, ha un costo molto alto sia in termini di lavoro necessario per renderlo disponibile al lettore, sia in termini di spazio occupato a scaffale.

Leggendo i paragrafi successivi ci si potrà rendere conto della quantità e della complessità delle operazioni che un libro deve subire per essere collocato a scaffale: sono tutte operazioni che devono essere svolte da personale competente, e come si sa il lavoro ha un costo proporzionalmente più alto, quanto più alta è la preparazione professionale necessaria per compierlo.

Inoltre, introdurre in biblioteca un libro che non sia adeguato alle possibili richieste dei lettori e che non verrà mai consultato significa occupare negli scaffali uno spazio che potrebbe essere utilizzato per libri più utili a quel tipo di pubblico e quindi più consultati. Quello degli spazi è un problema presente da sempre nella storia delle biblioteche, sia per la crescita a cui sono soggette le raccolte librarie, sia per il fatto che spesso sono state costituite utilizzando vecchi edifici, in alcuni casi soggetti a vincoli storici e architettonici che li rendono inadeguati e inadeguabili alle esigenze di funzionalità proprie di una biblioteca.

Queste considerazioni non vogliono essere un invito a rifiutare a oltranza qualsiasi libro venga donato a una biblioteca, ma unicamente evidenziare l'impegno che l'accettare una donazione implica per la biblioteca.

Registrazione e presa in carico: trattamento amministrativo

A questo punto il libro deve entrare a far parte del patrimonio della biblioteca e quindi deve essere segnalato nell'apposito registro cronologico di entrata. Questo registro ha un valore patrimoniale, infatti vedremo che considera il valore del libro espresso nella copertina e non il prezzo effettivamente pagato, comprensivo di sconti e di spese di spedizione. Ha quindi lo scopo di documentare il patrimonio della biblioteca, di cui fornisce il numero dei volumi, degli opuscoli, delle annate di periodico e di ogni altro tipo di materiale posseduto, e il loro valore particolare e complessivo.

Il registro può assumere forme diverse a seconda dell'ente o del ministero da cui dipende la biblioteca, ma prevede sempre la registrazione degli stessi dati:

– un *numero di ingresso* che viene assegnato al pezzo fisico (a un'opera in cinque volumi verranno assegnati cinque numeri di ingresso) in una progressione continua che non deve subire interruzioni. Il numero di ingresso viene anche riportato sul libro nell'ultima pagina di testo prima dell'indice (quando l'indice è alla fine del libro), e sulle schede principali che andranno a comporre i cataloghi. Nel caso si stia registrando una pubblicazione periodica, il numero di ingresso andrà assegnato a ogni annata e non a ogni fascicolo pubblicato; infatti all'annata corrisponde il valore dell'abbonamento attivato dalla biblioteca per quell'anno; il numero verrà riportato sul primo fascicolo dell'annata e sullo schedone amministrativo;
– una *descrizione del libro* che ne consenta l'identificazione. Può essere conveniente utilizzare gli stessi criteri adottati per la descrizione del libro nella scheda catalografica, in ogni caso deve almeno essere indicato l'autore principale, il titolo, il luogo di edizione, l'editore, l'anno di pubblicazione, e la descrizione fisica che indichi il numero delle pagine e l'altezza del libro;

- la *provenienza del libro*, cioè il nome del fornitore, se è stato acquistato, oppure il nome dell'ente o della persona che lo ha donato alla biblioteca;
- il *numero della fattura* con la quale è stato richiesto il pagamento del libro;
- la *segnatura di collocazione* che indica il posto a scaffale dove viene conservato il libro in biblioteca;
- il *valore del libro* indicato nella copertina e, ripetiamo, non il prezzo pagato che è soggetto a sconti o spese di bollo o di spedizione. Nel caso di libri pervenuti alla biblioteca in dono che non riportino in alcuna parte l'indicazione del valore, o che siano troppo vecchi e con l'indicazione di valore anacronistica rispetto all'attuale valore del denaro, si procederà all'attribuzione di una stima approssimativa basandosi sull'esperienza del bibliotecario, sul costo di opere analoghe più recenti, oppure sul parere di un esperto.

La somma dei valori va riportata alla fine di ogni foglio del registro cronologico di entrata e il totale va riportato all'inizio del foglio successivo; a questo totale vanno sommati i valori di ogni libro espressi nel foglio, e così sempre di seguito. In questo modo si avrà alla fine di ogni foglio l'ammontare aggiornato del patrimonio fino alla fine dell'anno. All'inizio del nuovo anno, la somma dei valori ricomincerà da zero.

Le operazioni legate al registro cronologico di entrata documentano la presa in carico ufficiale del libro da parte della biblioteca nel proprio patrimonio. Il documento ora è parte integrante del patrimonio della biblioteca e, soprattutto per scoraggiare i furti, questa proprietà va messa in evidenza anche sul libro utilizzando un timbro piccolo, solitamente di forma ovale, che lo contrassegni con il nome della biblioteca; il libro va timbrato sul verso del frontespizio, sull'ultima pagina del testo in corrispondenza del numero di ingresso, su una pagina convenzionale per la biblioteca e ogni cento pagine a partire da quella convenzionale. È cura del bibliotecario stabilire se eventuali tavole del libro corrano il rischio di venire asportate; in questo caso vanno timbrate anche quelle, facendo attenzione a non coprire, o rovinare le illustrazioni.

A questo punto la biblioteca deve far conoscere ai propri lettori il materiale che possiede e passarlo al settore che si occupa della creazione e manutenzione dei cataloghi e che attiva quindi tutte le procedure collegate alla catalogazione.

8. LA CATALOGAZIONE: DESCRIZIONE BIBLIOGRAFICA

Dalla lista di libri al catalogo a schede

La catalogazione è un insieme di procedure che consentono alla biblioteca di far conoscere ai propri lettori i documenti che essa possiede e dare le indicazioni per poterli individuare e quindi recuperare negli scaffali in cui sono conservati.

Da sempre si ritiene che il bibliotecario possieda la facoltà di garantire la memoria della biblioteca, ricordando tutti i libri posseduti e la loro ubicazione negli scaffali; per questo, ancora adesso, molti lettori si rivolgono a lui invece di consultare il catalogo e si stupiscono se non è in grado di rispondere subito e con precisione.

In realtà i bibliotecari non hanno mai posseduto questa facoltà e quindi per documentare il patrimonio della biblioteca, seguire la crescita delle raccolte e conservare nel tempo queste informazioni, cominciarono a compilare delle liste, all'inizio rudimentali, che avevano essenzialmente un valore di inventario con funzioni di controllo sulla presenza o meno in biblioteca dei libri che questa possedeva.

Su queste prime liste venivano annotati i titoli, o gli *incipit* delle opere, gli autori, la dimensione (numero di rotoli, tavolette o fogli manoscritti) e lo scaffale dove venivano custodite. Oltre che documentare il patrimonio della biblioteca, esse aiutavano i lettori a conoscere il materiale disponibile e il suo contenuto. L'aspetto fisico di queste liste era simile a quello del materiale librario in uso, tavolette, rotoli, codici manoscritti e, infine, anche libri a stampa, ma la sostanza di lista sequenziale rimaneva. Questo sistema risultò ben presto poco pratico: infatti, in quanto liste, le notizie relative ai libri posseduti potevano essere aggiornate agevolmente solo seguendo l'ordine di arrivo. Non era quindi possibile avere, ad esempio, le notizie delle opere ordinate per titolo, oppure per autore secondo le lettere dell'alfabeto.

Verso la fine del XIX secolo, ma abbiamo anche esempi del secolo precedente, si introdusse la pratica di registrare le notizie relative a ogni singola opera su fogli sciolti, raccolti in fascicoli o volumi; questo sistema consentiva un più facile aggiornamento dei cataloghi. A seconda dell'ordine che il bibliotecario aveva deciso di adottare, era quindi più agevole recuperare le notizie bibliografiche ordinate per titoli, per autori, oppure per materia. All'inizio del XX secolo un processo di standardizzazione delle dimensioni di questi fogli portò all'utilizzo delle schede in cartoncino, di 7,5 per 12,5 centimetri che, opportunamente raccolte e ordinate in schedari, sono diventate il supporto adottato da tutte le biblioteche per trasmettere ai propri lettori le notizie sui libri che in esse sono conservati.

Nel catalogo ogni scheda ha la funzione di rappresentare un libro e quindi di informare il lettore che il libro di cui ha bisogno è posseduto dalla biblioteca.

Per ottenere questo risultato sono necessarie due operazioni:

a. dare al lettore la notizia che la biblioteca ha *proprio* quell'opera, in quella particolare edizione; questo si ottiene facendo nella scheda una descrizione precisa, esclusiva e non ambigua dell'edizione stessa che la identifichi in modo inequivocabile;
b. consentire al lettore il recupero agevole di questa notizia, individuando uno o più elementi che costituiscano una via d'accesso alla notizia stessa e consentano di inserirla in uno o più insiemi omogenei di schede (catalogo per autori, per soggetti, per materia ecc.) ordinati secondo uno stesso criterio: alfabetico, classificato, cronologico ecc.

I cataloghi così costruiti svolgono quindi una funzione di mediazione tra i lettori e il patrimonio della biblioteca, ovvero mettono in relazione il bisogno di conoscenza dei lettori e la conoscenza che è nei libri.

Nel percorso che ha condotto alla normalizzazione internazionale delle procedure di catalogazione, hanno avuto un ruolo fondamentale i dodici princìpi approvati dalla Conferenza internazionale sui princìpi di catalogazione, tenuta a Parigi nell'ottobre del 1961 (ICCP – International Conference on Cataloguing Principles). I *Princìpi di Parigi* definirono le funzioni del catalogo e la sua struttura, i tipi di schede che lo compongono e i criteri generali per la scelta e la forma delle intestazioni da utilizzare per l'ordinamento delle schede nel catalogo. Con riferimento alle funzioni del catalogo, i *Princìpi* stabilirono che esso deve permettere di trovare una particolare pubblicazione, tutte le opere di un particolare autore, tutte le edizioni di una particolare opera che esistono nella biblioteca.

Oggi le indicazioni date dai *Princìpi* sembrano scontate, mentre allora, nel 1961, erano innovative e vennero prese come riferimento dalla maggior parte delle Agenzie bibliografiche nazionali per elaborare le regole di catalogazione utilizzate dalle biblioteche dei rispettivi Paesi.

A circa quarant'anni dalla conferenza di Parigi i *Princìpi*, nati in ambiente preinformatico, sono stati ritenuti non più in grado di supportare adeguatamente le attuali esigenze catalografiche e le potenzialità dei cataloghi informatizzati, mostrando dei limiti anche rispetto alla catalogazione delle numerose e diversificate risorse informative oggi disponibili.

Per questi motivi l'IFLA (International Federation of Library Associations and institutions) ha programmato dal 2003 al 2007 una serie di incontri internazionali tra gli esperti di catalogazione (IME-ICC – International Meetings of Experts for an International Cataloguing Code) con lo scopo di adeguare i princìpi ai nuovi metodi di gestione e di accesso all'informazione e di promuovere lo sviluppo di un nuovo Codice internazionale di catalogazione. Nel corso del primo di questi incontri, tenutosi in Germania a Francoforte sul Meno nel 2003, è stata approvata e proposta alla discussione internazionale una prima bozza dei nuovi *Princìpi internazionali di catalogazione* che, alla conclusione della serie di incontri internazionali, è stata approvata nella versione definitiva e pubblicata nel febbraio del 2009.

La *Dichiarazione di Princìpi Internazionali di Catalogazione* (vedi Letture 3), pubblicata sul sito web dell'IFLA in 25 lingue, nella sua parte introduttiva afferma di sostituire ed estendere «i Principi di Parigi dalle sole opere testuali a tutti i tipi di materiali e dalla sola scelta e forma dell'intestazione a tutti gli aspetti dei dati bibliografici e di autorità utilizzati nei cataloghi di biblioteca», affermando nel contempo di fondare le proprie basi sul nuovo modello concettuale definito nello studio condotto e pubblicato dall'IFLA nel 1998 sui Requisiti Funzionali per i Record Bibliografici (Functional Requirements for Bibliographics Records – FRBR).

I requisiti funzionali per i record bibliografici (FRBR – Functional Requirements for Bibliographic Records)

La catalogazione, soprattutto se effettuata in modo rigoroso e secondo le regole, è una procedura molto costosa per le biblioteche, in termini di tempo e di competenze professionali richieste.

Il bisogno di risparmiare in termini di catalogazione e la disponibilità di nuove tecnologie informatiche e telematiche ha favorito lo sviluppo di progetti di catalogazione partecipata e derivata, come strumenti per ridurre la moltiplicazione delle procedure di catalogazione dello stesso documento da parte delle biblioteche che lo possiedono e per disporre di notizie bibliografiche di migliore e costante qualità in special modo se derivate da istituzioni prestigiose, o con queste condivise. Per lo stesso motivo la biblioteca ha cercato, in un recente passato, di limitare la duplicazione delle registrazioni, bibliografiche e gestionali, create in origine da ognuna delle procedure previste dai software di gestione per il proprio funzionamento (acquisizione, catalogazione, gestione dei periodici, prestito, OPAC e procedure amministrative), promuovendo la realizzazione e l'utilizzo di software cosiddetti «integrati». In questi software la notizia bibliografica, come qualsiasi altra informazione, è creata e registrata nel sistema una sola volta dalla prima procedura che ne ha la necessità – ad esempio dall'acquisizione per registrare la descrizione del documento o i dati del fornitore al momento dell'ordine – e da quel momento, utilizzata in modo condiviso dalle altre procedure per le parti necessarie al loro specifico regolare funzionamento.

La diminuzione costante a livello mondiale dei finanziamenti a favore delle biblioteche e, per contro, la continua crescita della produzione editoriale hanno determinato la ricerca di una semplificazione del processo di catalogazione e una naturale, quasi fisiologica, tendenza a contenere il dettaglio e l'estensione della descrizione ed a cercare di definire un «livello minimo» delle informazioni necessarie per costituire un record bibliografico utile al lettore. Questi argomenti vennero discussi al «Seminario sui record bibliografici» tenutosi a Stoccolma nel 1990 sotto il patrocinio dell'IFLA, dove venne riconosciuto il disagio economico che affliggeva – e affligge tuttora – le biblioteche e la inderogabile necessità di intervenire per ridurre i costi e semplificare la catalogazione. Nel corso del seminario si comprese l'importanza di privilegiare il punto di vista di chi utilizza i record bibliografici e di studiare quali caratteristiche dovesse avere questo tipo di record per poter rappresentare diversi tipi di materiali, essere condiviso e soddisfare le esigenze dei numerosi attori che gravitano nel circuito librario, come editori, librai, produttori di basi dati bibliografiche e altro, che già comunque utilizzavano per le proprie attività informazioni di tipo bibliografico, create e configurate di volta in volta secondo quanto richiesto dalle varie applicazioni. Un approccio che seguiva quindi la stessa logica che aveva portato alla condivisione della notizia bibliografica tra le procedure dei software di gestione di biblioteca.

Nel corso del seminario l'IFLA riconosce le esigenze emerse dalla discussione e fa propria la necessità di definire quali siano i requisiti funzionali dei record bibliografici. Avvia quindi i lavori di un gruppo di studio specifico con il compito di delineare «le funzioni svolte da un record bibliografico rispetto ai vari mezzi di comunicazione, le varie applicazioni ed i vari bisogni dell'utente» (*Requisiti Funzionali per Record Bibliografici, rapporto conclusivo* - FRBR, 1.1). In sostanza, scopo dello studio è individuare quali siano gli utenti che di fatto utilizzano la notizia bibliografica all'interno del circuito librario, quali i requisiti che un record bibliografico deve avere e quali tipi di informazioni deve poter gestire per rispondere alle esigenze di questi utenti, e infine quale sia il livello standard minimo di completezza per i record prodotti dalle Agenzie bibliografiche nazionali, che consenta loro di risparmiare sulle procedure catalografiche pur continuando a rispettare le esigenze dei vari utenti individuati.

Il Rapporto conclusivo che riassume i lavori del gruppo di studio fu approvato nel 1997 dal Comitato permanente della Sezione sulla catalogazione dell'IFLA, successivamente pubblicato nel 1998 e sottoposto a continue revisioni fino ad arrivare nel febbraio del 2009 alla versione corrente, consultabile sul sito web dell'IFLA (http://www.ifla.org/files/cataloguing/frbr/frbr_2008.pdf).

A tal fine lo studio inizia col considerare tutti i materiali che possono essere rappresentati in un record bibliografico (testi, musica, audiovisivi ecc.), i diversi supporti su cui possono essere registrati (carta, pellicola, supporti ottici o magnetici ecc.), i formati nei quali possono essere presentati (libri, fogli, cassette ecc.) e le possibili modalità di registrazione delle informazioni (analogica, digitale, acustica ecc.). I partecipanti al gruppo di studio stabiliscono poi che i dati contenuti nel record bibliografico devono essere utili alle necessità di un'ampia gamma di utenti come i lettori, gli studenti, i ricercatori, il personale di biblioteca, gli editori, i distributori, i venditori al dettaglio, gli intermediari nel settore delle informazioni, i curatori dei diritti sulla proprietà intellettuale e così via, e devono poter essere utilizzati da applicazioni specifiche quali sono ad esempio quelle per lo sviluppo delle raccolte, la catalogazione, la conservazione, la produzione di bibliografie, e altro. Individuati i materiali, i supporti, i formati, che il record bibliografico deve rappresentare e gli utenti e le applicazioni a cui deve servire, lo studio si preoccupa quindi di definire quale possa essere l'uso che gli utenti fanno dei dati e delle registrazioni bibliografiche, ad esempio nel corso di una ricerca, o mentre utilizzano le bibliografie e i cataloghi.

Lo studio stabilisce che i record devono servire ai possibili utenti per *trovare* informazioni sui materiali che stanno cercando, per *identificare* un documento, ossia per capire se il documento trovato sia proprio quello cercato, per *selezionare* il documento adeguato ai propri bisogni (ad esempio in una lingua che gli sia comprensibile), e infine per *ottenere* l'accesso al documento selezionato.

Lo studio si propone quindi di disegnare un modello concettuale di record bibliografico che risponda alle diverse esigenze delineate, e per farlo applica una tecnica di analisi basata sulle *entità* e sulle *relazioni* fra le entità, che viene normalmente utilizzata nello sviluppo di sistemi di basi dati relazionali. Infatti, il gruppo di studio, invece di fare riferimento al documento da catalogare ed alle sue caratteristiche formali, o semantiche, necessarie a rappresentarlo e a renderlo reperibile, secondo quanto previsto da regole e standard di catalogazione concepiti in ambiente preinformatico, decide di avviare l'analisi procedendo dal punto di vista dell'utente e di identificare innanzitutto *cosa* costituisca per lui «oggetto di interesse primario» (FRBR 3.1), ossia cosa cerca e si aspetta di trovare in un record bibliografico nel corso di una ricerca.

Le 10 entità

A questo proposito dieci sono gli «oggetti interessanti» per un possibile, generico, lettore che lo studio individua e riesce ad isolare dai diversi contesti, e che costituiscono le *entità* da considerare nella progettazione e costruzione del modello di record bibliografico. Le entità individuate riguardano i *prodotti* e i *soggetti* dell'attività artistica o intellettuale, e le *responsabilità* relative «al contenuto artistico o intellettuale, alla produzione, alla diffusione ed alla tutela di questi prodotti».

Entità relative ai prodotti dell'attività artistica o intellettuale

Le entità di interesse primario per gli utenti di record bibliografici relative ai *prodotti* sono:

1) l'*opera*, ossia la creazione artistica o intellettuale in astratto, così come è concepita nella mente dell'autore prima di venire

in qualsiasi modo espressa; esempio di opera: *Vingt mille lieues sous les mers*;

2) l'*espressione*, che realizza e rende percettibile un'opera (le parole di un'opera letteraria o di un testo, le note di un'opera musicale); esempio di espressione: il manoscritto di *Vingt mille lieues sous les mers*, oppure la sua traduzione *[Vingt mille lieues sous les mers, in italiano] Ventimila leghe sotto i mari / trad. di Berto Minozzi*;
3) la *manifestazione*, ovvero la realizzazione fisica dell'*espressione* di un'*opera*, la materializzazione dell'*opera* su un supporto, che può essere cartaceo, elettronico, una tela, un nastro ecc., costituita dall'insieme degli «oggetti fisici che hanno le stesse caratteristiche sia rispetto al contenuto intellettuale sia alla forma fisica» (FRBR 3.2.3) ; esempio di manifestazione: *Ventimila leghe sotto i mari : romanzo / di Giulio Verne ; traduzione di Berto Minozzi. Milano : Cavallotti, 1951. - 214 p. ; 19 cm. - (Smeraldo ; 23)*;
4) il *documento*, ovvero l'esemplare, la copia, uno degli oggetti fisici che costituiscono la manifestazione (un libro, un disco, una audiocassetta, o i due volumi che possono comporre una monografia); esempio di documento: la copia fisica dell'esempio precedente conservata nella Biblioteca Nazionale Braidense e identificata dai seguenti dati *Collocazione: ROM. O. 1620; n. inventario: 000418357.*

Quindi, riprendendo gli esempi usati qui sopra, Jules Verne concepisce l'idea di raccontare le avventure del Capitano Nemo, storia che prenderà poi il titolo di *Vingt mille lieues sous les mers* e questo, di fatto, crea l'*opera*; mette poi mano a carta e penna e scrive la storia: il manoscritto costituisce la prima *espressione* dell'*opera*, che si realizza nelle parole e nei paragrafi (si tratta di un testo) che consentono di esprimerla; la successiva pubblicazione a stampa, da parte di vari editori, di quella prima *espressione* manoscritta va a costituire le varie *manifestazioni* nelle quali si concretizza l'*espressione* dell'*opera*; ogni *manifestazione* poi è prodotta in una o più copie, *documenti*, esemplari o item che la rappresentano. La traduzione in lingua italiana dell'*espressione* originale in francese dell'*opera*, fatta da uno specifico traduttore, costituisce una nuova *espressione* dell'opera di Jules Verne, dalla quale poi deriveranno altre *manifestazioni*, pubblicate ad esempio da Mondolibri e da Arnoldo Mondadori nel 2002, ognuna a sua volta prodotta in un congruo numero di copie o *documenti*, posseduti da *persone* o da *enti* come sono ad esempio le biblioteche.

In realtà non è semplice stabilire se eventuali variazioni apportate ad un'*opera* possano dare origine a diverse *espressioni* dell'opera, oppure a nuove *opere*, varianti della prima. La discriminante può essere individuata nella presenza, o meno, «di un'attività artistica o intellettuale indipendente» (FRBR 3.2.1) che caratterizza le modifiche apportate all'*opera* originaria.

Questo sta a significare che se le varianti apportate ad un testo esistente sono prive di un'attività artistica o intellettuale significativa, come nel caso di aggiornamenti, riduzioni e integrazioni, traduzioni, trascrizioni, arrangiamenti o versioni doppiate di un film, esse sono da considerarsi *espressioni* diverse della stessa *opera*. Se invece le modifiche introdotte al testo originale «includono l'apporto significativo di un'attività artistica o intellettuale indipendente» (FRBR 3.2.1), il testo che ne consegue sarà una nuova *opera*. È il caso di interventi di riscrittura, riassunti e compendi, parodie (ad esempio *I promessi sposi* nella versione televisiva del trio Marchesini, Lopez e Solenghi) e adattamenti per l'infanzia, oppure di interventi che comportano un cambiamento da una forma artistico-letteraria ad un'altra, come versioni teatrali o film basati su opere letterarie.

I cambiamenti nella forma fisica segnano invece il passaggio da una *manifestazione* ad un'altra. Si è in presenza di una nuova *manifestazione* quando ad esempio cambia il supporto (carta o microfilm) o il tipo di carattere utilizzato, il contenitore (microcassetta o CD), l'editore e le modalità in cui viene confezionato il prodotto. In qualsiasi caso, per avere una nuova *manifestazione*, è necessario che i cambiamenti, voluti o casuali, intervengano durante il ciclo di produzione delle copie; se invece avvengono dopo la fine di tale processo e riguardano ad esempio un'unica copia (rilegature, annotazioni ecc.) la *manifestazione* non cambia.

Una nuova *manifestazione*, ma anche una nuova *espressione* dell'*opera*, si avrà infine in presenza di cambiamenti nel processo produttivo che comportino aggiunte, modifiche o cancellazioni, che in qualche modo intaccano il contenuto artistico e intellettuale.

Il *documento*, infine, rappresenta la *manifestazione* e ne segue i cambiamenti al variare della forma fisica o del contenuto artistico e intellettuale.

Entità relative alla responsabilità

Per quanto attiene ai vari tipi di *responsabilità* che gravitano attorno ai prodotti dell'attività artistica o intellettuale, le entità individuate nel rapporto sono:

5) la *persona*, ossia il singolo individuo;
6) l'*ente*, inteso come un insieme di individui, organizzati in forma temporanea (mostre e convegni) o permanente (istituzioni, imprese, organizzazioni ecc.), dotati di un nome che li identifichi formalmente.

Queste entità individuano tutte le figure che possono essere a qualsiasi titolo coinvolte nella creazione (autori di opere, di parodie, di adattamenti teatrali o cinematografici ecc.), nella realizzazione (curatori, traduttori ecc.), nella produzione (editori, tipografi e altro), nel possesso e nella conservazione (biblioteche, librai, privati ecc.) di uno dei *prodotti* dell'attività artistica ed intellettuale di cui sopra.

Le entità *persona* e *ente* possono a loro volta anche costituire il soggetto di un prodotto dell'attività artistica o intellettuale, ad esempio nel caso di un'opera biografica per i nomi di persona, o di un'opera storica per i nomi di ente.

Entità relative ai soggetti

Il terzo gruppo di entità individuato dallo studio, infine, è quello che rappresenta i *soggetti* delle opere, ovvero gli argomenti di cui esse trattano, e comprende:

7) il *concetto*, ovvero un'idea o un principio astratto che possa rappresentare ad esempio una disciplina (storia, economia), una filosofia, una religione, una ideologia politica, una teoria, una scienza, una tecnica;
8) l'*oggetto*, ossia una cosa che è possibile toccare, animata o inanimata, mobile o immobile, naturale o artefatta, come un palazzo, un monumento ecc.;
9) l'*evento*, che rappresenta un qualcosa che è successo, un fatto o un'azione, come ad esempio una battaglia, un'epoca, un periodo storico ecc.;
10) il *luogo* che identifica una località, geografica o politica, contemporanea o storica, e non necessariamente terrestre, come una città, una nazione, un fiume, un pianeta o un punto nello spazio.

Attributi delle entità

Una volta definiti gli oggetti di interesse per l'utente, lo studio associa a ciascuna delle entità identificate degli *attributi*, vale a dire le informazioni descrittive (titolo, editore, responsabilità ecc.), le caratteristiche fisiche (estensione, carattere, supporto), gli identificatori (ISBN, numero di deposito legale ecc.) e le informazioni relative al contesto (storico, sociale o artistico in cui l'opera è stata concepita o l'espressione realizzata) che nel loro insieme identificano e definiscono un'entità. In sostanza si tratta degli elementi informativi caratteristici di ognuna delle entità, visibili e utilizzabili dall'utente, che consentono di effettuare delle ricerche, di interrogare un catalogo di biblioteca, o una bibliografia nazionale, e di comprenderne le risposte, attuando le «funzioni utente» che lo studio affida al record bibliografico, ossia permettere ad un utente di *trovare* informazioni su un documento, di *identificarlo* come quello cercato, di *selezionarlo* tra quelli possibili e di *ottenerlo* per la consultazione.

Relazioni

Definite le entità e gli attributi che le identificano, per completare la costruzione del modello concettuale di record bibliografico, è fondamentale comprendere quali siano le relazioni che collegano fra loro le varie entità, prescindendo da come il documento si presenta e dai suoi contrassegni formali. Le relazioni tra due entità possono, in un certo senso, essere considerate come il predicato verbale che definisce l'azione che intercorre tra un soggetto ed un complemento: «questa persona (soggetto)» <u>ha creato</u> «quest'opera (complemento oggetto)», oppure all'inverso «questa opera (soggetto)» <u>è creata da</u> «questa persona (complemento di agente)». Esse costituiscono una sorta di normalizzazione – ad un livello astratto rappresentato da entità e attributi – di relazioni già concretamente e quotidianamente adottate in ambito editoriale e bibliotecario per la presentazione e descrizione dei vari materiali di interesse bibliografico. Termini come «traduzione di...», «basato su...», e «creato da...» costituiscono i legami, definiti dai bibliotecari, fra le informazioni che concorrono a formare un record bibliografico in uno dei database relazionali attualmente in uso, ma «non sono né chiaramente definiti né uniformemente applicati» (FRBR 5.1).

Relazioni fra le entità «prodotti»

Fra le entità *opera*, *espressione*, *manifestazione* e *documento*, che rappresentano i *prodotti* dell'attività artistica o intellettuale, sono state individuate le relazioni si realizza nella, si materializza nella ed è rappresentata da. Questo significa che un'*opera* si realizza nella *espressione*, l'*espressione* si materializza nella *manifestazione*, la *manifestazione* è rappresentata dal *documento*.

Relazioni di «responsabilità»

Ognuna delle quattro entità che costituiscono il gruppo dei *prodotti* è inoltre posta in relazione con le entità che rappresentano le *responsabilità*, ossia la *persona* e l'*ente*, per le quali, anche in questo caso, viene definito il ruolo svolto. Le quattro specifiche relazioni individuate nel rapporto stabiliscono che una *persona*, o un *ente*, ha creato un'*opera*, ha realizzato un'*espressione*, ha prodotto una *manifestazione*, o infine possiede un *documento*.

Relazioni di «soggetto»

La relazione ha come soggetto mette in relazione la sola entità *opera* con tutte le dieci entità, quelle che rappresentano i *soggetti*, quelle che rappresentano i *prodotti* e quelle che rappresentano le *responsabilità*. Vale a dire che il soggetto, ossia l'argomento, di cui tratta un'*opera* può essere un *concetto*, un *oggetto*, un *evento*, un *luogo*, ma anche un'altra *opera*, una *espressione*, una *manifestazione*, un *documento*, oppure una *persona* o un *ente*.

Il rapporto sostiene, a ragione, che le relazioni possono favorire la navigazione fra le informazioni contenute in una bibliografia, in un catalogo o in una base dati bibliografica; contribuiscono ad identificare un'entità, ad esempio l'*opera* realizzata nella singola *espressione* o la *manifestazione* rappresentata in un *documento*; hanno la funzione di raggruppare fra loro le entità, ad esempio collegare tutte le *espressioni* di un'*opera* all'*opera* stessa, tutte le *manifestazioni* di un'*espressione* a quella specifica *espressione*, tutte le *opere* (*espressioni*, *manifestazioni*, *documenti*) di cui è responsabile una *persona* o un *ente* a quella *persona* o a quell'*ente* specifico, e, indirettamente, collegare fra loro tutte le entità che hanno in comune lo stesso tipo di relazione con la stessa entità, ad esempio tutte le *espressioni* di un'*ope-*

ra, oppure tutte le *opere* (*espressioni, manifestazioni* o *documenti*) per le quali è stata determinata una precisa responsabilità da parte di una *persona* o *ente*. Ma soprattutto le relazioni identificate nello studio ottimizzano quanto accade attualmente nei record bibliografici, dove, ad esempio, tutte le responsabilità (autore, traduttore, curatore ecc.) vengono collegate genericamente all'intera notizia bibliografica che rappresenta nel catalogo la manifestazione di un'opera posseduta dalla biblioteca (esempio A). Le relazioni del modello FRBR invece, definiscono

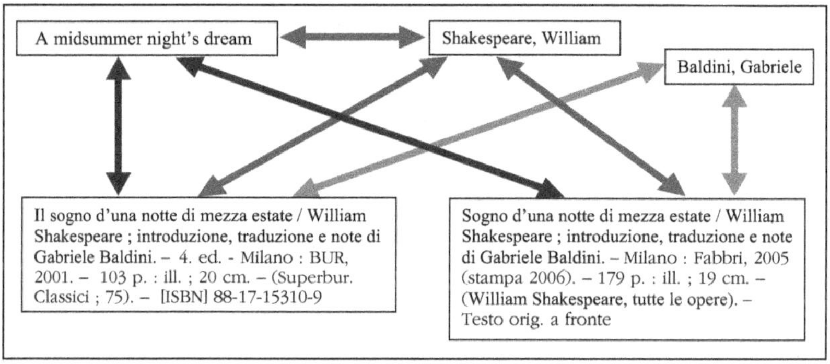

Esempio A: Relazioni in un record NON FRBR

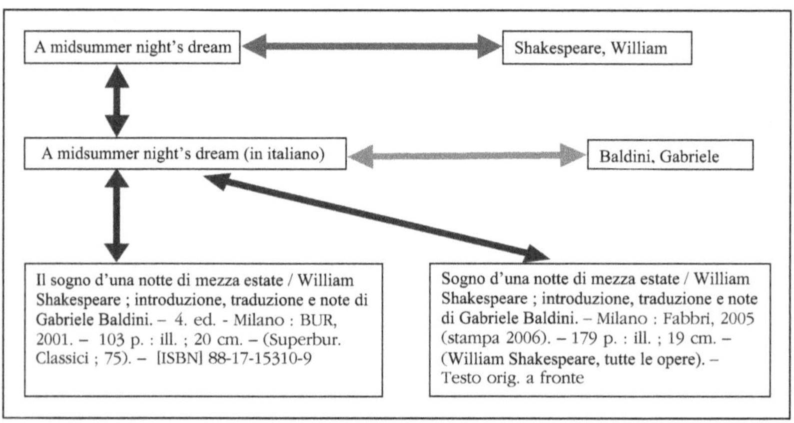

Esempio B: Relazioni in un record FRBR

Rielaborazione da: ICCU, *L'applicazione del modello FRBR ai cataloghi: problemi generali e di impiego normativo*, Rapporto della Commissione RICA, ICCU, 2001, <http://www.iccu.sbn.it/opencms/export/sites/iccu/documenti/rica-frbr.pdf>, (ultimo accesso: agosto 2012), (archiviato in Webcite <http://www.webcitation.org/69Un1jof5>).

chiaramente il ruolo che un'entità svolge rispetto ad una o a più entità e consentono di mettere in relazione i diversi tipi di responsabilità con le precise entità a cui si riferiscono, ad esempio l'autore con l'opera, rappresentata dal titolo uniforme che la identifica, il traduttore con l'espressione dell'opera in lingua italiana, l'editore con la manifestazione, ossia con l'edizione, che concretizza l'espressione, e così via (esempio B).

Successivamente alla pubblicazione del Rapporto conclusivo sui requisiti funzionali per i record bibliografici (FRBR), il gruppo di studio ha continuato a correggere e modificare il modello concettuale, e di conseguenza il rapporto stesso, fino ad arrivare alla versione corrente (febbraio 2009) disponibile, come quasi tutte le sue pubblicazioni, sul sito dell'IFLA. L'anno successivo alla pubblicazione del Rapporto FRBR, l'IFLA ha istituito un nuovo gruppo di lavoro sui *Functional Requirements and Numbering of Authority Records* (FRANAR) con il compito di studiare e definire i requisiti funzionali dei record di autorità, ossia i record relativi agli elementi che costituiscono un punto di accesso di tipo controllato alla notizia bibliografica e per i quali il sistema di controllo di autorità (*Authority control*, vedi cap. 9) ha la funzione di garantire la coerenza della forma in cui vengono rappresentati. I lavori del gruppo FRANAR hanno portato alla elaborazione e pubblicazione di due nuovi modelli concettuali andando a costituire quella che viene definita la FRBR *family*: i *Functional Requirements for Authority Data* (FRAD) pubblicati nel 2009 e i *Functional Requirements for Subject Authority Data* (FRSAD) rilasciati nel 2010; è possibile trovare i testi della FRBR *family of models* sul sito web dell'IFLA <http://www.ifla.org/node/2016>.

I FRAD sono stati sviluppati con lo scopo di gestire principalmente, all'interno di un sistema per il controllo di autorità, le entità relative alle responsabilità individuate dal Gruppo 2 di FRBR, *Persona* ed *Ente*, alle quali, per allargare l'utilizzo del modello e incontrare i bisogni di rappresentazione dei documenti gestiti dalle collezioni archivistiche, ha ritenuto necessario aggiungere una terza entità, la *Famiglia*, portando a tre le entità del secondo gruppo di FRBR. Inoltre, per poter gestire correttamente i dati sottoposti a controllo di autorità, FRAD ha dovuto definire diverse nuove entità: il *Nome* che identifica il modo in cui un'entità è conosciuta nel mondo reale, ad esempio il nome di una persona o di una famiglia, o i titoli con cui è stata pubblicata un'opera; l'*Identificatore* costituito da un numero, un codice, una frase o un

RAPPRESENTAZIONE DI ENTITÀ E RELAZIONI SECONDO IL MODELLO FRBR

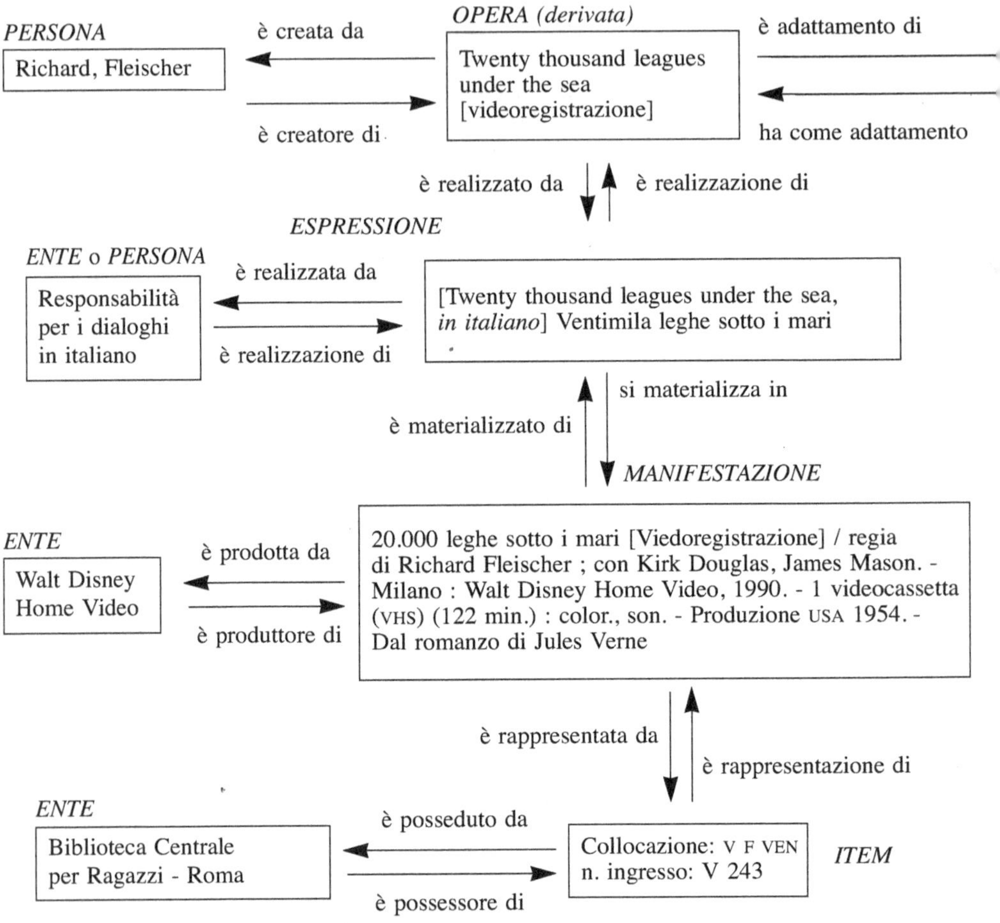

La rappresentazione grafica qui proposta ha lo scopo di esemplificare il modello concettuale e di visualizzare un campione delle possibili entità e relazioni previste nel modello di record bibliografico elaborato dal Rapporto sui *Functional Requirements for Bibliographic Records* (FRBR) dell'IFLA, applicate alla catalogazione dell'opera *Vingt mille lieues sous les mers* di Jules Verne.

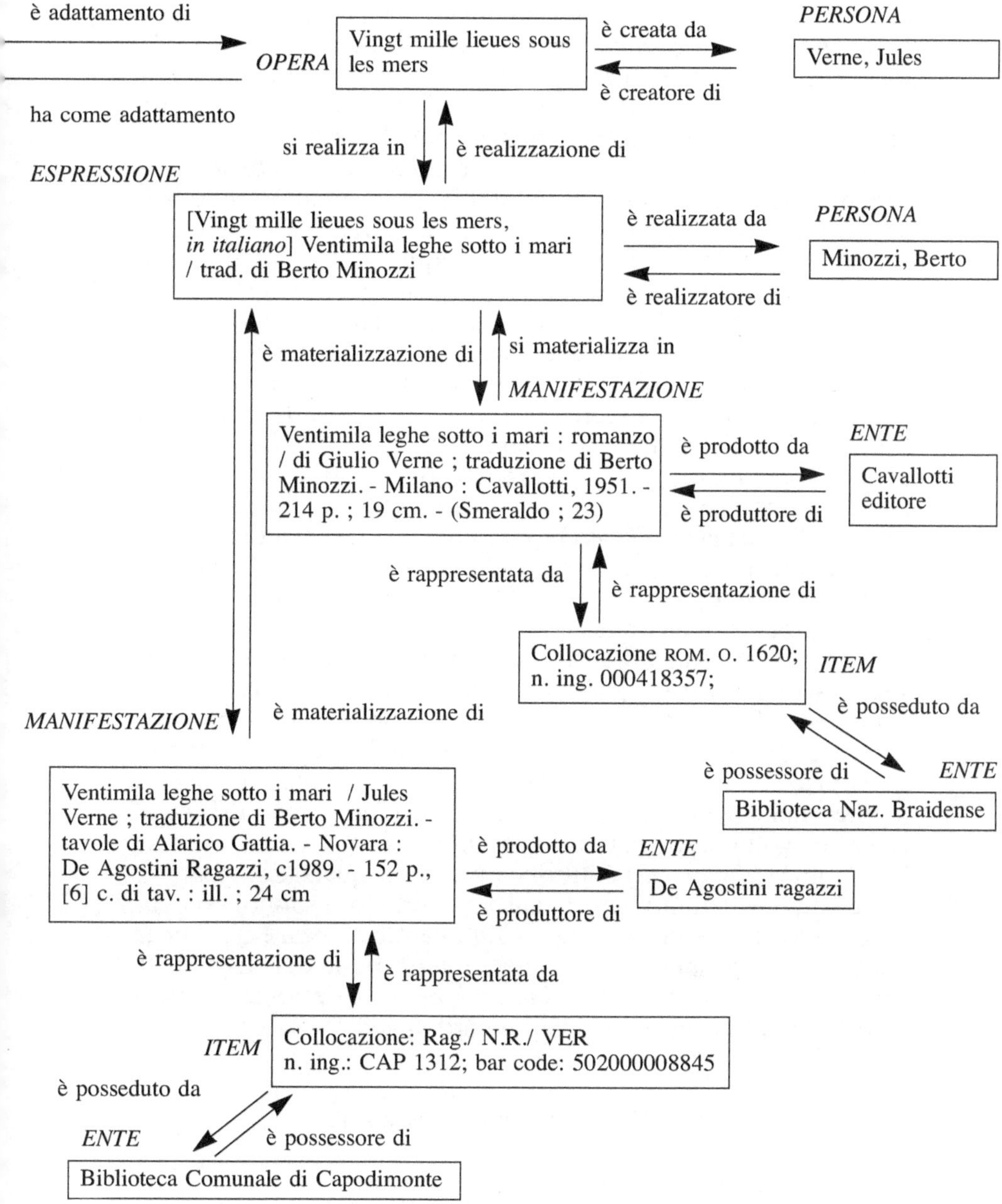
è adattamento di
ha come adattamento
OPERA
Vingt mille lieues sous les mers
è creata da
è creatore di
PERSONA
Verne, Jules
si realizza in
è realizzazione di
ESPRESSIONE
[Vingt mille lieues sous les mers, *in italiano*] Ventimila leghe sotto i mari / trad. di Berto Minozzi
è realizzata da
è realizzatore di
PERSONA
Minozzi, Berto
è materializzazione di
si materializza in
MANIFESTAZIONE
Ventimila leghe sotto i mari : romanzo / di Giulio Verne ; traduzione di Berto Minozzi. - Milano : Cavallotti, 1951. - 214 p. ; 19 cm. - (Smeraldo ; 23)
è prodotto da
è produttore di
ENTE
Cavallotti editore
è rappresentata da
è rappresentazione di
Collocazione ROM. O. 1620; n. ing. 000418357;
ITEM
è posseduto da
è possessore di
ENTE
Biblioteca Naz. Braidense
MANIFESTAZIONE
è materializzazione di
Ventimila leghe sotto i mari / Jules Verne ; traduzione di Berto Minozzi. - tavole di Alarico Gattia. - Novara : De Agostini Ragazzi, c1989. - 152 p., [6] c. di tav. : ill. ; 24 cm
è prodotto da
è produttore di
ENTE
De Agostini ragazzi
è rappresentazione di
è rappresentata da
ITEM
Collocazione: Rag./ N.R./ VER n. ing.: CAP 1312; bar code: 502000008845
è posseduto da
è possessore di
ENTE
Biblioteca Comunale di Capodimonte

logo che servono a identificare e differenziare una data entità rispetto alle altre; il *Punto di accesso controllato*, ossia il termine, la forma accettata, sotto cui si può trovare un record bibliografico o di autorità, e gli eventuali rinvii dalle forme non accettate; le *Regole* di catalogazione che governano la creazione dei punti di accesso controllati; e infine l'*Agenzia*, l'istituzione responsabile della creazione o della correzione dei punti di accesso.

Nell'elaborazione dei FRSAD, l'attenzione si è invece focalizzata principalmente sulle entità relative ai soggetti individuate dal Gruppo 3 di FRBR, *Concetto*, *Oggetto*, *Evento* e *Luogo*, e in particolare sull'identificazione delle entità, degli attributi e delle relazioni necessarie alla corretta rappresentazione e gestione dei termini utilizzati nella costruzione dei soggetti all'interno di un sistema di controllo di autorità, quale ad esempio un Thesaurus. Per la creazione del modello concettuale adatto alla gestione dei dati di autorità dei soggetti, il gruppo di lavoro (FRANAR) ha deciso di introdurre due nuove entità: *Thema* e *Nomen*. Si tratta di due *super entità*, che hanno lo scopo di semplificare e rendere possibile l'applicazione del modello ad un livello più generale e astratto. In sostanza, *Thema* rappresenta e raggruppa ogni entità che può essere il soggetto di un'*Opera*. Si è visto nelle pagine precedenti che tutte le 10 entità (11 se contiamo anche *Famiglia*, la nuova entità introdotta nel Gruppo 2 di FRBR dai Requisiti Funzionali per i Record di Autorità - FRAD) possono costituire il soggetto di un'opera e quindi avere una relazione «ha come soggetto» con l'entità *Opera*; nella gestione dei record di autorità dei soggetti prevista da FRSAD, le relazioni di soggetto vengono quindi ricondotte alla sola super entità *Thema* e possono essere rappresentate in questo modo: *Opera* 'ha come soggetto' *Thema*, che a sua volta 'è soggetto di' *Opera*.

L'entità *Nomen*, è costituita invece da qualsiasi «segno», ossia carattere alfanumerico, parola, simbolo o suono, con cui sia conosciuta l'entità *Thema*. In altre parole *Nomen* è una super entità che raggruppa in funzione della gestione dei soggetti le entità *Nome*, *Identificatore* e *Punto di accesso* definite all'interno del modello concettuale per i record di autorità FRAD.

Le Regole Italiane di Catalogazione (REICAT)

Lo studio sui requisiti funzionali dei record bibliografici ha cambiato completamente il modo di intendere la catalogazione delle risorse bibliografiche e di conseguenza ha fortemente influenzato i princìpi e i codici di catalogazione. Il nuovo modello concettuale da esso derivato è diventato quindi il punto di riferimento non solo per la revisione dei Princìpi di catalogazione sottoscritti a Parigi nel 1961, sostituiti dai Princìpi Internazionali di Catalogazione (ICP - International Cataloguing Principles) nel 2009, ma ha anche reso necessaria la riscrittura, la revisione e l'adeguamento delle regole di catalogazione a cui tutte le nazioni del mondo stanno via via provvedendo, o a cui hanno già provveduto.

Stati Uniti, Gran Bretagna e Canada hanno recentemente cooperato nella riscrittura delle *Anglo American Cataloguing Rules*, e nel giugno del 2010 è stato rilasciato il nuovo codice di catalogazione anglo americano: le *Resource Description and Access* (RDA).

In Italia l'Istituto Centrale per il Catalogo Unico delle biblioteche italiane e per le informazioni bibliografiche (ICCU), ha già proceduto alla revisione del codice catalografico in vigore dal 1979 e ha pubblicato alla fine del 2009 le Regole Italiane di Catalogazione (REICAT). Le nuove regole rinnovano completamente la struttura concettuale delle precedenti Regole Italiane di Catalogazione per Autori (RICA), accogliendo le indicazioni, le strutture e i modelli emersi a livello internazionale, espressi nel rapporto conclusivo dello studio FRBR e nei Princìpi Internazionali di Catalogazione e adottando per la descrizione bibliografica lo standard *ISBD* nella sua ultima revisione rilasciata dall'IFLA nel 2007, la *consolidated edition*, ancora nella versione *preliminare* (*preliminary consolidated editiion*).

La descrizione bibliografica

La prima operazione che il bibliotecario deve fare quando inizia a catalogare un libro è verificare se, sul catalogo della biblioteca oppure sul catalogo unico del sistema bibliotecario a cui essa afferisce, non esista già una registrazione, relativa al documento da catalogare, a cui poter collegare i dati relativi all'esemplare posseduto (dati amministrativi: numero di inventario, fornitore e numero di fattura; la segnatura di collocazione, il codice a barre per la gestione informatizzata del prestito ecc.), oppure verificare se la registrazione non sia presente nei cataloghi di altre biblioteche, consultabili via Internet e ritenuti affidabili, dai quali sia possibile derivare, cioè catturare e trasferire sul proprio catalogo (vedi in questo manuale la parte sulla Catalogazione derivata), la notizia bibliografica relativa. Se ciò non è possibile, la prima operazione che deve fare il bibliotecario è quella di descrivere il libro stesso: deve cioè riportare nella scheda gli elementi che lo caratterizzano e che lo distinguono da altri libri magari simili ma non uguali (titoli, responsabilità intellettuali rispetto all'opera, cioè autori, curatori, illustratori ecc., edizione, luogo di pubblicazione, editore, anno di pubblicazione, estensione espressa in numero di pagine e di tavole, dimensioni e così via).

Per individuare correttamente questi elementi è necessario effettuare una analisi preliminare degli aspetti formali del documento, valutare perciò la presenza, la posizione nel libro e la forma in cui sono espressi gli elementi necessari alla descrizione, verificare cioè l'esistenza di questi come contrassegni fisici nella pubblicazione e stabilire se vi è la necessità di integrarli con informazioni ottenute da risorse esterne: il bibliotecario deve infatti descrivere il libro e non raccontarlo o interpretarlo, deve quindi attenersi a rappresentare nella scheda gli elementi che la pubblicazione stessa gli mette a disposizione e in evidenza nelle zone previste dallo standard descrittivo per contenere quei segni e quelle informazioni.

Descrivere, individuare cioè gli elementi che caratterizzano un oggetto, è in sé un'operazione facile, ma se chiediamo a cinque persone di descrivere uno stesso oggetto, avremo di sicuro come risultato cinque descrizioni che, pur rappresentando l'oggetto in questione, sono fra loro differenti. Infatti ciò che per una persona costituisce elemento caratterizzante non lo è per l'altra.

In mancanza quindi della possibilità di verificare se esista già una descrizione del documento che deve essere catalogato, perché si sta operando in un ambiente non informatizzato, oppure informatizzato localmente senza la possibilità di collegarsi alla Rete per consultare altri cataloghi o di catalogare in modo partecipato con altre biblioteche, è stato necessario fornire al bibliotecario delle regole, dei criteri certi sui quali basare la costruzione della descrizione bibliografica. Questo permette ai bibliotecari di individuare, con un buon grado di coerenza, quali sono gli elementi che vanno riportati nella descrizione, in quale parte del libro li possono trovare e in quale ordine e forma devono essere trascritti nella scheda, ed evitare, o meglio limitare, per quanto possibile, le inevitabili soggettività dei catalogatori nel descrivere un documento. Ogni nazione ha quindi provveduto a emanare delle regole in tal senso, e in particolare in Italia, a partire dal 1979 è stata inizialmente utilizzata la terza parte delle *Regole italiane di catalogazione per autori* (RICA).

Questa terza parte delle RICA, pur prevedendo una descrizione divisa in aree di informazione sulla scorta di quanto emerso dall'Incontro internazionale degli esperti di catalogazione (IMCE – International Meeting of Cataloguing Experts) tenutosi a Copenaghen nel 1969, è stata successivamente sostituita da uno standard internazionale di descrizione bibliografica, elaborato e pubblicato a cura dell'IFLA come risposta ufficiale ai criteri di normalizzazione stabiliti dall'incontro di Copenaghen.

L'International Standard Bibliographic Description (ISBD) è diventato nel corso degli anni lo standard *de facto* per la descrizione bibliografica venendo recepito dai codici di catalogazione di tutti i paesi del mondo e, nella sua ultima revisione consolidata preliminare, è stato adottato, con lievi adattamenti, per la realizzazione della prima parte, dedicata alla descrizione bibliografica, delle Regole Italiane di Catalogazione (REICAT), pubblicate nel 2009 ed attualmente in vigore.

L'International Standard Bibliographic Description (ISBD) e le REICAT per la descrizione bibliografica

Nato dalla necessità di uniformare su scala internazionale i criteri di descrizione, che erano diversi da nazione a nazione, l'ISBD è stato sviluppato dall'IFLA in una serie di speciali applicazioni per rispettare le caratteristiche dei diversi tipi di materiali che possono entrare a far parte del patrimonio di una biblioteca, o ai quali essa può dare accesso. Le diverse applicazioni ISBD hanno fatto riferimento a uno standard generale ISBD (G), e quelle che sono state nel tempo sviluppate sono l'ISBD (M – Monographic publications) per le monografie; l'ISBD (CR – serials and other Continuing Resources) per le pubblicazioni in serie e le altre risorse continuative; l'ISBD (CM – Cartographic Materials) per il materiale cartografico; l'ISBD (PM – Printed Music) per le partiture musicali; l'ISBD (A – Older monographic publications, Antiquarian) per i libri antichi stampati con tecnica manuale prima dell'introduzione della macchina da stampa nel XIX secolo, ovvero, per convenzione internazionale, i libri stampati fino al 1830 compreso; l'ISBD (NBM – Non-Book Materials) per il materiale non librario; e infine l'ISBD (ER – Electronic Resources) per la descrizione delle risorse elettroniche, siano esse costituite da testi, basi dati o software, ed utilizzabili localmente o raggiungibili in linea (rete locale, Internet ecc.).

Lo sviluppo, la diffusione e l'universale accettazione del nuovo modello concettuale elaborato dallo studio FRBR per le risorse e i record bibliografici ha comportato per l'IFLA il bisogno di procedere anche ad una revisione dello standard di descrizione. Di conseguenza gli 8 testi ISBD, ossia lo standard generale e le 7 applicazioni specifiche sviluppate per la descrizione dei diversi tipi di risorse, sono stati rivisti, armonizzati e riuniti in un unico standard, l'ISBD *consolidated edition* reso pubblico nel 2007 nella sua versione *preliminare*. Il processo di fusione e armonizzazione ha reso lo standard maggiormente adatto alla descrizione di risorse che presentino caratteristiche riconducibili a formati diversi, come ad esempio i periodici elettronici che necessiterebbero di una descrizione basata su due delle applicazioni precedenti, ossia sulle ISBD (CR) in quanto seriali e sulle ISBD (ER) in quanto risorse elettroniche, oltre che rendere più semplice l'aggiornamento di un unico standard rispetto alle singole applicazioni precedenti e garantendone la coerenza.

Fin dalla sua comparsa, lo standard ISBD ha stravolto la pratica catalografica in uso perché, a differenza dell'impianto concettuale delle vecchie regole RICA, in vigore negli anni della sua introduzione in Italia, ha affermato la centralità della descrizione e la completezza del suo ruolo informativo rispetto agli accessi, o intestazioni, che sono considerati unicamente la via per raggiungere la notizia bibliografica. Le RICA, come del resto anche altri codici di catalogazione stranieri, sviluppate in un periodo e in ambiente preinformatico, esprimevano la priorità della definizione delle intestazioni rispetto alla descrizione, una integrazione degli aspetti informativi tra intestazione e descrizione, dando alla scheda principale per autore la valenza di unica depositaria dell'informazione bibliografica completa e lasciando alle schede secondarie, di fatto incomplete come descrizione, il mero compito di rinvio a questa.

Lo standard ISBD può essere inteso come una rappresentazione degli elementi descrittivi in una successione costante di aree informative contraddistinte da una punteggiatura convenzionale.

L'ISBD e quindi le REICAT, distribuiscono infatti le informazioni che costituiscono la notizia bibliografica in otto aree consecutive la cui posizione non può essere cambiata, e utilizzano dei segni di punteggiatura sia per indicare l'inizio di un'area informativa (a esclusione della prima), sia per contrassegnare gli elementi che compongono ogni area; questi elementi, contrassegnati dalla punteggiatura appropriata, possono essere ripetuti più volte all'interno dell'area a cui appartengono.

Le aree della descrizione bibliografica previste dalle REICAT sono:

1. area del titolo e delle indicazioni di responsabilità,
2. area dell'edizione,
3. area specifica del materiale o del tipo di pubblicazione,
4. area della pubblicazione, produzione e distribuzione,
5. area della descrizione fisica,
6. area della collezione,
7. area delle note,
8. area dei numeri identificativi.

Si ritiene opportuno segnalare che la denominazione delle aree definita dalle REICAT differisce leggermente dalla traduzione italiana dello standard ISBD *preliminary consolidated edition* curata dall'ICCU e pubblicata nel 2010, che in particolare indica l'area 1 come «area del titolo e della formulazione di responsabilità», l'area 6 come «area della serie» e l'area 8 come «area dell'identificatore della risorsa e delle condizioni di disponibilità».

Successivamente alla pubblicazione delle REICAT lo standard internazionale di descrizione bibliografica è stato ulteriormente modificato e sono stati apportati cambiamenti ancora più significativi: la versione definitiva dello standard ISBD *consolidated edition*, rilasciata dall'IFLA e pubblicata dall'editore De Gruyter Saur nel 2011, ha infatti portato a 9 le aree della descrizione bibliografica introducendo l'Area zero, dedicata ad accogliere in modo più adeguato le informazioni relative alla forma in cui è espresso il contenuto della risorsa e il supporto su cui è registrato (*Content Form and Media Type*), che in parte erano precedentemente collocate nella Designazione Generale del Materiale.

Altri cambiamenti significativi apportati dalla *consolidated edition* definitiva dello standard ISBD riguardano: la denominazione dell'area 5, che da Area della descrizione fisica, diventa Area della descrizione materiale, e la funzione dell'area 6, che oltre ad accogliere le informazioni relative alla collana o alla serie, registra anche gli elementi relativi ai titoli d'insieme delle risorse monografiche pubblicate in più volumi (multipart monographic resources) proponendo in questo modo un'alternativa alla descrizione a più livelli poco diffusa nei Paesi anglosassoni. La nuova edizione dello standard infine, determina e contrassegna come *obbligatori* gli elementi che devono far parte della descrizione bibliografica, in particolare per le registrazioni create dalle Agenzie bibliografiche nazionali (in Italia la Bibliografia Nazionale Italiana – BNI), autorevoli e complete per definizione, consentendo invece alle altre agenzie catalografiche, ossia alle altre biblioteche, di scegliere quali elementi obbligatori o meno, includere nella descrizione, favorendo in questo modo la possibilità di redigere le descrizioni anche ad un livello minimo, costituito dagli elementi ritenuti strettamente necessari per l'identificazione della risorsa descritta.

Le REICAT, pubblicate nel 2009, si basano per la descrizione bibliografica sull'edizione consolidata preliminare dello standard ISBD, pubblicata nel 2007, e non comprendono quindi i cambiamenti intervenuti nell'edizione consolidata definitiva, pubblicata nel 2011.

Nel momento in cui l'ICCU riterrà di dover pubblicare delle specificazioni d'uso, delle integrazioni o una nuova edizione delle Regole, che tengano conto dei cambiamenti nel frattempo introdotti dall'ultima *edizione consolidata definitiva* dello standard internazionale di descrizione bibliografica ISBD, anche il presente manuale verrà di conseguenza immediatamente aggiornato con una nuova edizione.

Allo stato attuale però tali cambiamenti non alterano comunque la validità delle REICAT, che sono a tutti gli effetti il codice di catalogazione in vigore in Italia, e come tale deve essere utilizzato dalle biblioteche per la creazione e l'organizzazione delle registrazioni catalografiche e la costruzione e manutenzione dei cataloghi.

La punteggiatura utilizzata per etichettare l'inizio di un'area, a esclusione della prima, è un *punto* seguito da *spazio* un *trattino* e ancora uno *spazio* (. –).

I segni di punteggiatura utilizzati per etichettare gli elementi che costituiscono un'area sono: la *virgola* e il *punto*, non preceduti ma seguiti da uno spazio; i *due punti*, il *punto e virgola*, la *barra*, il segno di *uguale*, il segno di *più*, le *parentesi tonde*, le *parentesi quadrate*, e i *tre puntini di sospensione* che invece vanno tutti fatti precedere e seguire da uno spazio.

Quando l'ultimo elemento di un'area termina con un punto, ad esempio con un'abbreviazione del termine edizione come *ed.*, e la punteggiatura prevista per l'area seguente inizia ugualmente con un punto, le REICAT (§2.3 A) prescrivono di non aggiungere il secondo punto, in questo modo (3. ed. –) ed essendo le Regole attualmente in vigore in Italia, il bibliotecario deve attenersi a queste indicazioni. Lo standard ISBD invece, con lo scopo di rendere possibile e coerente la visualizzazione degli elementi di una descrizione ISBD con la visualizzazione degli stessi elementi in altri formati alternativi, ad esempio quelli proposti dai diversi OPAC e software di gestione, propone di mantenere sia la punteggiatura dell'abbreviazione che quella convenzionale e indica che il punto va ripetuto, (3. ed.. –).

Queste indicazioni fornite dallo standard e dalle Regole sono di carattere generale; il bibliotecario dovrà poi attenersi alle particolari prescrizioni fornite dalle REICAT per descrivere in modo specifico i diversi tipi di materiale acquistati dalla biblioteca. Ognuna delle aree potrà accogliere gli elementi caratteristici necessari per poter descrivere e rappresentare nel catalogo i diversi tipi di pubblicazioni che una biblioteca può possedere o a cui può consentire di accedere, e per lo stesso motivo alcune di queste aree potranno essere attivate o meno: ad esempio, per la descrizione delle monografie non viene utilizzata la terza area, quella specifica del materiale o del tipo di pubblicazione; per descrivere invece le pubblicazioni di tipo periodico o seriale, come le riviste e le collane, le Regole prescrivono di utilizzare la terza area come area della numerazione, dove vengono indicati gli estremi cronologici ed editoriali di inizio e fine della pubblicazione periodica; o ancora, per descrivere i documenti cartografici, si registrano in quest'area i dati matematici, ossia l'indicazione della scala in cui è stata realizzata una carta geografica, il tipo di proiezione utilizzata e le coordinate che delimitano l'area rappresentata nella carta.

Al fine di rendere più agevole la consultazione del manuale e favorire la comprensione delle tecniche descrittive, si è ritenuto opportuno trattare ancora in modo separato e in capitoli distinti la descrizione delle monografie, delle risorse continuative e delle risorse elettroniche. Si è ritenuto tuttavia più opportuno riprodurre nella sezione *Testi e documenti* solo il prospetto dell'ultima edizione *consolidata preliminare* dello standard che, assieme alle stesse Regole Italiane di Catalogazione, tratta la descrizione dei diversi tipi di pubblicazione non come applicazioni distinte dello standard, ma come specificazioni delle prescrizioni formulate per le singole aree ed elementi. Aree, elementi, punteggiatura convenzionale: a livello teorico costruire, o anche leggere una descrizione bibliografica sembra un'operazione complessa, ma in realtà la descrizione di un libro fatta seguendo lo schema proposto dallo standard ISBD e dalle stesse Regole italiane per la descrizione delle monografie risulta comprensibile e di semplice realizzazione; proprio l'ordine rigoroso di aree ed elementi e l'applicazione stretta di spazi e segni di interpunzione convenzionali facilitano sia il lavoro del bibliotecario, lasciando meno spazio a interpretazioni personali, sia la lettura della notizia bibliografica da parte del lettore.

> Titolo proprio = eventuale titolo parallelo : complemento del titolo / prima formulazione di responsabilità ; formulazione di altri tipi di responsabilità. – Edizione / formulazione di responsabilità relativa all'edizione ; successiva formulazione di responsabilità. – Luogo di pubblicazione ; altro luogo di pubblicazione : nome dell'editore o distributore, data di pubblicazione. – Estensione del materiale (pagine, tavole) : indicazione di illustrazioni ; dimensioni + materiale allegato. – (Titolo della collana : complemento del titolo. Titolo della sottocollana / formulazioni di responsabilità relative alla collana ; numerazione all'interno della collana). – Note. – Numero standard isbn

Modello di descrizione di una pubblicazione monografica a stampa

> Yellow pages in Internet = Le pagine gialle in Internet : come reperire facilmente informazioni in linea / Andrew Bone, Philip Climie ; trad. di Paolo Maris ; grafica di Anthony McLeod. – 2. ed. / con note supplementari di Giorgia Vincent. – Milano : Ipertesto, 1993. – XV, 270 p., [10] carte di tav. : ill. ; 24 cm + 1 floppy disk ; 9 cm. – (Telematica pratica. Internet per tutti, ISSN 0123-4567 ; 24). – Bibliografia: p. 265-270. – ISBN 88-1234-567-9

Esempio di descrizione di una pubblicazione monografica a stampa

Non spaventi la dimensione che sembra poter raggiungere la descrizione di un libro; a livello internazionale la tendenza (su indicazioni dell'IFLA) è rivolta alla sinteticità, senza per questo perdere in completezza e inequivocabilità dell'informazione: è inutile dilungarsi e descrivere la pubblicazione in tutti i particolari, l'importante è dare la notizia esatta; una descrizione molto lunga impegna molto e a volte gratifica solo il catalogatore, quasi mai aiuta il lettore.

È importante quindi completare, in modo corretto e per quanto consentito dalla presenza dei contrassegni sul libro, tutti gli elementi che compongono un'area, ma limitarsi a quanto prevede lo standard. Quindi evitare, ad esempio, di riportare per intero un titolo, quando è troppo lungo, troncandolo con l'apposita punteggiatura in modo che risulti comunque significativo e identificante per il libro; oppure non riportare nella descrizione tutti i dieci autori che possono comparire sul frontespizio di un libro, ma tener presente quanto previsto per la scelta degli accessi: sarà sufficiente trascrivere il primo autore nominato nel frontespizio più quelli eventualmente giudicati utili dal bibliotecario e utilizzati come accesso alla notizia bibliografica, segnalando l'omissione degli altri sempre con l'apposita punteggiatura.

Lo standard non si limita a indicare le aree della descrizione, gli elementi che le compongono e la punteggiatura convenzionale necessaria a contrassegnarli, ma stabilisce anche, per ogni area, la lingua che si deve utilizzare per la trascrizione degli elementi informativi, e indica le *fonti prescritte*, ossia le parti del libro, stabilite dallo standard, da cui tali elementi vanno ricavati.

Le REICAT accogliendo le indicazioni dello standard, definiscono che la «*fonte primaria* per la descrizione di una pubblicazione è la parte di essa che presenta formalmente il titolo, in genere insieme ad altre informazioni essenziali, in evidenza e preliminarmente al contenuto» (vedi REICAT §3.2). In sostanza, per le monografie moderne la *fonte primaria* è il *frontespizio*, o nel caso questo manchi, il *sostituto del frontespizio*, ossia un'altra pagina o parte della pubblicazione che contenga le informazioni che di solito sono sul frontespizio, ad esempio per le monografie moderne, la copertina, l'intitolazione con cui inizia la prima pagina del testo, e il colophon, rappresentato dalle poche righe alla fine del libro che forniscono informazioni relative alla stampa, ad esempio *finito di stampare il mese di dicembre 1972, dall'officina tipografica Neri*.

Le informazioni che vanno trascritte nell'area del Titolo e delle indicazioni di responsabilità (area1) devono essere ottenute solo dalla *fonte primaria*, mentre per la trascrizione degli elementi delle altre aree della descrizione le Regole richiedono di utilizzare, a supporto e a completamento delle informazioni presenti nella fonte primaria, altre *fonti complementari*, quali ad esempio le *pagine preliminari*, costituite dalle pagine che precedono la prima pagina del testo, come il verso del frontespizio e l'occhietto (pagina prima del frontespizio su cui spesso è stampato il titolo della collana); la *copertina* compresi il dorso, la quarta di copertina ed eventuali risvolti; e il *colophon*. In aggiunta a ciò le REICAT specificano che gli elementi dell'area 5 (descrizione fisica) possono essere ottenuti dall'intera pubblicazione, mentre quelli delle aree 7 (delle note) e 8 (dei numeri identificativi) possono essere tratti dall'intera pubblicazione e anche da fonti esterne, come ad esempio dei repertori.

Se gli elementi non compaiono nelle parti del libro definite dallo standard e dalle Regole di catalogazione, e sono tuttavia informazioni indispensabili all'identificazione del libro, potranno entrare nelle aree, ma solo racchiusi tra parentesi quadre, come fossero un inserimento fatto dal bibliotecario; oppure se non sono indispensabili all'identificazione del libro ma possono risultare in qualche modo utili al lettore ai fini di una più completa comprensione della notizia bibliografica, possono essere messi nell'area delle note, senza però usare le parentesi quadre.

Aree ed elementi dell'ISBD per la descrizione delle monografie moderne a stampa

Ogni area deve essere considerata separatamente sulla base di tutte le prescrizioni che lo standard prevede e poi inserita nella descrizione complessiva del libro.

AREA 1: TITOLO E INDICAZIONI DI RESPONSABILITÀ

Fonte da cui ricavare le informazioni: frontespizio, o suo sostituto nel caso manchi.

Lingua per la trascrizione: quella utilizzata nel libro.

Analisi degli elementi

Titolo proprio

Il titolo principale del libro, trascritto fedelmente nella forma in cui appare sul frontespizio, ad eccezione delle maiuscole e della punteggiatura.

[DGM] Designazione Generica del Materiale

Elemento facoltativo per l'ISBD *preliminary consolidated*

edition, indica in termini generali la classe di materiale a cui il documento appartiene. Finora poco usato, è invece di grande utilità nei cataloghi attuali che sempre più rappresentano documenti registrati su supporti diversi: posto nella prima area subito dopo il titolo proprio, fornisce immediatamente al lettore la corretta informazione sull'oggetto descritto. Sia l'ISBD *preliminary consolidated edition*, sia le REICAT propongono nell'appendice C una lista dei termini che possono essere utilizzati per questo elemento della descrizione, ad esempio per le monografie a stampa le REICAT suggeriscono la definizione «Testi», o «Musica scritta» per le pubblicazioni musicali a stampa.

In particolare però le REICAT, in una nota al paragrafo 4.1.0.1, affermano di non contemplare volutamente la *DGM* come elemento della descrizione bibliografica ritenendo che sia più opportuno registrarla separatamente, nel software di gestione della biblioteca, così da poter essere visualizzata nel modo e nella posizione più conveniente, andando anche a costituire uno dei possibili filtri da utilizzare per la ricerca sull'OPAC.

Nell'ISBD *preliminary consolidated edition* del 2007 questo elemento viene indicato come General Material Designation, definizione tradotta come Designazione Generale del Materiale nella corrispondente versione italiana pubblicata dall'ICCU nel 2010.

La versione definitiva dello standard ISBD *consolidated edition*, rilasciata dall'IFLA e pubblicata dall'editore De Gruyter Saur nel 2011, abbandona invece la Designazione Generale del Materiale e inserisce una nuova area, l'Area zero, denominata *Content Form and Media Type Area.* La nuova area è stata formulata per accogliere e meglio definire le informazioni che prima erano relegate nella DGM, offrendo al lettore l'immediata percezione della forma in cui è *espresso il contenuto* di una risorsa, ad esempio indicando se si tratta di parole scritte, ossia *testo*, oppure di *musica*, *immagine* e così via, e del *medium* necessario per trasmettere, accedere e utilizzare tale contenuto, registrando ad esempio il termine *audio* per le risorse che per essere utilizzate necessitano di un lettore audio, oppure *elettronico* per quelle che richiedono un computer. La versione consolidata definitiva dello standard ISBD abbandona anche l'Appendice C, dove erano elencati i termini da utilizzare come Designazione generale e specifica del materiale, e colloca invece i termini da utilizzare per indicare

la *forma del contenuto* e il *tipo di medium* nelle pagine dello standard che illustrano l'Area zero.
Essendo comunque le REICAT il codice di catalogazione attualmente in uso in Italia, pubblicato prima che uscisse l'ultima edizione consolidata e definitiva dello standard ISBD, rimangono in uso sia la DGM, registrata come indicato dalle REICAT negli appositi campi predisposti dai software di gestione ed utilizzata come filtro nelle ricerche effettuate nell'OPAC, sia l'Appendice C, nella quale trovare l'elenco dei termini da utilizzare, almeno fino a quando non verranno rilasciate a cura dell'ICCU delle precisazioni oppure una nuova edizione delle Regole italiane di catalogazione.

= *eventuale titolo parallelo*

Il titolo proprio presentato sul frontespizio in un'altra lingua o alfabeto. Deve essere chiara la volontà dell'editore di presentare il titolo proprio in due o più lingue. Può essere trascritto quando è ritenuto necessario per identificare un documento o importante per i lettori.

: *complemento del titolo*

Una frase, a volte una sola parola, che appare sul frontespizio assieme o sotto al titolo proprio e ha il compito di qualificarlo, completarlo o spiegarlo. Spesso il complemento del titolo appare con un corpo tipografico diverso o ridotto rispetto al titolo proprio.
Un titolo proprio, un titolo parallelo o un complemento del titolo che risultino particolarmente lunghi possono essere abbreviati in un punto che non ne alteri il significato e ne mantenga il carattere identificativo; l'intervento deve essere segnalato utilizzando i tre puntini di omissione (...) preceduti e seguiti da uno spazio.

/ *indicazione di responsabilità ; successive indicazioni di responsabilità*

Nomi delle persone o degli enti che hanno una qualche responsabilità intellettuale o artistica nella creazione o nella realizzazione dell'opera, accompagnati da eventuali parole o frasi che ne indicano il ruolo. L'opera che viene pubblicata in un libro può avere diversi tipi di responsabilità (autori, curatori, traduttori, fotografi, disegnatori ecc.) che, se sono presenti sul frontespizio, vanno riportate tal quali nella descrizione. Lo standard considera però obbligatoria solo la trascrizione dei nomi che riguardano persone o enti con responsabilità principale, mentre le altre indicazioni di responsabilità vanno registrate solo se necessarie per l'identificazione del documento o se ritenute utili per i lettori. Ogni tipo di responsabilità, e non ogni nome, costituisce una indicazione di responsabilità che va contrassegnata con l'apposita punteggiatura; si avrà quindi una costruzione di questo tipo:

/ primo autore, secondo autore ; curatore ; traduttore, altro traduttore ; disegnatore

che trascritto può risultare così:

/ Mario Bianchi, Mario Rossi ; a cura di Claudio Verdi ; traduzione a cura di Gianni Neri e Robert Brown ; disegni di John White

I nomi di più persone o enti con responsabilità diverse, se legati da una congiunzione, vanno riportati come un'unica indicazione di responsabilità, ad esempio: */ di Mario Bianchi e illustrato da John White*

Quando nel frontespizio più persone o enti risultano avere lo stesso tipo di responsabilità (cinque autori, tre curatori ecc.), il numero delle persone o enti, oltre al primo, che vanno riportati nella descrizione per ogni tipo di responsabilità è lasciato alla valutazione del bibliotecario. Le nuove Regole italiane di catalogazione (REICAT) indicano di riportare per ogni tipo di responsabilità tutti i nomi, precisando però che se sono più di tre è possibile riportare solo il primo nome e segnalare l'omissione degli altri. L'omissione va segnalata con i tre puntini (...) preceduti e seguiti da uno spazio e dall'abbreviazione [*et al.*] che significa *et alii* che, come tutte le integrazioni del catalogatore, va racchiusa fra parentesi quadre. Ad esempio per l'opera dal titolo *Religione e pregiudizio* che presenta nel frontespizio quattro autori, e una responsabilità per la presentazione, la semiarea della responsabilità può essere descritta così:

/ Otto Klineberg, Tullio Tentori, Franco Crespi, Vincenzo Filippone Thaulero ; presentazione del Cardinale Agostino Bea

Oppure in questo modo, di norma preferito:

/ Otto Klineberg ... [et al.] ; presentazione del Cardinale Agostino Bea

È opportuno ricordare che nella descrizione devono comunque essere riportati tutti i nomi degli autori che si intende utilizzare come accessi controllati alla notizia bibliografica.

Esempio dell'area 1

Yellow pages in Internet = Le pagine gialle in Internet : come reperire facilmente informazioni in linea / Andrew Bone, Philip Climie ; trad. di Paolo Maris ; grafica di Anthony McLeod

AREA 2: EDIZIONE

Fonte da cui ricavare le informazioni: frontespizio o suo sostituto nel caso manchi; pagine preliminari, costituite dalle pagine che precedono la prima pagina del testo, ad esempio il verso del frontespizio e l'occhietto; la copertina; il colophon.

Lingua per la trascrizione: quella utilizzata nel libro.

Analisi degli elementi

. – *Indicazione di edizione*

L'indicazione di appartenenza del libro a una particolare edizione: seconda edizione, nuova edizione, Scottish edition, oppure quarta edizione riveduta e corretta. Di solito la formulazione di edizione che si trova sul libro presenta la parola *edizione*, *versione, revisione*, oppure l'equivalente in altra lingua seguita da un numero o da espressioni che indicano caratteristiche specifiche dell'edizione rispetto ad altre, ad esempio *edizione a caratteri ingranditi*. L'indicazione di edizione viene trascritta utilizzando abbreviazioni normalizzate presenti nell'appendice A delle REICAT, ossia *ed.* qualora si tratti della parola edizione, oppure *éd.* per édition o per altri termini equivalenti in altre lingue moderne che abbiano la stessa radice, mentre i termini in altre lingue che indicano l'edizione con radice differente vanno dati in forma non abbreviata, ad esempio *Ausgabe* o *release* per i documenti elettronici. I numeri che accompagnano la formulazione di edizione, anche se in numeri romani o in forma verbale (III edizione, quinta edizione, Fourth revised edition) vengono riportati in cifre arabe (*3a ed., 5a ed., 4th revised ed.*). A questo proposito è opportuno segnalare che la catalogazione eseguita utilizzando dei software di gestione spesso richiede che i numeri riferiti all'edizione e i numeri ordinali in gene-

rale vengano trascritti in cifre arabe seguite da un punto *(3. ed., 5. ed., 4. revised edition*).
Di norma non si riporta nella descrizione l'indicazione di *prima edizione*, a meno che non sia accompagnata da un'espressione che indichi caratteristiche particolari o da una indicazione di responsabilità (*1. ed. integrale, 1. ed. digitale*).

/ indicazione di responsabilità relativa all'edizione ; successiva indicazione di responsabilità

Nomi delle persone che hanno responsabilità intellettuale nei confronti della specifica edizione del libro che si sta descrivendo, e non nei confronti dell'opera.

– 4th revised ed. / edited by John Smith. – 5a ed. / riveduta, corretta ed ampliata con note di Antonietta Landi

La signora Antonietta Landi e il signor John Smith hanno solo e unicamente la limitata responsabilità della revisione, correzione e ampliamento di una data opera che viene pubblicata in una specifica edizione, non di tutta l'opera; l'indicazione della loro responsabilità andrà quindi limitata all'area dell'edizione e non legata al titolo proprio dell'opera nell'area 1.

Esempio dell'area 2
. – *2a ed. / con note supplementari di Giorgia Vincent*
Oppure
. – *2. ed. / con note supplementari di Giorgia Vincent*

AREA 3: SPECIFICA DEL MATERIALE O DEL TIPO DI PUBBLICAZIONE

Fa parte dello standard ISBD ed è utilizzata per accogliere le informazioni caratteristiche di alcuni tipi di materiale o di pubblicazione. Ad esempio quest'area è attiva come area della numerazione nella descrizione delle pubblicazioni seriali oppure come area dei dati matematici (scala, coordinate) per la descrizione del materiale cartografico, ed accoglie anche le informazioni sul tipo di presentazione musicale (*Partitura, Spartito canto e pianoforte*) nella descrizione delle pubblicazioni musicali a stampa. L'area 3 non viene invece utilizzata per la descrizione delle pubblicazioni monografiche a stampa.

AREA 4: PUBBLICAZIONE, PRODUZIONE E DISTRIBUZIONE

Fonte da cui ricavare le informazioni: frontespizio o suo sostituto, pagine preliminari, copertina; colophon.

Lingua per la trascrizione: quella utilizzata nel libro.

<u>Analisi degli elementi</u>

. – *Luogo di pubblicazione ; altro luogo di pubblicazione*

Il luogo o i luoghi in cui ha sede la casa editrice. Normalmente un libro è pubblicato da un editore che ha sede in una città, e questo non crea problemi. A volte però l'editore ha più sedi e riporta i nomi delle relative città sulla pubblicazione. Le indicazioni che vengono dallo standard a questo proposito sono di riportare nella descrizione il luogo, stampato nelle fonti previste, che presenti maggiore rilievo tipografico (più in grande, o in grassetto ecc.), oppure, nel caso i nomi delle città siano stampati con gli stessi caratteri, di riportare il primo nominato; le REICAT specificano a questo riguardo che se i luoghi indicati per un editore sono due, si riportano entrambi, mentre se sono tre o di più è facoltativo riportarli tutti, ma è preferibile ometterli e, rispettando la regola generale, trascrivere solo il primo nominato o quello stampato con maggiore rilievo tipografico. Altri luoghi di pubblicazione possono essere aggiunti, se il bibliotecario lo ritiene importante, ad esempio nel caso in cui il primo luogo, o quello con maggior rilievo, sia una città straniera e tra gli altri presentati nella pubblicazione ci sia una città italiana. Se vengono omessi uno o più luoghi di pubblicazione presentati con lo stesso rilievo tipografico di quello (o di quelli) riportato nella descrizione, si segnala l'omissione con [*etc.*]. Se il libro non consente di rilevare e indicare nessun luogo, ma è possibile reperirlo utilizzando delle fonti esterne o risalirvi in qualsiasi altro modo, ad esempio perché conosciuto, è possibile inserirlo nell'area fra parentesi quadre, allo stesso modo può essere indicato, in mancanza di un possibile luogo, il paese, ad esempio *[Italia]*; è possibile anche indicare un probabile luogo di edizione, non rilevato in alcun modo, accompagnandolo con un punto interrogativo, ad esempio *[Venezia?]*. Qualora non sia possibile individuare in alcun modo il luogo di pubblicazione, l'assenza di questo elemento viene riportata nella descrizione tra parentesi quadre con l'abbreviazione [*S.l.*] che significa *sine loco*.

: nome dell'editore

Il nome della persona o dell'ente che è responsabile della pubblicazione (attenzione, non dell'opera, che prevede una responsabilità di tipo intellettuale). Il nome dell'editore va dato in forma abbreviata, purché questa ne renda possibile l'identificazione, ad esempio : *Bibliografica* (invece di : *Editrice Bibliografica*), oppure : ENI (invece di : *Ente Nazionale Idrocarburi*). Nel caso più persone o enti svolgano la stessa funzione di editori, le indicazioni dello standard sono simili a quelle previste per più luoghi di pubblicazione, e quindi viene riportato il primo nominato o quello stampato con maggior rilievo tipografico, mentre altri editori e i relativi luoghi possono essere riportati se il bibliotecario lo ritiene necessario; anche in questo caso l'omissione di editori presenti nella pubblicazione con pari rilievo tipografico viene segnalata con l'abbreviazione [*etc.*] tra parentesi quadre. Nel caso vengano trascritti nella descrizione più editori, l'organizzazione degli elementi dell'area sarà questa:

. – *primo luogo : primo editore ; secondo luogo : secondo editore*

Qualora non sia possibile individuare nella pubblicazione il nome dell'editore, questo va indicato con l'abbreviazione tra parentesi quadre [*s.n.*], che significa *sine nomine*. Se questa abbreviazione si aggiunge a quella che indica la mancanza nella pubblicazione del luogo di edizione, per le REICAT le due abbreviazioni vanno racchiuse tra due uniche parentesi quadre [*S.l. : s.n.*]. È opportuno segnalare che, per favorire la visualizzazione degli elementi della descrizione in altri formati, ad esempio quelli proposti da alcuni OPAC, l'ISBD *consolidated edition*, nella versione preliminare e in quella definitiva, propone invece di mantenere distinte le due abbreviazioni racchiudendole ciascuna entro una coppia di parentesi quadre [*S.l.*] : [*s.n.*].

, *data di pubblicazione*

Per data di pubblicazione si intende l'anno di pubblicazione del libro, o meglio della particolare edizione o tiratura che il bibliotecario sta descrivendo. Di solito è stampata sul frontespizio o sul verso di questo. Nel caso non sia possibile rilevare la data di pubblicazione, le REICAT indicano che questa può essere sostituita con la data del copyright, che di solito è presente sul verso del frontespizio, o con la data di stampa, che fa parte delle informazioni fornite dal colophon alla fine del libro, senza aggiungere alcuna qualificazione. Nel caso che entrambe le date, quella di copyright e quella di stampa, siano presenti ma non coincidano, è necessario indicare sia la data

di copyright, senza qualificazioni, seguita dalla data di stampa qualificata con la parola *stampa* e posta fra parentesi tonde ad esempio *1985 (stampa 1984)*, Se nella pubblicazione non figura nessuna data di pubblicazione, di copyright, di stampa o di manifattura, è necessario indicare fra parentesi quadre una data, certa o probabile, eventualmente presente nella pubblicazione oppure ottenuta ricorrendo a fonti esterne, segnalando nell'area delle note da dove è stata presa, ad esempio , [*1984*] indicando . – *Data desunta dalla prefazione* nell'area delle note, oppure [*dopo il 1790*] con in nota . – *Data desunta dalla dedica.*
Se non è possibile utilizzare nessuna data, certa o probabile, deve essere registrata, sempre fra parentesi quadre, una data approssimativa, riconducibile all'anno in cui è stato pubblicato il libro, ad esempio [*1965?*], anche indicando il possibile decennio entro cui può essere avvenuta la pubblicazione [*196-?*]. Le date del calendario gregoriano vanno riportate in numeri arabi, mentre le date che non sono riferite al calendario gregoriano vanno trascritte come si presentano nella pubblicazione aggiungendo tra parentesi quadre la data corrispondente del calendario gregoriano, qualora sia possibile calcolarla. Per la descrizione di un'opera costituita da più volumi pubblicati nel corso di più anni, si riportano le date del primo e dell'ultimo volume pubblicato separate da un trattino (ad es.: *1985-1991*); se la biblioteca non possiede ancora l'opera completa si indica solo la data del primo volume seguita da un trattino e quattro spazi (ad es.: *1985-*).

Esempio dell'area 4
. – *Milano : Ipertesto, 1993 (stampa 1994)*

AREA 5: DESCRIZIONE FISICA

Fonte da cui ricavare le informazioni: l'intera pubblicazione.

Lingua per la trascrizione: lingua scelta dall'agenzia bibliografica, ovvero la lingua adottata dalla biblioteca per la catalogazione.

<u>Analisi degli elementi</u>

. – *Designazione specifica del materiale ed estensione*
Quest'area fornisce informazioni su quante pagine ha il libro,

dice se è illustrato, se ha delle tavole fuori testo, quanto è grande e infine se per caso ha degli allegati. La *designazione specifica del materiale* dà notizia della categoria di materiale a cui la pubblicazione appartiene, i termini che possono essere utilizzati sono elencati nell'appendice C dello standard *ISBD preliminary consolidated edition*, oppure nell'appendice D delle REICAT (volume, cartella, manifesto, CD-ROM), e sono preceduti dal numero delle unità in cifre arabe (2 volumi); per le pubblicazioni in un solo volume non è necessario precisare la designazione specifica del materiale, ma è sufficiente riportare l'estensione in termini di pagine, carte (la carta è un foglio del libro, ed è costituita da due pagine o facciate: recto e verso) o colonne; le pubblicazioni in un solo volume con paginazione irregolare (più di tre sequenze di pagine, carte o colonne numerate) o a fogli mobili fanno eccezione: *1 volume (paginazione varia), 1 volume (a fogli mobili)*.
L'estensione quindi è il numero delle pagine, carte o colonne di cui è composto un libro; spesso però un libro ha più di una sequenza di pagine: può avere le prime pagine non numerate, oppure contrassegnate con numeri romani, seguite da pagine con numeri arabi e magari finire con le appendici numerate con lettere e numeri arabi. Per indicare l'estensione si riporta il numero dell'ultima pagina, carta o colonna numerata di ciascuna sequenza (*282 p.*, oppure *XV, 282 p.*, oppure *XV, 282 p., 25 carte*), fino ad un massimo di tre sequenze; oltre questo limite si riporta la designazione specifica del materiale *1 volume (paginazione varia)*. Sequenze di pagine non numerate vengono riportare nella descrizione solo se costituiscono tutto o una buona parte del libro; in questo caso l'indicazione va data fra parentesi quadre. La presenza di tavole cosiddette fuori testo, cioè non incluse nella numerazione delle pagine, che solitamente nei libri contengono illustrazioni particolari (fotografie, riproduzioni di opere d'arte, diagrammi, carte geografiche ecc.) viene segnalata nell'estensione, e il conteggio di queste tavole viene dato in pagine o carte. Se le tavole sono numerate si riporta alla fine dell'estensione l'ultimo numero della sequenza, di carte o di pagine, anche nel caso non siano raggruppate assieme (*XXV, 358 p., 6 p. di tav.*), se le tavole invece non sono numerate, vanno contate come carte, anche se sono stampate in entrambe le facciate, e il totale va registrato fra parentesi quadre (*XXV, 358 p., [16]carte di tav.*).

: altre caratteristiche materiali

Indica il materiale di cui è costituita la pubblicazione, ad esempio nel caso si tratti di libri per bambini (*[10] p. : plastica*), oppure la presenza di illustrazioni nel libro (*358 p. : ill.*) e ne specifica, se necessario, il tipo (*358 p. : ill., 1 carta geografica*) e se sono a colori o in bianco e nero (*358 p. : ill., 1 ritratto b/n, 1 carta geografica color.*).

; dimensioni

Indica l'altezza della legatura del libro in centimetri misurata parallelamente al dorso e arrotondata per eccesso (per un libro alto 19,2 centimetri si riporta l'indicazione *; 20 cm*); per libri di forma particolare (più larghi che alti) si possono indicare altre dimensioni (*; 20 × 30 cm*), l'indicazione dell'unità di misura utilizza i simboli standard internazionali (*cm*) che non vanno puntati.

+ *materiale allegato*

Segnala il materiale pubblicato contemporaneamente al libro, ma fisicamente separato, con lo scopo di essere usato insieme o a completamento di questo (un glossario, dei dischi magnetici per computer, una carta topografica ecc.). Per indicare la presenza di allegati è possibile utilizzare le definizioni elencate come Designazioni specifiche del materiale nell'appendice D delle REICAT (*+ 1 audiocassetta*), oppure una parola o una breve espressione che permetta di rappresentarlo, come (*+ 1 carta geografica ripiegata*). La registrazione degli allegati può essere completata dalla loro descrizione fisica, ad esempio indicandone l'estensione fra parentesi tonde e, dopo uno spazio punto e virgola spazio (;), le dimensioni, ad esempio (*+ 1 fascicolo (24 p.) ; 20 cm*), oppure (*+ 1 CD-ROM ; 12 cm*), oppure (*+ 2 floppy disk ; 9 cm*).

Esempio dell'area 5

. – XV, 270 p., [10] carte di tav. : ill. ; 24 cm + 1 floppy disk ; 9 cm

AREA 6: COLLEZIONE (COLLANA O SERIE)

Fonte da cui ricavare le informazioni: frontespizio, pagine preliminari, copertina, dorso e colophon.

Lingua per la trascrizione: quella utilizzata nel libro.
Nota: tutta l'area della collezione va racchiusa tra *parentesi tonde*.

Analisi degli elementi

. – *Titolo della collezione*

Titolo proprio della collezione (collana o serie); cioè un titolo assegnato dall'editore, in aggiunta al titolo del libro, a un gruppo di pubblicazioni, numerate o meno, simili per materia, veste tipografica, oppure argomento trattato, che costituiscono una serie.

. *Titolo della sottocollezione*

Il titolo di una delle eventuali sezioni in cui è divisa una collana; ad esempio gli «Oscar», editi da Mondadori, sono una collana, che però è divisa in sottocollane come gli *Oscar. Letteratura*, oppure gli *Oscar. Economia* ecc.

/ *indicazioni di responsabilità relative alla collana*

Nomi di persone o enti che hanno la responsabilità di ciò che viene pubblicato nella collana. Normalmente questa indicazione non viene trascritta poiché la responsabilità, ovvero la direzione di una collana può variare nel tempo e quindi indicazioni diverse possono generare confusione; è necessario invece indicare la prima indicazione di responsabilità quando il titolo della collana è generico (*Special papers / Società Medica Italiana*) oppure per identificare la collezione.

, *International Standard Serial Number della collezione*

È un numero internazionale composto da otto cifre divise in due gruppi che identifica in modo inequivocabile una serie. Se conosciuto può essere indicato in quest'area. In un catalogo elettronico l'ISSN verrà registrato nel record specifico destinato ad accogliere i dati della collezione.

; *numerazione all'interno della collezione*

Il numero progressivo che il libro può assumere quando viene pubblicato all'interno di una collana (*Bibliografia e biblioteconomia ; 50)*. Qualora il libro abbia un numero distinto per la collezione e per la sottocollezione, il numero segue il titolo a cui si riferisce (*La Mistica cristiana tra Oriente e Occidente ; 14. Sentimento religioso e identità italiana* ; 5).

Esempio dell'area 6

. – *(Telematica pratica. Internet per tutti, ISSN 0123-4567 ; 24)*

AREA 7: NOTE

Fonte da cui ricavare le informazioni: qualsiasi fonte.

Lingua per la trascrizione: lingua scelta dall'agenzia bibliografica.

Analisi degli elementi

L'area delle note ha il compito di completare la descrizione, è un po' il magazzino della notizia bibliografica, dove cioè vanno riportate tutte quelle informazioni che lo standard non consente di inserire formalmente nelle aree e negli elementi della descrizione stessa, ma che il bibliotecario ritiene utili per il lettore ai fini dell'identificazione del libro e della completezza descrittiva.
Il fatto che per quest'area lo standard non preveda dei riscontri formali nella descrizione e l'impossibilità di enumerare tutte le possibili note, non vuol dire che sia un'area disorganizzata e caotica. Le informazioni vanno riportate secondo l'ordine previsto dallo standard per le aree: prima le note sull'area del titolo e formulazione di responsabilità (*Titolo della copertina, Testo originale a fronte*, oppure *Attribuito a*), poi quelle sull'area dell'edizione (*Estratto da:*, oppure *riproduzione facsimilare. della 4. ed., Parigi : [s.n.], 1745*) e così via. Altre note possono essere riportate a titolo di esempio: note relative al contenuto, che riproducono l'indice del libro, oppure che indicano la presenza di una bibliografia alla fine del libro; note relative alla tiratura che avvisano, ad esempio, che si tratta di un libro stampato in 300 esemplari.
Lo standard indica che ognuna di queste note va contrassegnata con *punto spazio trattino spazio* (. –), mentre le REICAT prevedono che sia solo un punto a separare le note.

Esempio dell'area 7

. – *Titolo della copertina. Riproduzione facsimilare della 4. ed., Parigi : [s.n.], 1845. Data desunta dalla prefazione*

AREA 8: NUMERI IDENTIFICATIVI

Fonti da cui ricavare le informazioni: qualsiasi fonte.

Lingua per la trascrizione: lingua scelta dall'agenzia bibliografica.

Analisi degli elementi

. – *ISBN (qualificazione)*

Si riportano in quest'area i numeri standard che identificano la risorsa, per le monografie a stampa va riportato l'International Standard Book Number, se figura sul libro; come qualificazione si intende l'indicazione del tipo di legatura, da darsi nel caso che lo stesso libro sia pubblicato con sistemi di legatura diversi (tela, brossura), o nel caso il libro sia pubblicato da più di un editore, nella qualificazione va registrato il nome dell'editore a cui l'ISBN si riferisce. Quest'area si può ripetere nel caso il libro abbia più di un numero standard, oppure perché una pubblicazione in più volumi fornisce un numero standard per la pubblicazione nel suo insieme e uno per ogni singolo volume. L'indicazione del numero standard è sempre preceduta dalla sigla che lo contraddistingue, nel nostro caso ISBN (*. – ISBN 88-7075-252-6*). Le REICAT segnalano la possibilità, prevista dallo standard ISBD, di indicare in quest'area le condizioni alle quali la pubblicazione è disponibile; questa può essere usata per indicare il prezzo del libro, se questo è in commercio (*$ 25.35*), oppure altre indicazioni per il suo reperimento (*distribuito gratuitamente dalla Facoltà di...*).

> Yellow pages in Internet = Le pagine gialle in Internet : come reperire facilmente informazioni in linea / Andrew Bone, Philip Climie ; trad. di Paolo Maris ; grafica di Anthony McLeod. – 2. ed. / con note supplementari di Giorgia Vincent. – Milano : Ipertesto, 1993. – XV, 270 p., [10] carte di tav. : ill. ; 24 cm + 1 floppy disk ; 9 cm. – (Telematica pratica. Internet per tutti, ISSN 0123-4567 ; 24). – Bibliografia: p. 265-270. – ISBN 88-1234-567-9

Esempio di descrizione di una pubblicazione monografica a stampa

Spesso, durante l'attività di catalogazione, il bibliotecario si trova a dover descrivere opere pubblicate in più volumi. A questo proposito lo standard ISBD e di conseguenza le REICAT prevedono due possibilità: l'indicazione dei singoli volumi in una nota d'indice nella descrizione dell'opera generale, oppure una descrizione a più livelli. Quest'ultima è composta da una descrizione completa dell'opera generale come primo livello e dalle descrizioni ridotte dei singoli volumi in cui è divisa l'opera come secondo livello; le descrizioni dei volumi particolari sono costituite dal titolo proprio preceduto dal numero di volume o parte, dal complemento del titolo, dalle eventuali responsabilità se diverse da quelle dell'opera generale, dalla data se l'opera completa è stata pubblicata nel corso di più anni, e infine dalla descrizione fisica.

In sostanza nella descrizione di secondo livello le REICAT prescrivono di riportare solo le aree o gli elementi che non siano già presenti nella descrizione dell'opera d'insieme, tranne quando la loro ripetizione sia indispensabile per la comprensione e la ricerca della notizia bibliografica. Applicazioni specifiche possono discostarsi leggermente dalle regole di catalogazione, ad esempio prescrivendo che la data di pubblicazione venga omessa nella descrizione generale e trascritta solo nella descrizione dei volumi particolari.

Generalmente la descrizione in un solo livello con nota d'indice è usata per le opere divise in volumi privi di titolo significativo, mentre è opportuno usare la descrizione a più livelli se i singoli volumi hanno un titolo significativo.

Le descrizioni dei singoli volumi possono essere date di seguito alla descrizione d'insieme oppure, in un catalogo elettronico, essere registrate ognuna in un record separato e collegato con il record nel quale è registrata la descrizione d'insieme della risorsa.

Un esempio di descrizione a più livelli:

The lord of the rings / J. R. R. Tolkien ; illustrated by Alan Lee. - Boston ; New York : Houghton Mifflin Company, 2002-2003. – 3 volumi : ill. ; 25 cm

Part 1: The fellowship of the ring : being the first part of The lord of the rings. – 2002. – 527 p.

Part 2: The two towers : being the second part of The lord of the rings. – 2002. – 447 p., 15 p. di tav.

Part 3: The return of the king : being the third part of The lord of the rings. – 2003. – 440 p.

La descrizione a più livelli è un aspetto particolare, anche se molto diffuso, della catalogazione che trova spesso applicazione nei cataloghi elettronici, nei quali, a seconda delle specifiche modalità di gestione delle pubblicazioni multivolume, le notizie bibliografiche relative al titolo d'insieme e ai volumi particolari possono venire registrate in record distinti collegati fra loro tramite appositi campi o elementi comuni, si consiglia perciò di approfondire l'argomento su lavori specifici corredati di numerosi esempi.

Le difficoltà che un bibliotecario può incontrare nel descrivere un libro derivano principalmente dalla disomogeneità con cui vengono presentati gli elementi informativi sul libro stesso; la fantasia degli editori fa sì che le informazioni necessarie alla descrizione siano posizionate e organizzate nella pubblicazione con molta libertà, spesso senza rispettare né lo standard, né la logica sulla quale questo si basa. Ciò crea non pochi problemi al lavoro di catalogazione ed è impossibile qui considerare l'enorme casistica generata e legata a questa disomogeneità. Per cui si consiglia di consultare manuali che trattano in modo specifico la descrizione con un grande numero di casi ed esempi.

Un aiuto al bibliotecario viene dal programma CIP (Cataloguing in Publication) avviato da numerose biblioteche nazionali in tutto il mondo al fine di favorire la standardizzazione della descrizione; la collaborazione con gli editori consente a queste biblioteche di catalogare il libro prima della sua pubblicazione e quindi di far stampare, sul verso del frontespizio, la descrizione, gli accessi per autore, per soggetto e il numero di classificazione Dewey assegnato. Questo è indubbiamente un grande aiuto, ma il bibliotecario deve fare attenzione alle schede CIP presentate sui libri stranieri: mentre la descrizione è sempre redatta secondo lo standard ISBD, gli accessi per autore e per soggetto sono formulati secondo le regole di catalogazione e le norme in vigore nelle diverse nazioni, e quindi vanno considerati solo come indicazioni per il bibliotecario, non copiati così come sono, ma riportati adeguandoli ai criteri di scelta e forma stabiliti dalle REICAT o dal tipo di soggettario scelto.

Un altro strumento molto importante per la corretta e omogenea catalogazione dei libri pubblicati in Italia è la *Bibliografia Nazionale Italiana* (BNI) realizzata dalla Biblioteca nazionale centrale di Firenze. La BNI è pubblicata in fascicoli a stampa o su DVD e organizzata in sei serie relative alle Monografie, alla Musica a stampa, ai Periodici, ai Libri per ragazzi, ai Testi scolastici e alle Tesi di dottorato, con una periodicità di pubblicazione differenziata per le diverse serie; è inoltre disponibile la base dati completa con oltre 700 mila notizie bibliografiche che viene aggiornata mensilmente ed è consultabile via web tramite accesso controllato. Le pubblicazioni su DVD e via web permettono di interrogare la base dati della BNI e di esportare le notizie bibliografiche recuperate su un file, in forma di scheda secondo lo standard ISBD, oppure nel formato internazionale per lo scambio dei dati bibliografici UNIMARC, che permette alla biblioteca, se lo desidera, di importare i record nel proprio catalogo elettronico. Nella BNI sono riportate le notizie bibliografiche complete di accessi formali e semantici di tutti i documenti pubblicati in Italia dal 1958 e ricevuti dalla Biblioteca nazionale centrale di Firenze per diritto di stampa; queste notizie, a differenza delle schede CIP, possono essere utilizzate integralmente in quanto sono redatte dall'Agenzia bibliografica nazionale e rispettano quindi tutte le regole, le norme e gli standard che devono essere attualmente utilizzati dalle biblioteche italiane.

9. LA CATALOGAZIONE: GLI ACCESSI FORMALI E SEMANTICI

Per consentire al lettore di recuperare agevolmente le notizie bibliografiche dei libri posseduti, è necessario che la biblioteca crei degli accessi che lo guidino nella ricerca e lo portino a trovare l'informazione di cui ha bisogno tra tutte quelle che rappresentano il suo patrimonio. In sostanza gli accessi sono delle informazioni estrapolate da un qualsiasi elemento della descrizione, o dal contenuto del libro, che, opportunamente formulate secondo le regole di catalogazione, vanno messe in appropriata relazione con le entità relative ai prodotti dell'attività intellettuale e artistica, ossia con le opere, le espressioni, le manifestazioni o gli *items* a cui si riferiscono, consentendo di organizzare e trovare le notizie bibliografiche in insiemi ordinati e ricercabili secondo criteri omogenei.

Ad esempio, le informazioni sulla responsabilità intellettuale, scelte e trascritte secondo quanto previsto dalle regole REICAT, consentono di ordinare alfabeticamente le notizie secondo il nome degli autori, andando a costituire quindi il catalogo alfabetico per autori o permettendo, in un catalogo elettronico, la ricerca per il nome dell'autore.

Gli *elementi di accesso* che la biblioteca può predisporre sono di diverso tipo: possono essere elementi la cui forma è controllata dai sistemi di controllo di autorità (vedi alla fine di questo capitolo il paragrafo sull'AUTHORITY CONTROL), come i *titoli uniformi* e le *intestazioni uniformi* (*elementi di accesso controllati*), oppure essere non controllati e venire quindi utilizzati esattamente nella forma in cui si presentano nella pubblicazione, come il titolo proprio stampato nel frontespizio del libro che si sta catalogando (*elementi di accesso non controllati*). Inoltre gli elementi di accesso controllati e non controllati, possono essere suddivisi tra formali e semantici: i primi sono ricavati principalmente dai contrassegni formali che il libro mette a disposizione e quindi dagli elementi della descrizione, mentre i secondi sono individuati come espressione del contenuto intellettuale del libro.

Gli accessi formali e le Regole Italiane di Catalogazione (REICAT)

L'analisi formale della pubblicazione compiuta per determinare gli elementi della descrizione consente anche di individuare la presenza delle informazioni necessarie per formulare gli accessi di tipo formale, e di selezionarle applicando regole convenzionali.

Ognuno degli elementi che costituiscono la descrizione può essere potenzialmente utilizzato come accesso di tipo formale alla notizia bibliografica. L'enunciazione è in parte vera se riferita in special modo a un catalogo informatizzato, realizzato cioè con l'elaboratore elettronico, dove la gestione degli ordinamenti e delle ricerche è, come vedremo più avanti, agevole e potente.

Per una biblioteca che ancora utilizzasse strumenti tradizionali come i cataloghi a schede cartacee, offrire una molteplicità di accessi diversi significherebbe organizzare una molteplicità di cataloghi, uno per ogni elemento utilizzato come accesso (un catalogo ordinato per collana, uno secondo gli autori, uno secondo gli editori, un altro ordinato per luoghi di pubblicazione ecc.).

In realtà la domanda più frequente che il lettore rivolge alla biblioteca è se questa possieda un libro di un preciso autore con un titolo preciso, e quindi gli accessi di tipo formale che la biblioteca ha l'obbligo di predisporre sono principalmente quelli per *autori* e *titoli uniformi*; questi, inoltre, sono gli elementi primari per l'identificazione di un'opera, poiché insieme costituiscono il nome dell'opera.

La scelta di tali accessi e il modo nel quale *devono* essere formulati sono governati dalla terza parte delle *Regole italiane di catalogazione* che individua le diverse possibili *responsabilità* di persone ed enti nei confronti dei prodotti dell'attività intellettuale e artistica, e definisce i criteri per poterle trascrivere in modo uniforme nel loro utilizzo come intestazione della registrazione bibliografica (vedi Strumenti 4).

Pubblicate nel 2009 a cura dell'Istituto centrale per il catalogo unico delle biblioteche italiane e le informazioni bibliografiche (ICCU) sulla traccia di quanto espresso nella Dichiarazione di princìpi internazionali di catalogazione (vedi Letture 3) approvata al termine di un ciclo di 5 conferenze organizzate dall'IFLA su scala mondiale tra il 2003 il 2007 (IFLA Meetings of Experts on an International Cataloguing Code – IME-ICC, vedi <http://www.ifla.org/mode/576>), le REICAT governano le diverse fasi del processo di catalogazione: la descrizione della risorsa che si sta catalogando, la scelta dell'intestazione, cioè l'individuazione delle relazioni di responsabilità di persone o enti rispetto alla creazione, concepimento, realizzazione o esecuzione di un'opera o di una sua espressione, la forma dell'intestazione, ossia il modo uniforme in cui devono essere formulate le intestazioni e definiti i titoli uniformi.

Come si è visto, secondo le REICAT, e anche secondo i Princìpi internazionali di catalogazione a cui le REICAT si ispirano, gli elementi che costituiscono un punto di accesso per il recupero delle notizie bibliografiche possono essere controllati e non controllati. Sono controllati i punti di accesso realizzati secondo quanto prescrivono le regole di catalogazione in una forma definita autorizzata, standardizzata o accettata, che rimane coerentemente univoca nel tempo e a cui rinviano le eventuali forme varianti, ad esempio del nome di un autore, registrate e gestite nel sistema di controllo di autorità (REICAT §0.2.3; vedi in questo capitolo il paragrafo sull'AUTHORITY CONTROL). Sono considerati invece non controllati gli accessi che vengono trascritti e utilizzati così come sono presentati nella pubblicazione, come ad esempio i titoli propri presenti nel frontespizio della pubblicazione, che possono quindi cambiare e che non sono registrati e gestiti nel sistema di controllo di autorità.

Le REICAT considerano come accessi controllati i *titoli uniformi* e le *intestazioni uniformi* (REICAT §0.4.3). Indicano inoltre che, allo stesso modo, possono essere controllati, se necessario, anche altri elementi come i luoghi di pubblicazione, i nomi degli editori e dei tipografi o «altre figure connesse con la produzione materiale, la pubblicazione e la distribuzione» (REICAT §0.4.3.8).

Titoli uniformi e intestazioni

Il *titolo uniforme* è un elemento di accesso molto importante che permette di identificare, con un titolo normalizzato ai fini della catalogazione, un'opera, o una sua parte, apparsa in più edizioni con titoli diversi e di distinguerla da opere diverse che abbiano lo stesso titolo.

«Coincide di solito con uno dei titoli con cui l'opera si presenta nelle pubblicazioni, o con cui è tradizionalmente conosciuta o citata» (vedi REICAT §9.0.1) e si determina sulla base delle edizioni dell'opera nella lingua originale.

Per ogni opera che viene catalogata è obbligatorio creare un solo titolo uniforme che la identifichi in modo univoco e che raggruppi le diverse espressioni, ad esempio le traduzioni e le versioni, in cui è stata realizzata.

Ad esempio, *Divina commedia* è l'accesso per titolo uniforme che consente di recuperare tutte le notizie bibliografiche relative alle diverse edizioni dell'opera di Dante, con qualsiasi titolo siano state pubblicate (*Comoedia, La Commedia, Comedy* ecc.). A questo proposito le Regole hanno predisposto un'intera appendice (Appendice G) che assegna un titolo uniforme a tutti i libri che compongono la Bibbia, sia per quelli del Vecchio che del Nuovo Testamento.

Un'altra appendice delle Regole (Appendice H) definisce i termini che possono essere utilizzati per indicare il genere delle opere, ad esempio *Narrativa*, *Disegni* e così via, nella creazione dei *Titoli collettivi uniformi*: si tratta di titoli uniformi convenzionali che sono estremamente utili per raggruppare nel catalogo le raccolte di opere di uno stesso autore, ad esempio *Opere, Opere. Narrativa*, oppure *Opere. Disegni* (vedi REICAT §9.0.5).

Le *intestazioni* identificano ed esprimono le responsabilità nei confronti dell'opera, o di una sua espressione, ossia il nome degli autori, persone o enti che siano, e per esprimere il tipo di responsabilità, cioè il ruolo che gli autori hanno avuto, le REICAT individuano tre tipi di intestazione: l'*intestazione principale*, le *intestazioni coordinate* e le *intestazioni secondarie*.

L'intestazione principale è sempre una sola, identifica l'autore principale, o considerato tale, e in taluni casi, ad esempio per le opere anonime o per le raccolte di opere di più autori, può mancare.

Le intestazioni coordinate identificano gli altri autori, fino ad un massimo di due, che hanno nei confronti dell'opera la stessa responsabilità dell'autore considerato principale.

Le intestazioni secondarie invece consentono di creare degli accessi controllati per le responsabilità diverse da quella dell'autore, come ad esempio i curatori e i traduttori (vedi REICAT §0.4.3).

L'operazione che le vecchie regole definivano *scelta dell'intestazione* ha quindi lo scopo di individuare gli elementi d'accesso formali e controllati relativi agli autori e di determinare il loro ruolo in rapporto alla paternità intellettuale dell'opera.

In sostanza le REICAT stabiliscono per convenzione che, se una persona, o un ente, è l'autore dell'opera pubblicata in un libro e il suo nome è presentato come tale sul frontespizio, oppure la sua responsabilità si ricava da altre parti dell'opera o da fonti esterne come i repertori, sua è la paternità intellettuale dell'opera e quindi viene definito come autore principale. Al nome dell'autore principale viene assegnata l'intestazione principale.

Se gli autori presentati come tali, con la stessa rilevanza, sono due o tre, il primo nominato nel frontespizio assume sempre il valore di autore principale, mentre il secondo e il terzo sono definiti come coautori e per i loro nomi viene creata una intestazione coordinata. Se infine nel frontespizio gli autori sono più di tre, l'opera viene trattata come anonima: l'intestazione principale manca e all'autore primo nominato nel frontespizio viene assegnato un valore di autore secondario. Rimane l'obbligo di creare un accesso controllato per il *titolo uniforme*, e la possibilità di creare tutti gli accessi non controllati, previsti dal software di gestione, che il bibliotecario ritiene utile assegnare, come ad esempio l'accesso non controllato per il titolo proprio della pubblicazione.

Responsabilità di tipo diverso da quelle di autore vero e proprio (come nel caso del curatore, traduttore, disegnatore, fotografo ecc.) assumono il valore di autori secondari, in quanto hanno una responsabilità marginale rispetto all'opera, tranne alcuni casi eccezionali nei quali queste responsabilità sono riferite a una parte predominante della pubblicazione (ad esempio in un libro che documenta la produzione di un artista o di un fotografo, il nome di questo ha valore di autore principale rispetto a chi ha redatto il testo, che viene dichiarato secondario).

Il valore di autore principale e autore secondario definito dalle vecchie regole, a cui possiamo aggiungere anche quello di coautore introdotto dalle nuove REICAT, ha una rilevanza pratica che trova la sua origine e giustificazione nella creazione e manutenzione del catalogo cartaceo realizzato manualmente o con la macchina da scrivere. Infatti il catalogo così concepito prevedeva una scheda principale dove le informazioni date dalla descrizione erano completate dall'intestazione principale (autore persona, ente o titolo che fosse) che aveva anche ruolo di accesso, e nella quale erano presenti la segnatura di collocazione e il numero di inventario; prevedeva inoltre un certo numero di schede secondarie che avevano come accesso le intestazioni secondarie e che, per economizzare il lavoro di riproduzione o battitura delle schede, riproducevano brevemente la scheda principale (compresa l'intestazione) alla quale rinviavano per avere tutte le informazioni necessarie al recupero del libro.

L'utilizzo di strumenti appena più evoluti, ad esempio una semplice macchina da scrivere con memoria, permise di superare questo modo di procedere, poiché risultava più economico riprodurre in modo automatico l'intera descrizione, completa secondo lo standard ISBD, su tutte le schede, principali e secondarie, e dare come accessi le rispettive intestazioni, senza obbligare il lettore a saltare da un punto all'altro del catalogo per cercare la notizia bibliografica completa.

L'utilizzo di computer e software adeguati per la creazione di cataloghi informatizzati ha definitivamente confermato la centralità della descrizione bibliografica rispetto all'intestazione fornendo *n* accessi, ordinati ognuno in indici omogenei, che conducono alla notizia e che possono essere utilizzati assieme per affinare le ricerche incrociando le diverse domande che possono venire poste al catalogo (un libro di questo autore, in questa lingua, pubblicato da tale editore a partire da un dato anno).

In quest'ottica, il valore di autore principale, coordinato e secondario sembra conservare una rilevanza puramente teorica legata al ruolo, cioè al tipo di responsabilità, che la persona o l'ente ricoprono rispetto al principio della paternità dell'opera: ogni tipo di responsabilità può condurre alla notizia e il ruolo avuto nei confronti della pubblicazione è chiarito nella descrizione, quindi che ci sia un accesso per autore definito come principale può sembrare un fatto privo di rilevanza pratica.

Tuttavia nello studio FRBR e nei nuovi codici di catalogazione che su quello studio si basano, come le REICAT, il ruolo dell'autore definisce il tipo di relazione che lo connette all'entità, ad esempio l'autore principale è creatore dell'opera, oppure se secondario può realizzare l'espressione, ad esempio una traduzione, con una diversa rilevanza pratica rispetto al recupero e all'organizzazione delle informazioni nel catalogo elettronico.

L'utilizzo dei software di gestione ha anche consentito una più semplice circolazione e riusabilità dei dati bibliografici, favorendo la possibilità di derivare e importare nei cataloghi elettronici le registrazioni realizzate da agenzie bibliografiche autorevoli, ad esempio quelle nazionali come la Biblioteca Nazionale Centrale di Firenze, diminuendo il lavoro di catalogazione nelle biblioteche, ma soprattutto aumentando la qualità e la coerenza dei cataloghi.

Le Regole suddividono inoltre gli autori tra *persone* ed *enti*: i primi sono persone responsabili dell'opera del proprio intelletto; i secondi, gli enti, sono autori collettivi e quindi istituzioni, associazioni od organizzazioni dotate di una propria denominazione con cui sono identificate, responsabili della pubblicazione di opere che sono espressione della loro volontà e attività. Gli enti a loro volta sono definiti come *enti a carattere permanente*, cioè formalmente costituiti, dotati di personalità giuridica e che esplicano la loro attività nel tempo, ad esempio un'istituzione, un ufficio o un'azienda, ed *enti a carattere temporaneo*, cioè costituiti in funzione di un avvenimento e che esplicano la loro attività per la durata di tale avvenimento, come ad esempio i congressi, le mostre e così via.

La sezione delle Regole che riguarda la forma, o per meglio dire *l'uniformità dell'intestazione* (vedi REICAT §15 e 16), propone una normalizzazione del modo nel quale deve essere trascritto l'elemento di accesso controllato. Una volta individuati i diversi accessi è necessario che all'interno di uno stesso catalogo, non solo, ma di una intera nazione, venga utilizzata sempre la stessa forma del nome di un autore. Questa parte delle Regole dice che per catalogare un libro scritto dal signor Mario Rossi, il bibliotecario dovrà creare un accesso per *Rossi, Mario*, e che se un lettore cerca le opere di Giovanni Crisostomo o di Omero, le troverà attraverso l'accesso per *Ioannes Chrysostomus* e *Homerus*. Dalle forme del nome diverse da quella prevista dalle Regole vanno create delle voci di rinvio, che hanno il compito di guidare il lettore verso la forma prevista e accettata come accesso (*Giovanni Crisostomo* vedi *Ioannes Chrysostomus, santo*, oppure *Omero* vedi *Homerus*).

Al fine di controllare e mantenere la coerenza della forma dei nomi utilizzati come accessi nel catalogo e per la creazione di una rete di rinvii e relazioni fra le diverse forme che tali nomi possono assumere, il bibliotecario può predisporre e utilizzare degli Authority file, dei quali si parlerà più avanti, in questo capitolo, nella parte dedicata all'*Authority control*.

Anche per quanto concerne la scelta e la forma degli accessi, lo sforzo di normalizzazione che le Regole compiono è soggetto a una casistica molto ampia; come per la descrizione, si rinvia il lettore a prendere visione delle Regole vere e proprie che hanno il compito primario di prevedere i diversi casi e fornire al bibliotecario le possibili soluzioni da adottare.

Gli accessi semantici: la soggettazione

Mentre per descrivere un libro e individuare gli accessi formali è necessario fare un'analisi formale che verifichi la presenza e la disposizione dei contrassegni fisici nella pubblicazione, per individuare e formulare correttamente gli accessi semantici che conducano il lettore alla notizia bibliografica è necessario capire di cosa parla il libro, individuare cioè quali sono i concetti espressi dall'autore nell'opera di cui è intellettualmente responsabile. Questo si ottiene grazie a una analisi concettuale del libro fatta attraverso la lettura di alcune parti precise e significative, chiaramente definite dallo standard ISO 5963 *Documentation – Methods for examinig documents, determinig their subjects, and selecting indexing terms*, che possono dare indicazioni sugli argomenti trattati. Queste parti sono: l'indice o sommario, i titoli dei capitoli se il sommario manca, e i titoli interni ai capitoli, l'abstract o il riassunto (riportati di solito nella quarta pagina di copertina o nei risvolti della sovraccoperta), l'introduzione, la presentazione o la prefazione e, se necessario, la parte iniziale dei capitoli e le eventuali conclusioni. Il titolo e il complemento del titolo, pur essendo il primo elemento che viene spontaneo considerare, possono orientare, ma vanno valutati con molta cautela; infatti il titolo con cui viene pubblicata un'opera è scelto di solito dall'editore, in accordo con l'autore, con lo scopo sia di rappresentare il lavoro, ma anche di catturare l'attenzione del pubblico; per questo spesso risulta fuorviante rispetto al reale contenuto del libro e ai concetti che questo vuole esprimere. Infine l'aiuto di persone competenti sulla materia è utile a individuare l'argomento trattato nel libro.

Non tutte le biblioteche sono in grado di sostenere l'impegno che la determinazione degli accessi semantici comporta; sono infatti necessarie operazioni che richiedono tempo, cultura, e una buona preparazione professionale. Quelle che ne hanno la possibilità escludono comunque dalla soggettazione diversi tipi di materiale come i periodici, le opere di fantasia (poesie, romanzi, opere letterarie ecc.) o le opere di carattere troppo generale (enciclopedie, dizionari ecc.), alle quali è però possibile assegnare un soggetto riferito non al contenuto intellettuale, ma alla forma bibliografica o alla destinazione, come ad esempio Periodici, Dizionari, Enciclopedie, accompagnato dalla materia trattata. Si consideri che queste esclusioni sono scelte che la biblioteca fa di propria iniziativa, non soggette a norme o regolamenti, e che, se anche sono motivate da ragioni di funzionalità, sottraggono comunque informazioni al lettore.

Gli accessi di tipo semantico utilizzati di solito dalle biblioteche sono determinati dalla soggettazione e dalla classificazione. La soggettazione permette di costruire un catalogo o un indice per soggetti ordinati alfabeticamente. La classificazione consente di costruire un catalogo sistematico ordinato secondo l'indice dei numeri di classificazione.

Sistemi di soggettazione

Come soggetto si intende l'espressione del contenuto del libro, cioè dell'argomento o degli argomenti in esso trattati, in una forma verbale organizzata, cioè attraverso l'uso di parole scelte da un vocabolario controllato di termini (Thesaurus), che consenta al bibliotecario di utilizzare sempre le stesse parole (*Velieri* e non *Navi a vela*), e la disposizione di queste in una sequenza logica, una stringa di soggetto costruita secondo quanto previsto dalle norme sintattiche del sistema di soggettazione utilizzato dalla biblioteca.

Questi termini (che possiamo chiamare descrittori) hanno ciascuno il compito di esprimere attraverso concetti l'argomento trattato nel libro e possono essere utilizzati in modo diverso a seconda che si vogliano costituire i soggetti in un linguaggio pre-coordinato oppure post-coordinato.

Un linguaggio di soggettazione pre-coordinato organizza come si è visto la stringa di soggetto utilizzando più descrittori insieme in una struttura nella quale i termini possono assumere ruolo diverso, che viene definito dalle regole sintattiche del sistema di indicizzazione utilizzato (*Vetri – Commercio – Toscana – Sec. 16.*) per esprimere nel modo più sintetico e completo l'argomento o gli argomenti di cui tratta il libro. In pratica i termini vengono coordinati dal catalogatore prima di essere messi a disposizione del lettore per la sua ricerca, vengono cioè chiariti a priori i ruoli e le relazioni tra i descrittori, che sono portatori di concetti distinti, e viene offerta al lettore in una riga l'espressione completa dell'argomento.

Un linguaggio post-coordinato invece utilizza i descrittori senza metterli in relazione tra loro. La separazione dei concetti consente al catalogatore di ampliare la gamma dei descrittori da utilizzare, ad esempio per il libro sul commercio dei vetri in Toscana si possono indicare, come descrittori, anche *Arte vetraria*, *Industria vetraria*, *Specchi*, *Oggetti d'arte*, *Vetri dipinti*. Il bibliotecario, infine, lascia al lettore la possibilità di coordinare i descrittori in funzione ed al momento della ricerca.

Un linguaggio post-coordinato ha senso unicamente se realizzato in un catalogo informatizzato: infatti sfruttando le potenzialità di un computer è possibile per il lettore combinare la ricerca sui vari descrittori utilizzando gli «operatori booleani» e quindi recuperare le notizie bibliografiche di tutti i documenti soggettati con quei descrittori. Gli operatori booleani sono dei comandi inviati al computer che consentono di affinare una ricerca (*AND* trova tutti i libri che hanno come descrittori sia *Venezia* che *Commercio*: *Venezia* AND *Commercio*; NOT trova tutti i libri che hanno come descrittore *Venezia* ma non *Commercio*: *Venezia* NOT *Commercio*; OR trova tutti i libri che hanno come descrittore *Venezia* oppure *Commercio*, basta uno dei due: *Venezia* OR *Commercio*).

Questo sistema di sicuro consente il recupero di un maggior numero di notizie, ma ha anche come contropartita un maggior «rumore» nella risposta, cioè la possibilità di recuperare un buon numero di opere nelle quali l'argomento ricercato non è trattato in modo specifico, ma superficialmente assieme ad altri temi.

Un altro particolare sistema per accedere all'informazione è costituito dalle *parole chiave*; queste non rientrano tra i linguaggi di soggettazione in quanto non esprimono concetti né utilizzano descrittori, e non rientrano neppure tra gli accessi formali, non avendo un riscontro formale sul libro e non essendo normalizzate nella forma e nella struttura. Sono un sistema di indicizzazione libero che può essere realizzato in un catalogo informatizzato creando ad esempio, in modo automatico, un indice (elenco ordinato) per tutte le parole che costituiscono il titolo e il complemento del titolo, oppure può essere costituito da termini inseriti dal bibliotecario senza l'aiuto di un vocabolario controllato. Il vantaggio sta nella rapidità di esecuzione e nell'economia di realizzazione. Per il lettore il modo di operare le ricerche è simile a quello di un linguaggio post-coordinato, con lo stesso svantaggio, però amplificato, di ricevere come risultato l'indicazione di un alto numero di opere che possono non rispondere, o essere marginali, ai requisiti della ricerca effettuata.

Costruire la stringa di soggetto

Esprimere l'argomento trattato nella pubblicazione in una forma verbale organizzata, ossia per mezzo di una stringa di soggetto, richiede come si è visto un'analisi concettuale del documento, effettuata considerando alcune parti specifiche che lo compongono. Secondo il metodo di soggettazione previsto dal *Nuovo Soggettario*, elaborato dalla Biblioteca nazionale centrale di Firenze, tale analisi consente di comprendere il contenuto del documento e di esprimerlo per mezzo di un *enunciato di soggetto*, formulato in linguaggio naturale, ossia nella lingua di tutti i giorni. Ad esempio, per un libro come «Le prime fasi dell'apprendimento della lettura : materiali per lo studio delle difficolta di apprendimento / a cura di Cesare Cornoldi e Giorgio Tampieri», l'enunciato di soggetto potrebbe essere "l'apprendimento della lettura da parte dei bambini dislessici". L'analisi delle parole dell'enunciato consente di individuare i termini che possono esprimere i singoli concetti e di sceglierne dal Thesaurus la forma accettata se presente, oppure di inserirli come nuovi termini, definendo le forme non accettate e stabilendo le relazioni gerarchiche e associative con gli altri termini, se invece nel Thesaurus presenti non sono.

Individuati i termini, che per le norme sono tutti sullo stesso piano, ad esempio senza alcuna distinzione fra voce principale e sottovoci, è necessario procedere ad una analisi dei ruoli, individuando la funzione logica che ogni termine ha rispetto agli altri e la posizione che verrà di conseguenza a ricoprire nella rappresentazione del soggetto in una stringa costituita dai termini individuati.

La stringa di soggetto infatti, è composta da un *nucleo*, i cui elementi consentono di individuare e rappresentare l'argomento trattato nel documento, e da una serie di *elementi con un ruolo complementare* che hanno il compito di aggiungere informazioni relative al luogo, al tempo e alla forma della pubblicazione.

In sostanza il *nucleo del soggetto* esprime l'argomento di cui tratta il documento, può essere formato da un solo termine con il ruolo di *concetto chiave*, che costituisce il *termine di testa*, e va al primo posto nella stringa di soggetto: ad esempio, considerando il caso preso in esame potrebbe essere *Lettura*; oppure il nucleo può essere costituito dal concetto chiave e da uno o più elementi il cui *ruolo nel nucleo* è di specificare ad esempio se c'è un'*azione* (elemento transitivo), come quella espressa dal termine *Apprendimento*, riferita all'oggetto (oggetto-meta) rappresentato nel concetto chiave *Lettura*, oppure di indicare chi svolge (*agente*), o a chi è indirizzata (*beneficiario*) l'azione espressa dall'elemento transitivo, come nell'esempio *Lettura – Apprendimento da parte dei Bambini dislessici*. In questo esempio il termine *Lettura* è il concetto chiave, *Apprendimento* è l'elemento transitivo che esprime l'azione sull'oggetto (si apprende la Lettura) e *Bambini dislessici* è l'elemento che rappresenta l'*agente*, ossia chi effettua l'azione, in questo caso di apprendere, e va unito all'elemento transitivo da un *connettivo* '*da parte dei*', che per l'uso nei software del Servizio Bibliotecario Nazionale (SBN) e nel *Manuale applicativo* del Nuovo Soggettario, viene posto tra parentesi quadre *[da parte dei]*. Altri ruoli che gli elementi del nucleo possono essere chiamati a svolgere sono quello di *Strumento*, per indicare il mezzo con cui viene svolta l'azione (ad esempio il temine Internet nella stringa

Investimenti – Impiego di Internet), oppure quello di *Parte/proprietà*, per esprimere l'appartenenza di un elemento al concetto chiave o ad un altro elemento del nucleo di soggetto, di cui può essere *parte,* oppure a cui può *appartenere* (ad esempio il termine Personale nella stringa *Aziende – Personale – Selezione*) e così via.

Gli elementi che costituiscono la seconda parte del soggetto svolgono un *ruolo complementare* che completa l'informazione data nel nucleo, specificando nell'ordine: gli aspetti geografici, quelli temporali e la *forma intellettuale*, ossia il punto di vista, l'approccio intellettuale o l'ambito disciplinare entro cui viene trattato un tema, (es. *Inchieste*, *Diritto* o *Storia*), ottenendo ad esempio *Lettura – Italia – 1945-1950 – Storia*; gli elementi con un *ruolo complementare* possono indicare anche un *caso di studio*, oppure riportare la forma bibliografica in cui si presenta la pubblicazione, ad esempio *Manuali* o *Bibliografie*, o infine dare informazioni sulla *Forma materiale* del documento, segnalando ad esempio se si tratta di un DVD oppure di un CD-ROM. Il soggetto, o meglio la stringa di soggetto costituita dai termini utilizzati per esprimere il contenuto del libro, può avere dei segni di punteggiatura (in genere il trattino preceduto e seguito da spazi) come separazione dei termini stessi.

Il Thesaurus è uno strumento indispensabile per il bibliotecario, in quanto gli consente di evitare l'uso incontrollato di sinonimi e di effettuare una scelta coerente dei termini da utilizzare nei soggetti. Il Thesaurus, che trova la sua massima espressione in un sistema informatizzato, organizza i vocaboli dal punto di vista gerarchico e associativo. Nel primo caso si evidenzia la specificità di un termine rispetto a un altro: *Emeroteche* è un termine specifico (*Narrower Term,* NT) di *Biblioteche* che, a sua volta, è specifico rispetto a *Organizzazioni culturali* (che rappresenta il termine di significato più ampio *Broader Term,* BT); viene così stabilita tra i termini una «relazione gerarchica». Nel secondo caso si evidenzia il fatto che un termine, pur essendo specifico di un altro, ha relazioni con altri termini: il termine *Biblioteconomia* è specifico di *Scienze dell'Informazione*, a sua volta termine specifico di *Discipline*, ma ha a che fare anche con le *Biblioteche*, fissando così con tale termine una «relazione associativa» (*Related term,* RT). La coerenza del catalogo è garantita inoltre da una serie di rinvii dai termini non accettati a quelli invece preferiti (USE/USE FOR) stabilendo una «relazione di equivalenza».

Si ritiene utile a questo proposito suggerire la consultazione del *Thesaurus del Nuovo Soggettario* e la lettura del relativo

Manuale Applicativo, realizzati dalla Biblioteca Nazionale Centrale di Firenze, disponibili online all'indirizzo <http://thes.bncf.firenze.sbn.it>.

Per la definizione e un uso corretto dei descrittori da utilizzare nella costruzione delle stringhe di soggetto, fino a qualche anno fa il catalogatore si poteva infatti avvalere del *Soggettario per i cataloghi delle biblioteche italiane* curato dalla Biblioteca nazionale centrale di Firenze e pubblicato nel 1956. Questo, pensato per la soggettazione basata sul recupero dell'intestazione secondo l'ordine alfabetico proprio dei cataloghi cartacei, aveva la configurazione di un vocabolario controllato dei termini: articolato in voci e sottovoci stabiliva i descrittori che era possibile utilizzare nei soggetti, segnalava i rinvii da quelli non accettati, e infine proponeva le sottovoci da adottare per descrittori di tipo particolare come quelli biografici, o geografici. Il Soggettario non forniva delle regole o una sintassi per la creazione delle stringhe di soggetto, anche se dei criteri di base potevano essere desunti dalle Note introduttive e dagli esempi.

Dal 2006 invece i bibliotecari italiani possono finalmente contare su un *Nuovo soggettario*, realizzato sempre dalla Biblioteca Nazionale Centrale di Firenze e pubblicato dall'Editrice Bibliografica, costituito da una solida parte normativa e da un utile e aggiornato Thesaurus consultabile online, costituito, a settembre del 2012, da circa 46.300 termini.

La parte normativa del *Nuovo Soggettario*, che costituisce, come indicato nel complemento del titolo, la *Guida al sistema italiano di indicizzazione per soggetto*, è pubblicata a stampa ed è stata elaborata dal Settore indicizzazione per soggetto e classificazione della Bibliografia nazionale italiana (BNI), l'agenzia bibliografica nazionale che opera all'interno della Biblioteca Nazionale Centrale di Firenze, con la collaborazione dei maggiori esperti italiani di catalogazione e indicizzazione per soggetto. Il sistema di indicizzazione presentato nella *Guida* è allineato con gli studi condotti dall'IFLA (International Federation of Library Association and Institution) nell'ambito dell'indicizzazione e con quanto previsto dai Requisiti Funzionali per i Record Bibliografici (FRBR); pone inoltre le proprie basi metodologiche nello studio effettuato dal Gruppo di Ricerca sull'Indicizzazione per Soggetto (GRIS) dell'Associazione Italiana Biblioteche (AIB) che per lungo tempo ha studiato ed analizzato gli aspetti teorici dell'indicizzazione per soggetto sviluppati e applicati in area anglosassone, raccolti in una *Guida all'indicizzazione per soggetto*, pubblicata nel 1996.

Il sistema di indicizzazione definito dal *Nuovo soggettario* è stato disegnato sul modello *analitico-sintetico*, consente cioè di individuare i singoli concetti che costituiscono un argomento e i termini che sono in grado di rappresentarli (*analitico*), detta le regole per il controllo del vocabolario, necessarie cioè per poter organizzare i termini dal punto di vista semantico nella struttura relazionale del Thesaurus, e definisce infine la sintassi che permette di individuare la funzione logica, il ruolo e la posizione che tali termini verranno ad avere nella costruzione della stringa di soggetto (*sintetico*).

Il *Manuale applicativo*, disponibile online sul sito del Nuovo soggettario, ha lo scopo di fornire un aiuto ai bibliotecari nell'applicazione delle norme sintattiche che governano la creazione delle stringhe di soggetto, proponendo degli approfondimenti rispetto agli argomenti trattati nella guida, sollecitati dalla comunità bibliotecaria, e degli utilissimi casi di stringhe di soggetto realizzate dalla BNI, commentate e corredate con le motivazioni delle scelte effettuate. Ogni termine utilizzato nelle stringhe portate come esempio nel manuale applicativo è poi collegato con un *link* al rispettivo termine organizzato nel Thesaurus online; un link reciproco collega infine il termine del Thesaurus al punto del manuale applicativo in cui è stato utilizzato.

Gli accessi semantici: la classificazione

Ognuno di noi, nella vita di tutti i giorni, effettua continuamente questa operazione, spesso senza rendersene conto: classifica le persone in simpatiche e antipatiche, distingue le cose piacevoli da quelle spiacevoli, raggruppa oggetti simili sulla base dell'uso, della forma o del colore, separa i detersivi dagli alimenti.

Classificare significa distinguere, cioè riconoscere le caratteristiche che rendono simili, raggruppare secondo queste caratteristiche e separare i gruppi così formati. Questo concetto applicato al sapere che risiede nei libri ha consentito di individuare dei contenitori ideali rappresentati dalle materie nelle quali il sapere stesso può essere diviso; scopo della classificazione in biblioteca è individuare in quale contenitore o sottocontenitore un libro può idealmente rientrare, e concretizzare questo aspetto teorico in un catalogo classificato (sistematico per materia) e nella distribuzione sistematica dei libri a scaffale.

Per poter realizzare ciò, la biblioteca deve adottare un sistema di classificazione che fornisca una suddivisione precisa del sapere, organizzandolo in classi e sottoclassi.

I sistemi di classificazione sono numerosi, e vanno da quello rudimentale usato per la libreria di casa che divide i libri gialli dai romanzi rosa a quelli che si basano su un fondamento scientifico e sono adottati istituzionalmente sia dalle grandi biblioteche nazionali che dalle piccole biblioteche civiche o di quartiere.

Il sistema di classificazione più usato nelle biblioteche di tutto il mondo è la Classificazione Decimale Dewey (CDD), ideata da Melvil Dewey, bibliotecario e uomo di cultura statunitense, nel 1873. La prima edizione fu pubblicata nel 1876 ed era costituita da 44 pagine; nel corso degli anni questo sistema di classificazione è stato riveduto, sviluppato e aggiornato rispetto ai mutamenti e all'evoluzione della conoscenza: l'ultima edizione, la ventitreesima, pubblicata nel 2011, conta infatti più di 4.000 pagine suddivise in quattro volumi e, oltre al sistema vero e proprio, comprende un indice che dalla forma verbale porta alla notazione numerica, un manuale d'uso e ben sette tavole ausiliarie; è stata inoltre tradotta integralmente in italiano fino alla ventiduesima edizione, e ampliata in alcuni aspetti caratteristici della geografia, della lingua, della politica e della letteratura italiana (vedi Strumenti 5).

La struttura concettuale della CDD suddivide il sapere secondo le tradizionali discipline accademiche assegnando a ognuna di esse una «classe principale» indicata dalla prima delle tre cifre necessarie per comporre la notazione:

000 Scienza degli elaboratori, informazione e opere generali (opere che riguardano discipline come la biblioteconomia, la bibliografia e l'informatica, o che non trattano in modo specifico una disciplina, come enciclopedie, giornali ecc.)
100 Filosofia e psicologia
200 Religione
300 Scienze sociali
400 Linguaggio
500 Scienza (scienze naturali e matematica)
600 Tecnologia (scienze applicate, come medicina, ingegneria, manifattura ecc.)
700 Arti e attività ricreative
800 Letteratura
900 Storia e geografia

La CDD divide poi ogni classe in dieci «divisioni» (da 0 a 9) individuate dalla seconda delle tre cifre; ad esempio se la notazione 900 è utilizzata per opere che trattano in modo generico la storia e la geografia, 910 identifica la geografia, 920 la biografia e la genealogia, 930 la storia del mondo antico, 940 la storia dell'Europa ecc. Ognuna di queste divisioni è composta poi da dieci «sezioni» (sempre da 0 a 9) alle quali viene assegnata la terza cifra della notazione ottenendo, ad esempio, la notazione 941 per la storia della Gran Bretagna, 942 per la storia dell'Inghilterra e del Galles, 943 per la storia dell'Europa centrale e della Germania, 944 per la storia della Francia e del Principato di Monaco, 945 per la storia dell'Italia, della Citta del Vaticano e di Malta. Ulteriori specificazioni possono essere ottenute grazie a suddivisioni aggiuntive previste dal sistema per ogni particolare disciplina, oppure attraverso l'utilizzo di tavole ausiliarie, che consentono di costruire numeri complessi fino a raggiungere gli aspetti specifici della disciplina (945.3 storia del Veneto, 945.31 storia della provincia di Venezia e 945.311 storia di Venezia); queste suddivisioni ulteriori possono essere aggiunte facendo seguire alle prime tre cifre un punto di separazione.

Utilizzare appieno un sistema di classificazione non è semplice e richiede sia una buona cultura sia una conoscenza approfondita del sistema stesso. A questo proposito è necessario chiarire che non tutte le biblioteche hanno la necessità di approfondire la classificazione fino a esprimere nella notazione il contenuto specifico dell'opera; una notazione composta da dieci o più cifre può venire letta e interpretata con difficoltà dal lettore. A seconda del tipo di biblioteca, della sua funzione e del pubblico che ne usufruisce, sarà opportuno dimensionare la specificità della classificazione e ridurre il numero delle cifre usate per ottenere delle notazioni che siano leggibili e quindi utili ai lettori. A questo proposito è opportuno segnalare che le edizioni integrali della Classificazione Decimale Dewey sono in genere accompagnate da una edizione ridotta, arrivata ora alla 15. edizione inglese e alla 14. italiana, caratterizzata da un minore grado di specificità, costituita da un solo volume e da solo 4 tavole ausiliarie, destinata per l'appunto ad essere utilizzata dalle biblioteche di minori dimensioni.

Determinata la notazione che identifica la disciplina a cui appartiene l'opera, il catalogatore può utilizzare il numero che esprime la notazione come accesso alla notizia bibliografica, e organizzare quindi un catalogo classificato (sistematico per materia) dove le notizie sono ordinate secondo il numero di classificazione, o, in un sistema informatizzato, un indice dove ciascuno di questi numeri consente di recuperare le notizie di opere che appartengono a quel particolare aspetto della disciplina. Risulta evidente l'utilità di un simile catalogo: consente al lettore di scorrere le schede secondo l'ordine numerico definito dal sistema di classificazione e trovare raggruppate le notizie bibliografiche di opere che appartengono a un particolare aspetto della disciplina. Ad esempio tutte le opere che trattano genericamente di storia dell'Europa avranno come accesso la notazione 940, quelle che approfondiscono la storia d'Italia saranno posizionate dopo con il numero 945, poi con il 945.1 si troveranno le opere sulla storia del Piemonte, con il 945.2 sulla storia della Lombardia, con il 945.21 sarà identificata la storia della provincia di Milano, con 945.211 quella del comune e così via.

Authority control

Nel catalogo di una biblioteca gli accessi hanno sostanzialmente la funzione di condurre il lettore alla notizia bibliografica che rappresenta il documento di cui ha bisogno e di raggruppare le notizie bibliografiche secondo caratteristiche comuni, come, per esempio, opere create dal medesimo autore, opere che trattano dello stesso argomento, che rientrano nella stessa materia, oppure che sono state pubblicate nella stessa collana e così via.

Perché ciò possa avvenire, è necessario che gli accessi siano formulati sempre nella stessa forma, standardizzata, che andrà scelta secondo quanto previsto dalle regole di catalogazione in vigore, oltre che sulla base delle tradizioni linguistiche e culturali proprie di ogni paese. Tra i possibili tipi di accesso visti finora, la classificazione, grazie proprio alla precisa articolazione in classi, sembra essere quella che presenta maggiore coerenza nella forma delle notazioni utilizzate, pur lasciando alla singola biblioteca la libertà di variare il grado di specificità della notazione, all'interno della materia in cui l'opera è classificata. L'insieme delle espressioni verbali utilizzate per rendere esplicito il significato della notazione, potrà al contrario richiedere un controllo sulla coerenza dei termini utilizzati.

La definizione degli accessi formali e la soggettazione richiedono, invece, un lavoro di normalizzazione delle forme dei termini (nomi, titoli e voci di soggetto) che andranno a costituire nel catalogo i punti di accesso alle notizie bibliografiche. Questo lavoro deve stabilire, all'interno di un catalogo di biblioteca o di sistema bibliotecario, ma preferibilmente su scala nazionale e internazionale, quale sia la forma corretta in cui devono essere trascritti i nomi propri e i nomi comuni: ad esempio i nomi delle persone e degli enti che hanno avuto una qualche responsabilità nei confronti della realizzazione dell'opera e delle sue edizioni sia antiche che moderne (autori, curatori, traduttori, editori, tipografi), i nomi geografici, le autorità politico-territoriali, i titoli uniformi e i titoli di collana.

L'Authority control rientra tra i compiti di specifiche istituzioni, quali sono le agenzie bibliografiche nazionali (BNCF per l'Italia, LC per gli Stati Uniti, BNF per la Francia e così via), o alcune importanti biblioteche specializzate, oppure, in una dimensione locale, questa delicata ed impegnativa attività può essere affidata a bibliotecari di elevata professionalità e competenza. La realizzazione dell'Authority control va oltre il semplice controllo del vocabolario, e si esprime per mezzo di una serie di operazioni, un vero e proprio lavoro (*Authority work*) finalizzato alla creazione delle registrazioni di autorità (*Authority record*), alla loro raccolta ed ordinamento in un archivio (*Authority file*), alla definizione dei collegamenti con le notizie bibliografiche (*Authority system*), alla valutazione e manutenzione nel tempo sia dell'authority file che dell'authority system.

La registrazione di autorità ha il compito di individuare la forma corretta e accettata dei nomi, dei titoli e dei soggetti. Essa presenta e collega come rinvii specifici (collegamento di tipo VEDI) alla forma autorizzata le forme varianti considerate non accettate, che derivano, ad esempio, da forme ortografiche diverse dei nomi di persona (*Virgilius* VEDI *Vergilius Maro, Publius*), da differenti trascrizioni da alfabeti non latini (*Tchaikovsky, Peter Ilyitch* e *Ciajkovskij, Pjotr Ilic* VEDI *Čajkovskij, Petr Il'ič*), da diverse forme linguistiche (*Omero* VEDI *Homerus*) oppure, per il titolo uniforme, dai diversi titoli con cui viene presentata un'opera nelle varie edizioni. Collega inoltre come rinvii reciproci (richiamo con collegamento di tipo VEDI ANCHE) le forme correlate che, secondo le REICAT, rappresentano ad esempio i cambiamenti che può aver subito nel tempo il nome di un ente, oppure, nella soggettazione, i termini che hanno una qualche relazione con altri termini specifici come ad esempio il termine *Gatti*, specifico di *Felini*. Opera le necessarie distinzioni qualificando i nomi uguali di persone diverse nei casi di omonimia: in prima istanza potranno essere usati gli anni di nascita e di morte, ad esempio Rossi, Paolo, <1956-> e Rossi, Paolo <1900-1985>, alle quali potranno essere aggiunte, qualora gli anni non fossero sufficienti, a) il luogo di nascita, b) la data completa di nascita (giorno, mese e anno), c) la professione o l'attività prevalente dell'autore, ad esempio Rossi, Paolo <1923- ; Urbino>, Rossi, Paolo <1956- ; calciatore> Rossi, Paolo <1956- ; ingegnere>, (vedi REICAT §15.3.1B). Anche il nome completo, o reale nel caso di pseudonimi, dell'autore può essere un elemento qualificante qualora le date di nascita e di morte non siano conosciute. Infine il record di autorità documenta e motiva ad uso dei bibliotecari e dei lettori, le scelte effettuate e i repertori utilizzati. In sostanza il controllo di autorità è il processo che individua una sola forma accettata e standardizzata degli accessi per autore, titolo e soggetto, a cui collega le forme non accettate (come rinvii specifici), e le altre forme accettate e correlate (come rinvii reciproci), oltre a documentare le scelte effettuate.

La distinzione tra forme accettate e non accettate esprime la necessità propria del catalogo cartaceo di riunire e ordinare fisicamente sotto un'unica intestazione le schede che rappresentano le opere di un autore o su un determinato argomento, e fa in modo che autore e argomento siano rappresentati nella stessa forma onde evitare che le opere siano disperse in punti diversi del catalogo sotto intestazioni differenti.

Per quanto riguarda gli accessi formali, le REICAT, stabiliscono che «ogni persona e ogni ente devono essere rappresentati da una sola intestazione e questa deve riferirsi ad una sola entità. Se una persona o un ente sono conosciuti con più nomi, o forme di un nome, si adotta per l'intestazione uno solo dei nomi, o una sola forma» (vedi REICAT §0.4.3.3), ossia quella prevalentemente e costantemente utilizzata nelle pubblicazioni delle sue opere in lingua originale, anche quando un autore scelga di utilizzare degli pseudonimi, come *Collodi, Carlo* al posto di *Lorenzini, Carlo*, o una forma non completa del nome, come *Melissa P.* o *Wodehouse P. G.* In tal modo un autore è identificato da una unica forma del nome anche quando sceglie di avere identità bibliografiche distinte. Dagli altri nomi, dal nome reale o dalle altre forme del nome con cui si presenta nelle diverse pubblicazioni devono essere fatti dei rinvii alla forma standardizzata. Ad esempio, l'intestazione per lo pseudonimo *Carrol, Lewis* utilizzato per firmare l'opera *Alice nel paese delle meraviglie*, oltre che la maggior parte delle edizioni delle sue opere, sarà la forma standardizzata, a cui rinvierà con un VEDI la forma non accettata costituita dal nome reale dell'autore, *Dodgson, Charles Lutwidge* (vedi REICAT §15.1.1). Quando invece un'opera viene pubblicata con titoli differenti, essa viene identificata dal titolo uniforme al quale sono naturalmente collegati nei software di gestione i titoli propri utilizzati nelle diverse edizioni (vedi REICAT §9.0). Nel catalogo elettronico, in realtà, non è necessario che le notizie bibliografiche siano fisicamente raggruppate in un certo ordine dietro ad una intestazione univoca ed uniforme come nel catalogo a schede cartacee, e non è necessario che si utilizzino i rinvii per guidare il lettore verso quel punto. Le notizie bibliografiche in formato elettronico possono, al contrario, essere ordinate e visualizzate di volta in volta sulla base dei criteri di ricerca introdotti dal lettore; è infatti l'intera registrazione di autorità che raggruppa le notizie e le fa reperire al lettore, non la singola forma del nome o del titolo.

Come nell'applicare la scelta dell'intestazione al catalogo elettronico abbiamo visto perdere di significato pratico la distinzione tra autore principale e secondario, il cui uso era giustificato da motivi di economia nella gestione del catalogo cartaceo, allo stesso modo, nel determinare la forma degli accessi, la distinzione tra la forma accettata e i rinvii ad essa da tutte le altre forme, considerate non accettate, potrebbe risultare, sempre dal punto di vista pratico, non necessaria.

In un catalogo elettronico, quindi, sarebbe possibile utilizzare come accesso e mettere sullo stesso piano le diverse forme che un nome o un titolo hanno assunto nelle diverse pubblicazioni, considerandole tutte forme accettate e collegandole tra loro come rinvii reciproci. Le varianti dei nomi non presenti nelle pubblicazioni, ma che si ritiene possano essere utili al lettore per la ricerca, potrebbero invece continuare ad essere considerate forme non accettate dalle quali fare rinvii specifici.

Questo tipo di accesso, definito a grappolo (*cluster heading*), ha il grande vantaggio di privilegiare il punto di vista del lettore che può cercare un documento sulla base di informazioni ricavate dalle fonti più diverse (ad esempio da un libro visto in libreria o citato in un catalogo editoriale) e che quasi mai è a conoscenza delle convenzioni stabilite dalle regole di catalogazione. Inoltre, mettere sullo stesso piano le diverse forme dei punti di accesso utilizzate nelle pubblicazioni, consentirebbe di superare l'attuale diversità tra le tradizioni catalografiche, linguistiche e culturali, proprie di ogni nazione, che finora ha ostacolato l'integrazione a livello internazionale dei cataloghi e dei relativi authority file.

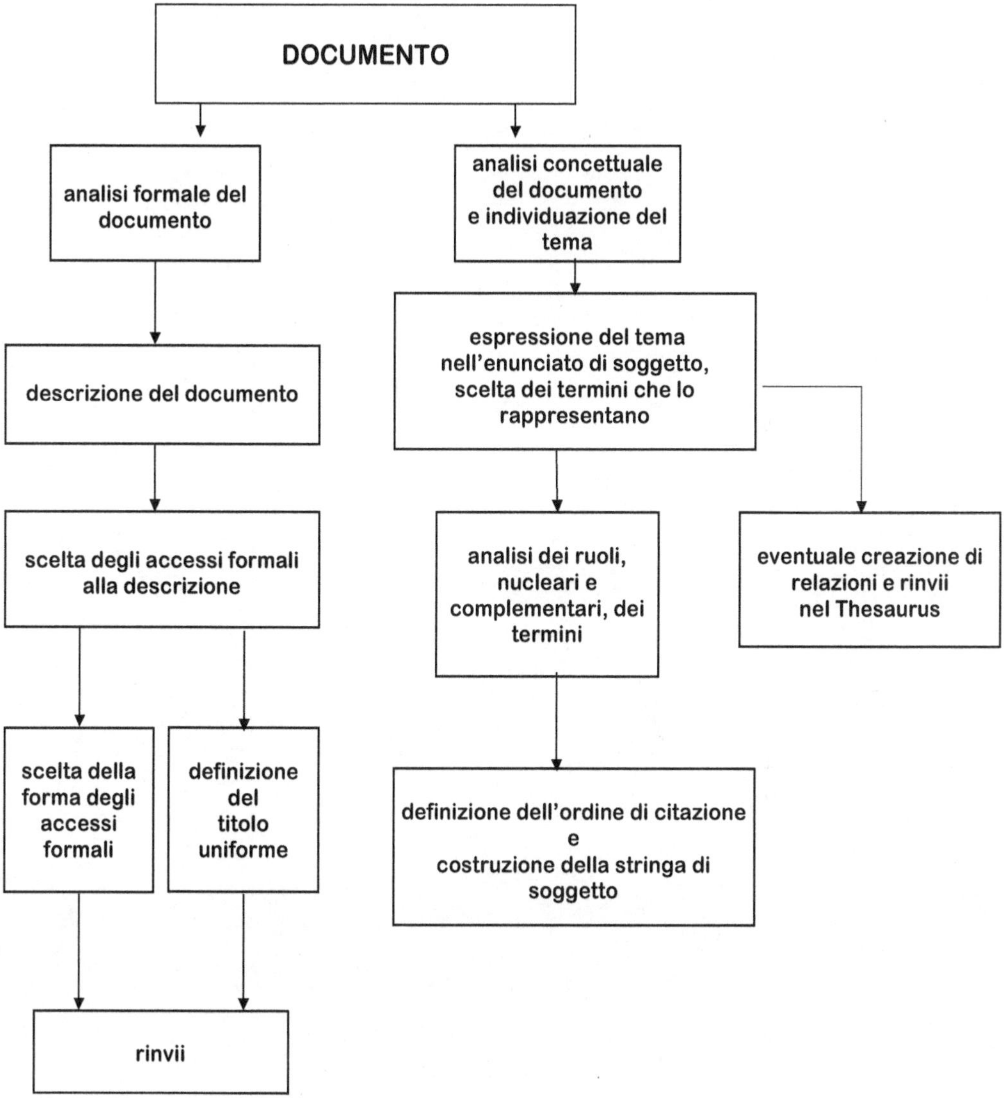

Rielaborazione da: L. CROCETTI - R. DINI, *ISBD (M). Introduzione ed esercizi*, Milano, Editrice Bibliografica, 1995^{3}, p. 12.

10. LA GESTIONE DEI PERIODICI

Seriali, risorse integrative e opere in continuazione

I periodici e le collane sono pubblicazioni di tipo seriale; sono cioè pubblicati in parti successive distinte (ad esempio i fascicoli di una rivista o le monografie raccolte in una collana) che hanno di norma designazioni numeriche e cronologiche, e sono concepiti per continuare indefinitamente. Le risorse ad aggiornamento integrato, o integrative (ad esempio pubblicazioni a fogli mobili o siti web), sono invece pubblicate in una successione di parti che non rimangono distinte come i fascicoli di un periodico, ma devono essere integrate nella pubblicazione.

Le pubblicazioni seriali e le risorse integrative hanno in comune la caratteristica di continuare ad essere pubblicate nel tempo senza avere una fine predeterminata e insieme vengono considerate e definite dallo standard ISBD *consolidated edition* come «continuing resources», e nell'edizione italiana «risorse continuative».

I periodici sono pubblicazioni per le quali non è definito il numero dei volumi, ma solo il numero dei fascicoli che verranno pubblicati nel corso dell'anno, secondo una periodicità prestabilita: un fascicolo al mese, un fascicolo ogni tre mesi, oppure un fascicolo ogni tanto con una periodicità cosiddetta irregolare. Un periodico non ha un termine, o un numero di volumi prestabilito entro cui cessare le pubblicazioni; può durare cento anni, oppure chiudere dopo pochi mesi, a causa di molteplici fattori, spesso economici, legati all'interesse che il periodico suscita nel pubblico e al conseguente numero di abbonamenti.

Le collane sono composte da pubblicazioni autonome, in uno o più volumi, che per affinità degli argomenti trattati, per la veste tipografica, o per il tipo di pubblicazione (saggi, classici ecc.), vengono accomunate dall'editore sotto un titolo. Spesso esistono uno o più direttori di collana che hanno la responsabilità, nei confronti dell'editore, della qualità scientifica e letteraria di ciò che viene pubblicato. La collana in sostanza è una serie, spesso numerata, di pubblicazioni per la quale non è previsto un numero massimo di volumi e per cui generalmente non viene creata una notizia bibliografica in quanto collana, a meno che ciò non sia ritenuto utile dalla biblioteca, ad esempio qualora essa abbia deciso di acquistare tutti i volumi pubblicati in una particolare collana. In ogni caso, il titolo della collana può sempre venire considerato un punto di accesso controllato ed essere gestito all'interno delle procedure di controllo di autorità.

Le risorse ad aggiornamento integrato sono rappresentate, ad esempio, dalle pubblicazioni a fogli mobili (LOOSE-LEAF), prive di legatura e formate da pagine sciolte, organizzate in raccoglitori ad anelli o in contenitori. Alla prima pubblicazione di base, che può avere l'aspetto di una monografia, seguono le emissioni successive di fogli singoli, o di gruppi di fogli, con lo scopo di ampliare o modificare la pubblicazione originale. I nuovi fogli vengono integrati nella risorsa a cura del bibliotecario e possono sostituire quelli già presenti nel documento, oppure aggiungersi a questi incrementando il numero delle pagine; di solito ogni foglio viene identificato riportando accanto al numero di pagina l'anno di pubblicazione o il numero di versione dell'aggiornamento. Le basi dati aggiornate periodicamente e i siti web, anche se diversi per supporto, modalità di registrazione, diffusione e fruizione, sono considerati risorse soggette ad aggiornamenti periodici, che vengono integrati nella risorsa originale a cura dell'editore o dell'autore. Non rientrano fra le risorse integrative le pubblicazioni che, invece di essere soggette ad aggiornamenti periodici integrabili alla pubblicazione originale, prevedono una nuova edizione costituita dalla versione precedente aggiornata, come ad esempio la Bibliografia Nazionale Italiana trimestrale su CD-ROM, che in ogni nuovo disco registra il contenuto del disco precedente più gli aggiornamenti, proponendosi dal punto di vista catalografico come un periodico (vedi REICAT §1.4.3B). Le opere in continuazione sono invece pubblicazioni che non possiedono le caratteristiche proprie delle risorse continuative (un numero indefinito di parti, pubblicate in un periodo indefinito di tempo), pur presentando problemi di gestione per qualche verso simili. Esse sono infatti costituite da un numero definito di volumi, stabiliti dall'editore in un piano dell'opera, la cui pubblicazione viene programmata nel corso di mesi, o addirittura di anni, e talvolta non viene programmata affatto mandando in stampa i singoli volumi quando sono pronti.

Come si vede si tratta di pubblicazioni con caratteristiche diverse, tutte però costituite da pezzi fisici che arrivano alla biblioteca in momenti successivi e per i quali la presa in carico sul registro cronologico di entrata può avvenire a distanza di mesi o anni; tale registrazione però non è sufficiente per poter controllare se sono arrivati tutti i volumi di un'opera, magari nel giusto ordine, oppure se l'editore si è dimenticato di inviare un fascicolo di un periodico e la biblioteca deve quindi provvedere a spedire una lettera di sollecito. Per poter effettuare questo controllo si utilizzano i cosiddetti *schedoni amministrativi*: si tratta di prestampati con una griglia apposita, organizzata in modo diverso a seconda che si registrino opere in continuazione o periodici, nella quale per ogni volume va scritto il numero di ingresso, la data di arrivo, il numero particolare che il volume ha rispetto all'opera e il titolo; nel caso di un periodico andranno registrati il numero di ingresso dell'annata, il numero dell'annata (anno XV) o del volume (vol. LXV) a seconda del tipo di suddivisione adottata dall'editore, e i numeri dei fascicoli che sono arrivati. In testa agli schedoni c'è uno spazio apposito dove andrà scritto il titolo d'insieme dell'opera, del periodico, o della collana, il luogo di pubblicazione, l'editore, ed eventualmente la collocazione. Gli schedoni amministrativi sono ad uso interno della biblioteca e costituiscono un importante strumento di controllo per il bibliotecario; vanno raccolti in ordine alfabetico in appositi schedari separati per tipo di pubblicazione: si utilizzi uno schedario per gli schedoni delle opere in continuazione, uno per quelli delle pubblicazioni periodiche o a fogli mobili, e uno per le collane. Si ritiene opportuno segnalare che i software di gestione della biblioteca riprendono, e migliorano, questa funzione nel loro modulo per il trattamento dei periodici: la procedura consente infatti di poter prevedere e poi registrare l'arrivo dei fascicoli di ogni periodico per il quale la biblioteca ha sottoscritto l'abbonamento, predisponendo automaticamente i messaggi di sollecito per l'editore in caso di ritardo o mancato invio e pubblicando in tempo reale sull'OPAC la consistenza dei periodici correnti e la disponibilità dei volumi e dei fascicoli posseduti.

La catalogazione dei periodici: descrizione e accessi

Il settore che gestisce dal punto di vista amministrativo i periodici, le collane e le opere in continuazione ha in genere competenze catalografiche specifiche per quanto riguarda i periodici e le risorse integrative, infatti, i singoli volumi facenti parte di collane e di opere in continuazione per loro natura vanno trattati come monografie.

Il modo di procedere è simile a quello già presentato. Dopo

aver verificato se nel catalogo della biblioteca, o nelle fonti catalografiche disponibili (BNI o altri cataloghi autorevoli), non esista già una registrazione relativa al documento da catalogare che possa essere utilizzata o derivata, la prima operazione che il bibliotecario deve fare è un'analisi formale del documento per poi creare la notizia bibliografica descrivendo in modo preciso, esclusivo e non ambiguo il periodico; successivamente individuerà gli accessi formali e semantici che conducono alla notizia.

Per effettuare la descrizione delle risorse continuative è necessario ancora una volta fare riferimento alla prima parte delle Regole italiane di catalogazione (REICAT), che per la descrizione si basano proprio sullo standard ISBD *preliminary consolidated edition*, recente revisione e armonizzazione di tutte le precedenti applicazioni ISBD, mentre per la scelta e la forma degli accessi formali alla notizia bibliografica, è necessario utilizzare la terza parte delle stesse REICAT (§17.2.3A).

La descrizione dei periodici e delle risorse ad aggiornamento integrato presenta la stessa organizzazione degli elementi informativi in aree considerata per la descrizione delle monografie e non si discosta da questa neppure per quanto riguarda il tipo di informazioni che vanno a costituire gli elementi di un'area (titolo, indicazioni di responsabilità ecc.) e per l'uso della punteggiatura convenzionale necessaria a identificarli (vedi Strumenti 1). Rispetto all'ISBD per la descrizione delle monografie, esaminato nel capitolo ottavo, quanto previsto dalle Regole italiane per la descrizione delle risorse continuative presenta delle ovvie differenze dovute sia al fatto che tratta tipi di pubblicazione diversi, con una disposizione caratteristica e diversificata delle informazioni da recuperare ai fini della descrizione, sia perché, per le pubblicazioni seriali e in particolare per i periodici, è necessario integrare la notizia bibliografica con i dati che ne contraddistinguono la vita e la storia editoriale. Quest'ultimo aspetto viene affrontato dallo standard e dalle Regole anche attivando la terza area prevista dallo standard ISBD, non considerata nella descrizione delle monografie, che per le pubblicazioni seriali assume il nome di *area della numerazione* (vedi REICAT §4.3C). La stessa terza area viene attivata anche per la descrizione di altri due tipi di pubblicazione: le pubblicazioni in notazione musicale (gli spartiti), per le quali assume la funzione di area della presentazione musicale, e le risorse cartografiche, per le quali assume il nome di area dei dati matematici accogliendone, ad esempio, l'indicazione della scala, della proiezione, delle coordinate e così via.

Un periodico non è un libro o una pubblicazione in un numero definito di volumi autonomi, è una pubblicazione organizzata di fascicoli o volumi che può durare anche decine di anni; può quindi costituire un problema per il catalogatore stabilire quale fascicolo o volume utilizzare per la descrizione. A questo proposito lo standard e le Regole intervengono raccomandando di effettuare la descrizione del periodico utilizzando il primo numero, fascicolo o volume, pubblicato; se la biblioteca non lo possiede, le Regole consentono di ricavare le informazioni relative all'area della numerazione da fonti esterne, come la Bibliografia nazionale del paese in cui è pubblicato il periodico, indicando nell'area delle note la fonte delle informazioni; in mancanza di fonti esterne ufficiali le Regole consentono di basare la descrizione sul primo fascicolo posseduto, obbligando però il catalogatore a dichiarare nell'area delle note (. – *Note relative alla base della descrizione)* il numero del fascicolo utilizzato, in questo modo: *Descrizione basata su: vol. 4, n. 6 (giu. 1972)*. Solo se nessuna delle fonti prescritte dallo standard è disponibile, l'area 3 per le pubblicazioni seriali può essere omessa. È altresì fatto obbligo al catalogatore di indicare come prima nota la periodicità, e gli eventuali cambi di periodicità, del periodico, ad esempio . – *Trimestrale*, oppure . – *Annuale; dal 2005 semestrale*, (vedi REICAT §4.7.1.2).

AREA 3: NUMERAZIONE

Fonte da cui ricavare le informazioni: il frontespizio come fonte primaria; seguono nell'ordine, la testata, l'intitolazione, la gerenza, le pagine redazionali, le altre pagine preliminari e le fonti esterne, cioè i repertori ufficiali e le bibliografie nazionali, come fonti complementari.

Lingua per la trascrizione: quella utilizzata nella risorsa.

Analisi degli elementi

Per quest'area, oltre all'indicazione degli estremi della numerazione del periodico non sono previsti altri elementi informativi specifici né è prevista una punteggiatura convenzionale che li etichetti, ma solo quella di inizio area, il trattino per collegare, le parentesi tonde per contenere e il punto e virgola per separare; vanno inseriti in questa area gli estremi numerici e/o cronologici che identificano l'inizio e l'eventuale cessazione del periodico,

cioè il primo e l'eventuale ultimo numero pubblicato. Un trattino deve essere utilizzato per collegare data e/o numero del primo volume con quelli dell'ultimo, o per indicare che il periodico è tuttora pubblicato. Se il volume o fascicolo ha sia un numero che la data, questa viene riportata tra parentesi tonde. Può capitare che nel corso della sua vita il periodico abbia più sequenze di numerazione, di solito identificate dall'editore con indicazioni del tipo *nuova serie*; ogni nuova sequenza di numerazione viene riportata facendola precedere da *spazio, punto e virgola, spazio*.
. – Vol. 1, n. 1 (1966)-vol. 10, n. 2 (1975) ; n.s., vol. 1 (1976)-

Qualora il seriale rappresenti la combinazione di materiali e tipi di pubblicazione per i quali è previsto l'uso dell'area 3, ad esempio una carta geografica pubblicata in forma seriale, l'area 3 può essere ripetuta per accogliere le informazioni previste dalle due applicazioni. L'ordine in cui vanno trascritte le due ripetizioni dell'area è definito dalle Regole di catalogazione, che indicano al primo posto l'area della presentazione musicale per le pubblicazioni di musica scritta, seguita dall'area dei dati matematici per le risorse cartografiche e da quella della numerazione per le pubblicazioni seriali, discostandosi leggermente dallo standard ISBD che indica invece prima l'area dei dati matematici, poi quella della presentazione musicale e infine l'area della numerazione. Nell'esempio della carta geografica pubblicata in forma seriale si avrà l'area dei dati matematici seguita dall'area della numerazione:
. – Scala 1:250 000 ; proiezione conica conforme di Lambert (E 161°-E 166°/S 73°15'-S 75°15'). – N. 1 (1996)-

Le Regole nel descrivere le risorse integrative si comportano in modo diverso rispetto a quanto prescritto per i seriali. L'intera risorsa integrativa è rappresentata infatti dall'insieme delle integrazioni nell'ultima versione disponibile, ed è quindi l'iterazione, ossia la versione, corrente che identifica la pubblicazione e ne costituisce la base per la descrizione; non è perciò necessario registrare la storia editoriale della pubblicazione come si fa ad esempio con i periodici.

Per le risorse integrative è quindi previsto di non utilizzare l'area 3, ma nel contempo è necessario indicare nelle note la versione o l'aggiornamento su cui si basa la descrizione, la periodicità dell'aggiornamento e, se si tratta di una risorsa integrativa elettronica ad accesso remoto, le modalità di accesso e la data in cui è stata controllata l'ultima volta.

Lo standard stabilisce o raccomanda per ogni area delle soluzioni adeguate a questi particolari tipi di pubblicazione. Nell'area 1, ad esempio, avvisa che per le pubblicazioni seriali la biblioteca può decidere di non registrare come indicazione di responsabilità le formulazioni relative a persone che abbiano svolto la funzione di fondatore, direttore o curatore del periodico (editor), con la possibilità di indicarle tra le note se ritenute utili per i lettori. Le persone che ricoprono questo tipo di funzioni possono infatti cambiare nel tempo e quindi, normalmente, non costituiscono un elemento identificativo della pubblicazione; è possibile indicare tali variazioni nelle note in modo dettagliato o con una forma generica.

Per quanto concerne l'area 4, della pubblicazione, lo standard e le Regole avvisano che si intendono come date di pubblicazione le date del primo e dell'eventuale ultimo fascicolo o volume (*1966-1988* se il periodico è chiuso; *1966-* seguito da 4 spazi o punti al posto della data di cessazione, se la pubblicazione del periodico continua), precisando inoltre che queste date possono differire da quelle che il fascicolo stesso dichiara nei contrassegni da cui si ricava la numerazione: in sostanza il volume 1 dell'annata 1966 può anche essere pubblicato nel 1967 o dopo. La mancata corrispondenza della data di pubblicazione con quella del primo e dell'eventuale ultimo fascicolo o volume su cui si è basata la descrizione, va opportunamente segnalata nelle note.

Nel caso la descrizione di un periodico in corso venga ricavata da un fascicolo che non è il primo pubblicato, oltre a dichiarare in nota su quale fascicolo la descrizione stessa è stata basata, il catalogatore deve cercare le informazioni relative alla data di pubblicazione nella risorsa stessa oppure ottenerle da fonti esterne, ad esempio dalle Bibliografie nazionali, e registrarle fra parentesi quadre nell'area della pubblicazione. Se non è proprio possibile trovare alcuna data certa o almeno probabile, è necessario indicare comunque una data approssimativa, che va accompagnata da un punto interrogativo e posta fra parentesi quadre.

È possibile che nel corso della sua pubblicazione il periodico cambi titolo: se il cambiamento è costituito da particolari minimi e quindi non significativi per l'identificazione della pubblicazione, per lo standard è sufficiente riportare la notizia dell'avvenuto cambiamento nell'area delle note; se invece il periodico cambia completamente titolo, oppure i cambiamenti apportati sono importanti è necessario creare una nuova notizia bibliografica.

Le REICAT, pur discostandosi leggermente dallo standard ISBD, stabiliscono quali sono i criteri per definire un cambiamento di titolo significativo o meno rispetto ad una nuova descrizione. Sono ad esempio considerati cambiamenti rilevanti, la sostituzione, l'eliminazione o l'aggiunta di almeno una parola significativa del titolo (ad esempio *Explorations in entrepreneurial history* che diventa *Explorations in economic history*), il cambiamento del nome di un ente presente nel titolo (ad esempio *Notiziario del CNEN* che diventa *Notiziario dell'ENEA*) o di quello responsabile di un periodico con titolo generico (*Symposium series / Society for Applied Bacteriology* diventa *Symposium series / Society for Applied Microbiology*). È necessario inoltre creare una nuova descrizione quando vengono modificati l'ordine delle parole o la lingua del titolo, oppure quando cambia il materiale e ad esempio un periodico a stampa viene pubblicato in forma elettronica e diventa consultabile online, a meno che, nel passaggio da un supporto all'altro, la numerazione non continui inalterata, in tal caso il cambiamento viene considerato di minore entità e non richiede una nuova descrizione (vedi REICAT §1.7.3.1 e 1.7.3.2).

L'individuazione degli accessi che conducono alla notizia bibliografica di un periodico è un'operazione governata dalle stesse regole, norme e sistemi precedentemente analizzati. In particolare le Regole italiane di catalogazione considerano i periodici come opere costituite da numerosi contributi di autori diversi e le collocano fra le opere realizzate in collaborazione fra più di tre autori, indicando di conseguenza che non è possibile assegnare loro una intestazione principale (vedi REICAT §17.2.3.A). Le Regole precisano però che i periodici realizzati da un ente del quale pubblicano atti o documenti di carattere ufficiale, potranno avere come intestazione principale il nome dell'ente (ad esempio il *Bollettino ufficiale* di una Regione o di una Camera di commercio, vedi REICAT §17.4.3A). In sostanza, tranne che in quest'ultimo caso in cui il periodico assume il carattere di organo ufficiale di un ente, è prassi consolidata che l'accesso formale ai periodici avvenga per mezzo del titolo uniforme, mentre la persona o l'ente che hanno la responsabilità intellettuale nei confronti della pubblicazione potranno costituire un accesso di valore secondario.

Un aiuto ai bibliotecari nella catalogazione e gestione dei periodici può venire dalla partecipazione o anche dalla sola consultazione del Catalogo italiano dei periodici (ACNP), gestito e messo a disposizione in Rete dal Centro Inter-Bibliotecario (CIB) dell'Università di Bologna. Nel catalogo sono registrate oltre

180.000 descrizioni di periodici posseduti da circa 2.400 biblioteche italiane, a cui vanno sommate più di un milione e mezzo di descrizioni derivate dall'acquisizione e memorizzazione dell'intero repertorio delle pubblicazioni periodiche registrate dall'agenzia internazionale che assegna il numero standard per i seriali ISSN e che viene usato come strumento di lavoro dai i bibliotecari che possono così «catturare» la descrizione bibliografica di periodici non posseduti o catalogati da altre biblioteche.

Un'operazione molto importante dal punto di vista informativo è la creazione degli «spogli», cioè la costituzione di una notizia bibliografica per ciascuno degli articoli contenuti nei fascicoli di un periodico. Ognuna di queste notizie bibliografiche dovrà anche dare (con il termine *sta in*) l'indicazione del titolo del periodico e del numero di fascicolo in cui l'articolo è contenuto. Questa operazione può essere fatta anche per altri tipi di pubblicazioni che contengono opere di autori diversi (ad esempio gli atti di un convegno), descrivendo i singoli contributi e rinviando (sempre con *sta in*) il lettore alla notizia bibliografica relativa all'opera che li contiene.

L'impegno, in termini di quantità del lavoro e di capacità di analisi del documento, è talmente gravoso che sono pochissime le biblioteche ad aver avviato un'attività di spoglio dei periodici a livello istituzionale. Lo spoglio dei periodici in genere può venire effettuato da biblioteche di ricerca estremamente specializzate, oppure da società e consorzi che successivamente mettono in commercio il risultato di tale attività sotto forma di pubblicazioni o di basi dati elettroniche. A questo proposito è opportuno segnalare l'iniziativa avviata in Italia dalla biblioteca della Fondazione Collegio San Carlo di Modena che, con la collaborazione di altre cinque biblioteche emiliano-romagnole (Estense di Modena, Panizzi di Reggio Emilia, Oriani di Ravenna e i Sistemi bibliotecari comunali di Modena e Parma), ha catalogato gli articoli pubblicati su 152 riviste italiane di ambito umanistico, con una copertura che va dal 1982 ad oggi. Le notizie bibliografiche relative allo spoglio di queste riviste sono registrate nella base dati Analecta che è consultabile online, in abbonamento annuale, sul sito web della Fondazione San Carlo. Nella base dati sono registrate oltre 101.000 notizie bibliografiche, catalogate in modo normalizzato e arricchite da una indicizzazione per soggetto estremamente utile per la ricerca; l'attività di spoglio prevede inoltre un incremento annuo della base dati di circa 5.000 articoli.

Un'altra esperienza italiana interessante è quella avviata dalle biblioteche di oltre 100 istituti di studio e ricerca nell'ambito delle discipline economiche e delle scienze sociali che, all'interno del progetto di cooperazione ESSPER, si sono impegnate a creare un catalogo collettivo dei periodici posseduti, un catalogo di spoglio di oltre 800 periodici italiani di economia, diritto, scienze sociali e storia, e a favorire la circolazione dei documenti tra le biblioteche che aderiscono all'iniziativa. Il catalogo collettivo e quello di spoglio dei periodici sono consultabili liberamente sul sito web dell'Istituto Universitario Carlo Cattaneo di Castellanza.

Periodici elettronici

L'evoluzione delle tecniche di produzione editoriale, l'utilizzo del computer per la composizione, l'impaginazione e la stampa di libri e periodici, insieme alla necessità di reperire in tempi sempre più rapidi informazioni aggiornate, propria di particolari settori (basti pensare ai bisogni informativi in campo medico, economico e tecnologico), e infine lo sviluppo e la diffusione dell'uso di tecnologie e canali informativi come Internet, hanno fatto sì che per gli editori risulti semplice e relativamente poco costoso produrre e proporre la pubblicazione dei periodici in forma elettronica. Il periodico elettronico è una risorsa informativa elettronica remota: il testo degli articoli che lo compongono risiede su un computer, che può essere anche all'altro capo del mondo, e viene letto tramite un altro computer localizzato nella biblioteca o a casa del lettore.

Questo prodotto editoriale può essere consultato collegandosi via Internet ai siti web degli editori, oppure a quelli di concessionarie che si propongono ai lettori e alle biblioteche con lo stesso ruolo di mediazione avuto per la produzione cartacea; esse possono, ad esempio, rappresentare per la biblioteca l'unico interlocutore per contrattare costi e servizi, offrire un'unica interfaccia di consultazione e aggregare in un unico sito web l'accesso ai periodici di editori diversi, fornire servizi a valore aggiunto come le ricerche bibliografiche sullo spoglio di tutti i periodici disponibili sul sito, e, individuati gli articoli che interessano, l'offerta del testo completo.

Inizialmente i periodici in forma elettronica rappresentavano l'evoluzione della pubblicazione cartacea, che peraltro continuava, e molto spesso continua anche oggi, ad essere prodotta ed acquistata; essi presentano però il vantaggio di essere immediatamente disponibili ai lettori saltando i tempi tipografici e di distribuzione. A questo proposito è opportuno segnalare che la maggior parte degli editori ha invertito la logica del processo produttivo finalizzandolo alla realizzazione di periodici in forma elettronica e ottenendo la pubblicazione a stampa come eventuale sottoprodotto del processo editoriale. Se si aggiunge il fatto che molti periodici, e in particolare quelli nuovi, sono pubblicati solo in forma elettronica, si ottiene il risultato che per poterli consultare, e poter quindi raggiungere le informazioni in essi contenute, è sempre più necessario disporre di attrezzature adeguate e di un collegamento alla Rete. In tal senso le biblioteche devono adeguarsi ed allestire sale di lettura dotate di attrezzature per offrire la consultazione dei periodici elettronici, come ad esempio una connessione *wireless* alla Rete che permette ai lettori di consultare le risorse dal proprio notebook, postazioni di lavoro attrezzate con prese elettriche e disponibilità di PC connessi a Internet con la possibilità di stampare, o salvare su memorie esterne, gli articoli che sono necessari al lettore. Sarebbe opportuno inoltre che le biblioteche adottassero anche dei software per la gestione delle risorse elettroniche che costituiscano un portale di accesso intuitivo e al tempo stesso sofisticato, in grado di fornire al lettore le informazioni bibliografiche di cui ha bisogno, collegandole, quando possibile, ai testi completi degli articoli e degli altri documenti che esse rappresentano.

Cambia sostanzialmente anche il modo di intendere l'abbonamento ad un periodico: nella forma elettronica si *accede* al periodico tramite un collegamento telematico, mentre nella forma cartacea la biblioteca ne riceve e *possiede* le annate e i fascicoli; di fatto ci si trova di fronte a qualcosa di relativamente nuovo, si è passati da una forma di *possesso* a quella più moderna di *accesso*. Si può sostenere quindi che il periodico elettronico manca di fisicità, almeno rispetto alla biblioteca che di fatto non lo possiede, in quanto non è un volume che entra a far parte del patrimonio della biblioteca, quanto piuttosto un servizio che la biblioteca utilizza.

In questo senso la diffusione dei periodici elettronici sta apportando un cambiamento sostanziale anche nelle procedure di lavoro del bibliotecario che si occupa della gestione dei periodici.

Fatte salve le attività preliminari che riguardano la scelta del periodico sulla base della politica delle acquisizioni adottata dalla biblioteca, il valore scientifico della pubblicazione e la disponibilità economica della biblioteca, scegliendo la forma elettronica vengono meno quelle attività proprie di questo settore come il mantenimento degli *schedoni amministrativi*, il controllo degli arrivi e l'eventuale sollecito dei fascicoli in ritardo, la presa in carico del materiale nel registro cronologico di entrata come parte del patrimonio della biblioteca, la rilegatura dei fascicoli in volumi, la collocazione a scaffale e la gestione dei relativi spazi; la stessa consultazione viene gestita in modo diverso, senza l'intermediazione del personale addetto alla distribuzione.

Il bibliotecario non vedrà comunque ridotta per questo la propria attività o ridimensionato il proprio ruolo; dovrà farsi invece carico di verificare costantemente la disponibilità effettiva del testo elettronico e di controllare e aggiornare i software che gestiscono le sottoscrizioni e i diritti di accesso, consentendo di raggiungere i siti web di editori o aggregatori e di visualizzare gli articoli dei diversi periodici.

Soprattutto, in mancanza del documento fisico da conservare a scaffale, egli dovrà contrattare e concordare con fornitori ed editori le migliori condizioni economiche e operative che garantiscano nel tempo la disponibilità e la fruibilità delle annate di periodico per le quali la biblioteca ha sottoscritto l'abbonamento, la possibilità di fare stampe e copie su file degli articoli e di poterli utilizzare per il prestito interbibliotecario se richiesti da altre biblioteche.

In altre parole il bibliotecario deve ottenere per la propria biblioteca e per i propri lettori tutte le garanzie e le certezze avute finora dal supporto cartaceo, sommate ai vantaggi di diffusione, disponibilità e facilità di accesso proprie del supporto elettronico.

In questo modo, garantendo l'accesso alle risorse informative elettroniche (stiamo parlando di periodici, ma possono essere libri, repertori, basi dati bibliografiche, documenti audio, video, oppure lo stesso catalogo della biblioteca) gestite da elaboratori all'interno o al di fuori della biblioteca, disponibili 24 ore su 24, e consultabili non solo dai posti di lettura attrezzati della biblioteca, ma anche dal computer di casa del lettore o da qualsiasi computer connesso ad Internet, purché autorizzato, la biblioteca stessa perde di fisicità, non viene più definita solo dai muri, dalle sale di lettura e dai magazzini destinati a raccogliere, conservare e trasmettere idee e informazioni registrate su oggetti, ma diventa un nodo informativo che organizza e gestisce l'accesso alle idee e alle informazioni, su qualsiasi supporto registrate, ovunque esse siano conservate, e le rende disponibili nel momento in cui sono necessarie al lettore.

11. LE RISORSE ELETTRONICHE

Cosa si intende per risorse elettroniche?

Le risorse elettroniche sono pubblicazioni e risorse informative che conosciamo e utilizziamo quotidianamente, realizzate e rese disponibili secondo una specifica modalità di registrazione, diffusione e fruizione delle informazioni e della conoscenza che richiede l'uso dell'elaboratore elettronico, di eventuali periferiche ad esso collegate (lettori di supporti elettronici, come CD-ROM, dischi esterni rimovibili), o di altre attrezzature elettroniche (lettore di DVD). Tale modalità può essere impiegata per realizzare, distribuire e utilizzare qualsiasi tipo di pubblicazione.

In altre parole, qualsiasi tipo di pubblicazione, come monografie, documenti, periodici, opere in continuazione e a fogli mobili, film e registrazioni audio e video, unitamente a siti web e a cataloghi di biblioteche e, più in generale, qualsiasi risorsa informativa, bibliografica e non bibliografica – direttamente progettata in formato digitale o replicata in questo formato dall'originale analogico – può essere registrata e resa disponibile ad esempio su un supporto fisico (CD-ROM, DVD, cassetta), o direttamente raggiungibile in Rete su un elaboratore remoto.

A questo proposito, nel corso di uno studio per la revisione delle regole di catalogazione anglo-americane (AACR2), è stato elaborato un modello nel quale vengono raffigurati i diversi tipi di pubblicazione che concorrono a formare l'insieme delle risorse bibliografiche, e in esso si può notare la presenza di risorse informative in forma elettronica nei diversi tipi di pubblicazione.

Nel modello le risorse bibliografiche sono suddivise in pubblicazioni «finite» e pubblicazioni «continuative»: le prime sono caratterizzate dall'essere pubblicazioni complete, o completabili entro un periodo limitato di tempo e in un numero definito di parti; le seconde, «continuative», sono invece concepite per continuare nel tempo, senza una fine predeterminata e con un numero indefinito di parti.

Si intendono «finite» le risorse bibliografiche *complete* come le monografie, su qualsiasi supporto registrate, e quelle *completabili* come le opere in continuazione, le monografie con supplementi, i testi in formato elettronico in fase di revisione e alcune pubblicazioni a fogli mobili dove le integrazioni sono limitate nel numero e nel tempo e conducono ad una risorsa monografica finale completa.

Sono invece considerate «continuative» le risorse bibliografiche pubblicate in una successione di parti distinte, non limitate nel tempo e nel numero, come i seriali – collane e periodici, compresi quelli elettronici (*e-journals*) – e le risorse bibliografiche che possono venire integrate in momenti successivi, tra le quali, ad esempio, le basi dati bibliografiche, i siti web e le pubblicazioni a fogli mobili (*loose-leaf*). In particolare le risorse integrabili hanno la caratteristica di venire ampliate o modificate da aggiornamenti che si integrano nella pubblicazione e non vanno considerati distinti da essa, possono essere forniti separatamente, ad esempio nelle pubblicazioni a fogli mobili, oppure integrati direttamente dall'autore o dall'editore come nel caso delle basi dati bibliografiche o dei siti web.

MODELLO DEI TIPI DI PUBBLICAZIONI SECONDO AACR2

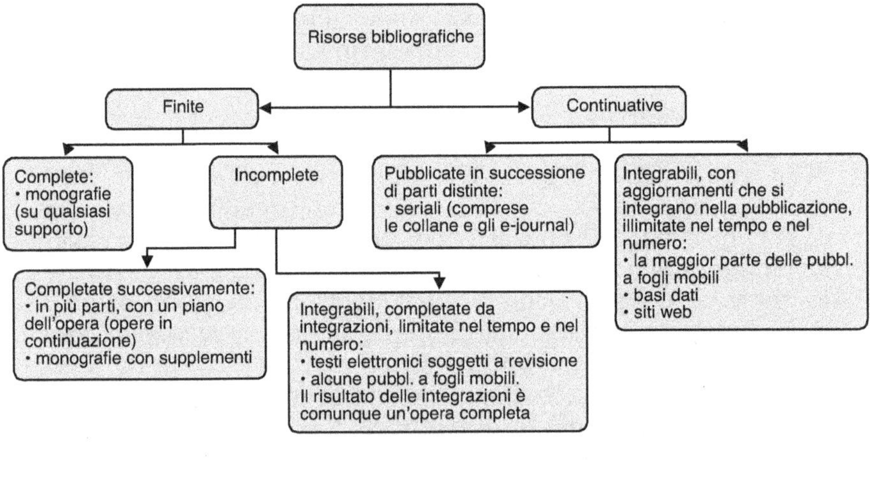

Rielaborazione da: *Revising AACR2 to accommodate seriality: report to the Joint steering committee for revision of AACR2*, prepared by Jean Irons, with the assistance of Regina Reynolds and Judy Kuhagen and the CONSER AACR2 review task force, april 1999, p. 13, <http://www.rda-jsc.org/docs/ser-rep.pdf >, (ultimo accesso: agosto 2012), (archiviato in Webcite <http://www.webcitation.org/69WLbzRCq>).

La catalogazione delle risorse elettroniche: descrizione e accessi

Per rendere possibile la descrizione normalizzata delle risorse elettroniche l'IFLA ha elaborato una specifica applicazione dello standard ISBD ed ha pubblicato, nel 1997, l'*ISBD (ER) International Standard Bibliographic Description for Electronic Resources*, come revisione e in sostituzione dell'ISBD(CF) creato già nel 1990 per la descrizione dei *Computer Files* e considerato non più sufficiente per descrivere adeguatamente la sempre più vasta gamma di materiali e risorse digitali disponibili su supporto ottico, magnetico ed accessibili in Internet (servizi online, siti web e così via). Come abbiamo visto, nel 2007 anche l'applicazione dello standard per la descrizione delle risorse elettroniche è confluita nell'ISBD *preliminary consolidated edition*, su cui si basano per la descrizione dei vari tipi di pubblicazione le nuove Regole italiane di catalogazione (REICAT).

Per la scelta e la forma degli accessi formali alla notizia bibliografica è necessario quindi fare riferimento ancora alle REICAT, ponendo particolare attenzione alla procedura che individua le responsabilità intellettuali, e ne determina il valore rispetto alla pubblicazione, in considerazione anche delle caratteristiche particolari che contraddistinguono le fonti informative messe a disposizione dalle risorse elettroniche per effettuare l'analisi formale.

Nella definizione dei materiali che vengono considerati per la descrizione delle risorse elettroniche, lo standard ISBD privilegia e considera le modalità di accesso e il modo in cui l'informazione e la conoscenza vengono diffuse, lette e utilizzate, a volte modificate, vale a dire per mezzo di un elaboratore elettronico e di eventuali periferiche ad esso collegate; lo standard non tiene invece in considerazione la modalità di creazione e registrazione delle risorse in forma digitale, ossia la loro codifica in bit e byte.

L'ISBD *preliminary consolidated edition* individua come oggetto dello standard due tipi di risorse elettroniche: i *dati*, costituiti da informazioni sotto forma di numeri, lettere, grafica, immagini e suoni o una loro combinazione; i *programmi*, intesi come insiemi di istruzioni o sequenze di istruzioni (*routines*) necessarie ad eseguire determinate operazioni, compresa l'elaborazione e la gestione dei dati; un terzo possibile tipo di risorsa elettronica è costituito da una combinazione di *dati* e *programmi* per realizzare ad esempio servizi online e documenti multimediali interattivi, file di dati gestiti da un DBMS (Data Base Management System), o interrogati per mezzo di un software di Information Retrieval.

Dal punto di vista catalografico sia lo standard che le REICAT distinguono le risorse elettroniche, definite anche pubblicazioni elettroniche, a seconda delle modalità di accesso e a seconda che siano distribuite su un supporto materiale oppure accessibili a distanza, e prevedono un trattamento diverso, con l'utilizzo di alcune aree ed elementi informativi specifici, a seconda si tratti di Risorse Elettroniche ad accesso Locale (REL) o di Risorse Elettroniche ad accesso Remoto (RER). Le risorse elettroniche ad accesso locale sono quindi risorse registrate su un supporto fisico che può essere descritto e che, per poter utilizzare la risorsa, deve essere inserito a cura del lettore in un computer o in una periferica ad esso collegata. I supporti utilizzati per questo tipo di risorse possono essere dischi ottici o magnetici (dischetti da 3.5 pollici, vari tipi di CD, DVD ecc.), cartucce o cassette di nastro magnetico (utilizzate di solito per le copie di sicurezza o per il trasporto di dati e programmi), dischi rimovibili (*pendrive*, o dischi esterni).

Le risorse elettroniche ad accesso remoto sono invece prive di un supporto fisico visibile, descrivibile e a disposizione del lettore; le RER possono essere registrate nei dispositivi di memoria di un elaboratore (disco fisso o altro supporto di memorizzazione) e il lettore può utilizzarle direttamente usando lo stesso elaboratore, oppure può accedervi collegandosi per mezzo di un altro computer connesso ad una rete locale o a Internet. Nella definizione di questo tipo di risorse, il termine *remoto* viene utilizzato per esprimere una particolare modalità di accesso e non implica il concetto di distanza della risorsa dal lettore, evidenzia invece la mancanza di un supporto fisico da inserire in una periferica e la conseguente necessità di usare uno strumento, normalmente connesso ad una rete, per raggiungere la risorsa, che a sua volta può essere memorizzata su un elaboratore posto indifferentemente vicino al lettore, oppure dall'altra parte del mondo.

In sostanza tra le RER sono comprese tutte le risorse alle quali si accede tramite rete locale, Internet, o qualsiasi sistema di telecomunicazione, quelle che risiedono sul disco o su una memoria permanente ROM (Read Only Memory) del computer utilizzato, in quanto non amovibili e parte del computer. È opportuno inoltre notare che qualsiasi risorsa elettronica ad accesso remoto resa accessibile ed utilizzabile in Internet, ai fini del trattamento catalografico, è considerata pubblicata (ad esempio basi dati bibliografiche, cataloghi di biblioteca, siti web personali o istituzionali, documenti o saggi).

A differenza dei materiali che tradizionalmente entrano a far parte del patrimonio di una biblioteca, e sono caratterizzati dalla fisicità dei supporti e da una relativa stabilità rispetto alla descrizione bibliografica (libri, riviste, audiovisivi e le stesse REL), le risorse elettroniche ad accesso remoto sono soggette a frequenti aggiornamenti che ne modificano le caratteristiche, le informazioni disponibili e le modalità di presentazione; possono inoltre intervenire variazioni dell'indirizzo di Rete (URL – Uniform Resource Locator), cancellazioni o rimozioni che rendono la risorsa irreperibile. Questa condizione di continua modificabilità e instabilità delle risorse elettroniche ad accesso remoto rende particolarmente delicato il lavoro del bibliotecario, che deve valutare di volta in volta se le numerose modifiche apportate determinino differenze significative nel contenuto intellettuale ed artistico della risorsa al punto di costituire una nuova edizione e rendere così necessaria la creazione di una nuova registrazione bibliografica. Sarà necessario inoltre che il bibliotecario verifichi periodicamente la validità dell'indirizzo di Rete (link) che collega la notizia bibliografica alla risorsa elettronica al fine di renderla sempre accessibile dall'opac o dal portale dedicato alle risorse elettroniche della biblioteca, a meno che non possano essere utilizzati dei link o degli identificatori persistenti delle risorse in rete, come ad esempio il PURL (Persistent Uniform Resource Locator), il DOI (Digital Object Identifier) o l'HANDLE *system*. La presenza infatti di un indirizzo di Rete non attivo (broken link) nella registrazione bibliografica, rende la risorsa elettronica remota inutilizzabile al pari di un libro perso, o collocato fuori posto negli scaffali della biblioteca, e rende altrettanto frustrante per il lettore il risultato della ricerca bibliografica effettuata sul catalogo.

Le innumerevoli risorse elettroniche pubblicate e rese accessibili liberamente in Rete possono in molti casi risultare di scarsa utilità rispetto alle esigenze informative del pubblico a cui la biblioteca si rivolge, o rivelarsi non correttamente mantenute nel tempo e avere vita breve, o ancora dimostrarsi di scarso valore e autorevolezza, anche a causa della facilità e del basso costo di produzione e diffusione che permettono a chiunque di pubblicare qualsiasi cosa, e rendono spesso l'autore anche editore di sé stesso. Ciò non significa che tutte le risorse elettroniche remote ad accesso libero siano prive di valore, ma che la biblioteca, visto anche il costo e l'impegno nel tempo che la catalogazione di queste risorse richiede, deve adottare nei loro confronti la stessa attenzione e lo stesso comportamento critico che assume quando si trova a dover valutare una donazione di libri ed elaborare delle proprie linee guida che aiutino i bibliotecari a valutare, selezionare e di fatto introdurre nel patrimonio della biblioteca risorse elettroniche utili ai lettori, di valore e in linea con la politica delle acquisizioni stabilita dalla biblioteca.

Lo standard ISBD *preliminary consolidated edition* colloca al di fuori del proprio ambito di applicazione, e non considera quindi risorsa elettronica, le calcolatrici programmate, i giocattoli e gli altri oggetti programmati, quali possono essere ad esempio i videogame o i traduttori elettronici.

Infine lo standard e le Regole raccomandano che qualora la risorsa elettronica abbia caratteristiche che la fanno rientrare in più categorie di materiali, come nel caso dei periodici elettronici o delle mappe digitalizzate registrate su cd, la biblioteca fornisca nelle aree appropriate le indicazioni necessarie per descrivere correttamente le diverse caratteristiche di queste risorse, ad esempio per le mappe, gli elementi per le risorse cartografiche e quelli per le risorse elettroniche. Questo comporta che, per descrivere ad esempio una mappa digitalizzata, venga attivata l'area 3 per accogliere i dati matematici, in questo modo . – *Scala 1:250 000 ; proiezione conica conforme di Lambert (E 161°-E 166°/S 73°15'-S 75°15')*, ma che vengano anche registrate le informazioni relative alla sua condizione di risorsa elettronica, come l'appropriata *Designazione Specifica del Materiale* nell'area della descrizione fisica, ad esempio . – 1 CD-ROM, e nell'area 7 le note sui requisiti di sistema o, se accessibile online, le note relative alle modalità di accesso.

Le REICAT per la descrizione delle risorse elettroniche

Le risorse elettroniche sono in genere caratterizzate da una presentazione dei contenuti estremamente variabile, da una configurazione della risorsa spesso personalizzata, oltre che dall'assenza di una struttura formale di presentazione delle informazioni propria della prassi editoriale che, nelle risorse tradizionali, distribuisce gli elementi informativi necessari alla descrizione della risorsa in punti precisi e riconoscibili della pubblicazione, quali il frontespizio, le pagine preliminari, il colophon, la copertina, il dorso, la sovraccoperta e così via.

Perciò nel corso dell'analisi formale del documento, che è la prima operazione del processo di catalogazione, il bibliotecario dovrà individuare e valutare con attenzione le diverse fonti informative messe a disposizione dalla risorsa, dalle quali dovrà poi ricavare le informazioni necessarie per definire gli elementi informativi da utilizzare nella descrizione del documento e per determinare gli accessi formali.

Secondo quanto previsto dallo standard ISBD, le Regole italiane di catalogazione prescrivono per ogni area le fonti specifiche, ovvero le parti della risorsa da cui ricavare le informazioni necessarie a descriverla. Le REICAT individuano tali fonti distinguendo fra risorse elettroniche ad accesso locale (REL, dotate di un supporto fisico descrivibile) e risorse elettroniche ad accesso remoto (RER, consultabili online e prive di supporto fisico descrivibile).

Discostandosi dallo standard con un atteggiamento forse più coerente con le regole generali e certo più pratico, le REICAT prendono in considerazione per la descrizione delle REL il supporto fisico su cui la risorsa elettronica è registrata, individuando la fonte primaria secondo questo ordine di preferenza: le *fonti esterne*, *leggibili ad occhio nudo* senza l'utilizzo di alcuna attrezzatura, purchè contengano informazioni sufficienti per la descrizione della risorsa; le *fonti interne* alla risorsa, accessibili solo con l'utilizzo di un'apposita attrezzatura, da utilizzare per supplire alla carenza o all'insufficienza di informazioni nelle fonti interne (vedi REICAT §3.2.3).

Le *fonti esterne*, *leggibili ad occhio nudo* rappresentano quindi le parti della risorsa in cui le informazioni dovrebbero essere presentate in modo formale e fra queste le REICAT suggeriscono di preferire, nell'ordine: a) le fonti che sono solidali con il supporto, ossia non staccate o staccabili da questo, come le etichette o le stampe permanenti incollate o impresse sul supporto fisico su cui è registrata la risorsa, b) le fonti staccate dalla risorsa come i contenitori del supporto fisico, la documentazione che normalmente accompagna una risorsa elettronica locale, ed altri eventuali materiali allegati, avendo cura di distinguere le informazioni pertinenti alla documentazione da quelle invece riguardanti la risorsa elettronica oggetto della descrizione.

Sempre secondo le REICAT, la discrezionalità del catalogatore, oppure la mancanza o l'incompletezza delle informazioni presenti nelle fonti leggibili ad occhio nudo, possono portare a preferire in alternativa come fonte primaria la *fonte* che presenti le informazioni più complete in forma scritta, visualizzabile anche per mezzo dell'apposita attrezzatura e quindi *interna* alla risorsa, indicando ad esempio i *titoli di testa* come possibile fonte primaria per le videoregistrazioni.

Con questa precisazione, data la struttura formale delle risorse elettroniche, lontana dalla prassi editoriale, le REICAT lasciano al catalogatore la facoltà di utilizzare qualsiasi fonte, o l'insieme delle fonti, per individuare gli elementi utili alla descrizione della risorsa.

Lo standard ISBD entra più nel dettaglio e indica come fonti primarie per le risorse ad accesso remoto (ma differenziandosi dalle REICAT, anche per quelle ad accesso locale) le fonti interne: la schermata del titolo della risorsa (la prima immagine statica dalla quale sia possibile ricavare agevolmente il titolo, le indicazioni di responsabilità e quelle relative alla pubblicazione), il menù principale, le istruzioni di lancio di un programma (enunciato di programma), la prima visualizzazione delle informazioni, l'intestazione di un file comprese le righe «soggetto» (informazioni poste di solito all'inizio del file per descriverne il contenuto e l'organizzazione, come intestazione di un messaggio di posta elettronica, oppure che possono essere contenute, ad esempio, nella scheda di *riepilogo* nelle proprietà di un file di Microsoft Word, o in quella di *descrizione* nelle proprietà di un file .PDF di Adobe Acrobat), la home page di un sito web, l'intestazione TEI (Text Encoding Initiative) di un documento elettronico, o altre parti della risorsa con informazioni significative ai fini dell'identificazione, preferendo tra queste la fonte con maggior grado di completezza informativa. Se la risorsa elettronica è compressa o formattata per un particolare tipo di stampante, le informazioni devono essere rilevate dalla risorsa solo dopo che è stata elaborata, scompattata od opportunamente stampata.

Le REICAT, più sinteticamente, indicano di utilizzare come fonte primaria per le risorse ad accesso remoto (RER), prive di supporto fisico descrivibile, «le informazioni presentate formalmente al principio di un file ottenute accedendo alla risorsa, i metadati inclusi o collegati con il contenuto, o in mancanza di dati sufficienti la documentazione elettronica resa disponibile dalla risorsa» (REICAT §3.2.3D, punto 3).

Le RER più comuni, ad esempio un sito web o una base dati consultabile online, rappresentano in realtà delle risorse integrative ad accesso remoto, ossia delle risorse che vengono aggiornate periodicamente e i cui aggiornamenti vengono integrati a cura dell'autore o dell'editore; in questi casi, come del resto per le risorse integrative, la fonte primaria sarà costituita dalla versione corrente, integrata da tutti gli aggiornamenti.

La mancanza di normalizzazione editoriale che caratterizza il mercato delle risorse elettroniche fa sì che molti studiosi raccomandino un approccio pragmatico alla scelta delle fonti informative da utilizzare per la descrizione, considerando, ad esempio, come fonte interna l'insieme delle schermate accessibili senza particolari combinazioni di tasti, dalle quali ricavare tutte le informazioni utili per il lettore, purché siano presentate formalmente nella risorsa.

Le REICAT indicano quindi, per ogni area della descrizione, le fonti da cui devono essere ricavate le informazioni e in particolare stabilisce che per le aree 1 (Titolo e indicazione di responsabilità), 2 (Edizione), 4 (Pubblicazione) e 6 (Serie), devono essere utilizzate per prima cosa le fonti primarie, ossia per le REL quelle leggibili ad occhio nudo come le etichette e le stampe presenti sul supporto fisico, e a seguire la documentazione, il contenitore e il materiale eventualmente allegato. In alternativa, a discrezione del catalogatore e per la descrizione delle RER, possono essere preferite come fonti primarie quelle interne, visualizzabili con l'apposita attrezzatura.

L'intera risorsa può essere invece utilizzata per la descrizione dell'area 5 (Descrizione fisica), mentre qualsiasi fonte informativa, ossia l'intera risorsa e repertori esterni, possono fornire informazioni per le aree 7 (Note) e 8 (Numeri identificativi).

Allo stesso modo le Regole indicano per ogni area la lingua in cui devono essere trascritti gli elementi informativi, e stabilisce che gli elementi nelle aree 1, 2, 4 e 6, essendo di norma trascritti dalla risorsa devono essere riportati nella descrizione mantenendo la lingua e l'alfabeto in cui appaiono, fatta eccezione per le abbreviazioni prescritte (ad esempio, nell'area 1: *[sic] [i.e. xxx] /...[et al.]*; nell'area 4: *[etc.]*), le integrazioni del bibliotecario tra parentesi quadre che vanno dati nella lingua scelta dall'agenzia bibliografica, ovvero nella lingua adottata dalla biblioteca per la catalogazione. Fra le eccezioni vanno indicate la Designazione generica del materiale (DGM), formalmente in area 1 ma considerata esterna alla descrizione dalle REICAT, e la Designazione specifica del materiale (DSM) in area 5, che vanno formulate dal catalogatore nella forma normalizzata dall'Appendice C delle REICAT.

Gli elementi previsti nelle aree 5, 7 e 8, invece, non essendo trascritti dal documento, vanno dati nella lingua e nell'alfabeto scelti dall'agenzia bibliografica e adottati dalla biblioteca per la catalogazione, ossia in italiano. Fanno eccezione, e devono quindi essere riportate nella lingua della risorsa, le informazioni ricavate dalla pubblicazione come il titolo originale, eventuali varianti del titolo e le citazioni, ad esempio, dei titoli contenuti nella pubblicazione, trascritti nell'area 7, purché, secondo le REICAT, ne venga indicata la fonte (ad esempio *In copertina:* o *Sul contenitore:*); in caso contrario vanno date in italiano.

Aree ed elementi caratterizzanti la descrizione delle risorse elettroniche

La parte delle Regole dedicata alla descrizione, come abbiamo visto, si basa sullo standard ISBD *preliminary consolidated edition*, del quale presenta la stessa organizzazione in aree ed elementi informativi, contraddistinti dalla stessa punteggiatura normalizzata, anche per la descrizione delle risorse elettroniche. Anche le informazioni destinate a formare gli elementi della descrizione (titolo, formulazione di responsabilità ecc.) di fatto non si discostano da quelle definite dalle regole che, in questo manuale, sono state considerate per la descrizione delle monografie e dei periodici.

La necessità di ricondurre ad una struttura normalizzata le diverse modalità di presentazione delle informazioni, richiede una particolare attenzione nell'individuare gli elementi informativi nella risorsa e nel determinare il valore formale che questi possono avere nei confronti della descrizione bibliografica.

Per rappresentare correttamente nella notizia bibliografica le peculiarità delle diverse pubblicazioni che possono essere realizzate in forma elettronica, lo standard ISBD e le Regole sono caratterizzati da alcune aree ed elementi obbligatori o facoltativi, diversificati a seconda che la risorsa sia ad accesso locale (REL) o ad accesso remoto (RER), e da due appendici, indicate nelle Regole come «Appendice C» e «Appendice D», nelle quali vengono elencate le espressioni raccomandate per indicare, in modo normalizzato, le caratteristiche *generiche* e quelle *specifiche* del materiale, che vanno registrate rispettivamente in area 1, o nell'apposito campo messo a disposizione dal software di gestione, e in area 5.

Le aree particolarmente rilevanti per la descrizione delle risorse elettroniche sono:

– l'**area 1**, del Titolo e dell'indicazione di responsabilità, che in particolare presenta la Designazione Generica del Materiale (DGM): elemento facoltativo, fortemente raccomandato, posto dallo standard ISBD subito dopo il titolo proprio, ma registrato dalle REICAT fuori della descrizione bibliografica, in un campo autonomo;
– l'**area 5**, relativa alla Descrizione fisica, che è obbligatoria per le REL e in cui vengono indicate la Designazione specifica del materiale e le altre caratteristiche della risorsa o del supporto su cui è registrata;
– l'**area 7**, delle Note, che, tra le molte possibili, indica due note come obbligatorie: le **Note sulla fonte del titolo proprio**, obbligatorie per tutte le risorse elettroniche; le **Note sui requisiti e le caratteristiche tecniche** nelle quali indicare, per le REL i *requisiti tecnici* per poter utilizzare la risorsa, e per le RER le *modalità di accesso*.

AREA 1, TITOLO E FORMULAZIONE DI RESPONSABILITÀ

Titolo proprio [DGM] = titolo parallelo : complemento del titolo / indicazione di responsabilità ; successive indicazioni di responsabilità

Immediatamente dopo il Titolo proprio e fra parentesi quadre, la prima area dello standard ISBD nella versione consolidata preliminare presenta la Designazione Generale del Materiale (DGM, tradotta dalle REICAT come Designazione Generica del Materiale). Si tratta di un elemento indicato come facoltativo dallo standard, ma il cui uso è fortemente raccomandato nella descrizione delle risorse elettroniche ed estremamente utile nei cataloghi che rappresentano in modo integrato materiali librari e non librari, in quanto fornisce subito al lettore, nella parte iniziale della descrizione, informazioni sulla «categoria di materiale a cui il documento appartiene» utilizzando i termini proposti nell'Appendice C delle REICAT, ad esempio [*Documenti elettronici*], oppure [*Audioregistrazioni*], [*Testi*] e così via. A questo proposito è opportuno ricordare che le REICAT reputano la DGM così importante da indicare di registrarla separatamente nel software di gestione della biblioteca, così da poter essere visualizzata nel modo e nella posizione più conveniente, andando anche a costituire uno dei possibili filtri da utilizzare per la ricerca sull'OPAC; la stessa IFLA nella versione definitiva dell'ISBD consolidata ha creato una nuova area, l'Area zero, per accogliere in modo autonomo questo elemento della descrizione (vedi in questo manuale nel capitolo 8 la parte relativa alle Aree ed elementi dell'ISBD per la descrizione delle monografie moderne a stampa).

Esempio di DGM nell'area 1:

Yellow pages in Internet [Documenti elettronici] = Le pagine gialle in Internet : come reperire facilmente informazioni in linea / Andrew Bone, Philip Climie; trad. di Paolo Maris ; grafica di Anthony McLeod

AREA 5, DELLA DESCRIZIONE FISICA

. – Designazione Specifica del Materiale ed (estensione) : altre caratteristiche materiali ; dimensioni + indicazione del materiale allegato (facoltativa)

L'area della descrizione fisica è obbligatoria per le REL. Gli elementi presenti in quest'area descrivono il supporto fisico a disposizione del lettore, su cui sono registrate le Risorse elettroniche ad accesso locale, mentre per le RER, risorse ad accesso remoto, prive di un supporto fisico che possa essere descritto o messo a disposizione del lettore, l'area della descrizione fisica può essere omessa e gli elementi disponibili registrati nell'aerea delle note.

Il primo elemento dell'area cinque, la *Designazione Specifica del Materiale ed estensione* (DSM), informa il lettore sul numero delle parti fisiche che costituiscono la risorsa e su quale particolare tipo di supporto essa è registrata: i termini che possono essere utilizzati, quando possibile, per questo elemento dell'area 5 sono indicati nell'Appendice D delle REICAT, (*1 floppy disk*, *1 audiocassetta*, *1 testo elettronico* ecc.). Nel caso si tratti di dischi ottici le Regole consentono di indicare direttamente come DSM il formato specifico del disco utilizzato, ad esempio CD-i, PHOTO CD, DVD-Video, o altri non previsti purché consolidati nell'uso, con questo risultato: . – *1 CD-ROM*, oppure . – *2 DVD-Video*. Se necessario, per poter utilizzare correttamente la risorsa elettronica, la Designazione Specifica del Materiale può essere completata aggiungendo, fra parentesi tonde, l'indicazione del sistema che caratterizza la risorsa, ad esempio 1 *videocassetta* (VHS), il formato del file, 1 *testo elettronico* (PDF), ed eventualmente l'estensione della risorsa, che esprime ad esempio la durata di una videoregistrazione, 1 *videocassetta* (VHS) (120 min.), il numero dei componenti o delle pagine di una risorsa, e anche, se ritenuto utile, la dimensione in *byte* e multipli di *byte* di una risorsa elettronica, 1 *testo elettronico* (PDF) (XII, 102 p. ; 2 MB).

L'elemento successivo « : *altre caratteristiche materiali*» indica con l'abbreviazione «*color.*» e il termine «*sonoro*» se la risorsa viene visualizzata in due o più colori e se produce dei suoni. Le REICAT suggeriscono di non indicare per le risorse elettroniche che il sonoro manca o, con «bianco e nero», il fatto che una risorsa venga visualizzata in un solo colore ad esempio su fondo scuro (monocromatica); al contrario, l'assenza del sonoro e la presenza di immagini in bianco e nero sono ritenute informazioni necessarie per la descrizione delle videoregistrazioni.

La descrizione fisica della risorsa continua con le « *; dimensioni*» del supporto fisico su cui è registrata, che devono essere riportate in «cm» e arrotondate come di consueto, per eccesso: *. – 1 CD-ROM ; 12 cm*. Le Regole indicano di misurare il diametro di dischi e bobine di nastro, facendo attenzione a non considerare le dimensioni esterne del contenitore del supporto, busta, custodia di plastica (*jewel case*) o cofanetto che sia. Solo nel caso in cui si stia descrivendo una risorsa registrata su un insieme di supporti presentati assieme in un unico contenitore (ad esempio un set di dischi in cofanetto), lo standard consente di indicarne le dimensioni precedute dalla frase «*in contenitore*». Se infine il supporto è costituito da cassette di nastro magnetico si possono indicare le dimensioni (lunghezza, altezza e profondità) della cassetta e la larghezza del nastro, se diverse da quelle standard (che ad esempio per le audiocassette sono 10 x 6,4 x 1,2 cm e 4 mm per la larghezza del nastro).

Chiude l'area l'elemento facoltativo che fornisce la « + *indicazione del materiale allegato*», nel quale, utilizzando le Designazioni specifiche del materiale elencate nell'appendice C delle REICAT o un altro termine appropriato, si può descrivere ad esempio la documentazione, costituita da fogli singoli, opuscoli, cassette o altro materiale, che accompagna di solito le REL con la funzione di fornire una guida per l'utente, le istruzioni per l'installazione o di informare sul contenuto della risorsa.

Esempi dell'area 5:

. – 4 CD-ROM : color., sonoro ; 12 cm, in contenitore 18 x 30 x 6 cm + manuale d'uso (110 p. ; 23 cm)
. – 1 DVD-Video (120 min) : b/n, muto ; 12 cm + 1 fascicolo (32 p.)

AREA 7, DELLE NOTE

. – Note relative alla fonte del titolo. – Note sui requisiti e le caratteristiche tecniche. – Note sulla fonte delle indicazioni di edizione. – Note relative alla base della descrizione. – Note di riassunto ...

Gli elementi, o meglio le diverse possibili note che possono essere accolte in quest'area, hanno il compito di completare la descrizione e di ospitare tutte le informazioni che formalmente non possono essere collocate nelle altre aree. Per le REICAT le numerose possibili note previste devono essere, contrassegnate ognuna con un *punto* (.), differenziandosi in questo dallo dallo standard ISBD che prescrive invece di utilizzare *punto spazio trattino spazio* (. –); l'ordine in cui le note devono essere riportate, ad eccezione di alcune priorità, come ad esempio la *nota sulla periodicità di uscita* per le pubblicazioni periodiche, segue la successione prevista dallo standard per le aree (prima le note sull'area del titolo e formulazione di responsabilità, seguite da quelle sull'area dell'edizione, e così via).

Le REICAT prescrivono di inserire nella descrizione delle Risorse elettroniche le *. – Note sui requisiti e le caratteristiche tecniche*, nelle quali trovano posto la *Nota sui requisiti di sistema*, necessaria per la descrizione delle REL, e quella sulle *Modalità di accesso* necessaria invece per la descrizione delle RER. Si ritiene opportuno segnalare che per lo standard ISBD queste note sono obbligatorie e vanno date come prima nota dell'area.

Nella descrizione delle Risorse elettroniche ad accesso locale la *. – Nota sui requisiti di sistema* va introdotta dal termine «*Requisiti:*» e ha il compito di registrare le informazioni sui requisiti minimi, hardware e software, che il computer (sistema) deve possedere perché la risorsa possa essere correttamente visualizzata o eseguita. Queste informazioni di solito sono reperibili nelle pagine del materiale allegato o nelle etichette di contenitori e custodie della risorsa. Esse possono interessare una o più caratteristiche tecniche necessarie all'elaborazione, riferite sia all'hardware che al software, e di norma sono date nel seguente ordine:

1. Nome, modello e/o numero della macchina o del processore (*PC pentium III 1 GHz*)
2. Capacità di memoria (*; 16 Mb RAM*, o talvolta la necessità di spazio sul disco rigido *; 20 Mb HD*)
3. Nome e versione del Sistema Operativo (; *Windows 95/98/2000/NT*)

4. Requisiti del software necessario (; *Acrobat Reader 3.0 o successive*)
5. Periferiche (; *lettore CD-ROM 6x, scheda video SVGA 640 × 480/256 colori*)
6. Modificazioni interne dell'hardware (; *scheda di compressione Kofax 1936*)

Le informazioni possono essere molte, e questa nota può diventare di grandi dimensioni, ma è importante per il lettore conoscere quali caratteristiche deve avere l'elaboratore per poter usare la risorsa rappresentata nella notizia bibliografica. A tal proposito le REICAT cercano di limitare le informazioni superflue suggerendo di omettere i requisiti che sono impliciti nel tipo di materiale o di supporto, ad esempio il lettore nel caso di una videocassetta o di un DVD. Ogni requisito indicato, ad esclusione del primo, deve essere preceduto da un *punto e virgola*, solo seguito e non preceduto da spazio, e la nota potrebbe presentarsi in questo modo:

. – *Requisiti: PC Pentium III 1 GHz o superiore; 16 Mb RAM; spazio su disco 20 Mb; Windows 98 o superiore; Acrobat Reader 3.0 o superiore; lettore CD-ROM 8x; grafica 640x480 64.000 colori; scheda audio 16 bit (sound blaster)*

L'indicazione dei requisiti di sistema può non essere necessaria per le Risorse elettroniche ad accesso remoto, ma se è ritenuta necessaria, questa indicazione per le REICAT va data di seguito alle *modalità di accesso*; secondo lo standard ISBD invece, va registrata come prima nota. Questa nota può ad esempio indicare per le RER quali sono i software necessari per visualizzare, scompattare, ascoltare, stampare e in genere eseguire la risorsa, con questo risultato: . – *Requisiti: Winzip per decomprimere i file; Adobe Reader 9.5 per leggere i documenti*

La . – *Nota sulle modalità di accesso* è invece necessaria e fondamentale per la descrizione delle RER, e per lo standard ISBD si riporta come prima nota, oppure, se è stata registrata anche la nota sui requisiti di sistema le modalità di accesso vanno indicate in seconda posizione.

In questa nota vanno riportate tutte le indicazioni necessarie per consentire al lettore di accedere alla risorsa remota e in particolare, preceduto dalla frase «*Modalità di accesso:*», va indicato, ad esempio, se la risorsa si trova in Internet o all'interno di una Rete locale universitaria, se può essere raggiunta via World Wide Web o via FTP (File Transfer Protocol), facendo seguire l'indirizzo di rete della risorsa (*http://aibstudi.aib.it*, ftp://ftp.gnu.org, telnet://opac.biblio.edu) e ricordandosi di non omettere il tipo di protocollo utilizzato per renderla disponibile (http://, ftp://, telnet://). La nota sulle modalità di accesso potrebbe essere configurata in questo modo:

. – *Modalità di accesso: WWW, URL: http://aibstudi.aib.it; richiede Adobe Reader per leggere i documenti scaricati*
. – *Modalità di accesso: Internet via FTP:* ftp://ftp.gnu.org

Abbiamo visto che nelle risorse elettroniche la modalità di presentazione delle informazioni è estremamente varia e può cambiare da risorsa a risorsa, e che in realtà gli elementi descrittivi possono essere reperiti utilizzando l'insieme delle fonti disponibili. Per questo motivo le Regole stabiliscono che è necessario e obbligatorio indicare nella descrizione di tutte le risorse elettroniche la fonte primaria scelta: la pagina, l'etichetta, la schermata, l'intestazione del file o qualsiasi altra parte della risorsa da cui è stato trascritto il Titolo proprio, e questa informazione deve essere riportata nelle . – *Note sulla fonte del titolo*.

Esempi della nota sulla fonte del titolo:

. – *Titolo della schermata iniziale*
. – *Titolo dell'home page*
. – *Titolo dell'etichetta*
. – *Titolo del contenitore*

Per ogni area lo standard ISBD fornisce delle indicazioni e delle soluzioni adeguate alle particolari caratteristiche delle risorse elettroniche. Per l'area 2, ad esempio, provvede a segnalare quali sono le condizioni che determinano una nuova edizione della risorsa elettronica e la conseguente necessità di creare una nuova registrazione bibliografica.

Le REICAT, seguendo lo standard, indicano che appartengono alla stessa edizione, e sono quindi oggetto di una unica descrizione, tutte le copie di una risorsa prodotte da uno stesso esemplare, o da una stessa matrice, e pubblicate o ristampate dalla stessa agenzia, casa editrice, persona o ente che sia. Inoltre sono soggette ad una nuova edizione tutte le copie di una risorsa che presentino differenze nel contenuto intellettuale ed artistico rispetto ad altre copie, anche in assenza dell'indicazione formale di edizione nelle fonti informative prescritte. L'appartenenza di una risorsa ad una particolare edizione è infatti di solito identificata formalmente dalla presenza della parola *edizione*, oppure da altri termini che hanno lo stesso significato, come *versione*, *uscita* o *release*, che però sono a volte utilizzati per indicare anche cambiamenti di differente entità e quindi devono essere affiancati da una verifica delle modifiche effettivamente apportate alla risorsa ed eventualmente trascurati o riportati in nota.

In sostanza per le REICAT ci si trova di fronte ad una nuova edizione, e quindi alla necessità di creare una nuova notizia bibliografica, quando gli esemplari di una stessa edizione presentano variazioni rilevanti per quanto riguarda il contenuto intellettuale e artistico, a cui sono state apportate modifiche, aggiunte o cancellazioni; quando le variazioni riguardano i principali elementi d'identificazione, quali possono essere il titolo e il complemento del titolo, le responsabilità, l'editore, la collana e la paginazione. Infine, discostandosi dallo standard ISBD, le Regole richiedono descrizioni distinte quando la risorsa viene pubblicata su supporti o formati differenti e alternativi, ad esempio una videoregistrazione pubblicata su DVD e videocassetta, a meno che gli elementi d'identificazione non siano gli stessi per i diversi supporti o formati, consentendo in tal caso di basare su uno di essi la descrizione e segnalare l'esistenza degli altri in nota, (vedi REICAT §1.7.1.5).

Lo standard ISBD aggiunge e precisa che si è in presenza di una nuova edizione anche quando vengono modificati il linguaggio di programmazione o il sistema operativo, ad esempio per consentire alla risorsa di essere compatibile con altri sistemi operativi o con altre macchine (versione per Mac o per Windows).

Si ritiene inoltre opportuno segnalare che per lo standard ISBD non costituiscono invece una nuova edizione e non comportano la creazione di una nuova notizia bibliografica le differenze che riguardano il supporto fisico (da floppy disc a CD-ROM o nastro), la sua dimensione (floppy disc da 3.5" o da 5" e $^{1}/_{4}$, cassette di nastro da 4 o da 8 mm), differenze nei formati di stampa, nella codifica dei caratteri (ISO 5426, o UNICODE), o nella modalità di output e di visualizzazione della risorsa (ad esempio una RER riprodotta su CD-ROM) e altro (vedi ISBD *preliminary consolidated ed.* §2.1.1 B).

L'indicazione di edizione va riportata così come appare nella risorsa, e va fatta precedere come sempre da *punto spazio tratti-*

no spazio, ad esempio «. – *Windows 95 ed.*», «. – *Release 6.8*», «. – *Interactive ed., 2003 version*», «. – *Edizione su* CD-ROM *per Windows XP*».

Infine, per le risorse ad accesso remoto aggiornate frequentemente, le Regole indicano di segnalare nelle . – *Note relative alla base della descrizione*, la versione della risorsa su cui è stata effettuata la descrizione bibliografica, l'aggiornamento a cui viene sottoposta la risorsa, l'eventuale data dell'ultimo aggiornamento e la data dell'ultima consultazione o verifica effettuata, ad esempio: . – *Descrizione basata sull'home page (ultima verifica: 11-7-2012, ultimo aggiornamento: 10-6-2012,)*

Esempio di descrizione di una REL:

La storia della mafia [Documenti elettronici] : dalle origini ai giorni nostri. – Messina : MEC, 1997. – 1 CD-ROM : color., sonoro ; 12 cm. – Requisiti per PC: Pentium 133 Mhz; 16 MB RAM; Windows 95; Lettore di CD-ROM 8x; Grafica 640x480 a 64000 colori; Scheda audio 16 bit (Sound Blaster); per Macintosh; PowerPC 601/66; 6 MB RAM; System 7.5 o superiore; Grafica 640×480; Lettore di CD-ROM 8x; Scheda audio 8 bit. – Titolo del contenitore. – Dati testuali, visivi elettronici. – Testo solo in italiano. – In contenitore, 24 cm

Esempio di descrizione di una RER:

AIB-Web [Documenti elettronici] : il Web dell'Associazione Italiana Biblioteche. – Roma : AIB, 2004. – 1 sito web. – Modalità di accesso: WWW, URL: http://www.aib.it. – Titolo dell'home page. — Descrizione basata sull'home page (in continuo aggiornamento, ultima verifica: 22 giugno 2012)

Catalogare il web con i metadati?

Lo standard ISBD e le Regole di catalogazione permettono di rappresentare le risorse elettroniche nel catalogo della biblioteca e di fornire al lettore gli strumenti e gli elementi per poterle cercare, trovare, valutare ed infine ottenere. In particolar modo se la biblioteca, come oramai quasi sempre accade, utilizza un software di gestione ed il catalogo è quindi elettronico e consultabile via web, l'accesso o la visualizzazione delle RER catalogate dalla biblioteca può avvenire semplicemente cliccando sull'indirizzo di rete della risorsa, registrato al momento della catalogazione, reso attivo dal software di gestione e presentato nell'OPAC come un campo della notizia bibliografica.

Come abbiamo visto, nel catalogo della biblioteca è opportuno che vengano però rappresentate solo le RER che la biblioteca ritiene veramente utili, selezionate sulla base degli interessi del pubblico, della loro validità e autorevolezza e, in sintesi, seguendo la politica delle acquisizioni che la biblioteca si è data. Questo perché la catalogazione è una procedura costosa, in termini di tempo e di professionalità necessaria, e la catalogazione delle RER in particolare è ancora più onerosa, in quanto costringe il bibliotecario a verificare periodicamente la stabilità della risorsa e la validità dell'indirizzo di rete che permette di raggiungerla.

Per questi motivi, quasi tutte le risorse elettroniche remote pubblicate sul web, non sono reperibili attraverso la mediazione di un catalogo di biblioteca, costruito dalla competenza catalografica del bibliotecario che le analizza e descrive correttamente ed uniformemente secondo standard e regole, ne individua i possibili accessi e le rende infine ricercabili ed utilizzabili in modo che i lettori possano trovare le informazioni per loro rilevanti nel momento in cui ne hanno bisogno.

Per poter cercare tra l'enorme quantità di risorse elettroniche remote instabilmente pubblicate sul web non possiamo che utilizzare i «motori di ricerca» disponibili in Rete, come ad esempio Google, che basano il loro funzionamento sull'indicizzazione automatica ed indiscriminata delle risorse. I risultati che otteniamo dalle ricerche effettuate in Rete per mezzo di questi motori sono però poco affidabili e in genere sono caratterizzati da un numero molto alto di risposte presentate impropriamente come «pertinenti» e dalla limitata capacità o possibilità di rendere più precisa la ricerca e individuare le risorse più rilevanti e utili. Tali risultati provocano un sovraccarico di informazioni (*information overload*) nei confronti di chi ha avviato la ricerca e lo mettono di fatto nelle condizioni di non poter utilizzare l'eccessiva quantità di informazioni ottenute (*infoglut*). Ciò è dovuto alla presenza nella Rete di miliardi di risorse realizzate e strutturate nei modi più diversi e praticamente prive di una qualsiasi forma di descrizione, il che comporta l'impossibilità per i «motori» di avvalersi di elementi informativi formalmente strutturati (titolo, creatore, soggetto ecc.) da indicizzare e su cui effettuare la ricerca. Infatti in questi «motori» la ricerca viene effettuata semplicemente ed indiscriminatamente dal *search engine* su tutte le parole che compongono una risorsa, la quale viene individuata ed estratta periodicamente dalla Rete dal *crawler* (chiamato anche *spider*, *harvester* o *robot*) con ricognizioni (*harvesting*) effettuate più o meno frequentemente su tutte o parte delle pagine disponibili in Rete (a volte anche ogni mese o due), e copiata ed indicizzata in un database (Index) sul quale viene poi avviata la ricerca impostata via web da chi sta usando il «motore».

Chiunque può facilmente pubblicare sul web qualsiasi cosa, ma nel contempo è difficile per chi cerca nella Rete trovare risorse rilevanti per i propri interessi. Per questo, quando una persona, o un ente, decide di rendere pubblica la propria risorsa in Rete (documento, lavoro, sito personale o altro) e desidera che venga usata dalle persone che possono trovarla utile nel momento in cui ne hanno bisogno, deve dotarla di informazioni strutturate che la descrivano, e che forniscano alle persone ed ai motori di ricerca gli elementi per identificarle e valutarle, facilmente e con un buon margine di precisione.

La soluzione trovata, vista la difficoltà di catalogare le risorse dopo che sono state pubblicate, come farebbero ad esempio le biblioteche, è di farle «catalogare» al momento della loro realizzazione dal creatore della risorsa, secondo criteri il più possibile uniformi, ma in modo semplice e comprensibile, evitando la complessità e la rigidità caratteristiche delle regole di catalogazione, degli standard e dei formati utilizzati in ambito biblioteconomico.

Questa esigenza, assieme al bisogno che alcuni autori e amministratori di sistemi hanno di gestire e conservare le risorse di Rete o di controllarne l'accesso, ha portato gli esperti ad elaborare numerosi schemi di «metadati», ovvero di dati che forniscono informazioni su altri dati (le risorse), adatti a diversi scopi e impieghi che si possono riassumere in tre categorie funzionali: metadati descrittivi, utili per rappresentare una risorsa e migliorarne il reperimento, sono assimilabili, in forma semplificata, alle schede di un catalogo o ai record bibliografici e sono tra i più utilizzati; metadati amministrativi e gestionali (MAG), usati per gestire una risorsa all'interno di una raccolta, forniscono informazioni sulle condizioni di accesso, sui criteri di conservazione digitale della risorsa e sui diritti d'autore; metadati strutturali, che rappresentano l'organizzazione di una risorsa e collegano gli oggetti che la compongono consentendone la visualizzazione e la navigazione (ad esempio le parti di un libro digitalizzato). I metadati possono essere collegati in vari modi alla risorsa, ad esempio possono essere integrati nel codice HTML di una pagina web dal suo creatore, o dal web master, utilizzando dei meta-tag, ossia degli appositi campi delimitati da marcatori previsti dal linguaggio HTML (o da altri linguaggi di marcatura come XML) che consentono di inserire nella sezione del file (tra i tag <head> </head>) che precede il testo vero e proprio (<body> </body>) informazioni per ottimizzare il recupero della risorsa. Questi metatag possono essere quelli di tipo generico previsti da HTML (author, title, copyright, generator, robot, description e keyword; ad esempio: <META NAME="Author" CONTENT= "Manzoni, Alessandro">), oppure far riferimento ad uno specifico schema di metadati, come ad esempio il Dublin Core Metadata Element Set.

Un esempio «analogico» di metadati integrati in una risorsa informativa, in questo caso cartacea, può essere rappresentato dalla scheda catalografica che viene stampata di solito nel verso del frontespizio in quasi tutti i libri pubblicati nelle aree europea ed angloamericana, pratica che ha avuto origine dal progetto CIP (Cataloguing In Publication) avviato nel 1971 dalla Library of Congress di Washington.

I metadati possono anche essere forniti esternamente alla risorsa, contenuti e codificati ad esempio in un documento HTML (pagina web) collegato alla risorsa che descrive, oppure, come accade ad esempio nel catalogo di una biblioteca, registrati in una base dati in forma di record collegati alle risorse che rappresentano.

Allo stato attuale ci si trova in una situazione di utilizzo dei metadati che può essere definita di «stallo». Infatti autori ed editori di RER e in particolare di siti web sembra non intendano effettuare investimenti per corredare di metadati descrittivi le risorse create, fino a quando il sistema di indicizzazione dei motori di ricerca non li utilizzerà in modo sistematico uniformandosi almeno agli schemi più diffusi e standardizzati; d'altro canto, coloro che realizzano o gestiscono i software che funzionano come motori di ricerca sembrano restii ad effettuare alcuno sforzo o investimento perché i loro sistemi possano cercare, riconoscere, raccogliere, registrare e indicizzare qualsiasi schema di metadati, se non viene raggiunta una massa critica di dati disponibili, descritta con questi sistemi, tale da giustificare gli investimenti necessari per modificare il funzionamento dei software esistenti o per svilupparne di nuovi. Nei diversi ambiti disciplinari l'attenzione per l'uso dei metadati è molto alta e il loro utilizzo sembra essersi consolidato per la descrizione o gestione di risorse all'interno di progetti specifici, ad esempio per la digitalizzazione dei patrimoni di biblioteche, archivi e musei, o per la conservazione delle risorse in forma elettronica.

Ogni schema di metadati è caratterizzato da un numero limitato di elementi descrittivi (autore, titolo ecc.), identificati da un nome convenzionale (author, creator, title, description ecc.), per ognuno dei quali spiega il significato e il modo in cui deve essere usato.

Tra i numerosi schemi di metadati che sono stati sviluppati per i diversi ambiti disciplinari ricordiamo che per la gestione dei dati bibliografici in realtà anche i formati MARC e lo standard ISBD, o le regole di catgalogazione sono degli schemi di metadati, complessi e rigidamente strutturati, per specialisti, ma studiati per descrivere le caratteristiche delle risorse informative utilizzate in ambito bibliotecario.

Molti schemi di metadati sono stati sviluppati per descrivere le risorse utilizzate nei diversi ambiti disciplinari: ad esempio il TEI (Text Encoding Initiative) per la marcatura e la codifica dei testi letterari in formato elettronico, o lo schema CSDGM (Content Standard for Digital Geospatial Metadata) che fornisce un set comune di termini e definizioni per la documentazione di dati geospaziali in forma digitale. Fra questi il Dublin Core e il DOI Kernel (Digital Object Identifier, Kernel metadata) pur essendo schemi concepiti per applicazioni di tipo generale, adattabili alla descrizione di qualsiasi tipo di risorsa, sono tra i più utilizzati in ambito bibliotecario.

Dublin Core

In particolare il Dublin Core è un semplice ma efficace set di elementi in grado di descrivere un'ampia gamma di risorse disponibili in Rete. È stato presentato per la prima volta nel 1995 al primo Metadata Workshop tenutosi negli Stati Uniti, a Dublin nell'Ohio (da cui il nome) sede di OCLC (Online Computer Library Center) che fu tra i promotori del convegno, a cui parteciparono esperti di biblioteconomia, informatica, archivistica con l'obiettivo di affrontare il problema della descrizione e della ricerca di risorse disponibili sulla rete.

Lo schema prevede due livelli di descrizione: Semplice e Qualificato. Il livello di descrizione semplice prevede l'utilizzo di 15 elementi, mentre il livello qualificato considera un sedicesimo elemento base (Audience) e un set di elementi aggiuntivi (qualificatori) che consentono di rifinire, ma non di estendere, il significato dei 15 elementi di base; ad esempio l'elemento di base Date che identifica la data di creazione della risorsa, può avere come qualificatori gli elementi Created per la data di creazione, Valid per la data di validità della risorsa, Available per le date in cui la risorsa sarà disponibile, Issued come data di pubblicazione formale e Modified per la data in cui la risorsa è stata cambiata, con il seguente risultato: <meta name="DC.Date.Modified" content="2002-03-09">.

Lo schema di base del Dublin Core propone 15 elementi tutti opzionali e ripetibili. Sette elementi descrivono il contenuto della risorsa e sono *titolo*, *soggetto*, *descrizione*, *copertura*, *fonte*, *relazione* e *tipo di risorsa*, quattro invece indicano le responsabilità intellettuali come *creatore*, *autore di contributo secondario*, *editore*, e *gestione dei diritti*, infine altri quattro identificano la versione della risorsa, *data*, *formato*, *lingua* e *identificatore della risorsa*.

Analisi degli elementi

TITLE

Il Titolo, un nome dato alla risorsa, ovvero il nome con il quale la risorsa è conosciuta

Esempio di Title: «La Divina Commedia»

<meta name="DC.Title" content="La Divina Commedia">

SUBJECT

Soggetto e parole chiave. L'argomento della risorsa che viene espresso da parole chiave ricavate dal titolo, dalla descrizione o dal testo della risorsa oppure può essere rappresentato dalla notazione di uno schema di classificazione. È opportuno scegliere le parole più significative, evitando quelle troppo generali ed è buona norma selezionare i termini da un vocabolario controllato.

Esempio di Subject: «Biblioteconomia; Bibliografia; Master; Università»

<meta name="DC.Subject" content="Biblioteconomia; Bibliografia; Master; Università">

DESCRIPTION

La Descrizione, la spiegazione del contenuto della risorsa. Pur non essendo limitata solo a questi dati, una descrizione può includere un riassunto analitico (*abstract*), un indice (Table Of Contents), un riferimento al contenuto di una rappresentazione grafica o un testo libero che spieghi il contenuto. È consigliato compilarla perché è una potenziale risorsa di termini significativi che possono venire indicizzati e può essere di grande aiuto alla ricerca della risorsa.

Esempio di Description: «Guida illustrata ai campeggi del Veneto e del Friuli, con particolare attenzione a servizi e condizioni di accesso»
<meta name="DC.Description" content="Guida illustrata ai campeggi del Veneto e del Friuli, con particolare attenzione a servizi e condizioni di accesso.">

COVERAGE

Copertura. L'estensione o lo scopo del contenuto della risorsa. Fornisce informazioni spaziali o temporali che riguardano il contenuto intellettuale della risorsa. Di solito Coverage riporta il nome di un luogo di cui tratta la risorsa, o le coordinate geografiche di un'area, l'indicazione di un periodo, oppure una data o un range di date, oppure ad esempio una giurisdizione rappresentata dal nome di un'entità amministrativa.

Esempio di Coverage: «Rinascimento», «Regione Toscana», oppure «17. secolo», «1939-1945»
<meta name="DC.Coverage" content="Rinascimento">
<meta name="DC.Coverage" content="1939-1945">
<meta name="DC.Coverage" content="Regione Toscana">

SOURCE

Fonte. Un riferimento alla risorsa originale da cui è derivata la risorsa descritta, ad esempio la copia cartacea utilizzata per la scansione del documento digitale che si sta descrivendo. L'identificazione è meglio venga effettuata in modo il più possibile univoco ad esempio per mezzo della segnatura di collocazione, o almeno con una frase o un nome che identifichi in modo inequivocabile la risorsa.

Esempi di Source: «RC607.A26W574 1996» (Call Number della versione a stampa da cui è derivata la risorsa per scansione)
«Immagine da pagina 32 dell'edizione pubblicata nel 1922 della Divina Commedia»
<meta name="DC.Source" content=" RC607.A26W574 1996">

RELATION

Relazione. Indica l'eventuale risorsa, o parte di risorsa, correlata. Definisce legami reciproci tra le risorse del tipo Parte/Tutto, ad esempio «è parte di» o «ha come parte» ... , un libro con un suo capitolo, un sito web e le sue sezioni, può collegare anche Versioni («è versione di» o «ha come versione» un'edizione di un'opera), traduzioni di un'opera, e così via.

Esempio di Relation:
– può essere usato per indicare la relazione «**fa parte di**»:
Title=«Servizio di consultazione, prestito e fornitura di documenti»
Relation=«Sito web del Sistema bibliotecario di Ateneo dell'Università di Milano»

Title=«La Divina Commedia. Inferno»
Relation=«Parte 1/3»

Oppure «**una versione di**»:

I qualificatori dell'elemento Relation (ad esempio IsPartOf) forniscono informazioni importanti per l'utente e se possibile vanno usati. Qualora sia necessario utilizzare lo schema semplificato (15 elementi) i qualificatori possono essere utilizzati all'interno degli elementi di base.

<meta name="DC.Title" content="Candle in the wind">
<meta name="DC.Subject" content="Diana, Princess of Wales">
<meta name="DC.Date" content="1997">
<meta name="DC.Creator" content="John, Elton">
<meta name="DC.Description" content="tribute to a dead princess">
<meta name="DC.Relation.IsVersionOf" content="Elton's John's 1976 song Candle in the Wind">

I Qualificatori che sono previsti dallo schema per l'elemento Relation sono: **Is Version Of**/ Has Version; **Is Replaced By**/ Replaces; **Is Required By** / Requires; **Is Part Of**/ Has Part; **Is Referenced By**/ References; **Is Format Of**/ Has Format.

TYPE

Il Tipo di risorsa. Definisce la natura o il genere del contenuto della risorsa.

Commento: Tipo include termini che descrivono categorie generali, funzioni, generi o livelli di aggregazione per contenuto. Lo schema raccomanda se possibile di selezionare i termini da un vocabolario controllato (come ad esempio Image, Sound e Interactive Resource dalla lista del «DCMI Type Vocabulary»).

Se una risorsa è costituita da più tipi di risorsa, bisogna utilizzare più campi Type.

Esempi di Type: «Text», «Image», «Interactive Resource»
<meta name="DC.Type" content="Text">
<meta name="DC.Type" content="Image">
<meta name="DC.Type" content="Interactive Resource">

CREATOR

Creatore. Chi ha la responsabilità principale della produzione del contenuto intellettuale o artistico della risorsa. Il Creator ad esempio può essere una persona, un ente, un'organizzazione, un servizio.

Esempi di Creator: «Alighieri, Dante» o «Università degli studi di Milano. Divisione biblioteche»
<meta name="Creator" content="Alighieri, Dante">
<meta name="Creator" content="Università degli studi di Milano. Divisione biblioteche">

CONTRIBUTOR

Autore di contributo subordinato. Qualsiasi persona, un'organizzazione o un servizio, diversi dal Creator, a cui va la responsabilità di aver contribuito alla realizzazione del contenuto intellettuale o artistico della risorsa. È un elemento molto ampio in grado di accogliere qualsiasi responsabilità intellettuale o artistica secondaria, alternativa o comunque diversa dal Creator.

Esempi di Contributor: «McLeod, Anthony»
<meta name="Contributor" content="McLeod, Anthony">

PUBLISHER

Editore. Identifica una persona, un'organizzazione o un servizio responsabili di produrre o di rendere disponibile e accessibile la risorsa, nella sua forma corrente.

Se il Creator e il Publisher sono la stessa persona o ente o servizio non è necessario ripeterne il nome in questo elemento. Nel caso di dubbi nell'attribuzione delle responsabilità è preferibile usare Contributor.

Esempi di Publisher: «Clarendon press», «Università degli studi di Milano»
<meta name="Publisher" content="Università degli studi di Milano">

RIGHTS

Gestione dei diritti. Informa sui diritti esercitati sulla risorsa. Normalmente un elemento Rights contiene istruzioni per la gestione dei diritti sulla risorsa. L'informazione sui diritti spesso comprende i diritti di proprietà intellettuale, Copyright e altri diritti di proprietà.

Esempio di Rights: «Accesso limitato ai membri dell'associazione»
<meta name="Rights" content="Accesso limitato ai membri dell'associazione">

DATE

Data. Una data associata a un evento del ciclo di vita della risorsa. Viene associata con la data di creazione o di disponibilità della risorsa. Si raccomanda l'uso di codifiche standard per le date, ad esempio il formato YYYY-MM-DD. Se non si conosce la data completa, si può usare solo il mese-anno YYYY-MM o solo l'anno YYYY

Esempio di Date: «2004-04-02»
<meta name="Date" content="2004-04-02">

FORMAT

Formato. Descrive la manifestazione fisica o digitale della risorsa e può includere sia il tipo di supporto che le dimensioni della risorsa intese come grandezza e durata. Come la nota su requisiti del sistema in ISBD(ER), Format può essere usato per indicare il software, l'hardware o altri eventuali attrezzature necessarie alla visualizzazione o all'elaborazione della risorsa. Lo schema raccomanda di utilizzare un vocabolario controllato (ad esempio la lista che definisce gli Internet Media Types reperibile all'indirizzo http://www.graphcomp.com/info/specs/mime.html) che definisca in modo normalizzato i possibili formati della risorsa. Se vi sono più formati per una stessa risorsa, il campo Format deve essere ripetuto.

Esempi di Formato: «image/gif6», «40 Kb»
<meta name="Format" content="image/gif 6">
<meta name="Format" content="40 Kb">

LANGUAGE

Lingua. La lingua del contenuto intellettuale della risorsa. Si raccomanda l'uso di valori presi da una lista standard (ad esempio RFC 3066 o ISO 639-2).

Esempi di Language: «ita», «Primarily English with some abstract also in French»
<meta name="Language" scheme="ISO 639-2" content="ita">
<meta name="Language" content="Primarily English, with some abstracts also in French">

IDENTIFIER

Identificatore. Esprime un riferimento univoco alla risorsa nell'ambito di un dato contesto e anche per questo elemento lo schema sug-

gerisce di identificare la risorsa con un sistema formale di identificazione (ad esempio URL, DOI, ISBN), ma è consentito anche utilizzare un identificatore locale come l'ID number o le segnature di collocazione, assegnati dal Creator della risorsa per identificare un item.
Esempi di Identifier: «http://dublincore.org/», «ISBN: 8870755401»
<meta name="Identifier" content="http://dublincore.org/">
<meta name="Identifier" content="ISBN: 8870755401">

Rappresentazione degli elementi Dublin Core integrati e codificati nel codice HTML di una pagina web

```
<HTML> <HEAD>
...[qui va inserito il tag TITLE di HTML]...
<META NAME="DC.Title" CONTENT="Titolo del
documento">
<META NAME="DC.Creator" CONTENT="il nome del
creatore della risorsa">
<META NAME="DC.Subject" CONTENT="Soggetto e parole
chiave">
<META NAME="DC.Description" CONTENT="Una breve
descrizione della risorsa">
<META NAME="DC.Publisher" CONTENT="L'editore della
risorsa">
<META NAME="DC.Type" CONTENT="Il tipo di risorsa">
<META NAME="DC.Source" CONTENT="La fonte della
risorsa">
<META NAME="DC.Format" SCHEME="IMT" CONTENT="Il
formato in cui si presenta di solito la risorsa">
<META NAME="DC.Identifier" CONTENT="L'identificatore
di una risorsa, ad esempio può essere il suo
indirizzo di Rete http://www.unimi.it">
<META NAME="DC.Date" CONTENT="La data di creazione
o di disponibilità della risorsa">
<META NAME="DC.Language" SCHEME="ISO639-1"
CONTENT="Lingua della risorsa">
<META NAME="DC.Relation" SCHEME="URL"
CONTENT="L'identificatore di una risorsa collegata
a quella descritta, può essere il suo indirizzo di
rete http://users.unimi.it/sba/">
```

(*segue*)

```
<META NAME="DC.Coverage" CONTENT="informazioni
spaziali e temporali sul contenuto intellettuale
della risorsa">
<META NAME="DC.Rights" CONTENT="Diritti di accesso
alla risorsa">
<BR>

</HEAD>
<BODY>
...[qui va inserito il testo del documento]...
</BODY>
</HTML>
```

Esempio rielaborato da: *Placing Dublin Core elements into HTML documents*, Bridges, Minnesota Government Agencies, <http://www.bridges.state.mn.us/meta.html>

Esempio reale di una descrizione inserita nella home page di un sito web

```
<html>
<head>
<meta name="generator" content="HTML Tidy, see
www.w3.org">
<title>DC-dot</title>
<meta name="DC.Title" content="UKOLN: DC-dot
Dublin
Core metadata editor">
<meta name="DC.Creator" content="Andy Powell">
<meta name="DC.Subject" content="Dublin Core; DC;
generator; editor; Warwick Framework; SOIF; TEI;
USMARC; XML; GILS; ROADS; RDF; IMS">
<meta name="DC.Description" content="A CGI based
Dublin Core metadata generator">
<meta name="Keywords" content="Dublin Core; DC;
generator; editor; Warwick Framework; SOIF; TEI;
USMARC; XML; GILS; ROADS; RDF; IMS">
<meta name="DC.Type" content="Text">
<meta name="DC.Format" content="text/html">
```

(*segue*)

```
<meta name="DC.Identifier"
content="http://www.ukoln.ac.uk/metadata/dcdot/">
<meta name="DC.Publisher" content="UKOLN,
University of Bath">
<meta name="DC.Rights"
content="http://www.ukoln.ac.uk/metadata/dcdot/
COPYIN G">
...
</head>
```

Esempio tratto da: Andy Powell, *DC-dot: Dublin Core metadata editor*, UKOLN University of Bath, 2000, <http://www.ukoln.ac.uk/metadata/dcdot/>

In effetti utilizzare uno schema di metadati, anche se in una configurazione semplificata come Dublin Core, e nello specifico utilizzarli all'interno della codifica HTML, può apparire all'inizio un'operazione particolarmente complessa, ma la Rete stessa ci viene in soccorso, o meglio alcune delle risorse disponibili in Rete, tra le più serie ed impegnate in questo settore, offrono un supporto a chi vuole iniziare ad utilizzare questa tecnica di «catalogazione» all'origine delle risorse di Rete. Un esempio fra i tanti è il **Dublin Core Assistant**, un servizio messo a disposizione dal Centro UKOLN (in origine UK Office for Library Networking) con sede presso la University of Bath, in Gran Bretagna (http:// www.ukoln.ac.uk/metadata/dcassist/), che presenta e riassume gli elementi del Dublin Core Semplificato e Qualificato, corredandoli con esempi e notizie sullo sviluppo dello schema. Sempre lo stesso Centro dell'Università di Bath, mette a disposizione un sistema che automaticamente crea i metadati secondo lo standard DC. Il servizio **DC-dot**, **Dublin Core metadata editor**, disponibile all'indirizzo http://www.ukoln.ac.uk/ metadata/dcdot/, chiede di inserire la URL della pagina che si vuole descrivere e in pochi secondi si collega con la pagina web e genera automaticamente i meta-tags HTML, o a scelta come RDF/XML, che possono essere immediatamente integrati nell'apposita sezione della pagina tra i tag <HEAD> ... </HEAD>.

12. I FORMATI DI SCAMBIO DEI DATI BIBLIOGRAFICI: L'UNIMARC

I formati di scambio dei dati bibliografici

Nel processo di informatizzazione delle procedure, la catalogazione e il relativo inserimento dei dati sono le operazioni che comportano l'impiego di più risorse in termini di tempo; a questo proposito una caratteristica peculiare dello strumento informatico è proprio quella di favorire la circolazione dei dati, cioè la possibilità per le biblioteche di condividerli, di scambiarli, oppure di derivarli. Perché questo sia possibile, è necessario che i dati bibliografici siano strutturati secondo un formato comune che li etichetti e assegni loro un preciso significato, e che consenta a tutti i software di gestione di riconoscerli e di importarli nella base dati in modo corretto. In sostanza, un formato di scambio standard suddivide e struttura tutti gli elementi informativi e tutti gli accessi in campi e sottocampi, contrassegnati con numeri o lettere che hanno un preciso significato per il programma di gestione e che permettono al software di riconoscere il significato e il contenuto di ciascun campo e sottocampo.

La necessità di predisporre un formato comune di scambio dei dati bibliografici è stata affrontata concretamente nel 1965 dalla Library of Congress di Washington con il progetto MARC (MAchine-Readable Cataloging), avviato per promuovere la rapida distribuzione delle informazioni catalografiche tra le biblioteche nordamericane con l'utilizzo di tecnologia informatica. Questo progetto ha consentito di realizzare un formato di scambio che si è diffuso a livello internazionale e sul quale è stato basato anche lo standard *ISO 2709-1973 Format for bibliographic interchange on magnetic tape*. Nonostante il suo uso a livello internazionale sia molto diffuso, il formato non è completamente standardizzato, e ci si è trovati di fronte a una proliferazione di «dialetti nazionali» che, per quanto simili, non sono mai uguali uno all'altro; molte nazioni hanno sviluppato dei formati MARC particolari adattando il formato originale alle caratteristiche e alle esigenze linguistiche e catalografiche proprie: LCMARC e USMARC (Library of Congress MARC, che diventa United States MARC), CANMARC (formato MARC canadese), UKMARC (United

Kingdom MARC), MARC21 (formato MARC nel quale sono stati unificati il formato statunitense e quello canadese, e adottato di recente anche dalle biblioteche del Regno Unito dopo aver abbandonato UKMARC), INTERMARC (formato MARC francese), AUSMARC (formato MARC australiano), ANNAMARC (Automazione Nella Nazionale, formato MARC italiano, individuato dal progetto di automazione della Biblioteca nazionale centrale di Firenze avviato nel 1973; questo formato non è più in uso). La nascita di tanti «dialetti» ha comportato uno sforzo internazionale, in corso da oltre trent'anni, di unificazione bibliotecaria verso un unico formato, l'UNIMARC (UNIVERSAL MARC: speciale applicazione dello standard ISO 2709), che mira non tanto a sostituire i formati esistenti, ma a costituire una sorta di lingua franca attraverso la quale rendere possibile la conversione e la circolazione dei dati bibliografici tra nazioni e istituzioni bibliotecarie senza obbligarle a sviluppare ed utilizzare tanti software di conversione quanti sono i vari MARC esistenti.

Individuato il formato di scambio, è necessario che ogni software preveda la possibilità di gestirlo; perciò, o gli archivi elettronici sono configurati per immagazzinare i dati secondo quanto previsto dal formato MARC adottato o da UNIMARC, evitando quindi una buona percentuale di problemi al momento in cui la biblioteca decide di acquisire o esportare i dati bibliografici, oppure il software deve poter disporre di una procedura di conversione che consenta sia il trasferimento dei dati nei formati standard, sia l'importazione da questi formati.

UNIMARC: cenni storici

Lo sforzo internazionale di unificazione verso un unico formato di scambio dei dati bibliografici è stato uno degli obiettivi dichiarati dall'IFLA (International Federation of Library Associations and institutions) all'interno del programma di controllo bibliografico universale (UBC – Universal Bibliographic Control) avviato nel 1974 con lo scopo di creare un sistema mondiale per lo scambio controllato di informazioni bibliografiche e di rendere disponibili ovunque, con rapidità e in forma accettata, i dati bibliografici relativi a tutte le pubblicazioni di qualsiasi paese.

Il programma si era proposto di promuovere lo scambio e l'uso di registrazioni bibliografiche in un formato condiviso, tra le biblioteche in generale e tra le Agenzie Bibliografiche Nazionali, attraverso la standardizzazione delle descrizioni bibliografiche e dei criteri di scelta e forma degli accessi presenti nelle stesse registrazioni bibliografiche. Un altro obiettivo del programma di controllo bibliografico universale era far adottare ad ogni nazione il principio che l'Agenzia Bibliografica Nazionale è responsabile per la compatibilità bibliografica dei record prodotti nel rispetto delle regole nazionali, che ogni record deve essere prodotto in accordo con gli standard internazionali e deve essere interscambiabile con i record di altre Agenzie sia in forma elettronica che in altra forma. Se i dati bibliografici nazionali fossero stati realizzati in forma elettronica, il programma UBC avrebbe avuto anche il compito di creare e mantenere nel tempo gli standard necessari per consentire lo scambio dei dati. Inoltre, la sezione incaricata di seguire la catalogazione si era posta, tra gli altri, l'obiettivo di rimuovere le barriere che limitano l'applicabilità universale degli standard e che impediscono lo scambio internazionale dei record bibliografici.

Due altri programmi permanenti dell'IFLA affiancarono in seguito il programma di controllo bibliografico universale con lo scopo di promuovere l'accesso alle pubblicazioni a livello nazionale e internazionale (programma UAP – Universal Availability of Publications) e di favorire la creazione di una rete internazionale per lo scambio dei dati bibliografici (programma IMP – International Marc Programme). Le attività e le finalità dell'UBC risultarono poi essere complementari con quelle del MARC Programme e i due programmi finirono per fondersi nel 1987, e dare vita ad un unico grande progetto, l'UBCIM (Universal Bibliographic Control and International MARC programme), che di fatto riuniva le finalità originarie dei due programmi IFLA di promuovere la diffusione di registrazioni bibliografiche compatibili e di favorire questa diffusione con un formato internazionale per lo scambio dei dati.

Nel 1977 e nel 1980 vennero pubblicate rispettivamente la prima e la seconda edizione del formato nelle quali veniva delineata la struttura teorica di UNIMARC. Test successivi, effettuati da alcune agenzie bibliografiche nazionali per verificare la conversione dei dati fra i rispettivi MARC nazionali e UNIMARC, l'interesse della Library of Congress per un formato che le avrebbe consentito di importare dati bibliografici dai diversi MARC senza dover predisporre e mantenere altrettanti software di conversione e la collaborazione della British Library, portarono alla pubblicazione, nel 1983, dell'UNIMARC *Handbook*, prima vera guida all'applicazione del formato. L'*Handbook* e lo studio di base del 1980 furono poi riuniti nella revisione dello standard, pubblicata nel 1987 come UNIMARC *Manual*. La necessità di una continua revisione e manutenzione del formato per tenerlo al passo con l'evoluzione dei supporti su cui viene registrata la conoscenza, insieme al bisogno di promuoverne l'utilizzo e di formarne gli utilizzatori, richiesero la costituzione, a partire dal 1991, di un comitato UNIMARC permanente composto da esperti provenienti da alcune delle principali istituzioni bibliotecarie che avevano adottato il formato. L'attività di revisione e aggiornamento, svolta dal comitato e basata sulle reali esigenze di adeguamento derivate dall'effettivo utilizzo del formato, portò alla pubblicazione della seconda edizione dell'UNIMARC *Manual* nel 1994, e al rilascio di cinque successivi *Update* pubblicati tra il 1996 e il 2005, sempre a cura del comitato permanente, fino ad arrivare alla terza edizione del manuale pubblicata da K.G. Saur nel 2008.

A partire dal 2003, l'IFLA dichiara chiuso l'UBCIM (Universal Bibliographic Control and International MARC programme) Core Activity e attiva una specifica UNIMARC Core Activity (UCA), che ne rileva la parte di attività legata al formato internazionale e a cui viene affidato il compito di «coordinare le attività finalizzate allo sviluppo, manutenzione e promozione del formato MARC Universale (UNIMARC)» creato dall'IFLA per facilitare lo scambio di dati bibliografici. La responsabilità per la manutenzione e l'aggiornamento del formato rimane assegnata al Comitato Permanente e tutte le iniziative dell'UNIMARC Core Activity dovranno coordinarsi con le altre attività avviate dall'IFLA per realizzare il controllo bibliografico e promuovere lo sviluppo degli standard bibliografici.

UNIMARC: il formato bibliografico

Il formato di un record bibliografico può essere inteso come un modello di presentazione strutturata dell'informazione, comprensibile sia alle persone sia ai software di gestione della biblioteca che, per loro natura, sono in grado di trattare solo informazioni strutturate con tutti gli elementi informativi opportunamente e univocamente etichettati. In sostanza, le stesse informazioni che vengono normalmente registrate nella scheda di un catalogo cartaceo, trovano posto anche in un record bibliografico, ma oltre alle informazioni di tipo strettamente bibliografico che descrivono e permettono di identificare il documento, un catalogo informatizzato ha bisogno anche di altre informazioni, necessarie alla «comprensione» ed all'elaborazione del record da parte delle diverse procedure del software di automazione. Queste informazioni forniscono all'elaboratore i dati che riguardano la struttura e le modalità di gestione del record, come ad esempio la data di creazione e di modifica, la sua lunghezza in caratteri, l'indicazione di quali siano e da quanti caratteri siano costituiti gli elementi informativi e i relativi campi che lo compongono, quali elementi devono essere indicizzati, o con quali altre notizie bibliografiche il record è collegato. Il formato di un record è, di norma, definito dalla *struttura*, che informa sui criteri secondo cui è costruito e organizzato il record; dagli *identificatori del contenuto*, rappresentati dai codici che consentono al software di gestione, ma anche alle persone, di identificare gli elementi informativi e di capire cosa contengono, come le etichette che definiscono i campi e i sottocampi; e infine dal *contenuto* del record, cioè dai dati veri e propri e dalle informazioni che sono contenute in campi e sottocampi, o in aree ed elementi informativi.

Ad esempio, le stesse ISBD, nel definire le regole per descrivere un documento, effettuano un'analisi dettagliata dell'informazione bibliografica e ne derivano un modello organizzativo *strutturato* in aree ed elementi informativi, codificati ed etichettati da una punteggiatura e da una posizione convenzionali che permettono di *identificarne il contenuto* e capire quale elemento ad esempio rappresenti il titolo, il complemento del titolo, oppure il luogo di edizione e di accoglierne correttamente i dati ricavati dal documento. L'analisi fatta dalle ISBD risulta però insufficiente e non abbastanza univoca da consentire ad un software di riconoscere e gestire con sicurezza la notizia bibliografica, mentre invece può essere utile per rappresentare e rendere leggibile sullo schermo o in una stampa le notizie bibliografiche, che vengono registrate e strutturate secondo lo specifico formato record previsto dal software.

I formati MARC in generale, e fra questi l'UNIMARC, costituiscono uno standard per la rappresentazione e lo scambio di dati bibliografici in una forma che risulta comprensibile agli elaboratori elettronici, ed è importante comprendere che questi formati non si occupano di *come* descrivere e catalogare un documento, compito assolto dalle varie regole nazionali, dallo standard ISBD e, in Italia, dalle REICAT, ma si occupano invece di codificare in modo standardizzato le informazioni bibliografiche nei record usati dai diversi software di gestione delle biblioteche.

La visualizzazione del record fatta da questi software nell'OPAC o nelle procedure di gestione, consiste di solito in una scheda comprensibile per il bibliotecario o per il lettore che consulta il catalogo, strutturata con etichette chiare che identificano i campi e i sottocampi, come ad esempio «autore», «titolo» ed «editore», oppure configurata con aree e punteggiatura ISBD. È possibile ottenere queste diverse visualizzazioni in conseguenza del grado di frammentazione in campi e sottocampi raggiunto dalla struttura del record bibliografico nel formato di registrazione utilizzato dal software, nei vari formati MARC e nell'UNIMARC in particolare.

Da una struttura del record estremamente frammentata e codificata come quella offerta da UNIMARC è possibile ricomporre la notizia bibliografica in funzione delle specifiche esigenze di gestione, visualizzazione o stampa.

Notizia visualizzata con campi e sottocampi UNIMARC

```
00778nam0 2200265   450
001 RMS0079382
005 20010927175517 14
010 ## $a 88-7075-540-1 $d L. 28000
020 ## $a IT $b 2001-9649
100 ## $a 20020214d2000    |||y0itay01    ba
101 0# $a ita
102 ## $a IT
105 ## $a          00|||
200 1# $a Manuale di biblioteconomia $f Giorgio Montecchi, Fabio
       Venuda
205 ## $a 2. ed
210 ## $a Milano$c Bibliografica $d 2000
215 ## $a 274 p.$d 21 cm
225 2# $a Bibliografia e biblioteconomia $v 50.
410 #0 $1 2001$a Bibliografia e biblioteconomia $v 50.
606 ## $a Biblioteconomia $2 SOGI $3 CFIC008649
676 ## $a 020 $v 21
700 #1 $a Montecchi$b Giorgio $3 CFIV087750
701 #1 $a Venuda$b Fabio $3 RAVV037897
801 #0 $a IT$b BNI $c 20020214 $g RICA
802 ## $a d
```

Notizia visualizzata con etichette dei campi comprensibili

Titolo	Manuale di biblioteconomia
Autore	Montecchi Giorgio
Altri autori	Venuda Fabio
Edizione	2. ed.
Editore	Editrice Bibliografica
Luogo	Milano
Anno	2000
Serie	Bibliografia e biblioteconomia ; 50
Lingua	Italiano
Descr. Fisica	274 p. ; 21 cm
ISBN	8870755401
Prezzo	L. 28.000
Soggetti	Biblioteconomia
Classificazione	020 - Biblioteconomia e Scienza dell'informazione

Notizia visualizzata secondo l'ISBD

Manuale di biblioteconomia / Giorgio Montecchi, Fabio Venuda. - 2. ed. Milano : Bibliografica, 2000. - 274 p. ; 21 cm. - (Bibliografia e biblioteconomia ; 50). -ISBN 88-7075-540-1 : L. 28000.

Questi sono tre esempi delle possibili modalità di visualizzazione di una notizia bibliografica che possono essere ottenute utilizzando un catalogo informatizzato, molte altre possono essere configurate dal software per ottenere ad esempio dei report sulle attività della biblioteca, o per rispondere alle esigenze di elaborazione delle diverse procedure operative, come la gestione del prestito, le acquisizioni, la gestione dei fascicoli di periodico e altro. In realtà la forma che assume il record per poter essere gestito, trasferito da un sistema ad un altro ed essere correttamente compreso dai software utilizzati, deve rispettare quanto indicato dalla norma standard ISO 2709 (*Format for bibliographic interchange on magnetic tape*), su cui si è basato lo sviluppo dei diversi formati MARC e lo stesso UNIMARC. Per rendere trasferibili le notizie bibliografiche registrate su un sistema, il record assume la forma di una sequenza continua e apparentemente indistinta di caratteri, praticamente illeggibile se non da persone molto esperte del formato, e presenta proprio nella parte iniziale (guida e indice) quelle informazioni relative alla struttura e alla gestione del record che sono la chiave per permettere al software di leggere e riconoscere correttamente i dati bibliografici.

Record ISO 2709 secondo il formato UNIMARC

Guida o label

00778nam0#2200265###450#

Indice o directory dei campi

00100110000000500170001101000280002802000180005610000410007410100080011510200070012**3105***0018*00130**200***0064*00148**205***00100*021221000320022221500180025422500400027241000470031260600380035967600120039770000370040970100320044680100280047880200600506 **Contenuto dei campi** - RMS0079382-20010927175517I4-a88-7075-540-1dL. 28000- aITb2001-9649- a20020214d2000 |||y0itay01 ba-| aita- aIT- a 00|||-1 aManuale di biblioteconomiafGiorgio Montecchi, Fabio Venuda- a2. ed- aMilanocBibliograficad2000- a274 p.d21 cm-2 aBibliografia e biblioteconomiav50.- 012001 aBibliografia e biblioteconomiav50.- aBiblioteconomia2SOGI3CFIC008649- a020v21-1aMontecchib, Giorgio3CFIV087750- 1aVenudab, Fabio3RAVV037897-0aITbBNIc20020214gRICA- ad-

Pur essendo utilizzata correntemente in tutto il mondo, questa struttura risente dello scenario tecnologico proprio del periodo in cui è stato sviluppato lo standard ISO 2709, il 1973, quando il trasferimento dei record bibliografici veniva effettuato in modo sequenziale per mezzo di nastri magnetici. Per adeguare le tecniche di trasferimento dei record bibliografici alle nuove esigenze di elaborazione in rete, per metterle in grado di gestire ad esempio anche il trasferimento di record fra i formati MARC e gli schemi di metadati, o semplicemente per rendere i record più comprensibili, leggibili, manipolabili e convertibili, senza sottostare alle rigidità formali e sintattiche dello standard ISO 2709, sulla spinta dell'IFLA a partire dal 2000 sono state avviate numerose iniziative per codificare i record bibliografici per mezzo del linguaggio XML (eXtensible Markup Language) e sostituire il «vecchio» e rigido ISO 2709 ai fini del loro trasferimento tra sistemi.

Nel 2000 il Ministero della cultura francese annuncia il rilascio di BiblioML, un'applicazione XML per la rappresentazione dei record bibliografici, la cui DTD (Document Type Definition) è basata sull'UNIMARC Bibliographic format; nel 2003 la Library of Congress elabora e adotta per il MARC 21 lo schema MARC XML, mentre l'anno successivo in Italia la Biblioteca nazionale centrale di Firenze (BNCF) elabora e adotta uno schema UNIMARC XML basato sul MARC XML della Library of Congress, in grado di accogliere i record UNIMARC bibliografici e di autorità. Al giorno d'oggi molti OPAC, e fra questi quello della BNCF, consentono di visualizzare ed esportare i record bibliografici in formato UnimarcXML, mentre altri, come quello della Library of Congress o della British Library continuano ad adottare, almeno per gli OPAC rivolti al pubblico, la sintassi ISO 2709 per l'esportazione dei record strutturati secondo il formato MARC21.

Esempio di record bibliografico in formato UnimarcXml esportato dall'OPAC della Biblioteca nazionale centrale di Firenze (BNCF)

```
<rec>
<lab>00872nam0 22002293i 450</lab>
<cf t="001">LO11098872</cf>
<cf t="005">20120615092552.0</cf>
<df i1=" “ i2=" “ t="010">...</df>
<df i1=" “ i2=" “ t="010">...</df>
<df i1=" “ i2=" “ t="100">
<sf c="a">20110212d2006 ||||0itac50 ba</sf>
</df>
<df i1="|" i2=" “ t="101">
<sf c="a">ita</sf>
</df>
<df i1=" “ i2=" “ t="102">
<sf c="a">it</sf>
</df>
<df i1="1" i2=" “ t="200">
<sf c="a">Manuale di biblioteconomia</sf>
<sf c="f">Giorgio Montecchi, Fabio Venuda</sf>
</df>
<df i1=" “ i2=" “ t="205">
<sf c="a">4. ed</sf>
</df>
<df i1=" “ i2=" “ t="210">
<sf c="a">Milano</sf>
<sf c="c">Bibliografica</sf>
<sf c="d">2006</sf>
</df>
```

(*segue*)

```
<df i1=” “ i2=” “ t=”215”>
<sf c=”a”>378 p.</sf>
<sf c=”d”>21 cm.</sf>
</df>
<df i1=”|” i2=” “ t=”225”>
<sf c=”a”>Bibliografia e biblioteconomia</sf>
<sf c=”v”>50</sf>
</df>
<df i1=” “ i2=”0” t=”410”>...</df>
<df i1=” “ i2=”1” t=”700”>
<sf c=”a”>Montecchi</sf>
<sf c=”b”>, Giorgio</sf>
<sf c=”3”>CFIV087750</sf>
<sf c=”4”>070</sf>
</df>
<df i1=” “ i2=”1” t=”701”>
<sf c=”a”>Venuda</sf>
<sf c=”b”>, Fabio</sf>
<sf c=”3”>RAVV037897</sf>
<sf c=”4”>070</sf>
</df>
<df i1=” “ i2=”3” t=”801”>...</df>
<df i1=” “ i2=”0” t=”960”>
<sf c=”a”>Bibl. Nazionale Centrale Di Firenze</sf>
<sf c=”d”>CFGEN B 26 9548</sf>
<sf c=”e”>...</sf>
<sf c=”g”>GEN B26 09548</sf>
<sf c=”h”>20110212</sf>
<sf c=”i”>20110212</sf>
</df>
</rec>
```

Terminologia e struttura dei campi

Un’**etichetta** (tag) di UNIMARC consiste in un numero di tre cifre che identifica il tipo di dati contenuti nel campo ad esso associato. Ad esempio in UNIMARC le informazioni sul titolo si trovano nel campo che ha come etichetta il numero 200.

Gli **indicatori** sono dei codici, costituiti da una cifra da 0 a 9, o da uno spazio (identificato graficamente dal carattere #), che forniscono al sistema speciali istruzioni sui dati contenuti nel campo che segue. Gli indicatori permettono, ad esempio, di informare il sistema se il nome di un autore personale utilizzato come accesso è dato in forma diretta (700 **#0** $a*Ioannes*$c*Diaconus*), o inversa (700 **#1** $a*Rossi*$b*Mario*), oppure se il titolo proprio sia significativo e debba quindi costituire un accesso alla notizia bibliografica (200 **1#** $a*Manuale di biblioteconomia*), o sia non significativo e il sistema non lo debba utilizzare come accesso alla notizia (200 **0#** $a*A-L*).

Il **delimitatore di sottocampo** è un carattere speciale e ha il compito di segnalare al sistema che il carattere che segue è un codice di sottocampo e non fa parte dei dati bibliografici. I diversi sistemi possono visualizzare questo carattere in modo differente, anche se di solito viene usato il simbolo del dollaro «$».

Un **codice di sottocampo** è un codice alfanumerico, costituito da una lettera minuscola o più raramente da un numero (a-z oppure 0-9), che identifica il tipo di dati che si trovano nel sottocampo che segue. Ad esempio nel campo 210 il sottocampo *d* indica che di seguito si trova la data di pubblicazione (210$*d*2000).

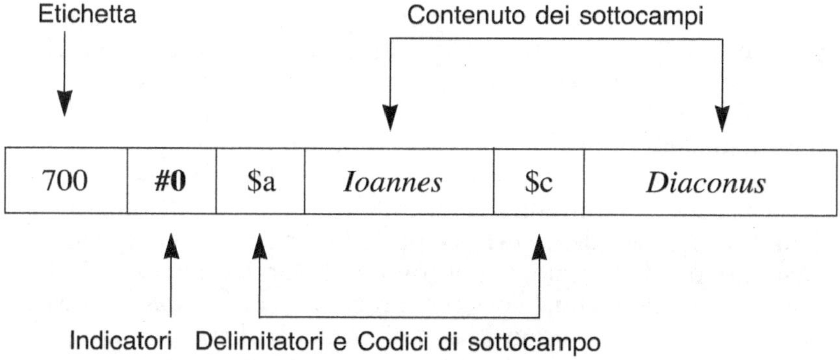

Esempio di campo UNIMARC:

Struttura del record bibliografico in UNIMARC

Secondo quanto indicato dalla norma ISO 2709, UNIMARC, come del resto anche gli altri formati MARC, nel trasferire i dati, organizza la struttura del record in 3 parti:

– la *Guida* o *leader* che fornisce le informazioni sulla struttu-

ra del record;
- l'*Indice* o *directory* che indica quali sono i campi utilizzati nel record;
- l'insieme dei *Campi* che contengono i dati, sia di controllo che bibliografici, raggruppati in dieci *Blocchi* (da 0 a 9) omogenei per funzioni e per natura dei dati contenuti, e codificati per mezzo di etichette numeriche, indicatori e sottocampi.

Guida *(Record label o Leader)*

La guida si trova all'inizio di ogni record, è obbligatoria, non è ripetibile e contiene i dati necessari al software di gestione della biblioteca per elaborare i record.

La guida non ha etichetta, indicatori o sottocampi, è una stringa costituita da 24 caratteri e gli elementi informativi codificati che contiene sono identificati dalla posizione che occupano nella guida; convenzionalmente le posizioni vanno dalla 0 alla 23. La maggior parte degli elementi codificati nella guida viene definita dal software di catalogazione, oppure sono ricorrenti e, una volta impostati, sono validi per qualsiasi record registrato nel catalogo. In particolare solo la codifica degli elementi previsti nelle posizioni 6, 7, 8, 17 e 18, raffigurati in neretto nell'esempio che segue, può richiedere l'intervento del bibliotecario. A seconda del software di gestione utilizzato la procedura di catalogazione può richiedere di inserire i codici appropriati nei singoli record, oppure può permettere al bibliotecario di selezionare schermi di lavoro specifici configurati apppositamente per catalogare materiali bibliografici diversi (libri, periodici, risorse elettroniche, e così via), o, ad esempio, per accogliere diverse situazioni catalografiche (catalogazione corrente, pregressa ecc.), e parzialmente precompilati con gli appositi codici e con gli elementi informativi ricorrenti. Nella guida oltre ai codici alfanumerici viene utilizzato anche lo spazio (*blank* rappresentato convenzionalmente dal segno #), sia per indicare alcune posizioni non ancora definite (9, 19 e 23), sia come codice significativo previsto per le informazioni codificate nelle posizioni 8, 17 e 18.

Vediamo di seguito il significato delle varie posizioni che costituiscono la guida, mentre i dettagli dei codici associati alle varie posizioni si trovano nella tavola esplicativa alla fine del manuale (vedi Strumenti 6).

Esempio di Guida UNIMARC (in neretto gli elementi definibili dal catalogatore):

00778nam0#2200265###450

00778	= pos. 0-4	indica che il record è lungo 778 caratteri
n	= pos. 5	si tratta di un nuovo record
a	**= pos. 6**	**riguarda una pubblicazione a stampa**
m	**= pos. 7**	**è una monografia**
0	**= pos. 8**	**non ha legami con altre registrazioni**
#	= pos. 9	spazio vuoto, posizione non definita
2	= pos. 10	agli indicatori sono riservati 2 caratteri
2	= pos. 11	agli identificatori di sottocampo sono riservati 2 caratteri
00265	= pos. 12-16	posizione del carattere da cui inizia il primo campo di dati
#	**= pos. 17**	**codifica UNIMARC e catalogazione effettuate con l'esame del documento**
#	**= pos. 18**	**descrizione conforme a quanto previsto dall'ISBD**
#	= pos. 19	spazio vuoto, posizione non definita
4	= pos. 20 4	caratteri per indicare la lunghezza del campo nell'indice
5	= pos. 21 5	caratteri per indicare la posizione di inizio del campo nell'indice
0	= pos. 22	sempre 0 in UNIMARC
#	= pos. 23	spazio vuoto, posizione non definita

Posizione 0-4, cinque cifre indicano la lunghezza totale del record espressa in caratteri.
00778

Posizione 5, un carattere, fornisce indicazioni sullo stato del record, cioè se si tratta di un record nuovo (n), corretto (c), cancellato (d) o il grado di completezza della notizia rispetto ad un record creato precedentemente.
00778n

Posizione 6, un carattere, definisce il tipo di materiale catalogato nel record, svolge una funzione simile alla Designazione Generica del Materiale prevista dallo standard ISBD e dalle REICAT, e indica, ad esempio, se si tratta di materiale a stampa (a), manoscritto (b), di materiale cartografico (e) o di una risorsa elettronica (l).
00778na

Posizione 7, un carattere, indica il livello bibliografico, cioè se si sta catalogando una monografia (m), un seriale, periodico o collana (s), una loro parte (a) nel caso ad esempio della catalogazione analitica di un articolo o di un contributo, oppure se il record rappresenta dei materiali riuniti assieme artificialmente dalla biblioteca (c), ad esempio degli opuscoli raccolti in un contenitore, oppure la raccolta dei manoscritti autografi di un determinato autore e così via.
00778nam

Posizione 8, un carattere, nella catalogazione a più livelli indica il livello gerarchico (se esiste) tra il record che si sta catalogando e altri record presenti nel catalogo: titolo d'insieme (1), titolo particolare (2), nessuna relazione gerarchica (0), relazioni gerarchiche non definite (#).
00778nam0

Posizione 9, uno spazio vuoto (#), non definita.
00778nam0#

Posizione 10, una cifra, indica la lunghezza in caratteri degli indicatori, vale a dire quanti indicatori sono utilizzati (in UNIMARC sono sempre due).
00778nam0#2

Posizione 11, una cifra, indica la lunghezza in caratteri degli identificatori di sottocampo, cioè delle etichette che identificano le suddivisioni dei campi di dati, ad esempio *$a* (in UNIMARC sono sempre due).
00778nam0#22

Posizione 12-16, cinque cifre, indica la posizione di partenza del primo campo di dati rispetto all'inizio del record.
00778nam0#2200265

Posizione 17, un carattere, indica il grado di codifica UNIMARC del record, e se questo è stato realizzato esaminando (#) o meno il documento (1), se è una notizia CIP (2) o se la codifica è ridotta (3).
00778nam0#2200265#

Posizione 18, un carattere, indica il tipo di catalogazione descrittiva adottata nel record. Indica cioè se i campi UNIMARC destinati alla descrizione del documento, sono completamente (#), parzialmente (1) o per niente (2) conformi a quanto previsto dallo standard ISBD.
00778nam0#2200265##

Posizione 19, uno spazio vuoto (#), non definita.
00778nam0#2200265###

Posizione 20-23, indica la struttura della seconda parte del record costituita dall'Indice o *directory*. La posizione *20* riporta il numero di caratteri necessari ad indicare la lunghezza dei campi, in UNIMARC sono sempre *4*; la posizione *21* indica con quanti caratteri deve essere segnalata la posizione di inizio di ogni campo, in UNIMARC sono sempre *5*; la posizione *22* in UNIMARC è sempre *0*, mentre la *23* non è definita e quindi prevede uno spazio vuoto (#).
00778nam0#2200265###450#

Indice *(directory)*

Di seguito alla guida, ogni record costruito secondo la norma ISO 2709, e quindi anche UNIMARC, deve avere un indice, o *directory*, dei campi di dati attivati, ossia i campi in cui sono state registrate delle informazioni, sia dal bibliotecario che dal sistema. L'indice viene creato automaticamente dal software di gestione della biblioteca e non prevede alcun intervento del catalogatore; come la *guida* anche l'*indice* non viene visualizzato durante le normali procedure di utilizzo del catalogo.

L'indice si compone di tante sequenze di cifre, con una lunghezza fissa di 12 caratteri, quanti sono i campi utilizzati nel record per registrare i dati. Ogni sequenza consiste di tre parti, riguarda un campo ed è organizzata secondo questo modello: l'**etichetta** (tag) **del campo** rappresentata da 3 cifre (ad esempio il campo 200), il **numero complessivo di caratteri** che lo costituiscono rappresentato da 4 cifre (ad esempio 0064 caratteri), e la **posizione di partenza** del contenuto di quel campo rispetto all’inizio della zona dei dati, rappresentato da 5 cifre (negli esempi, il contenuto del campo 200 è costituito da 64 caratteri ed inizia dalla posizione 00148, ovvero dal centoquarantottesimo carattere a partire dall’inizio della zona dei dati).

Esempio dell’indice (in neretto l’etichetta dei campi, in corsivo la loro lunghezza, in tondo la posizione di partenza del dato contenuto nel campo):

001*0011*00000 **005***0017*00011 **010***0028*00028 **020***0018*00056 **100***0041*00074 **101***0008*00115
102*0007*00123 **105***0018*00130 **200***0064*00148 **205***0010*00212
210*0032*00222**215***0018*00254**225***0040*00272**410***0047*00312**606***0038*00359
676*0012*00397**700***0037*00409**701***0032*00446**801***0028*00478**802***0006*00506

001	= etichetta del campo (data da 3 cifre)
0011	= lunghezza del campo 001 (4 cifre)
0000	= posizione di partenza (5 cifre)
005	= etichetta del campo (3 cifre)
0017	= lunghezza del campo 005 (4 cifre)
00011	= posizione di partenza (5 cifre)

…

Campi dei dati e relativi Blocchi funzionali

Secondo quanto previsto dalla norma ISO 2709, l’indice del record è seguito dai campi, o per meglio dire dai dati contenuti nei campi, in quanto le etichette (tag) che li identificano non sono riportate in quest’area del record, ma appaiono solo nell’indice che ne fornisce le coordinate. Questi campi possono essere variabili come numero, come ordine di successione, ed avere una lunghezza variabile. Infatti la loro presenza nel record, la loro posizione e la loro dimensione, come si è visto, sono definite nell’indice, o *directory*, del record.

La variabilità del numero, della successione e della lunghezza dei campi, è un requisito necessario alla registrazione di una notizia bibliografica e permette al bibliotecario di utilizzare il numero di campi che gli sono effettivamente necessari per catalogare un documento e di inserire gli elementi informativi disponibili senza limitazioni di spazio; il record così costruito verrà registrato occupando uno spazio di memoria effettivamente uguale alla dimensione del record definita nel primo elemento codificato nella guida. Al contrario l'uso da parte di alcuni software di record con un numero determinato di campi, con lunghezza fissa, oltre a limitare le possibilità di catalogazione del bibliotecario comporterebbe un utilizzo poco economico della memoria dell'elaboratore dovuto alla registrazione di tutti i campi del record, usati o meno, nella loro massima lunghezza prevista; a causa di ciò il software dovrà riservare uno spazio di memoria definito e costante per ogni record indipendentemente dalla quantità di informazioni in esso registrate.

L'organizzazione delle informazioni in UNIMARC è caratteristica e originale; infatti diversamente da tutti gli altri formati MARC, gli elementi della stessa natura sono raggruppati assieme e ripartiti in 10 blocchi funzionali. Così, ad esempio, si trovano nello stesso blocco tutti gli accessi per autore, principali e secondari, in un altro blocco sono raggruppati gli accessi per titolo, titolo uniforme e varianti del titolo, un altro ancora presenta quasi tutte le aree della descrizione ISBD, e così via. Negli altri formati MARC, invece, gli accessi principali, autori e titoli uniformi, sono raggruppati all'inizio del record, seguiti dalle aree descrittive, mentre gli accessi secondari trovano posto alla fine del record, seguendo una modalità di presentazione della notizia bibliografica propria delle schede cartacee che presentano nell'ordine l'intestazione principale, la descrizione e il tracciato dei vari accessi adottati.

La particolare organizzazione dei dati in UNIMARC è dovuta al fatto che esso non nasce come formato di catalogazione e non deriva da una specifica modalità di gestione dei dati bibliografici, ma è stato pensato invece come formato di scambio universale tra i formati di scambio, una sintesi delle caratteristiche di tutti i formati MARC e delle tecniche di catalogazione previste dallo standard ISBD.

Le informazioni che costituiscono una notizia bibliografica secondo il formato UNIMARC sono, come abbiamo visto, suddivise in campi e questi sono raggruppati in dieci blocchi, da 0 a 9, omogenei rispetto alla loro funzione e alla natura degli elementi informativi che rappresentano:

0-- Blocco dei numeri di identificazione
1-- Blocco delle informazioni codificate
2-- Blocco delle informazioni relative alla descrizione

3-- Blocco delle note
4-- Blocco dei legami con altre notizie bibliografiche
5-- Blocco degli accessi per titolo
6-- Blocco degli accessi semantici
7-- Blocco degli accessi per autore
8-- Blocco dei dati internazionali
9-- Blocco dei dati ad uso locale

Ogni blocco prevede teoricamente 100 campi, ad esempio per il blocco 2-- possono essere definite le etichette dalla 200 alla 299, per un totale di mille etichette previste dal formato, ma, allo stato attuale, non tutte le etichette sono state definite e a disposizione del catalogatore ci sono poco più di 180 campi, il che rende il formato sicuramente meno complesso da utilizzare e nel contempo lo rende aperto a qualsiasi futura evoluzione.

A titolo esplicativo si ritiene utile fornire alcune informazioni generali e descrivere alcuni dei campi e sottocampi più utilizzati che compongono i singoli blocchi funzionali. Per l'elenco completo dei campi e per la piena comprensione del loro utilizzo nell'applicazione del formato, è necessario fare riferimento all'*UNIMARC Manual*, integrato da tutti gli *Upgrade* rilasciati dal comitato permanente.

I dati identificativi e codificati

Blocco 0--, Numeri di identificazione.

Il blocco 0-- raggruppa tutti i numeri che consentono di identificare il record o il documento in esso rappresentato; ne fa parte ad esempio il campo 001, considerato obbligatorio, che contiene il numero di registrazione assegnato al record dal sistema di gestione nel momento della sua creazione, e il campo 005 che registra la data dell'ultimo intervento sul record, anche questa assegnata dal sistema. Questi due campi, secondo quanto previsto dalla norma ISO 2709, non presentano alcun indicatore né identificatore di sottocampo. Gli altri campi previsti nel blocco riguardano i numeri di identificazione delle varie tipologie di materiali bibliografici, tra i quali il campo 010 che contiene il numero standard ISBN (sottocampo $a) e i termini di disponibilità e prezzo (sottocampo $d), lo 011 relativo al numero standard per i seriali ISSN, e lo 020 che ospita il numero assegnato alla registrazione nella bibliografia nazionale.

Esempio di blocco 0--:

001	RMS0079382	Numero di registrazione
005	20010927 1755 17 14	Data dell'ultima transazione
010 ##	$a88-7075-540-1$dL. 28000	ISBN e prezzo
020 ##	$aIT_b2001-9649	Numero di bibliografia nazionale

Blocco 1--, informazioni codificate

Molte delle informazioni che possono essere utilizzate dal sistema come filtri per limitare e rendere più precise la ricerca e il reperimento delle notizie bibliografiche sono registrate in forma codificata nei campi a lunghezza fissa che costituiscono il blocco 1--. Fra questi è necessario ricordare il campo 100, anche questo tra i pochi considerati obbligatori dal formato, che è costituito da 36 caratteri (0-35). In esso sono registrati 12 elementi informativi tra i quali, ad esempio, i codici che identificano la data di pubblicazione del documento, il pubblico a cui è destinato suddiviso per fasce di età (bambini e ragazzi nelle varie età scolastiche e adulti), l'alfabeto in cui è scritto il titolo (latino, greco, cirillico, o altro), o il set di caratteri utilizzato (ISO 5426 *latino esteso*, ISO 10646 *Unicode*). Molto utili ai fini di una qualificazione delle ricerche sono anche i campi 101 e 102, nei quali sono codificate rispettivamente la *lingua* del documento (obbligatoria se il documento ha un testo e non è ad esempio uno spartito musicale o una sua esecuzione) e il *paese* nel quale è stato pubblicato. Seguono i campi dal 105 al 135 che sono dedicati a contenere le informazioni caratterizzanti i diversi tipi di materiale catalogato (monografie, risorse continuative, video, risorse elettroniche e altro); tra questi, ad esempio, il campo 105 registra, su 13 posizioni, i codici che indicano per le monografie quali tipi di illustrazioni sono presenti, la «forma del contenuto» cioè se il documento è una bibliografia, un catalogo, una dissertazione, un rapporto tecnico o altro, se sono atti di una conferenza o scritti in onore di qualcuno, se c'è un indice, a quale genere letterario appartiene il documento (fiction, saggi, satira o poesia) e infine se si tratta di una biografia e di quale tipo (autobiografica, individuale, collettiva ecc.).

Esempio del blocco 1-- (la tavola esplicativa dei codici e degli elementi del campo 100 è disponibile in Strumenti 6):

100## $a20020214 d 2000 #### ||| y 0 ita y 01## #### ba
101 |# $a ita
102 ## $a IT
105 ## $a 00|||

La descrizione

In UNIMARC, le informazioni relative alla descrizione sono esemplate sullo standard ISBD e vengono fornite dal blocco 2--, che ne riprende le prime 6 aree, dal blocco 3--, che propone in modo più dettagliato l'area 7 relativa alle note, e da una parte del blocco 0-- (numeri di identificazione), che, come si è visto, ospita i numeri standard (ISBN in 010 e ISSN in 011) e le condizioni di disponibilità corrispondenti all'area 8 dell'ISBD.

Blocco 2--, descrizione bibliografica

I campi del blocco 2-- rappresentano le prime sei aree della descrizione bibliografica, mentre i sottocampi definiti dal formato corrispondono agli elementi informativi che compongono le aree secondo quanto previsto dallo standard ISBD. I codici che identificano ed etichettano i sottocampi ($a, $b ecc.) sostituiscono di fatto la punteggiatura normalizzata che non deve essere inserita dal bibliotecario (tranne il segno = utilizzato per i titoli o per le indicazioni di responsabilità parallele), ma può venire ristabilita dal software di gestione qualora sia necessario visualizzare o stampare la notizia bibliografica in formato ISBD.

Fanno parte del blocco 2-- i seguenti campi:

200, area del titolo e delle indicazioni di responsabilità (area 1). Questo campo e il suo primo sottocampo $a, che registra il titolo proprio, sono tra i pochi elementi indicati come obbligatori dal formato, e questo deriva dal fatto che una notizia bibliografica non può essere priva del titolo proprio.

205, area dell'edizione (area 2)

206, 207, 208 e 230, l'area specifica del materiale o del tipo di pubblicazione (area 3), prevista dallo standard ISBD e dalle Regole di catalogazione per accogliere i dati specifici della musica notata, delle risorse cartografiche e delle risorse continuative (pubblicazioni periodiche e seriali).

210 area della pubblicazione (area 4)

215 area della descrizione fisica (area 5)

225 area della collana (area 6).

Ogni campo del blocco 2-- è a sua volta composto da sottocampi che riprendono la suddivisione in elementi delle aree ISBD:
- nel campo 200 – $a *titolo proprio*, $e *complemento del titolo*, $f *prima formulazione di responsabilità*, e $g *successive formulazioni di responsabilità*;
- nel campo 205 – $a *formulazione di edizione*, $f *prima formulazione di responsabilità relativa all'edizione* e il $g *successive formulazioni di responsabilità*;
- nel campo 210 – $a *luogo di pubblicazione*, $c *nome dell'editore*, $d *data di pubblicazione*;
- nel campo 215 – $a *Indicazione specifica del materiale ed estensione del documento*, ovvero il numero dei volumi o delle pagine, $c *altri dettagli fisici* come ad esempio l'indicazione della presenza e del tipo di illustrazioni, $d *dimensioni*, e $e *materiale allegato*;
- nel campo 225 – viene descritta la collana con i sottocampi $a *titolo della collana* e $v *numero del volume all'interno della collana.*

Esempio del blocco 2--:

200 1# $aManuale di biblioteconomia$fGiorgio Montecchi, Fabio Venuda
205 ## $a2. ed
210 ## $aMilano$cBibliografica$d2000
215 ## $a274 p.$d21 cm
225 2# $aBibliografia e biblioteconomia$v50

Se visualizziamo questo esempio utilizzando la punteggiatura normalizzata prevista dall'ISBD, otteniamo una più familiare struttura della notizia:

Manuale di biblioteconomia / Giorgio Montecchi, Fabio Venuda. - 2. ed. -Milano : Bibliografica, 2000. - 274 p. ; 21 cm. - (Bibliografia e biblioteconomia ; 50)

Blocco 3--, area delle note

Il blocco 3-- è dedicato ad accogliere le informazioni che nell'ISBD sono collocate nell'area delle note (area 7) e presenta 34 possibili tipi di nota identificati da altrettante etichette di campo. Tutti i campi del blocco 3-- sono opzionali e quasi tutti sono ripetibili, mentre i sottocampi sono generalmente indicati come non ripetibili, con l'eccezione di quelli del campo 327, relativo alla nota di contenuto, nel quale possono venire elencati, ripetendo i sottocampi, i titoli delle opere contenute nel documento, il sommario ed i titoli dei volumi che compongono una monografia pubblicata in più volumi.

Tra i numerosi campi disponibili, il campo 300 relativo alle note generali, è un campo molto ospitale: può contenere note di qualsiasi natura riferite al documento catalogato o allo stesso record, può essere utilizzato per accogliere le note relative alle aree ISBD, ovvero le informazioni che dovrebbero andare nei campi dal 301 al 315. I restanti diciannove campi, che vanno dal 316 al 345 (alcune etichette intermedie non sono ancora state definite), sono pensati per registrare le note relative a qualsiasi aspetto bibliologico e di contenuto del documento.

Esempio del blocco 3--:

327 01 $aIn appendice: Il manifesto Unesco sulle biblioteche pubbliche$p185

Gli accessi

Gli accessi alla notizia bibliografica, redatti secondo le regole di catalogazione, il metodo di soggettazione e il sistema di classificazione adottati dalla biblioteca, sono codificati in UNIMARC nei campi che appartengono ai blocchi 5-- relativo ai titoli, 6-- assegnato a soggetti e classificazione, e 7-- dedicato agli accessi per autore.

Blocco 5--, accessi per titolo

Il blocco 5-- contiene tutti i possibili punti di accesso per titolo diversi dal titolo proprio che invece, come abbiamo visto, viene registrato e indicizzato nel campo 200$a e già costituisce un accesso alla notizia bibliografica. Le etichette dei campi previste dal formato per il blocco 5-- distinguono i diversi tipi di titoli tra «Titoli uniformi» (dal campo 500 al 503), «Varianti del titolo» presenti nella pubblicazione (dal campo 510 al 517) e «Altri titoli correlati» (dal campo 520 al 545). Fra i campi del primo gruppo si ricorda il 500 che registra il *Titolo uniforme*, mentre nel secondo gruppo tra le «Varianti del titolo» rientrano, ad esempio, il *titolo della copertina* nel campo 512, il *titolo del dorso* nel campo 516, e il campo 517 nel quale vanno registrate tutte le *varianti del titolo* non definite in modo specifico dal formato. Concorrono infine a formare il gruppo degli «Altri titoli correlati», il titolo, aggiunto a discrezione del catalogatore, con cui può essere conosciuta la pubblicazione (tag 540), e il campo relativo al titolo nella forma estesa (tag 532), utilizzabile per sciogliere iniziali, abbreviazioni, simboli o numeri la cui presenza nel titolo proprio possa creare problemi di immagazzinamento e riproduzione del record, o di reperimento e visualizzazione della notizia.

Esempio del blocco 5--:

200 1# $aLettera ai Galati$ftraduzione di Maria Bellincioni
500 11 $aBibbia. Nuovo Testamento. Epistole di San Paolo ai Galati

Blocco 6--, gli accessi semantici

UNIMARC dedica agli accessi semantici l'intero blocco 6--, e ne suddivide i campi tra accessi per soggetto, per classificazione, e per forme codificate di accessi come il Geographic Area Code della Library of Congress, o il Time Period Code, usate perlopiù in area anglo-americana. I diversi tipi di accessi per soggetto, esemplati sulla tipologia delle *subject headings* della Library of Congress e quindi sulla struttura di MARC21, sono individuati da 13 campi che vanno dal tag 600 al 626. Tra questi ricordiamo il 600 e il 601 che registrano rispettivamente i soggetti costituiti da nomi di persona, e quelli rappresentati da nomi di ente, il 606 che accoglie i nomi comuni usati come soggetto, e il 610 dove vanno indicati i termini di soggetto non controllati. Tra i molti sottocampi disponibili per accogliere le voci principali, le sottovoci e le notazioni, i più usati sono il $a per la voce di accesso principale, il $x per le suddivisioni della voce principale, il $y per le suddivisioni geografiche e il $z per quelle cronologiche.

Gli accessi per classificazione fanno invece riferimento agli schemi di classificazione che hanno avuto maggiore diffusione internazionale e sono definiti dal campo 675 per la Classificazione Decimale Universale, dal campo 676 per la Classificazione Decimale Dewey e dal campo 680 per la Classificazione della Library of Congress.

Esempio del blocco 6--:

606 $a Vetri $x Industria $y Venezia $z Sec. 17.-18. $2 SOGI $3 CFIC123066
676 $a 338.47748295311 $v12

edizione CDD usata — numero del record di autorità

sigla dello schema da cui si è derivato il soggetto

Blocco 7--, accessi per autore

Il blocco 7-- registra gli accessi per autore, ovvero i nomi di persone o di enti che hanno una qualche responsabilità intellettuale rispetto alla creazione del documento rappresentato dalla notizia bibliografica. Il formato distingue fra nomi di persona, nomi di ente e nomi di famiglia, e individua per ogni categoria tre livelli di responsabilità intellettuale: autore principale, autore alternativo e autore secondario.

L'autore principale è di norma una persona, o un ente, o una famiglia, a cui viene riconosciuta la responsabilità principale rispetto all'opera pubblicata nel documento che si sta catalogando, l'autore alternativo è per UNIMARC ogni altro autore che abbia lo stesso tipo di responsabilità dell'autore principale, mentre l'autore secondario ha la responsabilità di contributi subordinati come possono essere un commento che accompagna un'opera o l'attività di curatore, traduttore o altro. L'attribuzione di questi livelli di responsabilità agli autori è governata dalle regole di catalogazione in uso nei singoli paesi; in Italia ad esempio la responsabilità alternativa corrisponde all'intestazione coordinata e può essere riconosciuta solo all'eventuale secondo e terzo autore (vedi in questo manuale, nel capitolo 9, la parte sugli accessi formali e le Regole italiane di catalogazione - REICAT).

Ai *nomi di persona* sono assegnati i campi 700, 701 e 702, rispettivamente per la responsabilità principale, alternativa e secondaria; secondo lo stesso principio sono definiti anche i campi per i *nomi degli enti* 710 (principale), 711 (alternativa), 712 (secondaria) e quelli per i *nomi di famiglia* 720, 721, 722.

A questo proposito è opportuno ricordare che le REICAT non distinguono i nomi di famiglia dai nomi di persona e che, quindi, per il nostro uso catalografico, tale distinzione non è applicabile ed i campi previsti dal formato per i nomi di famiglia (tag 72x) non sono utilizzabili.

In una notizia bibliografica, per convenzione, i codici di catalogazione attuali stabiliscono che ci può essere un solo autore principale (persona, ente o famiglia) e quindi i campi relativi alle responsabilità principali, 700, 710 e 720, non sono ripetibili.

Nei campi definiti per i nomi di persona, il secondo indicatore (il primo ha valore nullo) informa il sistema sulla forma del nome utilizzata, diretta (700 #**0** $a*Ioannes*$c*Diaconus*), o inversa (700 #**1** $a*Rossi*$b*Mario*); per gli autori espressi con i nomi degli enti il primo indicatore distingue invece tra gli enti a carattere permanente e quelli a carattere temporaneo, come convegni e mostre, mentre il secondo informa anche in questo caso sulla forma utilizzata per il nome dell'ente autore. Di recente nel blocco 7-- è stato inserito un nuovo campo, identificato dal tag 730, che ha il compito di accogliere le responsabilità intellettuali provenienti dalla conversione da uno schema di metadati, come ad esempio gli elementi *Creator* o *Contributor* di Dublin Core, dove sono registrate in una forma che non richiede l'uso di regole catalografiche né l'indicazione del livello di responsabilità dell'autore (principale, alternativo o secondario).

Esempio del blocco 7--:

```
700 #1 $a Montecchi$bGiorgio$3 CFIV087750
701 #1 $a Venuda$bFabio$3 RAVV037897
          ↑          ↑       ↑
          |          |       └─ numero del record di autorità
          |          └─────
   voce principale   parte del nome
```

Blocco 4--, i legami tra le notizie

Una notizia bibliografica contiene spesso informazioni che la collegano e rinviano ad un'altra notizia bibliografica e quindi ad un altro record; è il caso ad esempio della registrazione relativa ad un periodico che segnala la presenza di un supplemento, o l'esistenza di un titolo con cui precedentemente il periodico è stato pubblicato. Altro esempio può essere costituito dal record di una monografia nel quale si voglia indicare la collana a cui essa appartiene, l'esistenza di una copia conforme registrata su microfiche o di una traduzione dell'opera, oppure, nel caso la monografia sia pubblicata in più volumi, la segnalazione dei titoli dei volumi da cui è composta. Queste informazioni, che chiameremo legami, oltre a svolgere la funzione di informare il lettore sulle relazioni esistenti tra le notizie bibliografiche e consentirgli di reperirle nel catalogo, danno la possibilità, in un catalogo informatizzato, di visualizzare le notizie collegate ad altre notizie e di passare da una notizia all'altra senza dover reimpostare e ripetere la ricerca. Si può, in un certo senso navigare tra le notizie, in modo simile a ciò che avviene in Rete tra i siti web, solo che nel catalogo i legami sono costituiti dal numero del record (assegnato automaticamente dal sistema al momento della creazione di ogni nuovo record) e dal titolo della notizia alla quale punta il collegamento, e costruiti secondo le tecniche definite da UNIMARC, che forniscono in sostanza al software di gestione l'indirizzo della notizia collegata.

I legami tra le notizie sono caratterizzati dal tipo di relazione che esprimono e sono identificati da campi diversi, raggruppati nel blocco 4--. Qui ad esempio troviamo legami che riguardano le collane e i supplementi, come il campo 410 che collega la notizia bibliografica di un documento alla notizia della collana di cui fa parte, o i campi 421/422 che esprimono rispettivamente le relazioni «ha come supplemento»/«è supplemento di» tra due documenti.

Altre relazioni previste nel blocco 4-- sono ad esempio quelle che riguardano la storia delle risorse continuative, costituita da cambi di titolo, fusioni, assorbimenti e scissioni a cui il formato riserva i campi dal 430 al 445. Un esempio di queste relazioni può essere fornito dai campi 430 e 440, che collegano in modo reciproco le registrazioni necessarie per rappresentare un periodico che ha, nel tempo, cambiato titolo.

Esempio di legame 430/440:

200 1# $aTitolo B
430 #1 $tTitolo A (titolo precedente)

Il campo 430 indica che il «Titolo B» *è la continuazione* del «Titolo A» mettendoli in relazione.

200 1# $aTitolo A
440 #1 $tTitolo B (titolo successivo)

Il campo 440 indica invece che il «Titolo A» *è continuato dal* «Titolo B».

Infine è significativo ricordare i legami tra i livelli di descrizione che collegano la registrazione di un'opera in più volumi con i record relativi ad ognuno dei singoli volumi, e viceversa. Questo avviene, ad esempio, con il campo 461 che esprime la relazione «fa parte di» e collega il record del volume particolare (ad esempio il 2. volume) alla notizia relativa alla pubblicazione in più volumi; il suo reciproco, il campo 463, esprime invece la relazione «comprende» e collega la notizia relativa alla pubblicazione in più volumi ai record dei volumi particolari che la compongono.

UNIMARC prevede due diverse tecniche per gestire i legami e indicare nei campi 4xx gli elementi che puntano alla notizia collegata: una tecnica detta di *embedding*, che è da sempre parte del formato ed è stata adottata in Italia ad esempio dalla BNI, da SBN e da altri software di gestione bibliotecaria, ed una tecnica definita *standard*, che è stata invece elaborata successivamente per rispondere alle specifiche esigenze di paesi grandi utilizzatori di UNIMARC, come ad esempio la Francia. La tecnica di *embedding* prevede di usare nel campo 4xx un solo sottocampo $1 nel quale vengono riprodotti per intero i campi significativi della notizia a cui conduce il legame, completi di etichetta, indicatori e sottocampi, come, nell'esempio che segue, il numero del record (001) o il campo titolo (200): 461 #1 $1 **001**CFI0097465$1 **200**1_$aStoria della bibliografia$fAlfredo Serrai $v10.

La *tecnica standard*, invece, prevede di utilizzare nel campo 4xx dei semplici sottocampi nei quali registrare le informazioni della notizia a cui si vuole collegare il record ($0 per il numero di record, $t per il titolo e così via): 461 #1 **$0**CFI0097465**$t** Storia della bibliografia**$f**Alfredo Serrai $v10

Esempio del blocco 4--:

Legame verso la collana (410)
embedded: 410 #0 $1 2001# $a Bibliografia e biblioteconomia $v 50.
standard: 410 #0 $t Bibliografia e biblioteconomia$v 50

Legame tra singolo volume e opera in più volumi (461)
200 1# $aSpecializzazione e pragmatismo$ei nuovi cardini della attività bibliografica$fAlfredo Serrai
embedded: 461 #1 $1 001CFI0097465$12001#$aStoria della bibliografia$fAlfredo Serrai $v10

standard: 461 #1 $0CFI0097465$aSerrai, Alfredo$tStoria della bibliografia $v10

Legame tra l'opera in più volumi e il singolo volume (463)
200 1# $aStoria della bibliografia$fAlfredo Serrai
embedded: 463 #1 $1001RML0079351$12001#$aSpecializzazione e pragmatismo$ei nuovi cardini della attività bibliografica$fAlfredo Serrai$v10
standard: 463 #1 $0RML0079351$tSpecializzazione e pragmatismo$aSerrai, Alfredo$v10

Blocco 8--, campi ad uso internazionale

Il blocco 8-- contiene i campi, accettati a livello internazionale, relativi a informazioni che non rientrano nella definizione e nella destinazione d'uso dei blocchi precedenti.

Fa parte di questo blocco l'ultimo dei campi considerati obbligatori dal formato, l'801, dedicato ad accogliere i dati di origine del record e che può contenere le informazioni sull'agenzia bibliografica che lo ha creato, o su quelle che lo hanno successivamente modificato o trascritto nel formato leggibile dall'elaboratore, corredate dalla data e dalle regole di catalogazione utilizzate.

Tra gli altri campi del blocco è opportuno ricordare il tag 856, recentemente introdotto nel formato per ospitare le informazioni che permettono di localizzare la risorsa elettronica remota catalogata nel record e di accedervi secondo il metodo identificato dal primo indicatore (e-mail, FTP, collegamento telnet, collegamento telefonico, via web con il protocollo http, o altro). Fra le varie informazioni contenute nel campo, il sottocampo $u di fatto registra e mette a disposizione la URL, ossia l'indirizzo Internet, della risorsa elettronica, il che ad esempio consente agli OPAC dotati di interfaccia web per la consultazione di poter associare al record bibliografico che descrive la risorsa elettronica il link per poterla effettivamente raggiungere, visualizzare, ottenere od eseguire.

Esempio del campo 8--:
801 #0 aITbBNI$c20000229$gRICA
856 4# $uhttp://www.uniud.it/libroantico/discipline/disci1/d1venuda.html

Blocco 9--, uso nazionale e locale

Il blocco 9-- chiude il formato ed è riservato ad un uso nazionale e locale, cioè all'uso che ne possono fare le agenzie bibliografiche e le biblioteche che usano UNIMARC come formato di catalogazione e a questo proposito il *Manual* esprime la raccomandazione che i campi di questo blocco vengano esclusi dallo scambio internazionale dei dati bibliografici. Allo stesso uso locale il *Manual* assegna poi tutte le etichette che presentino in qualsiasi posizione la cifra 9 (-9-, --9), gli indicatori che abbiano valore 9 e il sottocampo $9, in quanto il Comitato UNIMARC Permanente continuerà a non considerarli rispetto alle esigenze del formato. Uno tra i possibili usi in ambito locale dei campi di questo blocco può essere, ad esempio, quello di registrare i dati relativi alle copie possedute, quali il numero del registro cronologico di entrata, la segnatura di collocazione, o il codice a barre utilizzato dalla biblioteca per il prestito informatizzato.

I campi obbligatori

I campi che il formato definisce come obbligatori per poter costituire un record UNIMARC, sono: 001 *il numero del record*, 100 *i dati generali per l'elaborazione*, 101 *la lingua in cui è scritto il documento* (se il documento ha un testo e non è ad esempio uno spartito musicale o una sua esecuzione), 200 $a *titolo proprio* e 801 *i dati di origine del record*. A questi campi vanno aggiunti il 230 indicato come obbligatorio per accogliere la designazione e l'estensione delle risorse elettroniche, e i campi 120, 123 e 206 destinati rispettivamente ai dati codificati, a scala e coordinate, e ai dati matematici, caratteristici nella catalogazione del materiale cartografico.

Esempio dei campi obbligatori per costituire un record secondo il formato UNIMARC:

001 RMS0079382
100## $a20020214d2000####|||y0itay01###### ba
101 |# $a ita
200 1# $a Manuale di biblioteconomia
801 #0 aITbBNI$c20000229$gRICA

Oltre al formato destinato ad accogliere i record bibliografici, il *Bibliographic manual*, più conosciuto, diffuso ed utilizzato, l'attività dell'IFLA ha considerato nel corso degli anni anche altri elementi complementari alla circolazione delle informazioni catalografiche. Tra il 1991 e il 1994, l'IFLA sviluppa e pubblica anche l'*UNIMARC Manual Authorities Format*, un formato studiato per consentire e favorire lo scambio dei record di autorità e il mantenimento della coerenza nella forma dei punti di accesso controllati in un catalogo elettronico, arrivato alla terza edizione pubblicata da K.G. Saur nel 2009.

Nel 2004, inoltre, rilascia la bozza finale dell'*UNIMARC Holdings Format*, realizzato con lo scopo di accogliere in registrazioni distinte, ma collegate ai record bibliografici, le informazioni riferite all'esemplare di un'opera posseduta dalla biblioteca, come ad esempio il nome dell'istituzione, il numero di inventario, la segnatura di collocazione, o gli elementi necessari per localizzare ed accedere ad una risorsa elettronica; il manuale è stato pubblicato nella sua versione definitiva nel 2007 ed è disponibile in forma elettronica sul sito dell'IFLA. Completa, infine, la famiglia degli UNIMARC *manual* il *Classification format*, voluto per gestire e poter effettuare il controllo di autorità sui dati relativi alla classificazione, è stato pubblicato in forma di *draft* nel 2000 e messo a disposizione sul sito dell'IFLA per essere sottoposto a revisione da parte della comunità bibliotecaria mondiale.

Il *Bibliographic*, l'*Authority* e il *Classification format manual* sono disponibili anche nel formato *concise* liberamente consultabile sul sito dell'IFLA (vedi http://www.ifla.org/en/publications/unimarc-formats-and-related-documentation).

13. COLLOCAZIONE, GESTIONE DELLE RACCOLTE E PRESTITO

La collocazione

Abbiamo già visto che la collocazione è l'indirizzo del libro, cioè la posizione assegnata al libro nei depositi della biblioteca, e che la segnatura di collocazione è il codice (l'insieme di numeri e simboli) che rappresenta questo indirizzo e che deve essere riportato sia sul libro, con un'etichetta sul dorso e sulla seconda di copertina, sia sulla scheda in alto a destra; esso deve essere unico e identificare solo un libro preciso.

L'operazione che assegna a un libro il suo posto in biblioteca e formula la segnatura di collocazione che questo posto identifica può essere fatta in diversi momenti. Se la biblioteca adotta una collocazione legata alle sale oppure agli armadi, o ancora al formato, il lavoro può essere svolto da personale senza una preparazione specifica, ricorrendo a una tabella di riferimento; se invece il materiale viene distribuito in modo sistematico a scaffale aperto, utilizzando un sistema di classificazione, è opportuno che la collocazione del libro e la costruzione della segnatura di collocazione siano operazioni che rientrano nelle procedure di catalogazione affidate a personale con specifiche competenze biblioteconomiche.

Per poter mantenere una coerenza nell'assegnazione delle segnature di collocazione, è necessario che il bibliotecario costruisca un *catalogo topografico* suddiviso per tipi di materiali (libri, periodici, microfilm ecc.), dove le schede sono ordinate secondo la segnatura di collocazione, qualunque sia quella adottata dalla biblioteca, e riproducono quindi la distribuzione dei libri negli scaffali.

Questo catalogo viene anche utilizzato per effettuare verifiche periodiche sulla presenza o meno dei libri disposti per materia a scaffale aperto, nei quali l'assenza del numero di catena non consente di rilevare immediatamente la mancanza del libro.

In calce alle schede che vanno inserite nel catalogo topografico è utile riportare il *tracciato*, cioè l'elenco degli accessi per autore, soggetto e classificazione utilizzati nelle schede create e collocate nei rispettivi cataloghi. Questo consente al bibliotecario di risalire a tutte le schede prodotte per un documento nel caso debba correggerle, oppure debba toglierle dai cataloghi se il libro è andato perso.

Ogni biblioteca organizza le proprie raccolte come ritiene opportuno, a seconda degli spazi che ha a disposizione e del tipo di servizio che vuole offrire al suo pubblico. Una biblioteca può disporre i propri materiali in modo che al lettore sia consentito di accedere agli scaffali e prendere direttamente i libri che lo interessano, oppure può tenere i materiali separati dal pubblico e obbligare il lettore a rivolgersi al personale della biblioteca per ottenere un libro; questi due modi di organizzare i depositi della biblioteca sono generalmente definiti «a scaffale aperto» il primo, «a scaffale chiuso» il secondo.

La collocazione a scaffale aperto

Come già accennato in precedenza, le biblioteche che adottano il sistema a scaffale aperto devono disporre i propri materiali secondo un ordine che aiuti il lettore a orientarsi. Di solito viene utilizzato il numero di classificazione assegnato al libro: il risultato sarà una distribuzione dei libri a scaffale organizzata per materia. In realtà più libri possono appartenere alla specifica disciplina e quindi avere lo stesso numero di classificazione; è necessario quindi comporre la segnatura di collocazione accompagnando a questo numero altre lettere o numeri che consentano di ordinare e distinguere i libri all'interno della stessa classe, ad esempio utilizzando le prime tre lettere del cognome dell'autore accompagnate dalle prime due del nome (3+2), oppure una chiave alfabetica ricavata dall'accesso formale alla notizia individuato come principale, sia esso persona, ente o titolo (autore persona 4+1+1: le prime quattro lettere del cognome, seguite dalla prima del nome ed eventualmente dalla prima del secondo nome; autore ente 2+1+1+1+1: le prime due lettere della prima parola che costituisce il nome dell'ente seguite dalla prima lettera delle eventuali quattro parole successive; titolo 3+1+1+1: le prime tre lettere della prima parola del titolo seguite dalla prima lettera delle tre parole successive).

Ad esempio, la *Storia della Repubblica di Venezia* scritta da Roberto Cessi ha come numero di classificazione 945.31, e la segnatura di collocazione potrebbe essere 945.31 CESRO (oppure CEDSSR); mentre la *Storia di Venezia* scritta da Frederic C. Lane ha come numero di classificazione sempre 945.31, ma come segnatura di collocazione potrà avere 945.31 LANFR (oppure LANEFC).

Questo modo di disporre le raccolte ha il vantaggio di favorire l'avvicinamento del lettore ai libri, che possono essere scelti come a casa, valutandone in concreto il grado di interesse, senza passare per mediazioni costituite dal catalogo o dal personale; inoltre, se il lettore ha recuperato dal catalogo la notizia sul libro che gli interessa, va direttamente a scaffale per prenderlo e può trovare vicino a questo altri libri che trattano la stessa disciplina, dei quali magari non conosceva l'esistenza e che possono essere altrettanto, se non maggiormente, utili per i suoi interessi.

Per agevolare l'utilizzo delle raccolte ordinate a scaffale aperto da parte del pubblico, la biblioteca deve predisporre dei materiali, dépliant o manifesti, con lo schema di classificazione, che spieghino i criteri utilizzati per la collocazione dei libri e guidino il lettore nella ricerca.

Per realizzare questo tipo di distribuzione del materiale la biblioteca deve disporre di molto spazio; infatti una collocazione dei libri per materia comporta che i nuovi arrivi trovino posto tra gli altri libri che appartengono alla stessa disciplina, e non, come previsto da altri tipi di collocazione, seguendo un mero ordine di arrivo, che consente di riempire completamente un palchetto prima di passare a quello successivo e di sfruttare così appieno la capacità di stoccaggio degli scaffali. Per questo motivo è necessario lasciare vuoto almeno un terzo di ogni palchetto e almeno uno o due scaffali interi alla fine di ogni classe principale, e riservare così dello spazio nel quale poter accogliere i libri nuovi senza dover far scorrere l'intera raccolta. Ciò non toglie che massicci spostamenti di libri saranno necessari ogniqualvolta la riserva di spazio viene riempita dalle nuove acquisizioni.

Risulta evidente che la collocazione a scaffale aperto, oltre a favorire il lettore, favorisce anche eventuali furti che danneggiano sia le collezioni, sia il pubblico, defraudato di un bene prezioso. Per evitare, limitare, o almeno scoraggiare questa attività illecita, le biblioteche devono dotarsi di sistemi definiti «anti-taccheggio». Questi sistemi sono costituiti da striscioline adesive magnetizzate che vanno poste all'interno dei libri, tra le pagine o dentro il dorso della rilegatura, e da antenne poste vicino all'uscita, alla fine di un percorso obbligato, che rilevano il passaggio di libri protetti con le strisce magnetiche facendo scattare un allarme sia acustico che ottico, ed eventualmente bloccando la porta o il cancelletto di uscita. Le strisce possono essere magnetizzate in modo permanente per proteggere i libri che la biblioteca non autorizza a far uscire dalle sale di lettura, oppure smagnetizzabili e rimagnetizzabili con un apposito apparecchio, per consentire alla biblioteca di effettuare il servizio di prestito esterno.

La collocazione a scaffale chiuso

Nelle biblioteche dove le raccolte sono organizzate a scaffale chiuso, i lettori vengono esclusi dall'accesso ai magazzini e sono costretti a chiedere e ottenere ogni singolo libro dal personale addetto; l'ordine che viene dato alle raccolte ha l'unico scopo di consentire al personale di trovare e recuperare in ogni momento i libri che vengono richiesti dai lettori.

Diversi possono essere i criteri che sono alla base di un ordinamento dei libri a scaffale chiuso: la biblioteca può ad esempio contrassegnare le sale, numerare gli scaffali presenti in ogni sala, i palchetti dello scaffale e i libri che riempiono il singolo palchetto ottenendo una segnatura di collocazione del tipo: A 5 IV 18; questa segnatura indica che il libro cercato è collocato nella sala A, dentro il quinto scaffale, sul quarto ripiano e, all'interno di questo, è il diciottesimo libro in sequenza.

Un altro possibile tipo di ordinamento può essere la collocazione del materiale per formato, che consiste nell'individuare con una lettera tre o quattro altezze standard dei libri (ad esempio *A* fino a 18 cm di altezza, *B* da 19 a 25 cm, *C* da 26 a 30, *D* grandi formati oltre 30 cm) e nel comporre la segnatura di collocazione utilizzando la lettera corrispondente all'altezza del libro e un numero di sequenza progressivo (*B 32588*, è il trentaduemilacinquecentottantottesimo libro di altezza compresa tra 19 e 25 cm che entra in biblioteca). Questo sistema consente di organizzare l'altezza dei ripiani in modo da sfruttare al massimo la capienza degli scaffali, e di mettere uno vicino all'altro libri della stessa altezza, diversamente un libro alto posto vicino a uno basso finisce per piegarsi e quindi rovinarsi. In grandi biblioteche, sequenze molto lunghe di libri ordinati per formato possono essere interrotte facendo precedere alla lettera che individua il formato, l'anno in cui il libro è entrato in biblioteca o qualsiasi altro criterio che serva allo scopo.

Il vantaggio che deriva dall'adottare questi tipi di ordinamento è il pieno sfruttamento delle potenzialità di immagazzinamento della biblioteca, cioè il riempire completamente i metri lineari di scaffali di cui questa dispone, evitando di lasciare spazi vuoti per l'arrivo del nuovo materiale che viene invece aggiunto sempre alla fine della sequenza.

Molte biblioteche ordinano una parte delle proprie raccolte a scaffale aperto e una parte a scaffale chiuso: materiali di valore o delicati, come manoscritti, libri antichi, microforme e fotografie, oppure materiali che non è proficuo mettere a scaffale aperto, come le vecchie annate di periodico e le pubblicazioni ufficiali, sono spesso conservati separatamente dalle raccolte aperte al pubblico accesso.

Questi diversi tipi di materiale tenuti separati dalle raccolte dei libri avranno ordinamenti e segnature di collocazione particolari (MAN, PER, MF ecc.) individuati con criteri particolari riferiti alle loro caratteristiche.

La disposizione delle raccolte a scaffale chiuso implica inevitabilmente che tutte le possibili informazioni necessarie al lettore per sapere se il libro è posseduto dalla biblioteca, e per chiederlo in lettura, devono essere fornite dai cataloghi della biblioteca stessa.

Gestione dei magazzini e prestito

Il libro dopo esser stato scelto, acquistato, registrato, timbrato, catalogato, etichettato e, in alcuni casi, protetto contro i furti, è pronto per essere messo a disposizione dei lettori. Viene preso in consegna dal personale del settore magazzini e prestito, che da questo momento è responsabile della presenza del libro in biblioteca.

Questo settore ha il compito di organizzare i libri negli scaffali dei depositi secondo i criteri adottati dalla direzione della biblioteca, segnalare eventuali saturazioni dei diversi segmenti della collocazione e adottare le misure necessarie a garantire la disponibilità di spazio per accogliere le nuove acquisizioni. Provvede inoltre alla copertura dei libri con materiali adatti a garantirne la buona conservazione, rileva lo stato di consunzione del materiale e segnala i libri rovinati alla direzione, che decide se inviarli al rilegatore oppure se farli uscire dal patrimonio della biblioteca.

La gestione del prestito è un compito molto delicato; questo infatti è il servizio che consente l'uscita controllata dei libri dalla biblioteca. Le procedure sono semplici, ma devono essere seguite scrupolosamente per evitare l'impoverimento delle raccolte.

La biblioteca deve predisporre norme che regolino l'erogazione dei servizi che offre; in particolare deve stabilire quali materiali possono essere dati a prestito, le categorie di cittadini ammessi a usufruire del servizio, quanti libri un lettore può prendere contemporaneamente e per quanti giorni, quali sono le procedure che la biblioteca avvia nei confronti dei lettori che non rispettano i termini di riconsegna e le eventuali sanzioni.

Quando un lettore viene ammesso al prestito, la biblioteca gli rilascia una tessera e inserisce i suoi dati anagrafici in un archivio, che utilizza sia per l'invio di comunicazioni sia per richiamare il lettore alla restituzione dei libri, una volta scaduti i termini per la riconsegna.

Il lettore chiede alla biblioteca il prestito del libro compilando un modulo sul quale riporta, oltre ai dati del libro (titolo, autore, segnatura di collocazione), il proprio nome e cognome, il numero della tessera, il giorno da cui ha inizio il prestito e il giorno per il quale è prevista la restituzione. Questo modulo può essere composto di tre parti: una va inserita nell'archivio dei prestiti in corso (può essere ordinato per nome del lettore, o secondo la collocazione del libro), una va data al lettore per giustificare all'uscita il possesso del libro e una, che viene chiamata «fantasma», va nei depositi al posto del libro per documentarne in modo concreto l'uscita e segnalare che il posto lasciato vuoto non deve essere utilizzato per riporre eventuali nuove accessioni.

Può risultare utile predisporre uno scadenzario che registri i prestiti per data; in questo modo il bibliotecario è in grado di sapere ogni giorno quali libri devono rientrare e quindi avviare le procedure di richiamo dal prestito.

Se un libro già in prestito viene richiesto da altri lettori, il personale deve essere in grado di dire, consultando l'archivio dei prestiti in corso, per quale giorno ne è previsto il rientro e registrare la prenotazione a nome del nuovo richiedente così da bloccare un'eventuale richiesta di rinnovo del prestito.

Quando il libro rientra dal prestito, il bibliotecario ne controlla l'integrità e lo ricolloca a scaffale, il «fantasma» viene buttato via, il prestito viene cancellato dallo scadenzario, e la parte di modulo inserita nell'archivio prestiti in corso viene tolta e conservata con lo scopo di consentire alla biblioteca di effettuare rilevazioni e statistiche che diano indicazioni sulle preferenze dei lettori e sul numero di prestiti.

Se il giorno prestabilito il lettore non riconsegna il libro, la biblioteca provvede a inviare un perentorio sollecito con cui richiede l'immediata restituzione; se anche questo avviso non ha riscontro, vengono applicate delle sanzioni che possono anche arrivare all'esclusione del lettore da tutti i servizi della biblioteca. La biblioteca può inoltre cautelarsi nei confronti dei lettori che danneggiano o perdono i libri, facendo versare una cauzione nel momento dell'iscrizione al prestito, o chiedendo un congruo risarcimento.

14. IL SERVIZIO DI REFERENCE

Informazione e ricerca bibliografica

Quando il lettore non riesce in modo autonomo ad utilizzare gli strumenti che la biblioteca predispone perché possa trovare ciò di cui ha bisogno, è necessario che la biblioteca lo aiuti cercando di capire quali sono le sue necessità e individuando il modo migliore per soddisfarle. Per le necessità informative più semplici e nelle piccole realtà questo si risolve illustrando al lettore il patrimonio della biblioteca, l'uso dei cataloghi e dei repertori disponibili (bibliografie, enciclopedie, annuari ecc.). Lo studente di scuola media inferiore o superiore, che debba fare una ricerca su un argomento specifico, verrà indirizzato alla consultazione di un'enciclopedia, oppure se il grado di approfondimento della ricerca lo richiede gli possono venire indicati i libri che la biblioteca possiede sull'argomento, fino ad arrivare alla consultazione del catalogo dei libri in commercio o ad una bibliografia specifica. A questo livello è necessario e sufficiente che il bibliotecario abbia una buona conoscenza del proprio patrimonio e sappia usare adeguatamente gli strumenti informativi che ha a disposizione.

Diverse sono le esigenze che possono nascere in biblioteche più grandi o di ricerca, dove le necessità di informazione dei lettori diventano molto specifiche. La funzione di orientamento del lettore all'utilizzo della biblioteca e dei suoi strumenti continua ad avere un ruolo fondamentale per la soluzione di piccole necessità informative, mentre, per supportare la ricerca di studiosi o l'attività di persone che necessitano di un livello informativo superiore (laureandi, docenti, professionisti ecc.), deve venire predisposto un servizio apposito. Questo servizio non può più essere offerto casualmente dal bibliotecario che sa e quindi aiuta il lettore, ma deve essere istituzionalizzato, collocato in uno spazio adeguato dove possano essere allestite le collezioni e gli strumenti necessari per le ricerche bibliografiche e dove i lettori possano essere accolti; deve inoltre essere pubblicizzato per poter raggiungere tutti i reali e potenziali utenti ed avere uno staff di personale preparato per svolgere questo tipo di lavoro.

Nell'area dove la biblioteca decide di organizzare il servizio deve essere collocata, a disposizione sia dei lettori che degli operatori, una raccolta delle opere che costituiscono uno degli strumenti di lavoro per il recupero delle informazioni. Bibliografie specializzate, cataloghi dei libri in commercio in Italia e all'estero e cataloghi dei periodici posseduti da grandi biblioteche sono strumenti necessari a trovare le notizie bibliografiche sull'esistenza di pubblicazioni di interesse per il lettore; enciclopedie e dizionari tematici italiani e stranieri, manuali e saggi di carattere generale sono utili per rispondere a domande su fatti, persone, avvenimenti o su particolari aspetti di una disciplina. In aggiunta a questo, l'evoluzione della tecnologia informatica e lo sviluppo delle telecomunicazioni rendono sempre disponibili nuovi strumenti che consentono al servizio di reference di allargare in modo incredibile le potenzialità della ricerca bibliografica, e contemporaneamente di ridurre a poche ore indagini che, se condotte con strumenti e metodi tradizionali, comporterebbero settimane o mesi di lavoro, con risultati di sicuro meno soddisfacenti, completi e aggiornati.

Il servizio di reference deve quindi mettersi in condizione di poter consultare i cataloghi elettronici di pubblico accesso (Online Public Access Catalogue) di grandi biblioteche nazionali, di biblioteche universitarie, le bibliografie nazionali e le banche di dati specializzate, ad esempio, nello spoglio di migliaia di periodici per le diverse discipline, o nella raccolta di leggi, dati statistici, brevetti e altro, che sono raggiungibili, in modo gratuito o a pagamento, attraverso la Rete. Alcune di queste banche dati sono disponibili anche su supporto ottico, CD-ROM O DVD, utilizzato come alternativa alla lentezza o alla mancanza dei collegamenti alla Rete; queste però possono avere lo svantaggio di venire aggiornate meno frequentemente delle versioni disponibili via web, e di poter essere utilizzate solo localmente, durante l'orario di apertura della biblioteca, spesso da un lettore per volta viste anche le non semplici soluzioni informatiche per condividere queste risorse in una rete, geografica o anche solo locale. Sarà la biblioteca a valutare l'acquisto di queste fonti informative su supporto cartaceo, elettronico o la loro consultazione online a seconda dell'intensità di utilizzo di ogni base dati, delle attrezzature di cui dispone e della quota di bilancio destinata all'attivazione e al mantenimento di questo tipo di servizio.

Il lettore può quindi contare, per la sua ricerca, su cataloghi di grandi biblioteche di carattere generale e specializzate, che, per la dimensione o per le caratteristiche delle raccolte rappresentate, assumono il valore di vere e proprie bibliografie; può contare anche su basi dati specifiche, oppure su meta-cataloghi che permettono di effettuare, tramite un'unica interfaccia, una ricerca simultanea su più risorse bibliografiche (cataloghi di biblioteche, basi dati bibliografiche commerciali, grandi cataloghi per la vendita online di «libri» come Amazon o Internetbookshop) e ottenere infine come risultato una lista, spesso completa, di quanto è stato scritto e pubblicato in buona parte del mondo sull'argomento che è di suo interesse.

La grande quantità di risorse informative, sia tradizionali che su supporto elettronico, presenti sul mercato e talvolta la scarsa dimestichezza del lettore con questi strumenti, fanno sì che le richieste dei lettori debbano essere interpretate da chi è in possesso delle conoscenze e della professionalità necessaria all'utilizzo di questi strumenti; questa mediazione deve poter contare su un alto grado di interazione tra il lettore e il bibliotecario del servizio di reference.

I lettori generalmente formulano le loro richieste di informazioni bibliografiche in modo a volte generico o troppo sintetico. Il compito del bibliotecario di reference è in primo luogo quello di chiarire le reali necessità della persona che si rivolge a questo servizio, attraverso un colloquio che deve protrarsi fino a quando ambedue, lettore e bibliotecario, trovino un accordo su ciò che il lettore vuole; si tratta di una vera e propria intervista, quasi una trattativa sulle domande, che richiede molta pazienza e predisposizione alla comunicazione da parte del bibliotecario. La necessità di fissare i termini entro i quali deve essere svolta la ricerca, anche con la compilazione di modelli per la sua descrizione, costringe il lettore a definire, per se stesso e per il bibliotecario, quali siano le sue reali esigenze. In sostanza vengono definiti gli argomenti della ricerca, per quali tipi di documento (libri, articoli di periodico ecc.) devono essere cercate le notizie bibliografiche, la lingua dei documenti, il livello di aggiornamento richiesto e le eventuali ricerche già effettuate dal lettore.

In seguito il bibliotecario deve raffrontare le richieste del lettore con le fonti informative disponibili, stabilire il tipo di repertorio più adatto (bibliografie, cataloghi online, basi dati specializzate ecc.) e identificare la fonte, o le fonti specifiche da utilizzare per quel tipo di repertorio.

Se invece la domanda è particolarmente complessa, il bibliotecario deve formulare una strategia di ricerca che consideri una serie di fonti informative da usare secondo un determinato ordine fino al raggiungimento del risultato cercato dal lettore.

A volte il lettore può non essere soddisfatto dei risultati della ricerca; questo può dipendere da una scarsa comprensione tra lui e il bibliotecario durante l'intervista preliminare, da idee poco chiare in partenza da parte del lettore, da un cambiamento di rotta nella definizione dell'obiettivo da raggiungere effettuato durante la ricerca, oppure da una cattiva preparazione del bibliotecario di reference. Non considerando quest'ultima evenienza, contro la quale nulla è possibile fare se non cambiare biblioteca, sarà probabilmente necessario un ulteriore approfondimento dell'intervista, fino a quando il lettore non trovi una risposta soddisfacente alle proprie istanze, o il bibliotecario non ritenga professionalmente non disponibili le risorse necessarie per rispondere alle richieste del lettore. In questo caso il bibliotecario dovrà essere in grado di indicare altre strade per raggiungere l'informazione desiderata, anche utilizzando fonti esterne o altre biblioteche specializzate nel settore di interesse del lettore.

Prestito interbibliotecario e document delivery

Ottenute dai repertori, dal reference o da indagini fatte personalmente le informazioni bibliografiche necessarie al proseguimento della sua ricerca, il lettore, dopo averle analizzate e selezionate, ha bisogno di poter consultare i documenti che queste rappresentano. I documenti possono essere disponibili nella stessa biblioteca, o posseduti da biblioteche vicine; in questo caso sarà cura del lettore verificare nei cataloghi la presenza del materiale di cui ha bisogno. Qualora i documenti, o una parte di essi, non siano reperibili agevolmente, il lettore deve poter contare ancora una volta sul sostegno che la biblioteca gli può dare. A questo proposito la biblioteca deve aver provveduto ad allargare il servizio di reference con l'attivazione di procedure che consentano il prestito interbibliotecario (Inter-Library Loan: ILL) e l'utilizzo di servizi commerciali appositamente costituiti per la fornitura di documenti (Document Delivery: DD).

Lo sviluppo e il sempre più massiccio uso della tecnologia informatica e della Rete nelle biblioteche, come abbiamo già visto, ha comportato una maggiore disponibilità di cataloghi informatizzati di biblioteche e di servizi bibliografici raggiungibili tramite computer, consentendo spesso alla biblioteca di fondere in un unico servizio le fasi, prima separate, della ricerca bibliografica e della localizzazione delle biblioteche nelle quali sono disponibili i documenti da richiedere.

Le operazioni che caratterizzano il recupero di un documento sono le seguenti: il controllo della citazione bibliografica con la quale il lettore chiede al reference di procurarglielo, la localizzazione delle biblioteche che lo possiedono, l'invio della richiesta di prestito, l'arrivo del documento, l'avviso al lettore e la consultazione o la consegna del materiale, l'eventuale pagamento del prestito, la rispedizione del materiale alla biblioteca che lo ha prestato.

Il lettore effettua una richiesta di ILL fornendo tutti gli elementi necessari ad identificare il documento di cui ha bisogno (un libro, un articolo di periodico, una tesi di laurea, il microfilm di un libro antico o raro ecc.); la notizia bibliografica fornita dal lettore può essere frutto di una ricerca effettuata dal servizio di reference, e non ha quindi bisogno di essere controllata perché ricavata da fonti affidabili, oppure può essere arrivata in possesso del lettore attraverso le vie più disparate (ricerche personali, indicazioni di qualche studioso, notizie riportate da altri ecc.); in questo caso è necessario che il servizio di reference controlli, tramite i repertori che utilizza per le ricerche bibliografiche o per la localizzazione dei documenti, l'esattezza della notizia fornita, per evitare di inviare alle biblioteche richieste errate di documenti inesistenti e la conseguente ed inevitabile perdita di tempo e denaro. La disponibilità odierna di moltissimi cataloghi informatizzati raggiungibili con collegamenti online, spesso consente di effettuare contemporaneamente le operazioni di controllo della notizia bibliografica fornita dal lettore e di localizzazione del documento.

Appurata la correttezza della richiesta di ILL inoltrata dal lettore, il servizio deve provvedere a individuare la biblioteca o il possibile fornitore in possesso del documento cercato, al quale va inviata la richiesta di prestito interbibliotecario. Questa è un'operazione molto delicata e assolutamente non meccanica, che deve essere svolta considerando diversi fattori e cercando di mantenere un certo equilibrio tra convenienza economica e rapidità nell'ottenere il documento richiesto. In particolare, per evitare una ricerca dispersiva o, peggio, casuale, il servizio di reference deve selezionare un numero limitato di biblioteche, sia italiane che straniere, sui cataloghi delle quali effettuare le ricerche di localizzazione dei documenti, e con le quali instaurare un rapporto basato sulla fiducia e sul rispetto, sia dei termini di rispedizione sia dello stato di conservazione del materiale per il quale il reference fa da garante. Nella selezione delle biblioteche con le quali avviare un rapporto di prestito interbibliotecario si deve tener conto della quantità e della qualità delle raccolte, delle eventuali discipline che caratterizzano la specializzazione della biblioteca (una biblioteca di economia, di storia dell'arte ecc.) sulla quale orientare l'invio di richieste specifiche, e, infine, della politica di prestito applicata, cioè il periodo di tempo e i tipi di materiali per i quali viene concesso il prestito, la disponibilità a fotocopiare articoli di periodico o parti di libro, la possibilità di ottenere una riproduzione in microfilm di materiali particolarmente delicati, le eventuali tariffe e le modalità di rispedizione richieste.

Il bibliotecario di reference generalmente provvede a tracciare, per ogni documento richiesto, un itinerario dei cataloghi sui quali effettuare la ricerca di localizzazione. Gli elementi di cui deve tener conto per orientare la ricerca sono il tipo di documento richiesto, la data e il luogo di pubblicazione, la materia, o l'argomento trattato. La ricerca deve essere mirata a localizzare per prima cosa il documento nelle biblioteche più vicine, ad esempio in quelle della regione o del territorio nazionale, che dovrebbero avere tempi di spedizione ragionevolmente brevi con costi più contenuti, e che, in alcuni casi, possono essere raggiunte anche personalmente dal lettore; in seguito la ricerca può venire estesa via via alle biblioteche europee, a quelle extra-europee e come ultima risorsa alla biblioteca nazionale del paese, o a quella della città, dove è stato pubblicato il libro.

In realtà, le lungaggini burocratiche e il ritardo nella conversione dei cataloghi cartacei in quelli informatizzati rendono in alcuni casi poco agevole il ricorso alle nostre biblioteche per ottenere questo tipo di servizio e riducono il numero delle biblioteche i cui cataloghi interamente informatizzati permettono una efficace localizzazione seguita da un effettivo invio dei documenti richiesti. Questa situazione è in costante miglioramento, grazie ai numerosi progetti avviati per l'informatizzazione delle biblioteche, per la conversione retrospettiva dei cataloghi cartacei, e grazie anche alla campagna di sensibilizzazione rispetto al servizio di prestito interbibliotecario in corso tra i bibliotecari italiani. Le principali iniziative italiane di cooperazione che favoriscono la diffusione del servizio in un'ottica di condivisione delle risorse e dei patrimoni disponibili sul territorio nazionale sono il servizio ILL di SBN e il sistema NILDE.

ILL SBN è il servizio di prestito interbibliotecario e di fornitura di documenti messo a punto dal Servizio bibliotecario nazionale, è integrato con il catalogo nazionale SBN e con il catalogo nazionale dei periodici ACNP, ed è accessibile in Rete sia per i lettori che per le biblioteche. Il servizio è aperto a tutte le biblioteche, anche non aderenti a SBN, che possono effettuare solo richieste o anche prestare il proprio materiale e che si impegnano a garantire i tempi di risposta e di fornitura del servizio. Esso è accessibile anche ai lettori che possono contattare e ottenere direttamente dalle biblioteche la fotocopia dei documenti di cui hanno bisogno (articoli o contributi), salvo rivolgersi ad una biblioteca che faccia loro da garante qualora necessitino di un prestito interbibliotecario.

NILDE (Network Inter-Library Document Exchange) è invece un sistema web per la richiesta e la fornitura di documenti (articoli e contributi) tra biblioteche, sia in formato analogico (fax, posta o altro) che digitale, disponibile grazie alla cooperazione di oltre 400 biblioteche italiane nell'ambito del progetto biblioMIME del CNR che ha come obiettivo lo sviluppo di soluzioni software e di servizi avanzati per il *document delivery* tra le biblioteche, basati sulla trasmissione via Internet; anche NILDE è fra i sistemi di DD utilizzabili dal catalogo nazionale dei periodici ACNP.

Individuata la biblioteca in possesso del documento necessario al lettore, il servizio di reference deve procedere all'invio di una richiesta formale. Questa può essere inoltrata per mezzo del servizio postale, tramite fax, oppure inviando un messaggio di posta elettronica (e-mail) al servizio di prestito interbibliotecario della biblioteca che possiede il documento.

Un altro sistema che molte biblioteche adottano per ricevere le richieste online di ILL e DD è rappresentato da appositi moduli elettronici predisposti come pagine web e compilati a cura della biblioteca richiedente. Sempre più sistemi inoltre rendono disponibile nell'OPAC una procedura specifica per gestire il servizio di ILL e dd che considera la biblioteca richiedente come un utente ammesso al prestito e le consente di attivare la richiesta online a partire dalla notizia bibliografica reperita nel catalogo.

Qualunque sia la modalità utilizzata per inoltrare la richiesta di prestito, la biblioteca deve aver cura di riportare correttamente tutte le informazioni necessarie ad individuare il documento richiesto o l'eventuale sua parte (ad esempio un articolo di periodico) e fornire i dati completi per la consegna dei materiali.

L'attenta selezione delle biblioteche a cui rivolgersi per il servizio di prestito interbibliotecario esclude, nella maggior parte dei casi, una risposta negativa e si conclude con l'invio del documento richiesto. Generalmente il materiale viene inviato come pacco postale assicurato o raccomandato, o, nel caso di articoli di periodico, per rispondere in modo rapido a richieste particolamente urgenti, possono essere ancora una volta utilizzati il fax per inviare delle copie o la posta elettronica per spedire un file con l'immagine del documento acquisita con lo scanner.

Quando il materiale richiesto arriva al servizio di reference, il bibliotecario ne registra l'arrivo e provvede ad avvertire il lettore. La comunicazione tempestiva al lettore è un punto importante e qualificante del servizio; infatti il bibliotecario non può essere a conoscenza dell'urgenza che ha il lettore di ricevere il libro o l'articolo per continuare i suoi studi; inoltre, nel caso si tratti di un prestito di libri, è fondamentale dare la possibilità al lettore di sfruttare al massimo il periodo di prestito concesso dalla biblioteca che presta il libro, tenuto conto che si tratta generalmente di tre o quattro settimane, e che, a volte, in questi giorni sono compresi anche i tempi postali.

La messa a disposizione dei documenti al lettore si può svolgere in modo diverso a seconda del tipo di documento: la richiesta di articoli di periodico si esaurisce con la semplice consegna delle fotocopie o la stampa del file dell'articolo al lettore, mentre le modalità di consultazione di un libro sono dettate dalla biblioteca che lo presta; spesso questa chiede che la consultazione del libro venga effettuata nelle sale della biblioteca richiedente e vieta l'esecuzione di fotocopie anche parziali dell'opera. È fatto obbligo alla biblioteca di far rispettare le disposizioni che accompagnano il libro e vigilare affinché non venga danneggiato in alcun modo, visto che è direttamente responsabile nei confronti della biblioteca proprietaria, e garante dello stato di conservazione del libro.

Scaduto il periodo di prestito, la biblioteca provvede alla rispedizione del libro come pacco assicurato o raccomandato, o in genere seguendo gli stessi criteri adottati dalla biblioteca proprietaria per l'invio, avendo cura di utilizzare imballaggi adeguati a proteggerlo dalle sollecitazioni a cui può essere sottoposto durante il viaggio postale. Quasi mai le transazioni di prestito interbibliotecario sono a titolo gratuito; infatti, le biblioteche richiedono spesso di essere pagate per l'invio sia di articoli in fotocopia sia di libri in prestito. Generalmente questi costi sono finalizzati a coprire le spese delle fotocopie e quelle di spedizione sostenute dalla biblioteca proprietaria del documento, in alcuni casi invece si tratta di vere e proprie tariffe che la biblioteca stabilisce ed applica per ogni tipo di fornitura. È opportuno quindi che la biblioteca richiedente, prima di avviare le procedure di prestito, sia a conoscenza delle tariffe e delle eventuali politiche di prestito adottate dalle biblioteche alle quali intende rivolgersi per ottenere documenti, soprattutto per non andare incontro a sorprese una volta ricevuto il documento. Alcune biblioteche per ottenere il pagamento inseriscono nel libro solamente una nota di rimborso spese, altre rilasciano una semplice ricevuta, altre ancora emettono invece una regolare fattura. I pagamenti possono avvenire secondo diverse modalità: con l'invio dell'ammontare richiesto in francobolli; con l'invio di un numero prestabilito di *coupon réponse international*, cioè tagliandi del valore di 1,29 euro emessi dagli uffici postali e riconosciuti in tutta l'Europa, oppure di *IFLA vouchers*, tagliandi del valore di 8 euro (disponibili anche in tagli da 1/2 *voucher* del valore di 4 euro), emessi dall'IFLA proprio per supportare il prestito interbibliotecario e accettati da tutte le biblioteche; con versamenti su conto corrente postale (molto diffusi tra le biblioteche italiane), con vaglia postali, oppure con un bonifico bancario.

Un'altra strada che il servizio di reference può seguire per il recupero dei documenti è l'utilizzo di servizi specializzati nel *document delivery*; considerati i costi spesso elevati per ogni documento fornito, il ricorrere a questi servizi è una scelta che fa parte delle politiche di gestione del servizio di reference: possono essere l'ultima risorsa a cui rivolgersi nel caso in cui il normale iter del prestito interbibliotecario non dia risultati soddisfacenti, oppure possono venire utilizzati quando il lettore segnala la particolare urgenza di consultare un documento, o, infine, possono rientrare tra le normali fonti di approvvigionamento dei documenti necessari a studiosi e ricercatori, ad esempio per istituti di ricerca che non abbiano particolari problemi di bilancio.

Questi servizi in genere sono organizzati da grandi biblioteche come il BLDSC (British Library Document Supply Centre) per il Regno Unito, oppure nascono da esperienze di centri o consorzi di biblioteche come, ad esempio, SUBITO in Germania e OCLC (Online Computer Library Center) negli Stati Uniti con il servizio WorldCat resource sharing, per indicarne solo tre tra i più rappresentativi e utilizzati.

Il British Library Document Supply Centre è il centro di documentazione e di fornitura di documenti organizzato dalla British Library. Esso permette di ottenere i documenti pubblicati nel Regno Unito purché siano posseduti dalla British Library o da qualsiasi altra biblioteca del Paese, mettendo inoltre a disposizione quelli conservati nella propria raccolta, indipendentemente dal paese di pubblicazione. Le biblioteche che intendono usufruire dei suoi servizi devono sottoscrivere un contratto e versare un *deposit account* (deposito anticipato), via via rinnovabile, dal quale verrano detratte le spese per ogni invio di libri o articoli richiesti dalla biblioteca.

SUBITO è un servizio di ricerca e richiesta di documenti in prestito interbibliotecario e document delivery fornito completamente online da un consorzio costituito attualmente da 45 biblioteche tedesche, svizzere ed austriache; consiste in un catalogo dove sono registrati circa un milione di periodici, nei cataloghi delle biblioteche consorziate che rappresentano circa settanta milioni di libri, ed in un servizio a cui è possibile chiedere i testi degli articoli, la riproduzione parziale o il prestito di libri. SUBITO offre alle biblioteche registrate la possibilità di consultare il catalogo dei periodici e i cataloghi delle biblioteche afferenti, e di richiedere, contemporaneamente alla ricerca, l'invio dell'articolo o il prestito del libro trovato nei cataloghi, utilizzando la stessa sessione di lavoro online. L'articolo così richiesto viene inviato all'indirizzo di posta elettronica della biblioteca richiedente o fornito tramite *download* (scaricamento) del file immagine dal loro sito, o ancora spedito tramite posta ordinaria o inviato via fax, entro 24 (servizio celere) o 72 (servizio normale) ore dalla richiesta. La consegna dei libri viene effettuata per posta e i libri devono essere riconsegnati alla scadenza del periodo di prestito previsto di 4 settimane.

Infine, il servizio *WorldCat resource sharing* di OCLC organizza, guida e gestisce il prestito interbibliotecario tra la biblioteca che è alla ricerca di documenti e le migliaia di biblioteche che da tutto il mondo collaborano a questo servizio mettendo a disposizione le proprie raccolte. In sostanza il bibliotecario può cercare il documento da richiedere in prestito su un catalogo (WorldCat) composto da oltre 272.000.000 di notizie bibliografiche che rappresentano oltre 1,8 miliardi di esemplari; ogni notizia bibliografica è accompagnata dalla segnalazione delle biblioteche che posseggono il documento e dalle relative politiche di prestito (quali materiali sono oggetto di prestito, con quali costi, se vengono effettuati prestiti oltre oceano ecc.). La biblioteca che ha deciso di avvalersi di questo servizio ha a disposizione una sua scheda a video per inoltrare la richiesta di prestito alle biblioteche (fino ad un massimo di 5) in possesso del documento cercato; ogni comunicazione relativa al prestito tra le biblioteche (variazioni del costo, condizioni particolari di invio del documento, avviso di ricevimento, solleciti di rispedizione alla scadenza del prestito ecc.) viene gestita attraverso questo servizio online che, oltre ad un costo iniziale di attivazione, prevede delle tariffe, in realtà molto modeste, per ogni operazione effettuata (ricerca bibliografica, richiesta di prestito interbibliotecario ecc.); i rimborsi che le biblioteche chiedono per il prestito vero e proprio possono essere regolati direttamente dalle due biblioteche coinvolte nella transazione con una emissione di fattura e un versamento di denaro tramite bonifico bancario, oppure possono essere gestite direttamente da OCLC tramite il servizio IFM (ILL Fee Management) che si fa carico, per le biblioteche che hanno scelto questa modalità di pagamento, di fatturare periodicamente i rimborsi richiesti e di accreditarli alle biblioteche che hanno effettuato il prestito, con il vantaggio di ridurre in questo modo l'attività amministrativa e i costi dovuti per le transazioni bancarie.

Costi e personale

Ovviamente entrambi gli aspetti del servizio di reference, le ricerche su basi dati con collegamenti online o su CD-ROM, e l'Interlibrary loan/document delivery, comportano dei costi non indifferenti per la biblioteca. Le spese per l'acquisizione delle licenze d'uso per un certo numero di basi dati su CD-ROM, l'acquisto delle attrezzature informatiche necessarie per farle funzionare, e il costo delle connessioni a basi dati remote possono ammontare a parecchie migliaia di euro all'anno; per non parlare delle spese di rispedizione dei libri, ricevuti in prestito da biblioteche italiane ed estere, che possono raggiungere la decina di euro per ogni libro. La biblioteca dovrà quindi stabilire, sulla base anche della sua disponibilità economica, quali strumenti attivare ed utilizzare per l'espletamento del servizio, e se applicare delle tariffe a copertura parziale o integrale dei costi di gestione.

Per il tipo di supporto offerto ai lettori e per gli strumenti utilizzati, il reference può essere considerato un servizio di alto livello, che per poter funzionare al meglio, richiede l'impiego di persone in possesso di precisi requisiti. Per riuscire ad interpretare i diversi bisogni dei lettori, devono essere impiegate persone con una cultura di tipo interdisciplinare oppure più persone con competenze specifiche nei diversi rami del sapere, che abbiano una buona conoscenza dei linguaggi di indicizzazione (soggetti, parole chiave ecc.) e delle modalità di interrogazione adottate nei diversi repertori, siano essi su carta che su supporto elettronico. Devono avere inoltre la capacità di individuare le fonti più adatte a fornire la risposta che il lettore cerca, ed essere in grado di impostare delle strategie di ricerca che sfruttino al meglio le potenzialità informative offerte da queste.

Queste sono caratteristiche non comuni, che rendono l'operatore di reference una figura un po' speciale, e che purtroppo non è facile trovare riunite in un'unica persona. In assenza di scuole specifiche, l'esperienza, unita ad una buona cultura, può comunque fornire ad una persona le conoscenze necessarie per svolgere questo tipo di servizio.

Ma la dote principale che deve contraddistinguere le persone che operano al reference, e che non può essere fornita né dalle scuole, né dall'esperienza, è la capacità di mettere la propria tecnica e cultura al servizio del lettore, facendo in modo che questo rimanga sempre protagonista della propria ricerca. L'operatore non deve sostituirsi al lettore, ma deve essere il tramite intelligente che lo guida attraverso una massa di informazioni e documenti che spesso lo disorientano.

15. INFORMATIZZAZIONE DELLA BIBLIOTECA E SUA EVOLUZIONE

L'avvio del processo di informatizzazione

L'insieme delle procedure di gestione che costituiscono il motore della biblioteca può essere eseguito in modo tradizionale, cioè con schede, schedari, moduli, carta, penna o, tuttalpiù, con una macchina da scrivere, oppure può essere gestito con l'utilizzo di un elaboratore elettronico. Questo non significa svolgere in modo automatico le attività manuali per produrre e compilare, con minor fatica e più rapidamente, gli strumenti di tipo tradizionale come le schede, i moduli e gli stampati in genere, né riprodurre meccanicamente la tipologia delle operazioni e l'ordine in cui vengono di solito eseguite; significa invece cambiare la logica di funzionamento delle procedure e degli strumenti attraverso l'utilizzo di software di gestione che consentano di svolgere l'insieme complessivo delle procedure nel modo più economico possibile, e senza ripetizioni.

Tutto ciò esige una stretta collaborazione tra i bibliotecari impegnati nel processo di informatizzazione, ma anche una grande capacità di vedere globalmente l'intero processo da parte di chi organizza il lavoro in biblioteca. I vari settori non devono lavorare a compartimenti stagni ma in stretta collaborazione tra loro; infatti ciò che un settore inserisce nell'elaboratore viene utilizzato anche dagli altri settori, ed è perciò necessario che ogni settore rispetti tempi e modalità di inserimento dei dati.

Quando una biblioteca decide di informatizzarsi deve avere ben organizzate tutte le procedure di gestione, i cataloghi devono essere in ordine, e i servizi che offre devono funzionare al meglio. L'utilizzo dell'elaboratore non deve essere visto come la bacchetta magica che risolve i problemi, mette ordine nelle procedure e fa funzionare servizi che non funzionano, ma come uno strumento che può migliorare e rendere più funzionali procedure e servizi solo se questi sono già ben organizzati.

La biblioteca deve poi fare molta attenzione nel selezionare il programma (software) con cui intende gestire le procedure; deve cioè adottare un sistema dimensionato sulle sue effettive necessità e non rimanere abbagliata da nastri e lustrini: una piccola biblioteca di pubblica lettura che acquista cinquecento libri all'anno ed è abbonata a venti periodici non ha bisogno di scegliere un sistema di gestione completo che integri tutte le procedure, dall'ordine alla gestione dei fascicoli di periodico; può però avere un problema specifico nella gestione dei diecimila prestiti che effettua ogni anno, e quindi adotterà un sistema che consenta la catalogazione del materiale, la consultazione facilitata del catalogo, e una trattazione rapida ed efficace delle operazioni di prestito. Al contrario, un sistema di biblioteche di un'università può avere il problema inverso: un alto numero di acquisizioni annue, migliaia di abbonamenti a periodici da gestire, ricerche sofisticate da mettere a disposizione degli studiosi, e un numero di prestiti limitato. Questo porterà a selezionare un sistema più potente che consenta la gestione amministrativa di ordini, di registri d'ingresso e di bilanci, separata per ogni biblioteca, che offra un sistema di catalogazione non rudimentale e procedure di ricerca delle informazioni anche molto sofisticate, mentre la gestione dei prestiti, che per la piccola biblioteca è la risposta al problema primario, per il sistema di una università può essere utile, ma non indispensabile.

Normalmente i software di gestione sono a struttura modulare, hanno cioè un motore, che cura l'immagazzinamento dei dati, e programmi distinti, a mo' di sovrastrutture, che utilizzano questi dati per la ricerca, la visualizzazione, e la gestione delle procedure, ne determinano le caratteristiche e li mettono in relazione tra loro. Questi programmi, che realizzano la gestione delle diverse procedure, sono fatti per lavorare insieme e per essere acquistati e integrati a quelli già installati, via via che la biblioteca decide di informatizzare ogni singola attività, e nell'ottica di consentire una crescita di tipo modulare parallela a quella della biblioteca. I moduli generalmente offerti dai programmi che sono presenti sul mercato prevedono la gestione degli acquisti, la catalogazione, la gestione dei fascicoli di periodico, l'OPAC (Online Public Access Catalogue) che consente una interrogazione del catalogo con un'interfaccia particolarmente amichevole per il lettore, e la gestione del prestito.

Infine la biblioteca deve fare attenzione a garantirsi la manutenzione del software nel tempo: può decidere di adottare un programma fatto in casa, magari dal bravo informatico del comune, oppure da un venditore di computer che fa anche programmi, ma entrambe queste soluzioni impongono cautela. Infatti creare dei programmi ex novo, siano essi fatti in casa o *ad hoc* da una ditta, significa avere dei prodotti sviluppati quasi artigianalmente e garantiti come assistenza solo dalla presenza della persona o dell'équipe che li ha realizzati. Risulta evidente che nel momento in cui viene a mancare la persona o l'équipe stessa, l'esistenza, l'aggiornamento e la manutenzione del software nel tempo possono venire compromessi. La biblioteca si troverà con un prodotto, anche buono, progettato su esigenze specifiche, ma per il quale non è garantita la continuità nel tempo, e questo può rivelarsi un investimento pericoloso. L'avvio delle prime esperienze di informatizzazione bibliotecaria in Italia, circa a metà degli anni Ottanta, ha portato a una proliferazione dei software di questo tipo; ora per fortuna pare che questa frenesia si sia esaurita, e il mercato sembra si sia stabilizzato a favore di prodotti che rispondono a caratteristiche di solidità, diffusione, standardizzazione dei formati e continuità nel tempo.

È importante che la biblioteca scelga un prodotto maturo, testato e adottato da altre biblioteche sul territorio, che risponda a determinati standard, catalografici e di comunicazione, ormai affermati, e sia messo in commercio da ditte solide, con esperienza specifica nel settore, che garantiscano la tempestività negli interventi di assistenza per porre rimedio a eventuali inconvenienti e malfunzionamenti.

Infatti l'alternativa ai prodotti *home-made* è data da software disponibili sul mercato, molto diffusi, che in generale danno garanzia di continuità e assistenza proprio grazie alla solida organizzazione che hanno alle spalle, pur rispondendo meno di un prodotto fatto su misura ad esigenze specifiche.

Anche l'elaboratore (hardware) deve essere acquistato in funzione delle reali necessità della biblioteca; è necessario valutare la dimensione del patrimonio, il numero di computer dai quali consentire la consultazione del catalogo informatizzato e il numero di quelli destinati al lavoro dei bibliotecari, la quantità di memoria e la velocità richieste dal software.

La tecnologia informatica ha raggiunto un livello di sofisticazione molto alto a cui è corrisposto un notevole abbassamento dei prezzi, e per questo motivo il costo delle attrezzature necessarie all'avvio dell'informatizzazione di una biblioteca è diventato abbastanza accessibile; sono sempre meno quindi le biblioteche che utilizzano un solo computer condiviso dai lettori per le ricerche sul catalogo e dal bibliotecario per svolgere il proprio lavoro.

Normalmente i software sono installati su un elaboratore centrale al quale vengono collegati, con diverse modalità, un certo numero di personal computer che costituiscono le stazioni di lavoro in sede per lettori e bibliotecari. Questa configurazione viene definita una rete locale di computer (Local Area Network: LAN) e consente alle diverse stazioni di lavoro di operare contemporaneamente sul software centrale per svolgere ricerche od operazioni di gestione.

Nel caso di sistemi composti da più biblioteche, è possibile utilizzare per il software un elaboratore centrale più potente a cui vanno collegate, via Internet, le diverse postazioni di lavoro. In alternativa è sempre più diffusa la possibilità per la biblioteca di utilizzare il software di gestione installato non localmente, ma presso l'azienda che lo produce o commercializza, con una configurazione completamente personalizzata degli aspetti gestionali, dell'interfaccia utente e dell'indirizzo web dell'OPAC. Questa modalità definita ASP (Application Service Provider) o SaaS (Software as a Service), propone il software come un servizio a cui il cliente, in questo caso la biblioteca, accede pagando un canone e utilizzando nella maggior parte dei casi un normale browser web.

I vantaggi immediati di queste soluzioni sono che la biblioteca non deve installare localmente il software evitando tutte le problematiche di gestione e i costi hardware e software che quel tipo di installazione può comportare. Inoltre le aziende sono sempre più in grado di offrire servizi aggiuntivi come un aggiornamento costante dell'hardware, del sistema operativo e del software applicativo, che viene mantenuto e spesso assistito direttamente dalla casa produttrice.

Completano il quadro connessioni spesso ad alta velocità che evitano ingorghi e rallentamenti nell'uso e nella consultazione del catalogo, un servizio di protezione e backup sistematico dei dati, il monitoraggio ed il pronto intervento sulle funzionalità del software che, in presenza di problemi, ne consentono l'immediato ripristino evitando momenti di indisponibilità del catalogo che metterebbero in crisi il corretto funzionamento della biblioteca.

I vantaggi di una gestione informatizzata

L'utilizzo del computer consente la condivisione delle informazioni da parte di tutte le procedure di gestione e quindi comporta la possibilità di digitare e memorizzare i dati informativi una sola volta. Questo significa che la descrizione del libro, abbozzata per effettuare l'invio dell'ordine di acquisto, viene ripresa e perfezionata dal catalogatore, completata con l'identificazione e l'inserimento dei diversi tipi di accesso e resa immediatamente disponibile al lettore per la ricerca sul catalogo informatizzato, eliminando con questo tutti i rallentamenti che derivano dalla creazione di numerose schede e dal loro inserimento nei cataloghi cartacei, riconosciuto e drammatico collo di bottiglia nel flusso delle operazioni.

La stessa descrizione, alla quale il software collega tutti i dati che le sono propri (accessi, numero di ingresso, segnatura di collocazione, fornitore, numero di fattura, valore ecc.), viene utilizzata anche per la compilazione del registro cronologico di entrata, che viene a essere un sottoprodotto della gestione informatizzata, come la stampa delle schede bibliografiche e come qualsiasi altro modulo cartaceo la biblioteca intenda produrre. Nel caso invece la biblioteca abbia optato per una completa, o parziale, eliminazione dei supporti cartacei, la notizia, completa di tutti i dati, immagazzinata nell'elaboratore prende il posto della documentazione tradizionale, dando alle procedure di gestione una fluidità e velocità di esecuzione non immaginabili senza l'utilizzo della tecnologia informatica.

La procedura di gestione dei fascicoli di periodico evidenzia ulteriormente questi aspetti. Invece di creare le schede, registrare l'arrivo dei fascicoli negli schedoni amministrativi e comunicare al lettore le informazioni sulla consistenza delle collezioni, a voce, oppure facendogli compiere una verifica direttamente sugli scaffali, un software di gestione può mettere a disposizione uno scadenzario, impostato e aggiornato dal bibliotecario sulla base della periodicità dei fascicoli, che prevede e registra le date di arrivo dei singoli fascicoli, segnala gli eventuali ritardi, propone al bibliotecario l'eventuale invio di un sollecito al fornitore, semplificando in questo modo le operazioni di controllo. Questo software, inoltre, collega le informazioni sulla consistenza alla notizia bibliografica del periodico, e consente al lettore di visualizzarle assieme al momento dell'interrogazione del catalogo, che, aggiornato in tempo reale, dà maggiore tempestività e completezza all'informazione.

Notevoli sono anche i vantaggi che il lettore trae nella consultazione di un catalogo informatizzato. Oltre alla disponibilità immediata dell'informazione (il lettore può recuperare sull'OPAC la notizia relativa a un libro appena catalogato, oppure sapere in tempo reale che il libro cercato è in prestito), una importante caratteristica dei sistemi di gestione è la facilità con cui si possono effettuare ricerche su dati immagazzinati. Questo è possibile grazie alla creazione di archivi ordinati per ogni tipo di elemento informativo (titoli, autori, soggetti ecc.), dai quali il lettore può recuperare informazioni sulla base di una frase, una parola, o parte di essa, oppure impostare delle ricerche più precise utilizzando degli operatori booleani come AND, OR e NOT che consentono rispettivamente di associare, alternare o escludere più parole nella ricerca sulle registrazioni.

Per favorire la ricerca nei cataloghi evitando l'utilizzo diretto da parte del lettore di simboli e modalità che possono essere di non immediata comprensione, gli OPAC hanno avuto un'evoluzione significativa, sviluppando un'interfaccia amichevole pensata principalmente per gli utenti di una biblioteca inesperti nell'uso di strumenti informatici: consentono di effettuare le ricerche, dalle più semplici alle più complesse, grazie a percorsi guidati a più livelli di opzioni (menu) che interagiscono con il lettore, dicendogli cosa deve e cosa può fare, utilizzando un linguaggio di uso comune. In particolare, molti software permettono la navigazione all'interno delle informazioni; questa è una ulteriore sofisticazione nelle modalità di ricerca, che non considera la visualizzazione della registrazione bibliografica completa come il punto di arrivo finale della ricerca, ma utilizza qualsiasi elemento della registrazione (autore, collana, soggetto ecc.) come punto di partenza per recuperare altre registrazioni che a questi elementi sono collegate, senza dover reimpostare di nuovo la ricerca.

La gestione informatizzata delle procedure necessarie per prestare un libro viene realizzata dal programma con l'utilizzo di codici a barre e lettori ottici simili a quelli usati nei supermercati per contrassegnare i prodotti e rilevarne il prezzo alla cassa. Per prima cosa è necessario che vengano gradualmente inseriti nell'elaboratore i dati anagrafici di tutti gli utenti della biblioteca ammessi al prestito; ogni informazione relativa a un lettore deve essere poi contrassegnata inserendo in un campo della registrazione un codice numerico (non importa se progressivo o casuale) che viene riportato anche sulla tessera di identificazione del lettore in forma di codice a barre.

Allo stesso modo bisogna identificare tutti i libri della biblioteca ammessi al prestito. Abbiamo visto che alla notizia bibliografica sono collegati gli elementi che caratterizzano le copie di una data opera possedute dalla biblioteca; a questi elementi viene aggiunto un altro codice identificativo (meglio se la prima cifra è diversa da quella utilizzata per i lettori) che viene riportato in forma di codice a barre con un'etichetta applicata normalmente sulla seconda o sulla quarta di copertina del libro.

Questo sistema consente, in sostanza, di attivare un collegamento sia tra il libro come entità fisica e la notizia bibliografica, sia tra il lettore in possesso della tessera e la registrazione che, in un certo senso, lo rappresenta negli archivi dell'elaboratore.

La lettura del codice a barre applicato sulla tessera del lettore, e di quello sulla copertina del libro, per mezzo di uno scanner ottico collegato al computer, permette al software di riconoscere il lettore e la copia del libro, e fa scattare una procedura automatica che rende attivo il prestito e lo registra sia nella notizia anagrafica del lettore sia nei dati relativi al libro. Di conseguenza la notizia anagrafica del lettore segnala al bibliotecario quale libro questo abbia in prestito, mentre nell'OPAC la notizia bibliografica segnala che la copia posseduta dalla biblioteca è in prestito e indica quando il libro sarà nuovamente disponibile.

Un controllo giornaliero delle date di scadenza dei prestiti consente al bibliotecario di provvedere con tempestività al richiamo del libro; la registrazione nella notizia anagrafica del lettore di eventuali ritardi, multe o esclusioni dai servizi può essere verificata da tutte le stazioni di lavoro della biblioteca singola o da tutte le biblioteche afferenti a un sistema.

La catalogazione partecipata

Quando più biblioteche decidono di costituirsi in sistema, per affinità, per area geografica (città, regione ecc.) o per motivi istituzionali (biblioteche di un ateneo), si pongono come obiettivo la condivisione di intenti e risorse economiche, umane e tecnologiche.

Le biblioteche del sistema possono raggiungere più agevolmente questo obiettivo adottando un software di gestione unico installato su un computer centrale adeguatamente dimensionato e collegando ognuna la propria rete locale di computer (LAN) con il computer centrale, con il risultato di avere una rete più estesa, che permette loro di lavorare insieme e di utilizzare le stesse procedure. La condivisione degli strumenti informatici si traduce anche nella ripartizione delle spese per l'acquisto e la manutenzione dell'hardware e del software necessari.

Pur mantenendo una gestione amministrativa separata, le biblioteche del sistema possono condividere gli archivi bibliografici; questo significa che per catalogare un libro, una biblioteca del sistema può, e deve, utilizzare le notizie bibliografiche e gli accessi eventualmente già inseriti dalla prima che ha catalogato lo stesso libro. In questo modo i bibliotecari del sistema possono risparmiare tempo prezioso evitando di ricatalogare documenti già registrati nella base dati comune e dedicare quindi maggior attenzione agli aspetti più complessi della catalogazione (analisi concettuale dei documenti e individuazione degli accessi semantici) o a progetti particolari che la biblioteca intenda avviare (ad esempio lo spoglio dei periodici posseduti).

La stessa condivisione degli archivi consente anche di razionalizzare una parte delle acquisizioni fatte dalle biblioteche del sistema, ad esempio evitando acquisti plurimi di opere molto costose o di periodici.

Inoltre, il lettore può disporre di un catalogo unico per tutte le biblioteche del sistema e quindi può effettuare una ricerca rapida e completa delle informazioni di cui ha bisogno, e individuare contemporaneamente quale biblioteca possieda il libro o il periodico che cerca, evitando di peregrinare di biblioteca in biblioteca.

In Italia il massimo esempio di catalogazione partecipata è il Servizio Bibliotecario Nazionale (vedi Letture 6); questo, oltre ad attivare l'informatizzazione di sistemi cittadini, provinciali o addirittura regionali, mette in connessione le basi dati di questi sistemi con una base dati nazionale (indice) che immagazzina e mette a disposizione di tutte le biblioteche collegate le notizie bibliografiche, gli accessi formali e la localizzazione degli esemplari, cioè le biblioteche che sono in possesso di una copia dell'opera descritta. Le registrazioni presenti nell'indice nazionale devono essere utilizzate da tutte le biblioteche afferenti al Servizio Bibliotecario Nazionale per la catalogazione, in modo che la registrazione resti unica e a questa vengano aggiunti solo i dati di possesso dell'esemplare.

La catalogazione derivata

Sempre nell'ottica di ottimizzare le procedure di catalogazione e di sfruttare le possibilità offerte dallo strumento informatico per favorire la circolazione dei dati, è possibile per una biblioteca attivare una procedura di catalogazione che derivi la notizia bibliografica completa di accessi formali e semantici dai cataloghi informatizzati di altre biblioteche, o da quelli costituiti da consorzi di biblioteche nati con questo preciso scopo; il bibliotecario, cioè, può esportare da questi cataloghi la descrizione e gli accessi in un formato internazionale di scambio e li può importare nel proprio catalogo.

Importanti e autorevoli biblioteche nazionali, come ad esempio la Library of Congress e la Biblioteca nazionale centrale di Firenze, rendono disponibile per la catalogazione derivata i propri cataloghi informatizzati via web o su CD-ROM in modo gratuito oppure a pagamento secondo diverse modalità (acquisto, abbonamento, numero di record scaricati, o altro).

Un sistema di biblioteche può ad esempio acquisire i dati bibliografici e trasferirli sul proprio elaboratore centrale costituendo una base dati parallela a quella del proprio catalogo, in modo da consentire ai bibliotecari di cercarvi la notizia del libro che stanno per catalogare e quindi, se presente, di trasferirla sulla base dati del proprio sistema. In questo modo si affianca a supporto e completamento della catalogazione partecipata, che è modalità propria di un sistema di biblioteche, la catalogazione derivata che utilizza record bibliografici prodotti da biblioteche esterne al sistema.

Una singola biblioteca invece può acquisire il diritto di accedere ai dati su CD-ROM e mettere in grado il bibliotecario di controllare se le notizie bibliografiche dei libri che sta per catalogare sono presenti su quelle base dati, quindi esportarle, e successivamente importarle nel proprio catalogo, grazie ad apposite procedure messe a disposizione dal software di gestione.

Infine, esistono dei consorzi (ad esempio OCLC), con i quali le biblioteche instaurano un vero e proprio rapporto commerciale. In sostanza, migliaia di biblioteche, generalmente di area nordamericana, quando devono catalogare un libro, si collegano con la base dati del consorzio e controllano se il record bibliografico è già presente. Se è così, lo esportano dalla base dati e lo caricano sul proprio catalogo pagando una tariffa per ogni record esportato; se invece il record non è presente, lo creano sul proprio catalogo e successivamente lo inviano alla base dati del consorzio, accrescendone quindi la quantità di dati disponibili, e ricevendone il compenso stabilito dal contratto stipulato.

Fin qui le diverse modalità per poter attivare una procedura di catalogazione derivata. Alcuni problemi possono però sorgere al momento dell'applicazione pratica di questa procedura; è necessario infatti chiarire quali biblioteche possono utilizzare con successo questo tipo di catalogazione, per quali operazioni, e quali attenzioni deve porre il catalogatore per ottenere un risultato soddisfacente.

Innanzitutto è opportuno precisare che la quasi totalità di questi cataloghi e consorzi nasce in area angloamericana, o comunque non italiana, quindi la quantità di pubblicazioni italiane che vi si possono trovare catalogate è relativamente bassa. Questo comporta che le piccole e le medie biblioteche di pubblica lettura riescono a recuperare una percentuale bassa di registrazioni catalografiche del materiale che acquistano normalmente; quindi la catalogazione derivata può risultare per loro poco conveniente, a differenza delle biblioteche accademiche o delle grandi nazionali che acquistano una percentuale maggiore di opere straniere e possono trarre perciò maggiore beneficio dall'utilizzo di questi strumenti. In secondo luogo, non è detto che nelle basi dati disponibili in commercio sia già stato catalogato il libro appena uscito e acquistato dalla biblioteca che le utilizza, o che l'aggiornamento dei cataloghi su CD-ROM venduti tenga il passo con le sue acquisizioni correnti. Ciò suggerisce che questi strumenti possono essere utilizzati con una buona percentuale di successo quando la nostra biblioteca decide di recuperare sul catalogo informatizzato le notizie bibliografiche registrate ancora sul vecchio catalogo cartaceo, e quindi relative a pubblicazioni non recenti (vedi, più avanti, il paragrafo sul recupero del pregresso).

Infine, il fatto che la maggior parte delle basi dati disponibili sul mercato in funzione della catalogazione derivata siano di area diversa da quella italiana significa che per la catalogazione sono state utilizzate le regole in vigore nei rispettivi paesi, ed è necessario quindi un attento intervento del catalogatore per adeguarle a quelle italiane.

La maggior parte dei dati di un record bibliografico derivato non ha bisogno di molti interventi da parte del bibliotecario: la descrizione, che è generalmente realizzata secondo lo standard ISBD, gli accessi formali e il numero di classificazione, che di solito viene individuato secondo il sistema Dewey, possono essere memorizzati nel catalogo della nostra biblioteca, così come sono.

Un particolare intervento del catalogatore riguarda soprattutto la forma degli accessi formali per le opere di autori classici e di autori collettivi (ad esempio, le regole di catalogazione angloamericane RDA prevedono per l'autore Virgilio la forma *Virgil*, mentre quella prevista dalle REICAT è *Vergilius Maro*, *Publius*). Inoltre, gli accessi per soggetto, presenti nel record bibliografico derivato da una base dati straniera, devono servire solo come orientamento al bibliotecario nell'analisi concettuale necessaria a determinare l'argomento di cui parla il libro, in quanto sono riportati ovviamente in lingua straniera, quindi non sono utilizzabili da tutti i lettori, e possono oltretutto essere costruiti con criteri diversi da quelli adottati dalle nostre biblioteche, suggeriti dal Nuovo Soggettario della Biblioteca nazionale centrale di Firenze, con la conseguente difficoltà di riuscire a mantenere coerenza ed omogeneità nell'archivio che raccoglie e ordina questo tipo di accessi.

La possibilità di consultare liberamente online il catalogo della Biblioteca nazionale centrale di Firenze e, sottoscrivendo un abbonamento, la base dati cumulativa della BNI (disponibile anche su DVD con aggiornamenti bimestrali, o a stampa), che permettono di esportare i dati in formato UNIMARC, consente alle biblioteche del nostro Paese di coprire con la catalogazione derivata anche quella parte delle loro acquisizioni che riguarda le pubblicazioni italiane, evitando oltretutto l'intervento correttivo dei bibliotecari, in quanto i record bibliografici sono realizzati dal più autorevole centro bibliografico nazionale.

È opportuno sottolineare l'importanza per le biblioteche di poter rendere condivisibili queste basi dati sia per la catalogazione derivata, sia, come abbiamo visto per il servizio di reference, come risorsa per le ricerche bibliografiche. Ovviamente, sta alla biblioteca valutare la convenienza di adottare la soluzione di collegamenti online con basi dati remote, oppure di preferire basi dati immagazzinate e commercializzate su dischi ottici CD-ROM. L'orientamento del mercato, rispetto alle modalità di consultazione e quindi di offerta delle basi dati, negli ultimi dieci anni è sostanzialmente cambiato ed è tuttora in evoluzione; l'ampia diffusione dell'uso di Internet e degli strumenti necessari alla sua utilizzazione (browser come Chrome, Firefox, Internet Explorer o altro), la progressiva riduzione dei costi di connessione alla rete e il miglioramento dei software di ricerca hanno consentito di superare le difficoltà di accesso alle risorse online, difficoltà che finora avevano fatto del CD-ROM la tecnologia più adatta a garantire una grande diffusione delle informazioni su supporto elettronico, con costi di realizzazione e utilizzo relativamente bassi. L'attenzione si è quindi spostata dal supporto su cui viene fornita l'informazione, all'informazione stessa, e la maggior parte delle basi dati oggi sono prodotte ed offerte online con software di consultazione sempre più amichevoli e intuitivi.

Qualora la biblioteca scelga di utilizzare basi dati online, si dovrà attrezzare con PC per la consultazione, provvedere all'accesso ad Internet, e sottoscrivere gli abbonamenti alle basi dati che le sono necessarie; nel caso, sempre meno frequente, in cui le basi dati siano ancora commercializzate solo su CD-ROM, la biblioteca, per poter accedere a queste basi dati da più posti di lavoro, dovrà rendere condivisibili i dischi ottici a tutti i computer che fanno parte della rete informatica organizzata dalla biblioteca stessa. Ciò è possibile collegando le attrezzature che servono per leggerli (lettori di CD/DVD) all'elaboratore centrale della rete (server), e utilizzando degli appositi software per controllare e governare il traffico di ricerche che provengono dalle singole stazioni di lavoro. Bisogna tener presente inoltre che non tutti i software di ricerca utilizzati dalle basi dati su supporto ottico sono predisposti per essere resi condivisibili in una rete di computer, e che per alcuni di questi è necessario acquistare una licenza d'uso e un relativo software aggiuntivo che ne consentano il funzionamento in rete.

Chiarite queste particolarità, per finire, va considerato che la strategia commerciale e tecnologica della distribuzione di basi dati bibliografiche su CD e DVD, all'origine era nata in alternativa a quella del collegamento online attraverso le linee di telecomunicazione, e che la lentezza di lettura degli strumenti necessari a gestire i dischi ottici non consentiva di condividere contemporaneamente le informazioni da un numero molto alto di posti di lavoro; diversamente, sarebbe venuto a mancare il carattere di praticità e di velocità d'uso, penalizzato da tempi di risposta troppo lunghi.

Attualmente invece lo sviluppo della tecnologia informatica consente di utilizzare attrezzature e software specifici adatti a gestire anche centinaia di CD o DVD, sia installati su torri di lettori, sia copiati sugli hard disc sempre più capaci e veloci dell'elaboratore che ne gestisce la condivisione, consentendo così una consultazione intensa e contemporanea delle basi dati, anche via Internet, sia all'interno di una singola biblioteca, che dalle postazioni di lavoro di un esteso sistema bibliotecario.

Il recupero del pregresso

Generalmente una biblioteca inizia il nuovo tipo di gestione informatizzata a partire dalle nuove acquisizioni. È fuor di dubbio però che il sistema informatizzato raggiunge la sua massima efficienza nel momento in cui tutte le procedure e tutti i servizi sono gestiti con lo strumento informatico, e soprattutto nel momento in cui le notizie bibliografiche di tutto il patrimonio della biblioteca sono immagazzinate nell'elaboratore. Questo consente al lettore di poter consultare un unico catalogo informatizzato, anziché effettuare la ricerca prima sul catalogo informatizzato per le acquisizioni più recenti (registrate a partire dal giorno in cui è stato reso operativo il software di gestione) per poi ripeterla sul catalogo cartaceo relativo al patrimonio entrato in biblioteca prima dell'avvio dell'informatizzazione. Inoltre, ad esempio, il servizio di prestito gestito dall'elaboratore con l'utilizzo dei codici a barre presuppone di poter contare sulla registrazione delle notizie bibliografiche di tutto il patrimonio della biblioteca.

Per questi motivi tutte le biblioteche che hanno avviato un processo di informatizzazione attivano a un certo momento dei progetti per il recupero delle notizie bibliografiche ancora registrate su supporto cartaceo; questa fase del processo viene indicata nell'uso comune come recupero del pregresso, o, più esattamente, recupero della catalogazione pregressa.

Il recupero delle informazioni relative al materiale librario posseduto dalla biblioteca e catalogato su supporto cartaceo può essere fatto in due modi diversi: con una catalogazione retrospettiva, che prevede una nuova analisi sia formale che concettuale e una ricatalogazione di tutte le raccolte, riprendendo in mano il patrimonio libro per libro; oppure con una conversione retrospettiva, cioè copiando le informazioni presenti sulle schede cartacee direttamente sul nuovo sistema di gestione, o registrandole su altro supporto magnetico in un formato leggibile dal computer, dal quale verranno poi trasferite nella base dati della biblioteca.

La catalogazione retrospettiva è sicuramente la via che consente di avere un catalogo informatizzato corretto e omogeneo: ogni libro viene tolto dallo scaffale, ricatalogato ex novo secondo standard e criteri aggiornati, e nel caso probabile che la biblioteca non sia dotata di cataloghi per soggetti o classificati, consente al bibliotecario di provvedere all'individuazione degli accessi semantici. Risulta evidente che questo modo di procedere è molto lento e costoso; la biblioteca deve valutare e programmare attentamente i tempi in cui vuole completare il recupero della catalogazione pregressa e verificare se è in grado di effettuarla con il personale interno o se deve affidarsi a operatori esterni. La dimensione delle raccolte vincola ovviamente questa scelta: sarà più semplice per una piccola biblioteca ricatalogare tutto il materiale, mentre trattare in questo modo patrimoni librari molto estesi significa iniziare il recupero e non sapere quando potrà finire.

La conversione retrospettiva, invece, è la soluzione più rapida, e, se vogliamo, può essere anche quella tecnologicamente più avanzata. Infatti consente di integrare la digitazione dei dati presenti sulle schede con una procedura di catalogazione derivata, cioè con la ricerca di notizie bibliografiche su altre basi dati e il trasferimento di queste sul proprio sistema.

Il livello più basso di attuazione avviene attraverso una mera copiatura delle notizie bibliografiche presenti sulle schede, che riporta sul catalogo informatizzato l'esatta fotografia di quello cartaceo e ne ripropone la coerenza e gli errori; per questa operazione è opportuno utilizzare come fonte il catalogo topografico, in quanto è costituito dalle schede principali ordinate per collocazione e corredate dal tracciato nel quale sono riportati tutti gli accessi che la biblioteca ha definito per la notizia bibliografica (autori, soggetti, numero di classificazione), e garantisce quindi una buona completezza informativa; in mancanza del catalogo topografico si dovrà procedere dal catalogo alfabetico per autori, perdendo così la possibilità di recuperare gli accessi semantici; non è possibile infatti effettuare una analisi concettuale e determinare soggetti e classificazione avendo come unica fonte la descrizione del libro, a meno che la biblioteca non abbia ritenuto opportuno riportare il tracciato anche nelle schede di questo catalogo.

I cataloghi di una biblioteca, spesso, sono costruiti da bibliotecari diversi, nel corso di molti anni, e quindi comprendono schede realizzate secondo regole di catalogazione che sono via via cambiate. Il bibliotecario deve intervenire quindi applicando alle vecchie schede i nuovi standard e le regole vigenti; gli elementi informativi della descrizione vanno ripresi e normalizzati secondo lo standard ISBD e gli accessi che costituiscono l'intestazione della scheda vanno controllati cercando di creare degli archivi coerenti.

Un modo per rendere più veloce la conversione retrospettiva è quello di sfruttare la capacità dei sistemi di gestione di importare le registrazioni prodotte da basi dati esterne qualificate (le bibliografie nazionali, o i cataloghi di prestigiose biblioteche disponibili in formato elettronico come quelli della Biblioteca nazionale centrale di Firenze, della Library of Congress o della British Library) e quindi attivare come prima cosa la catalogazione derivata, riservando l'inserimento manuale dei dati alle notizie bibliografiche che non è stato possibile recuperare dalle basi dati esterne.

Innanzitutto è necessario che la biblioteca selezioni, considerando le caratteristiche del patrimonio librario, quale base dati utilizzare per il recupero: infatti da questo dipende la percentuale di notizie bibliografiche che riuscirà a recuperare (una biblioteca che possiede per la maggior parte pubblicazioni italiane ricaverà ben poco dall'utilizzo di una base dati nordamericana). In secondo luogo deve decidere se acquistare la base dati, ed effettuare con il proprio personale le operazioni di ricerca e recupero delle registrazioni, oppure affidarsi a servizi specifici offerti dai consorzi che gestiscono queste basi dati. OCLC (Online Computer Library Center) ad esempio offre a pagamento l'accesso online alla propria base dati WORLDCAT, costituita da circa 272.000.000 di record, con la quale è possibile effettuare in proprio le operazioni di ricerca e recupero delle registrazioni.

A questo proposito è interessante ricordare che, per supportare i progetti e le operazioni di conversione retrospettiva, OCLC aveva organizzato un servizio di recupero dei dati bibliografici che, sulla base del numero identificativo del record, cercato e reperito dalla biblioteca su WORLDCAT e registrato su un dischetto assieme ai dati relativi all'esemplare (numero di ingresso, segnatura di collocazione, codice per il prestito, o altro), restituiva un CD-ROM o un nastro magnetico che conteneva la registrazione completa di tutte le notizie che era stato possibile recuperare dalla base dati; alla biblioteca non restava altro che intervenire su alcune forme degli accessi, sia formali che semantici, come previsto per la catalogazione derivata, e trasferire le registrazioni nel proprio catalogo. Successivamente tutte le registrazioni che non erano state recuperate con questo sistema si sarebbero dovute poi copiare e inserire manualmente nel catalogo informatizzato.

Oggi questo servizio di RetroConversione non compare più fra i servizi di OCLC, esiste però il servizio Connexion, che, fra le molte funzionalità, consente alla biblioteca di derivare i record da quelli registrati in WorldCat esportandoli direttamente sul proprio catalogo elettronico, con la possibilità di scegliere fra due interfacce, una basata su servizi web e l'altra costituita da un client, ossia un software installato sulle postazioni di lavoro della biblioteca.

In presenza di grandi patrimoni librari, o di sistemi estesi e frammentati in un alto numero di biblioteche, e comunque quando il personale in servizio è appena sufficiente a garantire la gestione delle acquisizioni correnti, è necessario che la biblioteca affidi l'esecuzione di questi progetti a ditte esterne.

Queste possono essere costituite, ad esempio, da cooperative sorte appositamente, e formate da persone con una preparazione specifica di base che sotto la guida del personale della biblioteca effettuano la copiatura delle schede cartacee, oppure da ditte specializzate in questi progetti che, sulla base di precise indicazioni catalografiche della biblioteca, si occupano di tutte le fasi della conversione: l'analisi dei cataloghi, la microfilmatura delle schede per evitare di sequestrare i cassetti dei cataloghi nella fase di copiatura e creare disagi ai lettori, la ricerca sulle basi dati più adatte per il tipo di materiale, la codifica e la normalizzazione delle notizie bibliografiche, la digitazione delle notizie non recuperate da base dati e il completamento, con i dati di possesso dell'esemplare, di quelle invece recuperate da base dati, infine la restituzione alla biblioteca delle registrazioni complete memorizzate su supporto elettronico (CD, DVD o nastro magnetico) nel formato internazionale di scambio concordato.

In conclusione, la conversione retrospettiva consiste in un cambio di supporto, attento e studiato, ma sempre un cambio di supporto, e non deve essere considerato un mezzo per ricostruire e migliorare cataloghi disastrati o poco curati. Le eventuali incoerenze presenti nei cataloghi cartacei da cui si parte saranno presenti anche sul catalogo informatizzato risultato della conversione; sarà comunque possibile sfruttare le caratteristiche di un catalogo in linea per intervenire sulle duplicazioni di notizie bibliografiche e uniformare gli accessi. È possibile invece che la conversione retrospettiva diventi un sistema per migliorare i servizi aumentando di molto le potenzialità di recupero delle informazioni, grazie ad un'attenta strutturazione di queste in campi e sottocampi del record bibliografico e grazie anche alla professionalità di chi effettua il lavoro. Ad esempio, a differenza del catalogo cartaceo, sarà possibile cercare per le parole interne al titolo o all'intera descrizione, oppure codificare e far diventare un accesso alla notizia bibliografica i titoli di opere contenute, presenti o meno nel frontespizio, che, nella scheda cartacea tradizionale, trovano solitamente posto nella descrizione, o in nota. È necessario infine che la biblioteca disponga di un software di gestione consolidato in modo che sia possibile valutare e prevedere quale sarà il risultato finale della conversione sulla base delle scelte biblioteconomiche di formato e indicizzazione.

Il poter disporre di un catalogo completamente informatizzato, grazie alla conversione retrospettiva, è non solo il completamento della biblioteca elettronica, cioè della biblioteca che ha informatizzato tutte le procedure, ma è anche il punto di partenza per realizzare la biblioteca digitale, ossia quella biblioteca, o parte di biblioteca, che mette a disposizione i documenti in formato digitale, siano essi testi (libri, articoli), registrazioni sonore e video (conferenze, musiche, lezioni), immagini o quant'altro sia possibile rendere in formato digitale. Per poter accedere ai computer che costituiscono il deposito di questi documenti digitali e per visualizzarli sul proprio PC con un normale browser web (Chrome, Internet Explorer, Mozilla Firefox o altro) è necessario poter recuperare dal catalogo in linea o dal portale della biblioteca digitale, la notizia bibliografica che li descrive e che, al posto o a fianco della collocazione, ci sia l'indirizzo di rete, il collegamento al sito web che li contiene e al documento stesso.

Per completezza informativa è opportuno segnalare che in ambito europeo sono stati avviati dei progetti sperimentali di recupero delle notizie bibliografiche da scheda con l'utilizzo di scanner ottici e di software specifici per il riconoscimento ottico dei caratteri (OCR, ICR). Questi sistemi consentono di «leggere» automaticamente e velocemente le schede e di codificarle secondo i campi previsti dal formato elettronico; la scarsa diffusione di questa metodologia per la conversione retrospettiva è dovuta allo stato delle schede che costituiscono i cataloghi, spesso deteriorate e poco leggibili dallo scanner, e dalla selettività dello strumento che è adatto a trattare solo schede dattiloscritte e costruite con criteri uniformi, mentre abbiamo visto che le schede di un catalogo, costruito nel corso di anni da più persone e con regole diverse, presentano raramente caratteristiche di uniformità formale e strutturale.

I dati immagazzinati nella memoria dell'elaboratore hanno un valore enorme, e la loro perdita costituisce un danno irreparabile per la biblioteca, sia che questa utilizzi l'elaboratore per la gestione delle acquisizioni correnti, sia, a maggior ragione, che con un progetto di recupero del pregresso abbia memorizzato tutte le informazioni bibliografiche del proprio patrimonio, e informatizzato la gestione di tutte le procedure e dei servizi. A questo proposito bisogna considerare che l'elaboratore elettronico è una macchina, ha dei componenti elettronici molto delicati, alcuni dei quali in movimento, che sono destinati a deteriorarsi con l'uso. In particolare il responsabile del sistema informatico deve considerare che la memoria di massa, costituita da dischi magnetici interni (hard disc) sempre in movimento, prima o poi subirà un qualche danneggiamento, parziale o totale, che comprometterà la leggibilità dei dati e il funzionamento dell'intero sistema informatico di gestione. Perciò è norma obbligatoria salvaguardare i dati e i software memorizzati facendo delle copie giornaliere su un supporto magnetico esterno (backup su dischetti, su nastri magnetici ecc.) seguendo delle strategie che consentono la ricostruzione completa e il ripristino in tempi rapidi di tutto il sistema, ad esempio con un nastro magnetico (o cassetta apposita) diverso per ogni giorno della settimana, più uno per ogni fine settimana e uno per ogni fine mese.

Evoluzione del concetto organizzativo di biblioteca

Lo sviluppo dell'informatica, l'evoluzione della Rete e la conseguente, crescente disponibilità di risorse informative, sembrano rendere il termine biblioteca insufficiente, da solo, a definire in modo appropriato l'insieme delle risorse e dei servizi offerti oggi dalle biblioteche. Per questo motivo la comunità bibliotecaria ha cercato negli ultimi anni di coniare degli aggettivi che accompagnino e meglio rappresentino o definiscano nuovi possibili «tipi» di biblioteca, identificandoli sulla base del grado di informatizzazione delle procedure e dei servizi, considerando le caratteristiche dei materiali che la biblioteca si trova a dover gestire ed il modo in cui vengono erogati i servizi e resi accessibili gli stessi materiali.

Biblioteca tradizionale, biblioteca elettronica, biblioteca digitale, biblioteca ibrida e biblioteca virtuale sono termini oramai entrati nel vocabolario corrente di bibliotecari e studiosi, e vengono usati spesso nella letteratura professionale con diverse sfumature di significato che rappresentano l'evoluzione in corso e l'instabilità del concetto di biblioteca nel contesto «mobile» della sua informatizzazione.

Nonostante ciò, alcuni di questi significati si stanno consolidando e, ad esempio, per *biblioteca tradizionale* si è soliti intendere la biblioteca che non ha informatizzato i cataloghi, né i servizi, né le procedure di funzionamento e non fornisce accesso ad alcun tipo di risorsa elettronica, assumendo, in alcuni casi, il significato negativo di biblioteca che rifiuta qualsiasi innovazione; al contrario il termine *biblioteca elettronica* indica la biblioteca che ha completato l'informatizzazione di procedure e servizi, come ad esempio le acquisizioni, la catalogazione, l'OPAC, la gestione dei periodici, la circolazione dei documenti e il prestito interbibliotecario, e che, avendo completato anche il recupero della catalogazione pregressa, è in grado di rendere consultabile, per mezzo di computer e possibilmente in Rete, il proprio intero catalogo. *Digitale* è invece l'aggettivo che viene usato per indicare la *biblioteca*, o parte di essa, organizzata in modo da rendere accessibili ed utilizzabili documenti e risorse informative (testi, immagini, registrazioni audio e video) in formato digitale, ovvero codificati e registrati sotto forma di bit e byte. Completa la biblioteca digitale un insieme di servizi che aggiunge valore alle risorse: ad esempio, la ricerca tramite OPAC, il prestito e la consultazione, la possibilità di cercare negli abstract e nel testo pieno dei documenti, o cercare le immagini per similitudine di sagome, colori e soggetti, il creare per ogni lettore uno scaffale riservato nel quale salvare documenti, note e impostazioni, un servizio di alerting che avvisi il lettore delle ultime novità, nei settori di suo interesse, pubblicate su carta o in Rete, e molto altro ancora. Con il termine *biblioteca ibrida* si vuole invece indicare la biblioteca che mette a disposizione dei lettori le proprie collezioni di documenti e di risorse informative, digitali e non digitali, locali o remote che siano, e che permette di cercarle ed ottenerle in modo integrato attraverso un unico catalogo informatizzato, l'OPAC della biblioteca, dove accanto alla notizia bibliografica trovano posto la segnatura di collocazione o l'indirizzo di Rete della risorsa: considerato che al giorno d'oggi difficilmente esistono biblioteche completamente digitali, o biblioteche del tutto tradizionali, questa descrizione in effetti rappresenta la maggior parte delle realtà bibliotecarie esistenti.

Da sempre, in realtà, la biblioteca si è adeguata, attrezzata ed organizzata per conservare, gestire e far utilizzare quelli che nel tempo sono stati considerati i nuovi tipi di materiali e le nuove modalità di registrazione del sapere, come ad esempio le tavolette, i rotoli, i codici manoscritti, i libri a stampa, le microforme, le pellicole, i dischi, i nastri magnetici e così via. Per questi motivi anche oggi, al di là delle definizioni che possono essere date, il termine biblioteca può mantenere inalterato il suo valore e riflettere, ancora una volta, una realtà bibliotecaria che si sta adeguando per governare il processo generale di informatizzazione e per rendere reperibili ed accessibili quelli che sono i nuovi materiali del momento, ai propri lettori.

Può apparire paradossale, ma tra i termini utilizzati per definire quelli che in sostanza sono i vari stadi di sviluppo informatico della biblioteca, la *biblioteca virtuale* sembra essere la definizione più concreta e che più si avvicina ad una situazione reale: essa infatti può venire intesa come l'insieme dei cataloghi elettronici consultabili in Rete e l'insieme dei patrimoni bibliografici che essi rappresentano e che possono essere richiesti ed ottenuti dal lettore, direttamente – se le risorse sono digitali e se ne ha facoltà – oppure attraverso i servizi di Inter-library loan e document delivery messi a disposizione dalla biblioteca a cui il lettore si appoggia; il tutto, cataloghi e patrimoni, selezionato e ritagliato da ogni singolo lettore sulla base dei propri specifici interessi.

A fronte di questa enorme e concreta disponibilità di informazioni e di documenti, la biblioteca deve seriamente considerare la possibilità di modificare e far evolvere il proprio assetto organizzativo, rafforzando e privilegiando i servizi che le permettono di trovare, localizzare ed ottenere dalle biblioteche del mondo il materiale utile ai propri lettori.

Come si è visto, una biblioteca che abbia informatizzato sia le procedure che i servizi e abbia effettuato il recupero di tutta la catalogazione pregressa può essere definita *biblioteca elettronica* e le sue funzioni caratteristiche sono l'OPAC (Online Public Access Catalogue), cioè il catalogo con accesso facilitato a disposizione dei lettori, la catalogazione originale (con libro in mano), partecipata e derivata, la gestione della circolazione dei libri (prestito), la gestione degli acquisti, il controllo dei periodici e, infine, la gestione del prestito tra biblioteche (ILL, Inter-Library Loan).

Tutte queste funzioni sono state sviluppate finora dai bibliotecari per gestire e controllare le procedure e i servizi, ma soprattutto per consentire ai lettori di accedere in modo più agevole e sofisticato alle informazioni e quindi al patrimonio conservato nelle sale e nei magazzini della biblioteca.

L'evoluzione nella gestione della biblioteca è stata sicuramente un importante passo in avanti, ma si tratta di uno sviluppo limitato che ha come confine i muri della biblioteca stessa, mentre la tecnologia, oggi, consente al lettore, e non solo a lui, di andare oltre questi muri. Infatti, associando alla biblioteca elettronica la tecnologia delle telecomunicazioni, questo limite viene superato, e si mette in condizione il lettore di poter disporre di un «catalogo virtuale» costituito dalla connessione dei cataloghi di *n* biblioteche elettroniche; ciò accresce enormemente le potenzialità di informazione bibliografica offerte dalla biblioteca stessa, e consente così al lettore, seduto a una stazione di lavoro della nostra biblioteca, di consultare non uno, ma centinaia di cataloghi in tutto il mondo.

Il lettore, sebbene soddisfatto per la mole di informazioni bibliografiche così recuperate, necessita però anche del testo vero e proprio su cui poter studiare e appagare il proprio bisogno di conoscenza. La disponibilità di libri e documenti in forma elettronica, tranne alcune eccezioni, come ad esempio i periodici elettronici, non è però ancora una realtà consolidata, anche se forte è l'interesse di editori, lettori e biblioteche per i testi su supporto elettronico e per superare le difficoltà legate alla gestione dei diritti di autori ed editori; questo consentirebbe al lettore di leggere interi libri, o parte di essi, direttamente dalla stazione di lavoro dalla quale sta svolgendo la propria ricerca. In mancanza di questa possibilità, la necessità del lettore di poter disporre del testo può venire appagata organizzando un servizio di prestito interbibliotecario (Inter-Library Loan) e di recupero dei documenti che con strumentazione adeguata (fax, computer ecc.) richieda e ottenga tempestivamente il materiale di cui il lettore ha bisogno.

In sostanza, allo stato attuale, la connessione delle biblioteche elettroniche alla Rete mette a disposizione del lettore un «catalogo virtuale», mentre l'attivazione di servizi di ILL e l'utilizzo di centri per il *document delivery* offre un «patrimonio virtuale» di libri e documenti; il lettore ha quindi a disposizione una vera e propria *biblioteca virtuale* che supera i limiti dati dalla fisicità delle biblioteche e dalla loro capacità di acquisire nuovi materiali.

Questo sviluppo delle potenzialità di recupero di informazioni e documenti su scala mondiale può sembrare a prima vista solo un fatto tecnologico, ma non è così: la tecnologia è solo un mezzo, molto funzionale, che presuppone e non può prescindere da una evoluzione del concetto organizzativo della biblioteca.

Abbiamo visto i criteri che la biblioteca deve adottare per accrescere le proprie raccolte in modo omogeneo, e mirato soprattutto a soddisfare le esigenze del pubblico a cui si rivolge. In sostanza, questo atteggiamento della biblioteca sta a significare che i materiali vengono acquistati con la presunzione di incontrare gli interessi del pubblico; questo lodevole intento rivela quotidianamente la sua inadeguatezza, in primo luogo perché è oggettivamente impossibile, per quanti sforzi e indagini si facciano, prevedere quali libri saranno realmente utili al lettore (basti pensare a quanti libri non consultati giacciono nei magazzini delle biblioteche), a meno di non acquistare tutti i libri pubblicati al mondo; in secondo luogo perché la produzione libraria mondiale ha una crescita tale da non consentire a una biblioteca di acquistare tutto ciò che viene pubblicato, anche se solo per uno specifico settore disciplinare. Perciò la biblioteca, invece di limitarsi ad acquisire i materiali sperando che servano ai lettori, deve anche cambiare il suo assetto organizzativo e, con attrezzature informatiche e servizi adeguati, mettersi in condizione di procurare al lettore il materiale che gli è necessario nel momento in cui effettivamente gli serve.

Questa evoluzione del concetto organizzativo non sta a significare la fine delle biblioteche tradizionali, né l'eliminazione della figura del bibliotecario; le biblioteche continueranno ad acquistare libri e i bibliotecari a catalogarli, e la loro funzione di mediazione tra il bisogno di conoscenza dei lettori e la conoscenza che è nei libri dovrà anzi rafforzarsi, estendersi e crescere in professionalità per aiutare il lettore a districarsi non solo tra le mura della biblioteca, ma anche tra l'enorme massa di informazioni che quotidianamente viene messa a disposizione da strumenti, mezzi e fonti informative che sono il presupposto per questo nuovo assetto organizzativo e funzionale della biblioteca.

Infine è necessario fare attenzione a non confondere la biblioteca virtuale con i componenti che sono il presupposto per la sua realizzazione. In particolare le telecomunicazioni possono essere viste dal pubblico come l'aspetto virtuale della biblioteca stessa, poiché il lettore non le percepisce fisicamente, ma, come per magia, gli consentono di visualizzare informazioni localizzate a migliaia di chilometri di distanza, mentre invece sono solo una componente tecnologica pur importante e fondamentale.

A questo proposito abbiamo già considerato la possibilità che più elaboratori vengano collegati, come stazioni di lavoro, a un elaboratore centrale (server) all'interno di un edificio, tramite cavi e software di Rete specifici, per costituire una LAN; molte di queste LAN possono essere connesse tra loro, o a un elaboratore centrale ancora più potente, e costituire una rete più estesa sempre attraverso cavi, software e dispositivi di connessione tra le reti chiamati «gateway»; in crescendo, la connessione tra reti, e tra reti di reti, può essere estesa a coprire un'area geografica sempre più ampia fino ad arrivare a una rete nazionale o mondiale. Ogni tipo di rete utilizza però un proprio «linguaggio» per poter trasmettere i dati da un computer all'altro, questo linguaggio è definito *protocollo di trasmissione*; quindi, per poter connettere reti che utilizzano protocolli diversi e che fanno parte di istituzioni o nazioni diverse è stato necessario individuare un protocollo di trasmissione comune e stipulare accordi internazionali tra le diverse organizzazioni che gestiscono le singole reti. Il protocollo di trasmissione che consente a tutte le reti di dialogare allo stesso modo è il TCP/IP (Transmission Control

Protocol/Internet Protocol) e questo, assieme agli accordi stipulati tra i gestori per consentire la connessione di reti diverse e il transito dei dati, ha dato vita al fenomeno Internet. In sostanza, Internet è una rete di reti, e viene a essere il mezzo, l'autostrada attraverso cui viaggiano le informazioni; nata e sviluppata per supportare la ricerca scientifica, al giorno d'oggi viene utilizzata non solo dalle istituzioni universitarie, dai centri di ricerca e dalle biblioteche per la consultazione reciproca dei cataloghi informatizzati, ma anche da aziende e consorzi privati che mettono a disposizione, in modo gratuito o a pagamento, banche dati informative, statistiche e commerciali.

La rete italiana di elaboratori attraverso la quale è possibile accedere a Internet è la rete GARR (Gruppo Armonizzazione delle Reti di Ricerca) ed è gestita dal Consortium GARR con il patrocinio del Ministero dell'Istruzione, dell'Università e della Ricerca, che provvede anche alla copertura finanziaria per la creazione, la manutenzione e l'utilizzo di queste reti di telecomunicazione dedicate alla trasmissione di dati.

Il protocollo TCP/IP è nato all'inizio degli anni Settanta negli Stati Uniti come protocollo di connessione comune per estendere la condivisione di risorse e la comunicazione a distanza tra ricercatori e agenzie che operavano all'interno dei progetti di ricerca finanziati dal Dipartimento della difesa americano, attraverso la rete Arpanet; lo sviluppo di questa rete ha consentito di porre le basi tecnologiche per la connessione tra reti e calcolatori eterogenei, e, di fatto, è stato il banco di prova che ha consentito poi di collegare tra loro le reti di computer a livello mondiale.

Uno dei principi di funzionamento su cui si basa il protocollo TCP/IP è l'identificare ogni computer collegato alla rete con un indirizzo costituito da un nome in versione alfabetica e da uno corrispondente in chiave numerica che deve essere assolutamente univoco, esattamente come succede nella rete telefonica. Inoltre ogni persona autorizzata ad accedere alla rete avrà un proprio codice di accesso che gli consente di utilizzare i servizi disponibili e un indirizzo personale per ricevere messaggi da altri utenti della rete.

I servizi di base offerti dal protocollo TCP/IP per sfruttare la rete Internet sono: la posta elettronica per poter scambiare messaggi a distanza con altre persone che utilizzano la rete, il Telnet, cioè la possibilità di accedere e utilizzare software e basi dati disponibili su elaboratori remoti, e l'FTP, che permette il trasferimento di archivi di dati o di programmi da un elaboratore all'altro.

La disponibilità di risorse informative offerte dalle istituzioni e dalle società commerciali che utilizzano Internet è immensa, e per le persone (siano esse bibliotecari, lettori, studenti o professionisti) che intendono utilizzarla per recuperare informazioni, dati, programmi e quant'altro venga reso disponibile, può risultare molto difficile, se non impossibile, districarsi tra i milioni di computer che sono collegati a questa rete, per sapere se esiste e dove cercare l'informazione di cui hanno bisogno.

Per questo motivo diversi centri di ricerca e istituzioni universitarie hanno sviluppato e messo a disposizione degli utenti di Internet alcuni prodotti software in grado di mettere ordine nella massa di risorse informative disponibili e di guidare gli utenti nella ricerca di informazioni e documenti.

Tutti i software che consentono un approccio guidato e amichevole alle risorse attraverso Internet sono studiati in funzione dell'utente che non ha una grande dimestichezza con lo strumento informatico, e sono tutti indistintamente molto utili, ma alcuni di questi hanno incontrato più di altri il favore della popolazione di Internet, soprattutto perché aiutano a risolvere i problemi immediati di approccio alle risorse in rete. Il *gopher* è stato un prodotto, oramai in disuso, che attraverso una serie di menu, organizzati in modo gerarchico, guidava l'utente alla ricerca di informazioni e documenti senza che questo dovesse conoscere gli indirizzi di rete dei computer che mettevano a disposizione risorse informative. Le migliaia di gopher installati sui computer di tutto il mondo, grazie alla loro integrale interconnessione, permettevano all'utente di selezionare e utilizzare i diversi centri informativi per tipo o per area geografica, e di richiamare altri gopher con i quali continuare o reimpostare la ricerca.

Molto diffuso specialmente nelle università, ha trovato il favore del pubblico per molti anni ed è stato un punto di transizione verso la realizzazione del protocollo HTTP, proprio del World Wide Web; lo sviluppo dei browser grafici, dei collegamenti ipertestuali e del HyperText Markup Language (HTML) hanno fatto sì che il gopher sia stato da tempo superato per facilità d'uso e per diffusione dal World Wide Web stesso.

Il *World Wide Web* (WWW, W3, o semplicemente WEB), è costituito dall'insieme delle risorse presenti nei computer della rete, intese come insiemi di dati, immagini e testo scritti in linguaggio HTML, reperibili e visualizzabili con un web browser (Chrome, Mozilla Firefox, Internet Explorer, o altro) progettato apposta per navigare nella Rete e interagire con queste risorse ed è costituito anche dall'insieme degli utenti che utilizzano Internet attraverso il protocollo HTTP. Il web, con una modalità di reperimento di tipo ipertestuale consente di ottenere nello stesso documento, che viene visualizzato con il browser, immagini e testi, oppure di recuperare e utilizzare documenti audio e video. In sostanza ogni parola o immagine, che il compilatore delle pagine web ha deciso essere significativa, può essere selezionata e portare a un altro insieme di parole e immagini che sviluppano il contenuto della parola o dell'immagine di partenza, può portare a una base dati, a un catalogo di biblioteca che è possibile consultare nello stesso modo, può, infine, attivare sul PC un software che consente di ascoltare e visualizzare i documenti audio e video. Questo sistema ha avuto negli anni un enorme successo soprattutto perché consente di visualizzare e pubblicare in Rete, in modo rapido, immagini molto ben definite; per questo tutte le grandi società commerciali, i cantanti, gli attori, le case di moda, i network informativi, le istituzioni culturali, le singole persone e quant'altro si possa aggiungere ogni giorno, lo utilizzano in modo massiccio per comunicare e promuovere le proprie attività, i prodotti e la propria immagine commerciale o personale. Nel web si possono trovare le notizie dei maggiori quotidiani mondiali, le ultime notizie sportive, le rilevazioni del tempo con le immagini satellitari effettuate dalla NASA, assieme a bibliografie ragionate organizzate per disciplina, a basi dati di spogli di periodici, a dati e statistiche della World Bank, alle immagini di papiri e incunaboli posseduti da una biblioteca, e a quanto sia di scientifico che di mondano possa venire in mente.

Sembra incredibile, ma quanto si è cercato di illustrare in queste pagine ha a che fare a tutti gli effetti con il mondo delle biblioteche, con quei luoghi che sembrano immobili nel tempo e ancorati alle tradizioni, e che invece sono organismi viventi in crescita, tali da diventare, al giorno d'oggi, uno dei mezzi più efficienti per convogliare e filtrare in modo utile le energie e le risorse informative che gravitano nella galassia Internet, evitando al lettore, oramai diventato cliente di servizi avanzati, di essere travolto da un sovraccarico di informazioni. Queste notizie, lette o raccontate da un amico, possono assumere un sapore quasi fantascientifico, e comunque non rendono onore alle effettive e sofisticate possibilità di recupero delle informazioni; un suggerimento può essere quello di entrare in una biblioteca che abbia attivato questo processo evolutivo e rendersene conto di persona.

TESTI E DOCUMENTI

Letture 1

IL MANIFESTO UNESCO SULLE BIBLIOTECHE PUBBLICHE

Approvato nel novembre del 1994 (il precedente risaliva al 1972). Il testo originale in inglese è stato pubblicato in «IFLA Journal», XXI (1995), 1, pp. 66-67. Qui si propone la traduzione di Maria Teresa Natale pubblicata in «AIB Notizie», VII (1995), 5, pp. 1-2.

La libertà, il benessere e lo sviluppo della società e degli individui sono valori umani fondamentali. Essi potranno essere raggiunti solo attraverso la capacità di cittadini ben informati di esercitare i loro diritti democratici e di giocare un ruolo attivo nella società. La partecipazione costruttiva e lo sviluppo della democrazia dipendono da un'istruzione soddisfacente, così come da un accesso libero e senza limitazioni alla conoscenza, al pensiero, alla cultura e all'informazione.

La biblioteca pubblica, via di accesso locale alla conoscenza, costituisce una condizione essenziale per l'apprendimento permanente, l'indipendenza nelle decisioni, lo sviluppo culturale dell'individuo e dei gruppi sociali.

Questo Manifesto dichiara la fede dell'UNESCO nella biblioteca pubblica come forza vitale per l'istruzione, la cultura e l'informazione e come agente indispensabile per promuovere la pace e il benessere spirituale delle menti di uomini e donne.

Perciò, l'UNESCO incoraggia i governi nazionali e locali a sostenere le biblioteche pubbliche e a impegnarsi attivamente nel loro sviluppo.

La biblioteca pubblica

La biblioteca pubblica è il centro informativo locale che rende prontamente disponibile per i suoi utenti ogni genere di conoscenza e informazione.

I servizi della biblioteca pubblica sono forniti sulla base dell'uguaglianza di accesso per tutti, senza distinzione di età, razza, sesso, religione, nazionalità, lingua, o condizione sociale. Servizi e materiali specifici devono essere forniti a quegli utenti che, per qualsiasi ragione, non abbiano la possibilità di utilizzare servizi e materiali ordinari, per esempio le minoranze linguistiche, le persone disabili, ricoverate in ospedale, detenute nelle carceri.

Ogni fascia d'età deve trovare materiale rispondente ai propri bisogni. Le raccolte e i servizi devono comprendere tutti i generi appropriati di mezzi e nuove tecnologie, così come i materiali tradizionali. L'alta qualità e la rispondenza ai bisogni e alle condizioni locali sono fondamentali. I materiali devono riflettere gli orientamenti attuali e l'evoluzione della società, così come la memoria dell'immaginazione e degli sforzi dell'uomo.

Le raccolte e i servizi non devono essere soggetti ad alcun tipo di censura ideologica, politica, o religiosa, né a pressioni commerciali.

Compiti della biblioteca pubblica

I seguenti compiti chiave, che riguardano l'informazione, l'alfabetizzazione, l'istruzione e la cultura, dovrebbero essere al centro dei servizi della biblioteca pubblica:

1. creare e rafforzare nei ragazzi l'abitudine alla lettura fin dalla tenera età;
2. sostenere sia l'educazione individuale e l'autoistruzione, sia l'istruzione formale a tutti i livelli;
3. offrire opportunità per lo sviluppo creativo della persona;
4. stimolare l'immaginazione e la creatività di ragazzi e giovani;
5. promuovere la consapevolezza dell'eredità culturale, l'apprezzamento delle arti, la comprensione delle scoperte e innovazioni scientifiche;
6. dare accesso alle espressioni culturali di tutte le arti rappresentabili;
7. incoraggiare il dialogo interculturale e proteggere la diversità culturale;
8. sostenere la tradizione orale;
9. garantire l'accesso ai cittadini a ogni tipo di informazione di comunità;
10. fornire servizi d'informazione adeguati alle imprese, alle associazioni e ai gruppi di interesse locali;
11. agevolare lo sviluppo delle capacità di uso dell'informazione e del calcolatore;
12. sostenere le attività e i programmi di alfabetizzazione rivolti a tutte le fasce d'età, parteciparvi e, se necessario avviarli.

Finanziamento, legislazione e reti

- In linea di principio, l'uso della biblioteca pubblica deve essere gratuito.
- La biblioteca pubblica rientra nelle responsabilità delle autorità locali e nazionali. Deve essere retta da una legislazione specifica e finanziata dalle amministrazioni nazionali e locali. Deve costituire una componente essenziale di ogni strategia a lungo termine per la cultura, per la diffusione dell'informazione, dell'alfabetismo e dell'istruzione.
- Per assicurare cooperazione e coordinamento a livello nazionale, la legislazione e i programmi strategici devono anche definire e promuovere una rete bibliotecaria nazionale basata su standard di servizio accettati.
- La rete bibliotecaria pubblica deve essere progettata tenendo conto delle biblioteche nazionali, regionali, di ricerca e speciali, così come delle biblioteche scolastiche e universitarie.

Funzionamento e gestione

- Deve essere formulata una politica chiara che definisca gli obiettivi, le priorità e i servizi tenendo conto dei bisogni della comunità locale. La biblioteca pubblica deve essere organizzata in maniera efficace e devono essere osservati standard professionali di funzionamento.
- Deve essere garantita la cooperazione con i partner relativi, ad esempio gruppi di utenti e altri professionisti a livello sia locale, regionale e nazionale, sia internazionale.
- I servizi devono essere fisicamente accessibili a tutti i membri della comunità. Ciò comporta una buona localizzazione degli edifici, attrezzature adatte per la lettura e lo studio, le tecnologie necessarie e orari di apertura sufficienti e comodi per gli utenti. Analogamente comporta servizi esterni per coloro che non sono in grado di frequentare la biblioteca.
- I servizi bibliotecari devono essere adattati ai diversi bisogni delle comunità rurali e di quelle urbane.
- Il bibliotecario è un intermediario attivo tra gli utenti e le risorse. La formazione e l'aggiornamento professionale del bibliotecario sono indispensabili per garantire servizi adeguati.
- Devono essere svolte attività all'esterno e programmi di istruzione degli utenti affinché questi possano trarre vantaggio da tutte le risorse.

Attuazione del manifesto

Le autorità responsabili a livello nazionale e locale e l'intera comunità bibliotecaria in tutto il mondo sono perciò esortate a mettere in pratica i principi espressi in questo manifesto.

Letture 2

LE CINQUE LEGGI DELLA BIBLIOTECONOMIA

di S.R. Ranganathan

Da Shiyali Ramamrita Ranganathan, Library Manual, *Bombay-London-New York, Asia Publishing House, 1962. Sono qui tradotti solo gli enunciati delle cinque leggi della biblioteconomia di cui si occupa la prima parte del manuale di Ranganathan.*
Si ritiene utile segnalare una recente traduzione italiana del testo dedicato alle cinque leggi biblioteconomiche: Ranganathan, Shiyali Ramamrita, Le cinque leggi della biblioteconomia, *Firenze, Le Lettere, 2010.*

Prima legge

I libri sono per l'uso. Devono essere usati per il pensiero in essi contenuto. Le autorità bibliotecarie non dovrebbero approvare alcun provvedimento che impedisca o faccia diminuire l'uso dei libri. Dovrebbero interpretare tutte le norme e i regolamenti con spirito aperto, così da potenziare l'uso dei libri. Dovrebbero distruggere in germe anche la più leggera intromissione dello spirito di burocrazia in ogni questione connessa con l'uso della biblioteca. Dovrebbero sempre tenere in mente che la biblioteca socializza l'uso dei libri. Una biblioteca è resa grande non dal numero dei suoi libri ma dal loro uso. Pochi libri tenuti continuamente in uso effettivo formano una biblioteca più grande che migliaia di libri tenuti ben chiusi negli armadi di un edificio monumentale.

Seconda legge

I libri sono per tutti. A ogni lettore il suo libro. Queste due formulazioni alternative della seconda legge sottolineano con grande rilievo le implicazioni della prima legge, vista dalla parte dei lettori. Esse si attendono che la biblioteca pubblica prenda in considerazione ogni genere di lettore, qualunque sia l'età, il sesso, la vocazione, la capacità di orientarsi e la propensione a leggere.

Terza legge

A ogni libro il suo lettore. Questa legge sottolinea con maggior rilievo le implicazioni della prima legge vista dalla parte del libro. Ciò porta la prima legge a significare che «il destino del libro sono le mani del lettore». In base a ciò, il libro si raccomanda al bibliotecario così: «Io sono inerte. Di mia iniziativa io sono incapace di raggiungere le mani dei miei lettori. La mia voce non è in grado di farsi udire da loro. Io devo appoggiarmi su di te per essere portato al mio lettore, e il mio lettore per essere portato a me». Ogni libro lasciato a lungo sullo scaffale lontano dal suo lettore, coperto dalla polvere e non toccato dai lettori, potrebbe far cadere una maledizione sul bibliotecario. Farà cadere una maledizione anche sulle autorità bibliotecarie se non procurano bibliotecari, adeguati nella qualità e sufficienti di numero, che siano in grado di trovare lettori per ogni libro.

Quarta legge

Risparmia il tempo del lettore. Risparmia i tempi del lettore. La seconda formulazione è un corollario della prima. La fame fisica per il cibo è irresistibile. La sete fisica per l'acqua è inesorabile. Né l'una né l'altra si estingueranno da sole finché non si presterà loro attenzione. Ciascuna rimarrà fino a quando non verrà soddisfatta. Ma la fame mentale per i libri non è irresistibile nella maggior parte della gente. La sete mentale per l'informazione non è inesorabile nella maggior parte della gente. Entrambe, per loro natura, sono facilmente portate ad andarsene. Entrambe si esauriscono se non sono immediatamente soddisfatte quando prendono forma. Nessun intervallo di tempo dovrebbe passare fra la domanda e la risposta. I tempi della lettura sono spesso di breve durata. Possono essere sfruttati solo in quello specifico momento. Questo è il messaggio della quarta legge.

Quinta legge

La biblioteca è un organismo in crescita. Questa è la quinta legge. Essa è diversa nella sua natura dalle altre quattro leggi, che possono qualche volta condurre a grande entusiasmo e a eccessi. La quinta legge agisce in tal caso come un correttivo. Le altre leggi considerano come un unico insieme le tre unità della biblioteca: il lettore, il libro e il personale. Ma la quinta legge concerne quello stesso insieme, con la crescita di ciascuna delle sue unità separatamente. Naturalmente essa considera anche le ripercussioni della crescita di ciascuna su quella di ogni altra.

Letture 3

DICHIARAZIONE DI PRINCIPI INTERNAZIONALI DI CATALOGAZIONE (2009)

Da IFLA *Cataloguing Section and* IFLA *Meetings of Experts on an International Cataloguing Code*, Statement of International Cataloguing Principles, *2009, <http://www.ifla.org/publications/statement-of-international-cataloguing-principles>. Il file in formato pdf della traduzione italiana della Dichiarazione è consultabile anche sul sito di webarchiving Webcitation <http://www.webcitation.org/68O2xdjgy>.*

Introduzione

La Dichiarazione di Principi – comunemente nota come «Principi di Parigi» – fu approvata dalla Conferenza internazionale sui principi di catalogazione nel 1961.[1] L'obiettivo di servire come base per la standardizzazione internazionale della catalogazione è stato sicuramente raggiunto: la maggior parte dei codici di catalogazione, elaborati da allora in poi in tutto il mondo, ha seguito i Principi rigorosamente o almeno a un grado elevato.

Dopo oltre quarant'anni è diventato ancor più auspicabile condividere un insieme comune di principi internazionali di catalogazione, considerato che catalogatori e utenti utilizzano OPAC (Online Public Access Catalogues) di tutto il mondo. Ora l'IFLA, all'inizio del ventunesimo secolo, si è assunta l'impegno di adeguare i Principi di Parigi a obiettivi adatti a cataloghi online di biblioteche e non solo a questi. Il primo obiettivo è servire l'interesse degli utenti del catalogo.

Questa Dichiarazione sostituisce ed estende i Principi di Parigi dalle sole opere testuali a tutti i tipi di materiali e dalla sola scelta e forma della registrazione a tutti gli aspetti dei dati bibliografici e di

[1] International Conference on Cataloguing Principles (Paris, 1961). Report. – London : International Federation of Library Associations, 1963, p. 91-96. Disponibile anche in: *Library Resources and Technical Services*, vol. 6 (1962), p. 162-167; e *Statement of principles adopted at the International Conference on Cataloguing Principles, Paris, October, 1961*. – Annotated edition / with commentary and examples by Eva Verona. – London : IFLA Committee on Cataloguing, 1971.

autorità utilizzati nei cataloghi di biblioteca. Essa comprende non solo i principi e gli obiettivi (cioè le funzioni del catalogo), ma anche le regole guida che dovrebbero essere inserite nei codici di catalogazione di tutti i paesi e indicazioni sulle funzionalità di ricerca e recupero.

La Dichiarazione tratta i seguenti punti:
1. Ambito di applicazione
2. Principi generali
3. Entità, attributi e relazioni
4. Obiettivi e funzioni del catalogo
5. Descrizione bibliografica
6. Punti di accesso
7. Elementi di base per le funzionalità di ricerca

La Dichiarazione si fonda sulle grandi tradizioni catalografiche del mondo[2] e sul modello concettuale di *Functional Requirements for Bibliographic Records* (FRBR) dell'IFLA.[3]

È auspicabile che la Dichiarazione possa incrementare la condivisione internazionale di dati bibliografici e di autorità e guidare gli estensori di regole di catalogazione nel loro impegno per l'elaborazione di un codice di catalogazione internazionale.

1. Ambito di applicazione

I principi enunciati sono concepiti come guida allo sviluppo di codici di catalogazione. Si applicano a dati bibliografici e di autorità e a cataloghi correnti di biblioteca. Possono applicarsi anche a bibliografie e archivi di dati creati da biblioteche, archivi, musei e altre istituzioni. Essi intendono fornire un approccio coerente alla catalogazione, descrittiva e per soggetto, di qualsiasi tipo di risorsa bibliografica.

[2] Cutter, Charles A., *Rules for a dictionary catalog*, 4th ed., rewritten. Washington, D.C., Government Printing Office, 1904; Ranganathan, S.R., *Heading and canons*, Madras [India], S. Viswanathan, 1955; Lubetzky, Seymour, *Principles of Cataloging : Final Report. Phase I: Descriptive Cataloging*, Los Angeles, Calif.: University of California, Institute of Library Research, 1969.

[3] *Functional Requirements for Bibliographic Records. Final Report*, Munich, Saur, 1998 (IFLA UBCIM publication new series, vol. 19). Disponibile in linea sul sito web dell'IFLA: http://www.ifla.org/VII/s13/frbr (settembre 1997, emendata e corretta nel febbraio 2008). Il modello FRBR sarà presto esteso con i *Functional Requirements for Authority Data* (FRAD) e *Functional Requirements for Subject Authority Data* (FRSAD). Edizione italiana: *Requisiti funzionali per record bibliografici. Rapporto conclusivo*. IFLA Study Group on the Functional Requirements for Bibliographic Records, approvato dallo Standing Committee dell'IFLA Section on Cataloguing, edizione italiana a cura dell'Istituto centrale per il catalogo unico delle biblioteche italiane e per le informazioni bibliografiche, Roma, ICCU, 2000.

2. Principi generali

Diversi principi guidano la costruzione di codici di catalogazione.[4] Il principio fondamentale è l'interesse dell'utente.[5]

2.1. *Interesse dell'utente*. Le decisioni adottate nel creare le descrizioni e le forme controllate dei nomi quali punti di accesso vanno prese tenendo presente l'utente;

2.2. *Uso comune*. Il lessico usato nelle descrizioni e nei punti di accesso deve concordare con quello della maggioranza degli utenti;

2.3. *Presentazione*. Le descrizioni e le forme controllate dei nomi delle entità per i punti di accesso devono essere basate sul modo in cui ciascuna entità descrive se stessa;

2.4. *Accuratezza*. L'entità descritta deve essere rappresentata fedelmente;

2.5. *Sufficienza e necessità*. Nelle descrizioni e nelle forme controllate dei nomi per i punti di accesso, devono essere inclusi solo gli elementi necessari per soddisfare l'utente e indispensabili per identificare in modo univoco un'entità;

2.6. *Significatività*. I dati devono essere bibliograficamente significativi;

2.7. *Economia*. Se per raggiungere uno scopo esistono modalità alternative, la preferenza deve essere data a quella che contribuisce maggiormente all'economia complessiva (vale a dire al costo minore o all'approccio più semplice);

2.8. *Coerenza e Standardizzazione*. Le descrizioni e la creazione dei punti di accesso devono essere il più possibile normalizzate. Ciò consente una maggiore coerenza, che a sua volta rende più facile la condivisione dei dati bibliografici e di autorità;

2.9. *Integrazione*. Le descrizioni per tutti i tipi di materiali e per le forme controllate dei nomi delle entità devono basarsi il più possibile su regole comuni.

Le regole di un codice di catalogazione devono essere sostenibili e non arbitrarie. Si conviene che in alcuni casi questi principi potrebbero contraddirsi a vicenda e che all'occorrenza si adotterà una soluzione sostenibile e pratica.

[4] Basati sulla letteratura professionale, soprattutto di Ranganathan e Leibniz come riportati da Elaine Svenonius, *The Intellectual Foundation of Information Organization*, Cambridge, Mass., MIT Press, 2000, p. 68. Per quanto riguarda i thesauri di voci di soggetto, ci sono ulteriori principi da applicare, ma ancora non sono stati inseriti in questa dichiarazione.

[5] I principi da 2.2 a 2.9 non sono disposti in un ordine particolare.

3. Entità, attributi e relazioni

Un codice di catalogazione deve tenere conto delle entità, attributi e relazioni definite nei modelli concettuali dell'universo bibliografico.[6]

3.1. Entità nelle registrazioni bibliografiche

Possono essere rappresentate con dati bibliografici e di autorità le seguenti entità:

Opera
Espressione
Manifestazione
Esemplare[7]
Persona
Famiglia
Ente[8]
Concetto
Oggetto
Evento
Luogo.[9]

3.2. Attributi

Gli attributi che identificano ciascuna entità devono essere usati come dati.

3.3. Relazioni

Le relazioni bibliograficamente significative fra le entità devono essere identificate.

4. Obiettivi e funzioni del catalogo[10]

Il catalogo deve essere uno strumento efficiente ed efficace che consente all'utente:

4.1. di *trovare* risorse bibliografiche in una raccolta come risultato di una ricerca basata sugli attributi o sulle relazioni delle risorse:

4.1.1. per *trovare* una singola risorsa

[6] I modelli concettuali dell'IFLA sono FRBR, FRAD e FRSAD.

[7] Opera, espressione, manifestazione ed esemplare costituiscono le entità del Gruppo 1 descritte nel modello FRBR.

[8] Persona, famiglia ed ente costituiscono le entità del Gruppo 2 descritte nel modello FRBR e FRAD.

[9] Concetto, oggetto, evento e luogo costituiscono le entità del Gruppo 3 descritte nel modello FRBR. Qualsiasi entità può essere interessata da una relazione di soggetto con un'opera.

[10] Le funzioni 4.1 – 4.5 sono basate su: The intellectual foundation of information organization / Elaine Svenonius. Cambridge, MA : MIT Press, c2000. ISBN 0-262-19433-3, p. 18.

4.1.2. per *trovare* insiemi di risorse che rappresentino:
– tutte le risorse che appartengono alla stessa opera
– tutte le risorse che incorporano la stessa espressione
– tutte le risorse che esemplificano la stessa manifestazione
– tutte le risorse associate a una determinata persona, famiglia o ente
– tutte le risorse su un determinato soggetto
– tutte le risorse definite secondo altri criteri (come lingua, luogo di pubblicazione,
– data di pubblicazione, tipo di contenuto, tipo di supporto, ecc.), di solito utilizzati per selezionare ulteriormente i risultati della ricerca;

4.2. di *identificare* una risorsa bibliografica o un agente (cioè, avere conferma che l'entità descritta in una registrazione corrisponda a quella cercata o distinguere fra due o più entità con caratteristiche simili);

4.3. di *selezionare* una risorsa bibliografica appropriata alle necessità dell'utente (cioè, scegliere una risorsa che risponda ai requisiti posti dall'utente per quanto riguarda formato, contenuto, supporto, ecc. oppure rifiutare una risorsa in quanto inadeguata alle proprie esigenze);

4.4. di *acquisire* o *ottenere* accesso a un esemplare descritto (cioè, fornire informazioni che consentano all'utente di ottenere un esemplare mediante acquisto, prestito, ecc. o di accedere a un esemplare in modalità elettronica, tramite una connessione in linea a una fonte remota); oppure di accedere, acquisire o ottenere dati di autorità o bibliografici);

4.5. di *navigare* in un catalogo e al di fuori (cioè tramite la disposizione logica dei dati bibliografici e di autorità e la presentazione di chiare modalità per muoversi, compresa la presentazione delle relazioni fra opere, espressioni, manifestazioni, esemplari, persone, famiglie, enti, concetti, oggetti, eventi e luoghi).

5. Descrizione bibliografica

5.1. In generale, per ogni manifestazione deve essere creata una descrizione bibliografica distinta.

5.2. Una descrizione bibliografica deve basarsi tipicamente su un esemplare che rappresenta la manifestazione e può includere attributi propri dell'opera(e) e dell'espressione(i) incorporate.

5.3. I dati descrittivi devono basarsi su uno standard definito a livello internazionale.[11]

5.4. Le descrizioni possono essere a vari livelli di completezza, in funzione delle finalità del catalogo o dell'archivio bibliografico. L'utente deve ricevere informazioni sul livello di completezza.

6. Punti di accesso

6.1. Norma generale

I punti di accesso per il recupero di dati bibliografici e di autorità devono essere formulati seguendo i principi generali (vedi 2. Principi generali). Essi possono essere controllati o non controllati.

6.1.1. I punti di accesso controllati devono essere forniti per le forme autorizzate e varianti dei nomi di entità come persone, famiglie, enti, opere, espressioni, manifestazioni, esemplari, concetti, oggetti eventi e luoghi. I punti di accesso controllati forniscono la coerenza necessaria per raggruppare le registrazioni bibliografiche per insiemi di risorse.

6.1.1.1. Le registrazioni di autorità devono essere costruite per controllare le forme autorizzate dei nomi, le forme varianti e gli identificatori usati come punti di accesso.

6.1.2. I punti di accesso non controllati possono essere forniti come dati bibliografici per nomi, titoli (per esempio, il titolo proprio che si trova sulla manifestazione), codici, parole chiave, ecc. non controllati nelle registrazioni di autorità.

6.2. Scelta dei punti di accesso

6.2.1. Si devono includere come punti di accesso a una **registrazione bibliografica** i punti di accesso autorizzati delle opere e delle espressioni (controllati) incorporate nella risorsa, i titoli delle manifestazioni (di solito non controllati) e i punti di accesso controllati dei creatori delle opere.

6.2.1.1 Enti come creatori: Un ente deve essere considerato creatore delle opere che esprimono il pensiero o l'attività collettiva dell'ente, o se la formulazione del titolo, unitamente alla natura dell'opera, implica chiaramente che l'ente è responsabile collettivamente del contenuto dell'opera.

6.2.2. Devono essere inoltre creati punti di accesso a registrazioni bibliografiche per le forme controllate dei nomi di persone, famiglie, enti e soggetti ritenuti importanti per trovare e identificare la risorsa bibliografica che si sta descrivendo.

[11] Per la comunità bibliotecaria, lo standard definito a livello internazionale è l'*International Standard Bibliographic Description*.

6.2.3. Si devono includere come punti di accesso a una registrazione di autorità la forma autorizzata e le forme varianti del nome dell'entità.

6.2.4. Ulteriori accessi possono essere creati tramite nomi di entità correlate.

6.3. Punti di accesso autorizzati

Il punto di accesso autorizzato per il nome di un'entità deve essere registrato in una registrazione di autorità che contiene anche gli identificatori per l'entità e le forme varianti del nome. Può essere necessario un punto di accesso autorizzato come forma di visualizzazione automatica.

6.3.1. I punti di accesso autorizzati devono essere costruiti in base a uno standard.

6.3.2. Lingua e scrittura dei punti di accesso autorizzati

6.3.2.1. Se i nomi sono stati espressi in diverse lingue e/o scritture, la preferenza per il punto di accesso autorizzato per il nome deve essere data alle informazioni che si trovano sulla manifestazione dell'opera espressa nella lingua e scrittura originale;

6.3.2.1.1. ma se la lingua e la scrittura originali non sono normalmente usate nel catalogo, il punto di accesso autorizzato può basarsi su forme presenti in manifestazioni o in fonti di riferimento in una lingua e scrittura più adatta agli utenti del catalogo.

6.3.2.1.2. Quando possibile, si deve fornire l'accesso nella lingua e scrittura originali, tramite un punto di accesso autorizzato, o una forma autorizzata o variante del nome.

6.3.2.2. Nel caso si preferisse traslitterare, si deve seguire uno standard internazionale di conversione dei caratteri.

6.3.3. Scelta del punto di accesso autorizzato

Il nome preferito come punto di accesso autorizzato per un'entità deve basarsi sul nome che identifica l'entità in modo coerente, o perché si trova più frequentemente sulle manifestazioni o perché è un nome accolto e appropriato agli utenti del catalogo (per esempio, "nome convenzionale") nella forma che si trova nelle fonti di riferimento.

6.3.3.1. Scelta del punto di accesso autorizzato per persona, famiglia, ente. Se una persona, famiglia, o ente usa vari nomi o forme varianti dei nomi, si deve scegliere un solo nome o una sola forma del nome come punto di accesso autorizzato per ciascuna entità distinta.

6.3.3.1.1. Se si trovano forme varianti del nome nelle manifestazioni e/o nelle fonti di riferimento, e questa variante non si basa su differenti presentazioni dello stesso nome (per esempio, forme brevi o complete), si deve attribuire la preferenza:

6.3.3.1.1.1. a un nome comunemente conosciuto (o convenzionale) piuttosto che al nome ufficiale, se questo è indicato, oppure:

6.3.3.1.1.2. al nome ufficiale se non esiste un nome comunemente conosciuto o convenzionale.

6.3.3.1.2. Se un ente ha usato in periodi successivi nomi diversi che non possono essere considerati come varianti minori dello stesso nome, ciascuna entità identificata da un cambiamento significativo del nome deve essere considerata una nuova entità. I relativi dati di autorità per ciascuna entità devono essere collegati, di solito creando una relazione fra le forme autorizzate precedenti e successive dei nomi dell'ente.

6.3.3.2. Scelta del punto di accesso autorizzato per opera e espressione Se un'opera ha molti titoli, si deve preferire un solo titolo come base del punto di accesso autorizzato per l'opera/espressione.

6.3.4. Forma del nome per i punti di accesso autorizzati

6.3.4.1. Forma dei nomi di persona Se il nome di una persona è costituito da più parole, la scelta della prima parola del punto di accesso autorizzato deve essere determinata in base alle convenzioni del paese e della lingua maggiormente associate a quella persona, come si trova nelle manifestazioni o nelle fonti di riferimento.

6.3.4.2. Forma dei nomi di famiglia

Se il nome di una famiglia è costituito da più parole, la scelta della prima parola del punto di accesso autorizzato deve essere determinata in base alle convenzioni del paese e della lingua maggiormente associate a quella famiglia, come si trova nelle manifestazioni o nelle fonti di riferimento.

6.3.4.3. Forma dei nomi di enti

Per i punti di accesso autorizzato di un ente il nome deve essere dato in forma diretta, come si trova nelle manifestazioni o nelle fonti di riferimento, eccetto:

6.3.4.3.1. se l'ente è parte di un'autorità giurisdizionale o territoriale, il punto di accesso autorizzato deve includere la forma correntemente usata del nome del territorio interessato, nella lingua e scrittura più adatte alle necessità degli utenti del catalogo;

6.3.4.3.2. se il nome dell'ente implica subordinazione, o funzioni subordinate, o è insufficiente per identificate l'ente subordinato, il punto di accesso autorizzato deve iniziare con il nome dell'ente superiore.

6.3.4.4. Forme di nomi di opere/espressioni

Un punto di accesso autorizzato per un'opera, espressione, manifestazione o esemplare può essere un titolo che può presentarsi da solo, oppure un titolo associato al punto di accesso autorizzato per il creatore o i creatori dell'opera.

6.3.4.5. Differenziare nomi uguali di entità differenti

Se necessario, per differenziare una entità da altre entità che hanno lo stesso nome, dovranno essere aggiunte ulteriori caratteristiche di identificazione come parte del punto di accesso autorizzato per tale entità. Se ritenuto utile, le stesse caratteristiche di identificazione possono essere aggiunte anche alle forme varianti del nome.

6.4. Nomi varianti e forme varianti del nome

Qualunque nome si scelga come punto di accesso autorizzato, i nomi varianti e le forme del nome varianti devono essere inserite per l'accesso controllato.

7. Elementi di base per le funzionalità di ricerca

7.1. Ricerca

I punti di accesso sono gli elementi delle registrazioni bibliografiche che: 1) provvedono al recupero adeguato delle registrazioni bibliografiche e di autorità e delle risorse bibliografiche a esse collegate e, 2) limitano i risultati della ricerca.

7.1.1. Strumenti di ricerca

Nomi, titoli e soggetti devono poter essere cercati e recuperati tramite qualsiasi meccanismo disponibile in un dato catalogo di biblioteca o archivio di dati bibliografici (per forma completa dei nomi, per parole-chiave, per frasi, per troncamento, per identificatore, ecc.)

7.1.2. Punti di accesso indispensabili

I punti di accesso indispensabili sono quelli basati sui principali attributi e relazioni di ciascuna entità nella registrazione bibliografica o di autorità.

7.1.2.1. I punti di accesso indispensabili per le **registrazioni bibliografiche** sono:

– punti di accesso autorizzati per il nome del creatore, o del primo creatore nominato, quando ve ne sia più di uno

– il punto di accesso autorizzato per l'opera/espressione (che può includere il punto di accesso autorizzato per il creatore)
– il titolo proprio, o il titolo attribuito alla manifestazione
– l'anno (o gli anni) di pubblicazione o emissione della manifestazione
– termini di soggetto controllati e numeri di classificazione per l'opera
– numeri standard, identificativi e "titoli chiave" dell'entità descritta

7.1.2.2. I punti di accesso indispensabili per le **registrazioni di autorità** sono:
– il nome autorizzato o il titolo dell'entità
– gli identificatori per l'entità
– i nomi varianti e le forme varianti del nome o il titolo per l'entità

7.1.3. Punti di accesso aggiuntivi

Attributi da altre aree della descrizione bibliografica o della registrazione di autorità possono servire da punti di accesso facoltativi o da meccanismi di filtro o di limitazione nel caso vengano recuperate grandi quantità di registrazioni.

7.1.3.1. Nelle registrazioni bibliografiche questi attributi includono, in modo non limitativo:
– nomi di creatori, oltre il primo
– nomi di persone, famiglie o enti in ruoli diversi da quello di creatore (per esempio, esecutori)
– titoli varianti (per esempio, titoli paralleli, titoli dell'intitolazione)
– identificatori della registrazione bibliografica
– lingua dell'espressione incorporata nella manifestazione
– luogo di pubblicazione
– tipo di contenuto
– tipo di supporto

7.1.3.2. Nelle **registrazioni di autorità** questi attributi includono, in modo non limitativo:
– nomi o titoli di entità correlate
– identificativi della registrazioni di autorità

7.2. Recupero

Se la ricerca individua diverse registrazioni con lo stesso punto di accesso, le registrazioni devono essere visualizzate in un ordine logico utile all'utente del catalogo, preferibilmente in base a uno standard significativo alla lingua e alla scrittura del punto di accesso.

Letture 4

LA PUBBLICITÀ DELLA BIBLIOTECA PUBBLICA
di Luigi Crocetti

Da Luigi Crocetti, Pubblica, *in* La biblioteca efficace. Tendenze e ipotesi di sviluppo della biblioteca negli anni '90, *a cura di Massimo Cecconi, Giuseppe Manzoni, Dario Salvati, Milano, Editrice Bibliografica, 1992, pp. 15-21. Ristampato in Idem,* Il nuovo in biblioteca e altri scritti, *Roma, AIB, 1994, pp. 49-57. Sono state estratte dal saggio solo le due parti ritenute più adatte alle finalità didattiche di questo manuale.*

La pubblicità della biblioteca pubblica non risiede nel fatto di essere proprietà o emanazione di una struttura pubblica. Si può benissimo immaginare una biblioteca pubblica in mano privata. Da noi si può immaginare, altrove è realtà. Il fatto è che la condizione di pubblica la biblioteca non la riceve istituzionalmente (e infatti giuridicamente questa condizione non è definita), ma se la deve guadagnare e confermare giorno per giorno: con la sua attività. Insomma una biblioteca è pubblica se funziona da biblioteca pubblica.

Qui dovremmo tentare di delineare le principali caratteristiche che fanno sì che una biblioteca sia pubblica. Possiamo provarci (che cosa valga questo tentativo lo vedremo tra poco):

a) il carattere di biblioteca generale: è per definizione la biblioteca dei cittadini o della comunità e, per fortuna, non esistono ancora cittadinanze o comunità specializzate;
b) il carattere di gratuità, almeno dei suoi servizî fondamentali: perché essa non eroga acqua o energia elettrica, ma qualcosa d'impalpabile che si chiama cultura, la cui diffusione non è una comodità e un vantaggio per il singolo, ma convenienza e guadagno di tutta la società;
c) il carattere di «contemporaneità» del suo fare, del suo essere al mondo: per le stesse ragioni per cui è generale, e perché raffigura il vivente.

Certo, non si tratta di condizioni indiscutibili. Prendiamo la condizione di gratuità: se ne discute e non da ora. Ma un servizio complesso e costoso, un servizio, come oggi si usa dire, personalizzato si può benissimo far pagare, così come una specie di pagamento generalizzato si può ottenere mediante la tassazione. Ma la lettura, audizione, visione, prestito devono essere, all'atto, gratuiti. E quando, di fronte a certi casi, sento la mia convinzione vacillare, mi richiamo alla mente la frase che gridò un giornalaio della stazione di Firenze a un troppo appassionato consultatore d'una delle riviste esposte sul suo banco: «Signore, qui non siamo in biblioteca!». Perché è nella coscienza comune che il luogo dove la lettura è un atto senza limitazioni di alcun genere si trova in biblioteca.

Ma anche per ciò che riguarda il carattere di generalità possiamo dire: e perché mai chi studia e conduce ricerche a un livello più complesso della media non deve trovare aiuto nella biblioteca pubblica? Infatti, ve lo deve trovare. L'importante è la caratterizzazione di principio; ma nulla vieta che la biblioteca pubblica possieda articolazioni di ricerca, chiamiamole così. Queste possono dipendere da fattori molteplici, che è difficile elencare qui esaustivamente. Si pensi alla presenza di un fondo speciale, alla presenza, all'interno della comunità, di un'attività specifica, e così via. Quella che credo sia la più grande biblioteca pubblica del pianeta, la New York Public Library, possiede un'articolazione di ricerca da disgradarne le più grandi biblioteche italiane.

Tutto questo è inoltre legato al terzo degli elementi che ci sono apparsi essenziali per definire pubblica una biblioteca: che cosa significa la «contemporaneità»? In molte delle nostre biblioteche pubbliche o potenzialmente pubbliche il patrimonio storico da conservare è notevole, a volte addirittura ingente. Sappiamo tutti questa essere una caratteristica che deriva dalle vicende storiche del nostro paese, dalle vicende storiche della loro formazione come biblioteche. Contemporaneità vuol dire che questo patrimonio dovrebbe essere ignorato? No: vuol dire semplicemente che dobbiamo allontanare dalla mente la nozione – falsa e apportatrice di guai – che quel patrimonio storico e la biblioteca moderna, fatta dei libri, delle videoregistrazioni, dei dischi che oggi popolano il nostro mondo, siano tutt'uno. Tutt'uno in una continuità che forse siamo portati a credere consacrata dalla storia, e che più astorica non potrebbe essere. Via via che un documento diventa antico, cambiano i modi di adoperarlo e perfino gli strumenti per studiarlo e analizzarlo; lo inghiotte un'altra realtà, questa sì storica. Un incunabolo non si legge come si legge la *Recherche* (anche se può essere vero il contrario); forse addirittura non si legge, si studia. O, per meglio dire: nell'incunabolo non si legge l'opera, si legge l'incunabolo stesso. Le collezioni storiche di una biblioteca pubblica possono benissimo esser viste come il fondamento della sua articolazione di ricerca. [...]

Leggiamo insieme questo brano letterario:

> Siedo e leggo un poeta. Nella sala c'è molta gente, ma non si avverte. Sono nei libri. A volte si muovono tra le pagine, come persone che dormono e si rigirano tra due sogni. È bello stare in mezzo a uomini che leggono. Perché non sono sempre così? Puoi avvicinarti a uno e sfiorarlo: non sentirà nulla. E se nell'alzarti urti appena un vicino e ti scusi, lui accenna col capo dalla parte in cui sente la tua voce, il suo viso si volge senza vederti, e i suoi capelli sono quelli di un uomo che dorme. Come fa bene questo. Ed io siedo e ho un poeta. Che destino: nella sala sono forse ora trecento lettori; ma è impossibile che ognuno abbia un poeta (Dio sa cosa avranno). Non esistono trecento poeti. Ma guarda quale destino: io, forse il più povero di questi lettori, uno straniero, ho un poeta. Sebbene sia povero. Sebbene l'abito che porto ogni giorno cominci, in qualche punto, a logorarsi; sebbene sulle mie scarpe si possa trovare da ridire. (Cito la traduzione di Giorgio Zampa: R.M. RILKE, *I quaderni di Malte Laurids Brigge: autoritratto del poeta giovane*, Bari, De Donato - Leonardo da Vinci, 1966. Citazione da p. 31).

Dove siamo? Direi che siamo nel cuore di una biblioteca pubblica, anche se Rilke – poiché di Rilke si tratta – fa precedere questo paragrafo dei suoi *Quaderni di Malte Laurids Brigge* dal titoletto *Bibliothèque Nationale* (ovviamente, la Nazionale di Parigi); ma questo è solo *flatus vocis*, fascino di un nome. Rilke non sta evocando una certa biblioteca ma la biblioteca, la lettura nel luogo della lettura. Vi ritroviamo tutto ciò che in realtà sappiamo della biblioteca in assoluto: un posto per leggere, per vedere, per ascoltare, per pensare. Vi ritroviamo perfino quel livellamento che la biblioteca impone ai suoi ospiti (ricchi e poveri; ma ricorderemo anche l'altro livellamento, quello per cui Ivan Illich giudicava l'istituto biblioteca superiore, culturalmente e pedagogicamente, all'istituto scuola: poiché in biblioteca non si è giudicati, poiché la biblioteca non giudica).

Se proviamo a integrare, in queste ultime frasi, il sostantivo *biblioteca* con l'aggettivo *pubblica*, vediamo che il risultato non cambia ma, anzi, assume una figura concreta. Tutto porta a concludere che si può discutere senza fine sul significato dell'aggettivo, e un po' l'abbiamo discusso; ma che, in realtà, questa nozione tende a identificarsi con la nozione, in assoluto, di biblioteca. Biblioteca pubblica: ci piace qui dichiararne il primato. Nella screziata tipologia di questi isitituti, tutti gli altri si pongono uno scopo determinato, dal vastissimo (l'archivio nazionale dei documenti) al ritagliatissimo (l'apparato di studio e di ricerca di un istituto universitario). Tutti, in qualche modo, ne sono paradossalmente limitati. Quando limiti non ci sono, e lo scopo non è circoscrivibile e definibile in termini concreti, perché lo scopo sono gli esseri umani, siamo di fronte a una biblioteca pubblica. Detto con parole antiche, siamo di fronte alla medicina dell'anima.

Letture 5

LA BIBLIOTECA PUBBLICA

di Alfredo Serrai

Da Alfredo Serrai, Biblioteche e cataloghi, *Firenze, Sansoni, 1983, pp. 3-8. È stata riportata solamente la parte del saggio ritenuta più adatta alle finalità didattiche di questo manuale.*

La biblioteca pubblica è pubblica per destinazione, indipendentemente da chi ne sia il proprietario; si possono avere, quindi, biblioteche pubbliche possedute da privati e biblioteche private possedute da enti pubblici. Per diventare utente di una biblioteca pubblica basta possedere alcuni requisiti astratti: essere cittadino di una nazione, abitante di un comune, membro di una università, alunno di una scuola, ecc.; per diventare utente di una biblioteca privata occorre avere caratteristiche o qualifiche nominative.

La biblioteca è pubblica quando essa è, potenzialmente, una biblioteca per tutti; anche se poi risulta circoscritta a determinate classi e categorie. Le biblioteche pubbliche, nella varietà e nella molteplicità delle loro utenze, rispecchiano la varietà e la molteplicità dei bisogni e degli interessi informazionali presenti in una società. La gamma e i gradi di universalità o di particolarità bibliografica che ciascuna biblioteca possiede risultano dalle necessità e dalle specializzazioni culturali e scientifiche esistenti, e dal modo in cui le une e le altre si distribuiscono: pressappoco come avviene con i negozi, generali o specifici, della rete dei rifornimenti logistici e commerciali.

Le biblioteche pubbliche costituiscono un potente mezzo di informazione e di educazione per la collettività a patto che funzionino secondo i principi e lo spirito della biblioteca pubblica. I principi e lo spirito della biblioteca pubblica consistono, essenzialmente, nel dare applicazione e sostanza a un assioma etico, quello di un identico diritto di tutti gli uomini a coltivarsi e a progredire intellettualmente. Quando le biblioteche, nei propri obiettivi e nella propria organizzazione, incarnano questa convinzione morale, allora esse si propongono come biblioteche pubbliche, e si mettono in grado di diventare una delle strutture fondamentali della società.

Pochi hanno espresso quel principio morale con parole più vigorose e più chiare delle seguenti: «Non ci sono biblioteche per i poveri

[...] o per i ricchi, o per i colti, o per i neofiti o per gli studenti. Le biblioteche non sono per singoli individui ma per l'intera comunità, ricchi e poveri, eruditi e ignoranti. Questo è il principio bibliotecario moderno. Le biblioteche esistono per la comunità; esse sono state istituite per innalzare il livello civile dei cittadini» (E.W. GAILLARD, in «New York Times Saturday Review», Jan. 31, 1902).

Pubblico deriva da «popolo»; pubblico vuol dire che concerne il popolo, che è del popolo, ossia di tutti. Una definizione della biblioteca che sia fondata sui titoli di proprietà o sulle condizioni di esercizio anche se corretta dal punto di vista giuridico, istituzionale e amministrativo, sminuisce l'importanza della qualifica di «pubblica», in quanto qualifica improntata dai caratteri essenziali del libero accesso e della libera e proficua utilizzazione per tutti. Mettere l'accento su questi due caratteri è estraneo alla neutralità delle descrizioni formali e storiche, e costituisce, nonostante la presenza o l'influenza di altri motivi o interessi, l'affermazione di un principio di fede nell'umanità e nel suo miglioramento attraverso l'educazione.

La istituzione e il funzionamento di una biblioteca pubblica, quindi, vanno sorretti e incessantemente permeati dalla convinzione che i libri acquistati, procurati e messi a disposizione servono, oltre che a soddisfare determinate necessità scientifiche ed economiche, a stimolare e ad accrescere le occasioni di sviluppo della coscienza intellettuale e morale di ogni individuo di una comunità, quale che sia il suo livello culturale e le sue capacità di innalzarlo. Questa destinazione ideale della biblioteca pubblica risulta trascurata ogni qualvolta lo scopo intellettuale della biblioteca si confonde o viene sopraffatto dagli scopi applicativi e strumentali, col risultato che gruppi di biblioteche o singole biblioteche operano esclusivamente per rispondere a esigenze particolari o specifiche, e non come strumenti specializzati di una struttura bibliotecaria generale.

L'obliterazione del principio morale finisce per alterare la natura della biblioteca pubblica, e trasforma le biblioteche esistenti in istituzioni che espletano servizi documentari sulla base di un rapporto contingente e quindi fragile. Pur continuando ad essere mantenute dalla collettività, le biblioteche possono in tal modo – vuoi per motivi tecnologici, per fattori culturali o per influenze economiche – precipitare da uno stato di efficacia a uno stato di futilità.

L'incertezza sulle finalità delle biblioteche e lo smarrimento dell'idea ispiratrice della biblioteca pubblica sono certamente dovuti alla complessificazione e alla conseguente frammentazione della biblioteca. La biblioteca, da organismo semplice e dominabile, ben delineato nei fini e nei mezzi, si è trasformata in una gamma di biblioteche, ha proliferato una tipologia così varia di raccolte e di tecniche catalografiche che ci si trova nella incapacità di individuare principi e norme che possano valere contemporaneamente per tutte. C'è perfino da chiedersi se lo stesso termine di biblioteca possa ancora essere usato per includervi enti e procedure tanto dissimili.

In una simile eterogeneità il principio morale della biblioteca pubblica si è eclissato semplicemente perché, non potendo venir assunto da alcuno dei vari tipi presenti – se non da quello più elementare ma paternalistico e derogatorio di biblioteca popolare – non aveva più le condizioni adatte per diventare efficacemente e concretamente operante. Si è giunti così a un esito grottesco: le biblioteche, sussidiate da fondi pubblici, vivono, al di fuori di una destinazione pubblica globale, soltanto per assolvere a certi compiti specializzati nei limiti e nei modi che le biblioteche stesse si sono attribuiti. Alcune biblioteche si sono rese istituzionalmente autonome rispetto all'imperativo morale del servizio pubblico, altre con tale servizio hanno perduto di fatto un qualsiasi rapporto di congruità.

La specializzazione bibliotecaria non era evitabile. Ciò che bisognava impedire era che l'insieme delle biblioteche rimanesse privo della energia morale proveniente dal principio di uguaglianza di fronte alle possibilità di informarsi e di educarsi, e privo di una guida, sulla base del medesimo principio, per costruire una organizzazione complessiva del sistema bibliotecario. La biblioteca pubblica, oggi, non può essere pubblica che rispetto alla totalità del sistema bibliotecario di una nazione o di una regione. Va edificato un sistema bibliotecario che attui il predetto imperativo morale contemporaneamente alla soddisfazione di tutte le altre necessità bibliografiche e scientifiche; non potendoci essere contradizione tra la elevazione intellettuale di tutti i singoli uomini e l'appagamento delle loro specifiche individuali esigenze culturali, educative, informazionali, tecnologiche, economiche, ricreative ecc.

Mentre le decisioni sugli obiettivi e le procedure risultano facilmente da un tale principio, sempre che venga prima fissato un quadro generale di coordinamento e di collaborazione interbibliotecaria, non è detto che ciò accada concretamente in tutte quelle biblioteche che si sono dimenticate il vero senso del servizio a favore del pubblico, e che tale servizio svolgono abitualmente solo per grazia di indulgenze o per slanci di generosità. Il principio del servizio pubblico non deve rimanere una formulazione programmatica ma per quanto poi riguarda la realtà ipocrita. Tale principio va riferito anzitutto alla definizione precisa della destinazione culturale e bibliografica della biblioteca, e quindi della esatta fascia di utenza cui la biblioteca si rivolge – fascia che sarà stata determinata in rapporto alle altre fasce di utenza e alla universalità degli utenti –; e successivamente al controllo dei processi e dei servizi bibliotecari in relazione ai risultati che essi producono, cioè ad una verifica della attività bibliotecaria effettuata sulla base dei benefici ottenuti dall'utenza. Da questi controlli emergerà la possibilità di valutare se una certa biblioteca si trovi in un rapporto soddisfacente con il pubblico oppure no; o se essa debba procurarsi un altro pubblico; o se essa debba venir ridotta, o se deve sparire in quanto biblioteca autonoma e venire assorbita da un'altra biblioteca, Le biblioteche vanno indirizzate e giudicate sui risultati comparativi (sull'*output*, come dicono gli anglosassoni) e non già sui criteri astratti di una dottrina suppositizia – quindi sulle raccolte ideali, le bibliografie ufficiali, le definizioni ministeriali, gli oroscopi sul futuro ecc. Nei risultati sta la verifica della destinazione pubblica delle biblioteche. Non c'è da temere che questo criterio di giudizio spinga le biblioteche nell'incultura e nella demagogia; sono proprio le biblioteche avulse dai bisogni reali e dai bisogni potenziali a scivolare nell'oscurantismo e nella insignificanza. Le necessità culturali e intellettuali sono sempre presenti nella collettività, sia che si esprimano, manifeste, o covino, silenti: mettersi organicamente al loro servizio, per il tramite di un sistema bibliotecario integrato efficiente, significa aiutare sia i singoli che la società.

Che la biblioteca pubblica nel suo insieme esista in funzione delle esigenze informazionali complessive degli utenti, e che le singole biblioteche pubbliche si configurino in modo da rispondere alle richieste di particolari categorie di utenti è, come si è visto, assiomatico. Ciò che invece rimane dubbio è se le biblioteche si preoccupino di precedere i bisogni potenziali degli utenti così da essere in grado di soddisfarli al momento della richiesta. Non è sufficiente, in altre parole, che le biblioteche si proclamino pubbliche e che intendano esserlo, se poi non hanno la capacità di farlo in quanto non si sono procurate il materiale bibliografico occorrente. L'impostazione pubblica di una biblioteca obbliga la biblioteca a tenere conto delle necessità dell'utenza prima che queste necessità divengano attuali, e la obbliga a provvedere alla loro copertura documentaria, o con acquisti o per il tramite di biblioteche che se ne siano assunte la competenza, e che si siano impegnate, senza riserve, ad effettuare celermente il prestito.

L'orientamento verso il pubblico, il miglioramento degli accessi catalografici, l'assistenza bibliografica e le facilitazioni dei servizi, non esauriscono quindi gli obblighi pubblici di una biblioteca, se non in relazione alle raccolte che essa possiede; perché la sua missione divenga autenticamente pubblica è necessario che le raccolte rispondano ai bisogni attuali e potenziali della universalità degli utenti, e non solo ai loro bisogni dichiarati. Una biblioteca non si può dire efficace se soddisfa le richieste che l'utente ad essa rivolge, quando l'utente stesso, conoscendo i limiti e le lacune bibliografiche della biblioteca, abbia limitato le sue domande a ciò che in quella biblioteca prevedeva di poter trovare. È giusto che l'utente si adatti alle biblioteche esistenti, ma le sue rinunce non possono spingersi oltre una certa misura senza implicare un giudizio di inefficacia, e quindi di inadempienza del servizio pubblico.

Da ciò si ricava la conferma, ovviamente, che la singola biblioteca può essere pubblica solo a condizione di trovarsi inserita in un sistema di biblioteche: sistema che, nella sua totalità bibliografica e nella sua particolare organizzazione dei servizi, possa soddisfare le esigenze di un'utenza complessiva e possa così assurgere nell'insieme allo stato di «biblioteca pubblica».

Letture 6

IL PROGETTO SBN: STATO DELL'ARTE E VALUTAZIONE DEGLI ASPETTI TECNICI ED ECONOMICI

di Corrado Pettenati

Da Corrado Pettenati, Il progetto SBN: stato dell'arte e valutazione degli aspetti tecnici ed economici, *in* Biblioteche pubbliche e automazione, *Milano, Editrice Bibliografica, 1989, pp. 15-23. È stata riportata solamente la prima parte, ritenuta più adatta alle finalità didattiche di questo manuale.*

Situazione attuale delle biblioteche

La situazione bibliotecaria italiana è caratterizzata da problemi che sono comuni alla realtà di altri paesi: limitate risorse finanziarie in relazione all'incremento della produzione editoriale, complessità e interdisciplinarietà dei documenti, aumento quantitativo e qualitativo delle esigenze degli utenti in corrispondenza dell'elevato livello culturale della società.

Nelle nostre biblioteche sono presenti anche difficoltà particolari che si sono via via sempre più evidenziate negli ultimi anni: una notevole immobilità e burocratizzazione dell'ambiente organizzativo, la frammentazione, anche per motivi storici e amministrativi, delle risorse documentarie, il prevalere dell'aspetto patrimoniale delle biblioteche rispetto alle esigenze di servizio.

Il progetto del Servizio Bibliotecario Nazionale si inserisce in questo contesto. Il suo significato non è semplicemente quello di offrire un supporto di tipo automatizzato alle procedure tecniche di gestione interna del materiale, ma di arrivare, mediante la cooperazione fra le biblioteche, alla razionalizzazione della loro attività, ad una migliore utilizzazione delle risorse, sia umane che documentarie, al fine di fornire servizi adeguati ai bisogni di questa società.

Quella che fino a pochi anni fa era solo un'esigenza genericamente sentita da sviluppare interamente nei suoi aspetti concreti, è oggi fatta propria da un progetto operativo che ha già la sua parziale applicazione in una, ventina di biblioteche di varia natura e appartenenza amministrativa, che ha coinvolto ormai la responsabilità e l'impegno di amministratori, bibliotecari e tecnici di ogni parte del paese, che infine ha fissato, nel quadro di un progetto speciale, da realizzare nel prossimo triennio, il primo collegamento in rete di alcune biblioteche.

Nascita del progetto

Il progetto è nato agli inizi degli anni Ottanta: ad una commissione nazionale formata da bibliotecari e tecnici di varia provenienza e costituita sotto il patrocinio del Ministero per i beni culturali, con il coordinamento dell'Istituto centrale per il catalogo unico, fu affidato l'incarico di preparare un progetto per l'attuazione, con l'aiuto delle più moderne tecnologie per il trattamento dell'informazione, di un servizio bibliotecario nazionale da realizzarsi in collaborazione tra stato, enti locali, università. Le procedure applicative del SBN furono disegnate da Michel Boisset, al momento direttore della biblioteca dell'Istituto universitario europeo, coadiuvato da un gruppo di bibliotecari e informatici italiani.

Principi

Il progetto si fonda su due principi, uno di natura politico-organizzativa, l'altro di natura tecnica.

L'appartenenza amministrativa delle biblioteche italiane è accettata come tale. Piuttosto che porre come condizione di partenza una radicale riforma a livello giuridico istituzionale delle strutture bibliotecarie, l'SBN punta sulla cooperazione come elemento in grado di sviluppare i servizi agli utenti e di innovare la cultura dell'ambiente organizzativo delle biblioteche.

Le biblioteche devono adottare, con il maggiore controllo e garanzia possibili, da parte loro, strumenti informatici in modo libero e autonomo, senza imposizioni e costrizioni che ne limitino i servizi sempre più ampi e diversificati necessari all'utenza, con la prospettiva di collegarsi a un sistema nazionale che le includa in un insieme coordinato.

Obiettivi

Questi sono gli obiettivi del SBN:

- garantire che i documenti posseduti dalle biblioteche siano localizzati e messi a disposizione rapidamente, nel momento e nel luogo in cui sono richiesti. È tramite la costituzione del catalogo comune formato dalle biblioteche nel loro normale lavoro di documentazione del materiale bibliografico, che si attuano gli strumenti per un più ampio servizio agli utenti;
- arrivare gradualmente ad una migliore utilizzazione delle competenze professionali degli operatori di biblioteca in modo da evita
- assicurare, attraverso la messa in comune delle risorse, un impiego ottimale dei fondi destinati all'acquisto e alla conservazione

dei documenti. Il terzo obiettivo è forse quello sentito oggi più lontano e quindi apparentemente meno pressante, ma senz'altro fondamentale e ad esso dovranno essere dedicati ben presto impegni ed energie, a causa del progressivi aumento della mole dei documenti da gestire e dei limiti inevitabili di spazio entro cui le biblioteche sono costrette.

Struttura organizzativa

Tutte le biblioteche aderenti al sistema concorrono a formare la struttura organizzativa del SBN mediante l'uso delle procedure comuni per la catalogazione dei documenti e per il prestito interbibliotecario.

Esse costituiscono le unità di servizio che, pur conservando la loro autonomia quanto ai loro acquisti, organizzazione interna, consulenza ai lettori, responsabilità sui propri strumenti tecnici, mettono in comune le proprie risorse per migliorare i loro servizi. Tre sono i livelli in cui operano le biblioteche inserite nel SBN:

Livello della singola biblioteca (*unità di servizio*). La singola biblioteca partecipa al sistema nazionale semplicemente garantendo la documentazione del proprio materiale anche con un livello minimo di catalogazione, seguendo in quest'attività procedure standard che consentono il recupero della catalogazione dei documenti fatta da altri e che assicurano, nei limiti della politica di circolazione del materiale stabilita da ciascun partner, l'accesso ai documenti.

Ciò è realizzabile nel normale ciclo di lavoro della singola biblioteca, senza nessuno sforzo aggiuntivo rispetto alla normale pratica bibliotecaria. La sola adozione delle due procedure standardizzate, la catalogazione e il prestito, e l'uso dei terminali consentono ad una biblioteca inserita in SBN la partecipazione alla cooperazione.

Livello della base locale. Aderendo al SBN le biblioteche sono inserite in basi locali che contengono tutte le informazioni bibliografiche e gestionali dei documenti posseduti e consentono contemporaneamente di lavorare con piena autonomia al trattamento interno del materiale e al servizio dei lettori. La partecipazione ad una base locale si attua attraverso la condivisione di un elaboratore, e quindi di un insieme di archivi a cui accedono più biblioteche: queste hanno visibilità completa sul posseduto delle altre e sulle informazioni in processo, ad esempio su un suggerimento d'acquisto, un ordine spedito, una prenotazione di prestito.

Livello nazionale. Mediante il collegamento con le basi locali sarà possibile estendere la condivisione delle risorse bibliografiche e di documenti alle biblioteche del paese avviandosi gradualmente ad un servizio su scala nazionale. A questo scopo il sistema ha previsto la creazione di un Indice, ora in via di realizzazione nel quadro di un importante progetto in collaborazione fra il Ministero per i beni culturali e il Ministero del lavoro, approvato sulla base della legge finanziaria (n. 449 del 1987, art. 1, punto e).

L'Indice è mantenuto continuamente aggiornato dal lavoro di catalogazione delle singole biblioteche.

Tale struttura di collegamento consente di indirizzarsi alle basi dati locali, cioè agli archivi, ai cataloghi delle singole biblioteche, con la possibilità di recuperare e trasferire nel proprio archivio le notizie bibliografiche necessarie e di localizzare, verificandone la disponibilità, i documenti per il prestito interbibliotecario.

Caratteristiche biblioteconomiche

Il funzionamento del SBN si basa sul catalogo comune che rappresenta l'insieme integrato dei cataloghi fisici dei partecipanti e consente di accedere alle collezioni possedute dalle biblioteche, di far circolare in modo controllato i documenti richiesti in prestito, di garantire che la catalogazione di una pubblicazione sia fatta una sola volta, di permettere infine che tramite gli opportuni controlli di responsabilità nella descrizione e con la partecipazione diretta della BNI, sia assicurata la coerenza del catalogo stesso.

Le procedure SBN trattano tutte le funzioni da eseguire all'interno della biblioteca e comprendono quindi non solo la catalogazione e il prestito, considerate procedure comuni e standardizzate, ma anche la gestione dei partner (fornitori, lettori, bibliotecari, le altre biblioteche), l'acquisizione e la collocazione, la contabilità, la produzione e interrogazione dei cataloghi.

Le procedure standard sono state definite basandosi su caratteristiche comuni alle biblioteche e seguono, per quanto riguarda la descrizione del materiale, la normativa nazionale e internazionale (regole RICA, principi di Parigi, ISBD) adottata ormai da tempo dalle biblioteche del nostro paese.

Caratteristiche tecniche

Le procedure, sia quelle standard, sia quelle interne adottabili nella proposta SBN o personalizzabili dalle singole biblioteche, consentono l'applicazione su hardware di costruttori diversi, l'inserimento graduale delle varie funzionalità nell'organizzazione della biblioteca e l'apertura verso ulteriori sviluppi.

Il sistema di archiviazione e trattamento dei dati scelto, la gestione base dati (DBMS, Data Base Management System), facilita la coerenza, il controllo e il trasferimento dei dati stessi fra una base locale e l'altra mediante l'Indice e permette di utilizzare molte possibilità di relazione fra le informazioni bibliografiche, utili in tutte le operazioni di catalogazione, gestione e ricerca dei documenti.

Infine il decentramento degli elaboratori che gestiscono le basi locali risponde all'esigenza di autonomia delle biblioteche stesse.

Caratteristiche amministrative

L'Istituto centrale per il catalogo unico ha la funzione di coordinamento generale del SBN e si pone di fronte alle biblioteche nella funzione di autorità tecnica che fornisce le specifiche procedure necessarie alla gestione del catalogo comune e garantisce la coerenza delle applicazioni tramite due comitati appositamente costituiti.

Nel 1984 è stato firmato il protocollo d'intesa fra il Ministero dei beni culturali e le Regioni per l'attuazione di un servizio bibliotecario nazionale da realizzare tramite il collegamento tra biblioteche: tale accordo ribadisce le competenze istituzionali, rispettivamente delle autorità locali per l'organizzazione dei sistemi bibliotecari nei vari territori, e del Ministero e dell'ICCU nel fornire gli indirizzi tecnici e provvedere al coordinamento del sistema.

In base al protocollo d'intesa nel 1986 si sono sviluppate due importanti iniziative:

– la costituzione di due comitati a livello nazionale, uno tecnico, formato da bibliotecari ed informatici (in linea generale rappresentanti i poli di sviluppo attuali) per il completamento del progetto e le verifiche delle varie fasi operative; l'altro amministrativo, formato da rappresentanti degli enti locali, da personale amministrativo, delle altre realtà bibliotecarie e da informatici, per la definizione degli aspetti giuridici e gestionali (ad esempio la proprietà e circolazione del software applicativo);
– studio avanzato della bozza di convenzione predisposta dalle Regioni fra i proprietari dei diversi software applicativi (fino ad oggi ICCU, Regioni Piemonte, Lombardia, Emilia Romagna) ed altre regioni o enti per la concessione in uso dei programmi, oneri reciproci, metodo da adottare per eventuali personalizzazioni delle procedure non protette.

La tendenza che si va delineando è quella di affidare a pieno diritto la responsabilità amministrativa ed organizzativa dell'adozione dei programmi alla Regione nel cui territorio si trovano le biblioteche che vogliono aderire al SBN. Là dove la Regione che ospita tali biblioteche non è ancora pronta a sostenere in proprio l'organizzazione e l'adesione al SBN, i proprietari del software applicativo possono, con il semplice assenso delle autorità regionali, procedere a convenzioni autonome con enti e biblioteche.

Leggi 1

IL NUOVO REGOLAMENTO DELLE BIBLIOTECHE PUBBLICHE STATALI

Dal DPR *5 luglio 1995, n. 417*, Regolamento recante norme sulle biblioteche pubbliche statali, *pubblicato sulla «Gazzetta ufficiale», parte prima, del 5 ottobre 1995, n. 118. Sono riportati solo gli articoli che si ritengono più utili alle finalità didattiche di questo manuale.*

TITOLO I
Le biblioteche pubbliche statali e i loro compiti

Art. 1. *Biblioteche pubbliche statali*

1 - Le biblioteche pubbliche statali dipendono dal Ministero per i Beni Culturali ed Ambientali – Ufficio Centrale per i Beni Librari e gli Istituti Culturali –, e sono così ripartite per regione:

Piemonte

Torino: Biblioteca nazionale universitaria;
Torino: Biblioteca reale.

Lombardia

Milano: Biblioteca nazionale Braidense;
Cremona: Biblioteca statale;
Pavia: Biblioteca universitaria.

Liguria

Genova: Biblioteca universitaria.

Veneto

Venezia: Biblioteca nazionale Marciana;
Padova: Biblioteca universitaria.

Friuli-Venezia Giulia

Trieste: Biblioteca statale;
Gorizia: Biblioteca statale Isontina.

Emilia-Romagna

Bologna: Biblioteca universitaria;
Modena: Biblioteca Estense universitaria;
Parma: Biblioteca Palatina (con annessa sezione musicale).

Toscana

Firenze: Biblioteca nazionale centrale;

Firenze: Biblioteca Marucelliana;
Firenze: Biblioteca Medicea Laurenziana;
Firenze: Biblioteca Riccardiana;
Lucca: Biblioteca statale;
Pisa: Biblioteca universitaria.

Marche

Macerata: sezione staccata Biblioteca nazionale di Napoli.

Lazio

Roma: Biblioteca nazionale centrale Vittorio Emanuele II;
Roma: Biblioteca Angelica;
Roma: Biblioteca Casanatense;
Roma: Biblioteca di archeologia e storia dell'arte;
Roma: Biblioteca di storia moderna e contemporanea;
Roma: Biblioteca medica statale;
Roma: Biblioteca statale Baldini;
Roma: Biblioteca universitaria Alessandrina;
Roma: Biblioteca Vallicelliana.

Campania

Napoli: Biblioteca nazionale Vittorio Emanuele III;
Napoli: Biblioteca universitaria.

Puglia

Bari: Biblioteca nazionale Sagarriga Visconti Volpi.

Basilicata

Potenza: Biblioteca nazionale.

Calabria

Cosenza: Biblioteca nazionale.

Sardegna

Cagliari: Biblioteca universitaria;
Sassari: Biblioteca universitaria.

2 - Sono biblioteche pubbliche statali anche le biblioteche annesse ai seguenti monumenti nazionali:

Veneto

Padova, Abbazia di S. Giustina;
Teolo (Padova), Abbazia di Praglia.

Lazio

Cassino (Frosinone), Abbazia di Montecassino;
Collepardo (Frosisnone), Certosa di Trisulti;
Farfa (Rieti), Abbazia di Farfa;
Grottaferrata (Roma), Abbazia di S. Nilo;
Subiaco (Roma), Monastero di S. Scolastica;
Veroli (Frosinone), Abbazia di Casamari.

Campania

Cava dei Tirreni (Salerno), Badia di Cava;
Mercogliano (Avellino), Abbazia di Montevergine;
Napoli, Oratorio dei Gerolamini.

Art. 2. *Compiti*

1 - Tenuto conto della specificità delle raccolte, della tipologia degli utenti e del contesto territoriale in cui ciascuna è inserita, le biblioteche pubbliche statali hanno i seguenti compiti:

a) raccogliere e conservare la produzione editoriale italiana a livello nazionale e locale;

b) conservare, accrescere e valorizzare le proprie raccolte storiche;

c) acquisire la produzione editoriale straniera in base alla specificità delle proprie raccolte e tenendo conto delle esigenze dell'utenza;

d) documentare il posseduto, fornire informazioni bibliografiche e assicurare la circolazione dei documenti.

2 - I compiti di cui al comma precedente sono svolti anche in cooperazione con altre biblioteche e istituzioni, al fine di realizzare un servizio bibliotecario integrato. In particolare le biblioteche universitarie attuano il coordinamento con le università nelle forme ritenute più idonee sul piano dei servizi e delle acquisizioni.

TITOLO IV
Servizi al pubblico: lettura

Art. 31. *Condizioni d'ammissione*

1 - Il limite di età per l'ammissione in biblioteca viene stabilito nel regolamento interno di ciascun istituto.

2 - Nel medesimo regolamento interno ciascuna biblioteca stabilisce, sulla base delle proprie esigenze, le modalità di accesso degli utenti, anche ai fini della raccolta dei dati statistici, mediante carta d'entrata, permesso o tessera annuale di frequenza.

Art. 32. *Accesso e comportamento*

1 - Prima di entrare in biblioteca l'utente ha l'obbligo di depositare all'ingresso borse, cartelle ed altri oggetti, secondo quanto stabilito dal regolamento interno di ciascun istituto.

2 - L'utente deve rigorosamente rispettare le norme di legge che regolano l'uso dei luoghi pubblici e le disposizioni del citato regolamento interno.

3 - In particolare è rigorosamente vietato:

a) danneggiare in qualsiasi modo il patrimonio dell'istituto;

b) far segni o scrivere, anche a matita, su libri e documenti della biblioteca;
c) disturbare, in qualsiasi modo, l'attività di studio e di lavoro;
d) fumare, se non nei locali destinati a tale uso.

Art. 33. *Sale di lettura e consultazione*

1 - Nelle biblioteche pubbliche statali, oltre alle sale di lettura e di consultazione, sono istituite, ove possibile, sale riservate allo studio del materiale manoscritto, raro o di pregio, speciale.

2 - Alle sale si accede secondo le modalità stabilite dal regolamento di ciascun istituto.

3 - Nelle sale devono essere assicurati la sorveglianza, anche con l'utilizzazione di strumenti tecnologici, ed il servizio di assistenza agli utenti.

Art. 34. *Informazioni agli utenti*

1 - Allo scopo di agevolare gli utenti, ogni biblioteca deve predisporre una guida che informi sui fondi librari e documentari posseduti, sui servizi forniti e sulle norme che ne regolamentano l'uso.

2 - Ciascuna biblioteca, oltre a quanto disposto dal comma precedente, deve assicurare un servizio di assistenza al pubblico e di informazioni bibliografiche.

3 - Sono a carico dell'utente le spese sostenute dalla biblioteca per l'erogazione di particolari servizi di informazione bibliografica che, per il loro funzionamento o per il tipo di fornitura, comportino costi aggiuntivi esterni o connessi all'utilizzo di nuove tecnologie dell'informazione.

Art. 35. *Proposte degli utenti*

1 - In ogni biblioteca deve tenersi a disposizione degli utenti un registro delle proposte d'acquisto, delle segnalazioni e dei suggerimenti (Mod. 16).

TITOLO IX
Servizi al pubblico: prestito

Art. 50. *Servizio di prestito*

1 - Il prestito è un servizio mediante il quale si realizza la disponibilità dei documenti a livello locale, nazionale ed internazionale.

2 - La disponibilità di cui al primo comma del presente articolo si attua mediante:
a) prestito del documento originale, quando è possibile;
c) prestito della riproduzione, se posseduta dalla biblioteca;
d) fornitura in alternativa, di una riproduzione eseguita su richiesta e a spese dell'utente.

Art. 53. *Prestito interbibliotecario*

1 - Il prestito interbibliotecario, nazionale od internazionale, si attua tra biblioteche che accettino i vantaggi e gli oneri della reciprocità e si impegnino a rispettare le norme che regolano il servizio. Le richieste sono inoltrate mediante l'apposito modulo (Mod. 27).

2 - L'uso diretto di documenti ricevuti in prestito è consentito solo previa autorizzazione preliminare della biblioteca prestante. La biblioteca ricevente resta, comunque, responsabile della buona conservazione e della tempestiva restituzione dei documenti ricevuti.

3 - I documenti inviati in prestito interbibliotecario devono essere coperti da idonea garanzia assicurativa a carico dell'utente, a norma delle disposizioni vigenti in Italia e all'estero.

4 - I documenti di pregio concessi in prestito interbibliotecario devono essere riassicurati presso una società assicuratrice, anche per il prestito interbibliotecario nazionale.

5 - Le spese relative al prestito interbibliotecario, nazionale ed internazionale, sono a carico dell'utente.

Leggi 2

I BENI LIBRARI NELL'ORGANIZZAZIONE DEL MINISTERO PER I BENI E LE ATTIVITÀ CULTURALI

Dal D. LGS. *8 gennaio 2004, n. 3 e dal* DPR *8 giugno 2004, n. 173. Sono stati riportati solamente gli articoli relativi ai beni librari, ritenuti utili alle finalità didattiche di questo manuale.*

D. LGS. 8 gennaio 2004, n. 3
Riorganizzazione del Ministero per i beni e le attività culturali

Art. 1. *Modifiche all'articolo 54 del decreto legislativo 30 luglio 1999, n. 300*

1. L'articolo 54 del decreto legislativo 30 luglio 1999, n. 300, e successive modificazioni, è sostituito dal seguente:

«Art. 54 (Ordinamento). - 1. Il Ministero si articola in quattro dipartimenti, in dieci uffici dirigenziali generali, costituiti dalle dieci unità in cui si articolano i dipartimenti, nonché in due uffici dirigenziali generali presso il Gabinetto del Ministro. Sono inoltre conferiti ai sensi dell'articolo 19, comma 10, del decreto legislativo 30 marzo 2001, n. 165, e successive modificazioni, due incarichi di funzione dirigenziale di livello generale presso il collegio di direzione del Servizio di controllo interno del Ministero.

2. I dipartimenti esercitano le proprie funzioni nell'ambito delle seguenti aree funzionali di cui all'articolo 53:
a) beni culturali e paesaggistici;
b) beni archivistici e librari;
c) ricerca, innovazione e organizzazione;
d) spettacolo e sport.

3. Il Ministero si articola, altresì, in diciassette uffici dirigenziali generali, costituiti dalle direzioni regionali per i beni culturali e paesaggistici, e negli altri uffici dirigenziali.

4. L'individuazione e l'ordinamento degli uffici del Ministero sono stabiliti ai sensi dell'articolo 4».

Art. 2. *Il Ministro*

1. Al comma 2 dell'articolo 3 del decreto legislativo 20 ottobre 1998, n. 368, e successive modificazioni, le parole: «dal segretario

generale del Ministero» sono sostituite dalle seguenti: «dal Capo del dipartimento per i beni culturali e paesaggistici».

Art. 3. *Organi consultivi*

1. L'articolo 4 del decreto legislativo 20 ottobre 1998, n. 368, e successive modificazioni, è sostituito dal seguente:

«Art. 4 (Organi consultivi). - 1. Sono organi consultivi del Ministero:

a) il Consiglio superiore per i beni culturali e paesaggistici;
b) i Comitati tecnico-scientifici;
c) i Comitati regionali di coordinamento;
d) gli altri organi istituiti in attuazione delle vigenti disposizioni di legge.

2. La composizione, i compiti e le incompatibilità dei membri degli organi consultivi sono stabiliti ai sensi dell'articolo 11, comma 1».

Art. 4. *Organizzazione del Ministero*

1. L'articolo 6 del decreto legislativo 20 ottobre 1998, n. 368, e successive modificazioni è sostituito dal seguente:

«Art. 6 (Organizzazione del Ministero). - 1. L'organizzazione del Ministero è stabilita ai sensi dell'articolo 54 del decreto legislativo 30 luglio 1999, n. 300 e successive modificazioni.

2. Restano in vigore le norme relative all'Archivio centrale dello Stato, alla Biblioteca nazionale Vittorio Emanuele II ed agli istituti di cui agli articoli 12, 17, 23, 24, 27 e 29 del decreto del Presidente della Repubblica 3 dicembre 1975, n. 805, nonché agli istituti di cui all'articolo 1 della legge 12 luglio 1999, n. 237.

3. Presso il Ministero è istituito l'Istituto centrale per gli archivi con compiti di definizione delle modalità tecniche per l'inventariazione e la formazione degli archivi, di ricerca e studio, di applicazione di nuove tecnologie. L'organizzazione e le funzioni dell'istituto sono disciplinate con regolamento, adottato ai sensi dell'articolo 17, comma 1, della legge 23 agosto 1988, n. 400. Con i medesimi provvedimenti possono essere riordinati gli organi e gli istituti di cui al comma 2, possono essere individuati ed organizzati quelli di cui all'articolo 8 e possono essere costituiti istituti speciali per lo svolgimento di compiti di studio, ricerca, sperimentazione e documentazione, consulenza tecnico-scientifica alle amministrazioni pubbliche e ai privati, elaborazione di norme e standard metodologici per il settore di appartenenza».

Art. 5. *Direzioni regionali per i beni culturali e paesaggistici*

1. L'articolo 7 del decreto legislativo 20 ottobre 1998, n. 368, e successive modificazioni, è sostituito dal seguente:

«Art. 7 (Direzioni regionali per i beni culturali e paesaggistici).

- 1. In ogni regione a statuto ordinario, nonché nelle regioni Friuli-

Venezia Giulia e Sardegna, sono istituite le direzioni regionali per i beni culturali e paesaggistici.

2. Le direzioni regionali per i beni culturali e paesaggistici sono articolazioni territoriali, di livello dirigenziale generale, del dipartimento per i beni culturali e paesaggistici ed hanno sede nel capoluogo della rispettiva regione.

3. L'incarico di direttore regionale per i beni culturali e paesaggistici è conferito ai sensi dell'articolo 19, comma 4, del decreto legislativo 30 marzo 2001, n. 165, e successive modificazioni, previa comunicazione al presidente della regione, sentito il capo del dipartimento per i beni culturali e paesaggistici.

4. Le direzioni regionali si articolano negli uffici dirigenziali operanti in ambito regionale, nei limiti della relativa dotazione organica, individuati ai sensi dell'articolo 17, comma 4-bis, lettera e), della legge 23 agosto 1988, n. 400, e successive modificazioni.

5. Il direttore regionale coordina e dirige le attività degli uffici di cui al comma 4, esercitando le funzioni di cui all'articolo 16 del decreto legislativo 30 marzo 2001, n. 165, e successive modificazioni, e conferisce gli incarichi dirigenziali ai sensi dell'articolo 19, comma 5, del medesimo decreto legislativo, sentito il direttore generale competente per materia.

6. I compiti e le funzioni dei direttori regionali per i beni culturali e paesaggistici sono stabiliti ai sensi dell'articolo 11, comma 1. I medesimi provvedimenti prevedono che i direttori regionali possono essere contemporaneamente titolari delle soprintendenze dotate di autonomia istituite, nell'ambito della stessa regione, ai sensi dell'articolo 8».

DPR 8 giugno 2004. n. 173
Regolamento di organizzazione del Ministero per i beni e le attività culturali

CAPO I
Amministrazione centrale

Art. 1. *Dipartimenti e direzioni generali*

1. Il Ministero per i beni e le attività culturali, di seguito denominato «Ministero», si articola in dipartimenti ed essi, a loro volta, in direzioni generali.

2. I dipartimenti del Ministero sono:
a) Dipartimento per i beni culturali e paesaggistici;
b) Dipartimento per i beni archivistici e librari;
c) Dipartimento per la ricerca, l'innovazione e l'organizzazione;
d) Dipartimento per lo spettacolo e lo sport.

3. Il capo del Dipartimento svolge compiti di coordinamento, direzione e controllo degli uffici di livello dirigenziale generale compresi nel dipartimento, cura i rapporti internazionali ed assicura l'esercizio organico ed integrato delle funzioni del Ministero, ai sensi dell'articolo 5 del decreto legislativo 30 luglio 1999, n. 300.

Art. 4. *Dipartimento per i beni archivistici e librari*

1. Il Dipartimento per i beni archivistici e librari cura la tutela e la valorizzazione del patrimonio archivistico e librario.

2. Il Dipartimento si articola nei seguenti uffici dirigenziali di livello generale:

a) Direzione generale per gli archivi;
b) Direzione generale per i beni librari e gli istituti culturali.

3. Il capo del dipartimento, in particolare:

a) decide, per i settori di competenza, i ricorsi amministrativi previsti agli articoli 16, 69 e 128 del Codice;
b) propone al Ministro l'adozione dei provvedimenti in materia di procedure e modalità di catalogazione di beni archivistici e librari, ai sensi dell'articolo 17 del Codice;
c) coordina le iniziative in materia di sicurezza del patrimonio culturale;
d) elabora, sulla base delle proposte degli organi periferici e dei pareri espressi dai direttori generali, il programma annuale e pluriennale degli interventi nei settori di competenza e lo trasmette al capo del Dipartimento per la ricerca, l'innovazione e l'organizzazione.

Art. 12. *Direzione generale per i beni librari e gli istituti culturali*

1. La Direzione generale per i beni librari e gli istituti culturali svolge funzioni e compiti in materia di biblioteche pubbliche statali, di servizi bibliografici e bibliotecari nazionali, di istituti culturali, di promozione del libro e della lettura.

2. Il Direttore generale, in particolare:

a) esprime il parere, per il settore di competenza, sui programmi annuali e pluriennali di intervento;
b) autorizza, ai sensi dell'articolo 21 del Codice, gli interventi da eseguirsi sui beni librari sottoposti a tutela statale;
c) autorizza il prestito di beni librari sottoposti a tutela statale per mostre od esposizioni sul territorio nazionale o all'estero, ai sensi dell'articolo 48, comma 1, del Codice;
d) delibera l'assunzione in capo al Ministero dei rischi cui sono esposti i beni librari dei quali sia stata autorizzata la partecipazione a mostre ed esposizioni, sul territorio nazionale o all'estero, ai sensi dell'articolo 48, comma 5, del Codice;
e) elabora i programmi concernenti studi, ricerche ed iniziative scientifiche in tema di catalogazione e inventariazione dei beni librari;

f) dichiara il rilevante interesse culturale o scientifico di mostre o esposizioni di beni librari e di ogni altra iniziativa a carattere culturale, ai sensi dell'articolo 48, comma 6, del Codice ai fini dell'applicazione delle agevolazioni previste dalla normativa fiscale;
g) esprime la volontà dell'Amministrazione nell'ambito delle determinazioni interministeriali concernenti il pagamento di imposte mediante cessione di beni librari;
h) irroga le sanzioni ripristinatorie e pecuniarie previste dal Codice;
i) incentiva l'ideazione, la progettazione e la realizzazione di programmi editoriali tematici, volti in particolare a valorizzare le opere di saggistica, di narrativa e di poesia di autori contemporanei, italiani e stranieri;
l) promuove, presso le scuole di ogni ordine e grado, la diffusione della letteratura e della saggistica attinenti alle materie insegnate, attraverso programmi concordati con il Ministero dell'istruzione, dell'università e della ricerca;
m) incentiva, anche attraverso iniziative promozionali, la diffusione del libro e la conoscenza delle biblioteche e dei relativi servizi;
n) provvede allo svolgimento dell'attività istruttoria per la concessione di contributi e alle conseguenti verifiche amministrative e contabili, ispezioni e controlli sui soggetti beneficiari ai sensi della legge 17 ottobre 1996, n. 534;
o) adotta i provvedimenti in materia di acquisizioni coattive di beni librari a titolo di prelazione e di espropriazione rispettivamente previste agli articoli 60, 95 e 98 del Codice;
p) adotta i provvedimenti in materia di acquisti a trattativa privata di beni librari, ai sensi dell'articolo 21 del regio decreto 30 gennaio 1913, n. 363.

CAPO II

Organi consultivi centrali

Art. 17. *Consiglio superiore per i beni culturali e paesaggistici*

1. Il Consiglio superiore per i beni culturali e paesaggistici è organo consultivo a carattere tecnico-scientifico in materia di beni culturali. Esso, in particolare, esprime pareri:
a) obbligatoriamente, sui programmi nazionali per i beni culturali e paesaggistici e sui piani di spesa annuali e pluriennali;
b) su schemi di atti normativi e amministrativi generali;
c) su ogni questione tecnico-scientifica di carattere generale concernente la materia dei beni culturali e paesaggistici;
d) sulle questioni demandate da leggi o regolamenti.

2. Il Consiglio superiore è composto da:
a) i presidenti dei Comitati tecnico-scientifici;
b) otto eminenti personalità del mondo della cultura nominate dal Ministro, tre delle quali su designazione della Conferenza unificata di cui all'articolo 8 del decreto legislativo 28 agosto 1997, n. 281 (...).

Art. 18. *Comitati tecnico-scientifici*

1. Sono organi consultivi del Ministero i seguenti Comitati tecnico-scientifici:
a) Comitato tecnico-scientifico per i beni archeologici;
b) Comitato tecnico-scientifico per i beni architettonici e paesaggistici;
c) Comitato tecnico-scientifico per il patrimonio storico, artistico ed etnoantropologico;
d) Comitato tecnico-scientifico per gli archivi;
e) Comitato tecnico-scientifico per i beni librari e gli istituti culturali;
f) Comitato tecnico-scientifico per l'architettura e l'arte contemporanee.

2. I Comitati esprimono pareri:
a) obbligatoriamente, sui programmi nazionali per i beni culturali e paesaggistici e sui piani di spesa annuali e pluriennali;
b) a richiesta del Ministro o dei capi dei dipartimenti, sugli schemi di atti normativi e sugli schemi di atti amministrativi generali;
c) a richiesta dei capi dei dipartimenti competenti, sull'adozione di provvedimenti di tutela di particolare rilevanza, nonché sulle questioni afferenti metodologie e criteri di intervento sui beni culturali;
d) obbligatoriamente, sui ricorsi amministrativi previsti dagli articoli 16, 47, 69 e 128 del Codice;
e) sulle questioni ad essi demandate da leggi o regolamenti.

CAPO III
Amministrazione periferica

Art. 19. *Organi periferici del Ministero*

1. Sono organi periferici del Ministero:
a) le direzioni regionali per i beni culturali e paesaggistici;
b) le soprintendenze per i beni architettonici e per il paesaggio;
c) le soprintendenze per il patrimonio storico, artistico ed etnoantropologico;
d) le soprintendenze per i beni archeologici;
e) le soprintendenze archivistiche;
f) gli archivi di Stato;
g) le biblioteche statali;
h) i musei e gli altri istituti dotati di autonomia.

Leggi 3

NORME RELATIVE AL DEPOSITO LEGALE DEI DOCUMENTI DI INTERESSE CULTURALE DESTINATI ALL'USO PUBBLICO

Da Legge 15 aprile 2004, n. 106 «Norme relative al deposito legale dei documenti di interesse culturale destinati all'uso pubblico». È riportato l'intero testo legislativo.
Sono inoltre riportati alcuni articoli dal DPR 3 maggio 2006, n. 252 «Regolamento recante norme in materia di deposito legale dei documenti di interesse culturale destinati all'uso pubblico».

Legge 15 aprile 2004, n. 106

Art. 1. *Oggetto*

1. Al fine di conservare la memoria della cultura e della vita sociale italiana sono oggetto di deposito obbligatorio, di seguito denominato «deposito legale», i documenti destinati all'uso pubblico e fruibili mediante la lettura, l'ascolto e la visione, qualunque sia il loro processo tecnico di produzione, di edizione o di diffusione, ivi compresi i documenti finalizzati alla fruizione da parte di portatori di handicap.

2. Il deposito legale è diretto a costituire l'archivio nazionale e regionale della produzione editoriale, rappresentata dalle tipologie di documenti di cui all'articolo 4, e alla realizzazione di servizi bibliografici nazionali di informazione e di accesso ai documenti oggetto di deposito legale. Dalla predetta disposizione non devono derivare nuovi o maggiori oneri a carico della finanza pubblica.

3. I documenti destinati al deposito legale sono quelli prodotti totalmente o parzialmente in Italia, offerti in vendita o altrimenti distribuiti e comunque non diffusi in ambito esclusivamente privato; per quanto attiene ai documenti sonori e audiovisivi, sono destinati al deposito legale anche quelli distribuiti su licenza per il mercato italiano.

4. I documenti di cui al presente articolo sono depositati presso la Biblioteca nazionale centrale di Firenze e la Biblioteca nazionale centrale di Roma, nonché presso gli istituti individuati dal regolamento di cui all'articolo 5, anche ai fini dell'espletamento dei servizi di cui all'articolo 2, salvo quanto disposto dal medesimo regolamento per i documenti di cui all'articolo 4, comma 1, lettere o) e p).

Art. 2. *Finalità*

1. Per consentire il raggiungimento degli obiettivi di cui al comma 2 dell'articolo 1, il deposito legale si riferisce specificamente:

a) alla raccolta ed alla conservazione dei documenti di cui all'articolo 1;
b) alla produzione ed alla diffusione dei servizi bibliografici nazionali;
c) alla consultazione ed alla disponibilità dei medesimi documenti, nel rispetto delle norme sul diritto d'autore e sui diritti connessi, nonché sull'abusiva riproduzione di opere librarie;
d) alla documentazione della produzione editoriale a livello regionale.

Art. 3. *Soggetti obbligati*

1. I soggetti obbligati al deposito legale sono:

a) l'editore o comunque il responsabile della pubblicazione, sia persona fisica che giuridica;
b) il tipografo, ove manchi l'editore;
c) il produttore o il distributore di documenti non librari o di prodotti editoriali similari;
d) il Ministero per i beni e le attività culturali, nonché il produttore di opere filmiche.

Art. 4. *Categorie di documenti destinati al deposito legale*

1. Le categorie di documenti destinati al deposito legale sono:

a) libri;
b) opuscoli;
c) pubblicazioni periodiche;
d) carte geografiche e topografiche;
e) atlanti;
f) grafica d'arte;
g) video d'artista;
h) manifesti;
i) musica a stampa;
l) microforme;
m) documenti fotografici;
n) documenti sonori e video;
o) film iscritti nel pubblico registro della cinematografia tenuto dalla Società italiana autori ed editori (SIAE);
p) soggetti, trattamenti e sceneggiature di film italiani ammessi alle provvidenze previste dall'articolo 20 del decreto legislativo 22 gennaio 2004, n. 28;
q) documenti diffusi su supporto informatico;
r) documenti diffusi tramite rete informatica non rientranti nelle lettere da a) a q).

Art. 5. *Numero di copie e soggetti depositari*

1. Entro sei mesi dalla data di entrata in vigore della presente legge,

con regolamento emanato ai sensi dell'articolo 17, comma 2, della legge 23 agosto 1988, n. 400, e successive modificazioni, su proposta del Ministro per i beni e le attività culturali, sentite le associazioni di categoria interessate, sono individuati il numero delle copie e i soggetti depositari oltre a quelli previsti dall'articolo 1, comma 4, della presente legge.

2. L'obbligo di deposito dei documenti è esteso a tutti i supporti sui quali la medesima opera è prodotta e si intende adempiuto quando gli esemplari sono completi, privi di difetti e comprensivi di ogni eventuale allegato.

3. I documenti sono consegnati entro i sessanta giorni successivi alla prima distribuzione.

4. Sono soggette all'obbligo del deposito le edizioni speciali, le edizioni nuove o aggiornate, nonché le riproduzioni in facsimile di opere non più in commercio.

5. Con il regolamento di cui al comma 1 sono, altresì, stabiliti:

a) i casi di esonero totale o parziale dal deposito dei documenti;
b) gli elementi identificativi da apporre su ciascun documento;
c) i criteri di determinazione del valore commerciale dei documenti, ai fini della irrogazione della sanzione amministrativa di cui all'articolo 7;
d) gli strumenti di controllo;
e) i soggetti depositanti e gli istituti depositari per particolari categorie di documenti;
f) le modalità per l'applicazione della sanzione amministrativa, nonché le eventuali riduzioni, di cui all'articolo 7;
g) speciali criteri e modalità di deposito, anche annuale, dei documenti di cui all'articolo 4, comma 1, lettere h), q) e r); h) i criteri e le modalità di deposito dei documenti di cui all'articolo 6.

Art. 6. *Altre fattispecie di deposito*

1. Fermo restando l'obbligo di deposito legale di cui all'articolo 1, le biblioteche del Senato della Repubblica, della Camera dei deputati, del Ministero della giustizia, delle regioni e delle province autonome di Trento e di Bolzano possono richiedere l'invio, che è obbligatorio da parte dei soggetti richiesti, di pubblicazioni ufficiali degli organi dello Stato, delle regioni, delle province, dei comuni e degli enti pubblici, anche realizzate da editori esterni ai suddetti soggetti.

2. Oltre a quanto previsto nel comma 1, gli organi dello Stato, le regioni e le province autonome di Trento e di Bolzano, gli enti locali e ogni altro ente pubblico, anche economico, sono tenuti a inviare, a richiesta, alla biblioteca del Senato della Repubblica, alla biblioteca della Camera dei deputati e alla biblioteca centrale giuridica del

Ministero della giustizia, un esemplare di ogni altra pubblicazione edita da loro o con il loro contributo.

3. Ferme restando le finalità di cui agli articoli 1 e 2, i soggetti obbligati al deposito sono tenuti ad inviare alla biblioteca centrale del Consiglio nazionale delle ricerche una copia dei documenti, dalla stessa richiesti, anche in forma cumulativa, e strettamente inerenti alle aree della scienza e della tecnica.

Art. 7. *Sanzioni*

1 Chiunque vìola le norme della presente legge è soggetto ad una sanzione amministrativa pecuniaria pari al valore commerciale del documento, aumentato da tre a quindici volte, fino ad un massimo di 1.500 euro.

2. Il pagamento della sanzione non esonera il soggetto obbligato dal deposito degli esemplari dovuti.

3. La sanzione amministrativa di cui al comma 1 è ridotta ad una misura compresa tra un terzo e due terzi qualora il soggetto obbligato provveda al deposito degli esemplari dovuti successivamente alla scadenza del termine previsto dalla presente legge, sempreché la violazione non sia ancora stata contestata.

Art. 8. *Abrogazioni*

1. A decorrere dalla data di entrata in vigore del regolamento di cui all'articolo 5 sono abrogati:

a) la legge 2 febbraio 1939, n. 374, come modificata dal decreto legislativo luogotenenziale 31 agosto 1945, n. 660;
b) il regolamento di cui al regio decreto 12 dicembre 1940, n. 2052;
c) l'articolo 23 del decreto legislativo luogotenenziale 1° marzo 1945, n. 82.

DPR 3 maggio 2006, n. 252
Regolamento recante norme in materia di deposito legale dei documenti di interesse culturale destinati all'uso pubblico

Art. 1. *Oggetto*

1. I documenti indicati negli articoli 1 e 4 della legge 15 aprile 2004, n. 106, qualunque sia il procedimento tecnico di produzione, sono depositati, entro sessanta giorni dalla prima distribuzione al pubblico, negli istituti indicati negli articoli seguenti, con le modalità di cui al presente regolamento, per costituire l'archivio nazionale e regionale della produzione editoriale, nonché per garantire servizi bibliografici finalizzati all'informazione e all'accesso.

2. Salva diversa disposizione speciale contenuta nei capi dal II all'VIII

in relazione alla specificità delle singole tipologie di documenti, l'obbligo di deposito legale è assolto mediante il deposito di due copie, per l'Archivio nazionale della produzione editoriale, dei documenti prodotti e diffusi in Italia, e di altre due copie per l'archivio della produzione editoriale regionale della regione in cui ha sede il soggetto obbligato al deposito legale, presso gli istituti, nei termini e secondo le modalità disciplinate nel presente regolamento.

3. Dall'attuazione del presente regolamento non devono derivare nuovi o maggiori oneri a carico della finanza pubblica.

Art. 3. *Archivio nazionale della produzione editoriale*

1. Ai fini della costituzione dell'Archivio nazionale della produzione editoriale, i soggetti obbligati provvedono al deposito legale dei documenti, in numero non superiore a due, presso gli istituti depositari indicati e secondo le modalità stabilite nel presente regolamento in relazione a ciascuna specie di documento soggetto a deposito legale.

Art. 4. *Archivi delle produzioni editoriali regionali*

1. Ai fini della costituzione degli archivi delle produzioni editoriali regionali, i soggetti obbligati, oltre alle copie di cui all'articolo 3, provvedono al deposito legale di ulteriori copie dei documenti, in numero non superiore a due, negli istituti della regione nella quale ha sede il soggetto obbligato, individuati, per ciascuna regione, dalla Conferenza unificata di cui all'articolo 8 del decreto legislativo 28 agosto 1997, n. 281.

2. Ciascuna regione e ciascuna provincia autonoma, previa consultazione con le associazioni degli enti locali e con gli istituti interessati, propone alla Conferenza unificata, entro nove mesi dalla data di entrata in vigore del presente regolamento, l'elenco degli istituti destinati a conservare i documenti di cui al comma 1, pubblicati nel proprio territorio. Nel caso di documenti oggetto di esonero parziale l'elenco contiene l'indicazione dell'istituto destinatario.

3. Se una regione o una provincia autonoma non effettua la proposta di cui al comma 2, alla individuazione degli istituti depositari provvede il Ministero, sentita la Conferenza unificata.

4. Con decreti del Ministro sono resi noti a livello nazionale gli elenchi degli istituti depositari regionali, nonché le successive variazioni e integrazioni derivanti da atti regionali di modifica dell'individuazione degli istituti depositari per l'archivio regionale, assunti previo parere conforme della Conferenza unificata.

5. La regione o la provincia autonoma possono richiedere al Ministero di avvalersi di strutture statali ubicate nel proprio territorio per realizzare l'archivio della produzione editoriale regionale. Le funzioni di tutela sulle raccolte librarie costituenti l'archivio della produ-

zione editoriale regionale sono esercitate dalle regioni, ai sensi dell'articolo 5, comma 2, del Codice dei beni culturali e del paesaggio, di cui al decreto legislativo 22 gennaio 2004, n. 42 e successive modificazioni. Le modalità attuative sono disciplinate con apposito accordo, nel quale sono definite altresì le modalità di esercizio della tutela.

6. Fino all'adozione dei decreti di cui al comma 4, restano in vigore i decreti ministeriali che finora hanno identificato gli istituti depositari della terza copia d'obbligo, a norma della legge 2 febbraio 1939, n. 374, e successive modificazioni.

Leggi 4

COMPETENZE E FUNZIONI DELLO STATO, DELLE REGIONI E DEGLI ENTI LOCALI IN MATERIA DI BENI CULTURALI E DI BIBLIOTECHE

Dalla Costituzione della Repubblica Italiana con le modifiche della Legge costituzionale 18 ottobre 2001, n. 3. Sono stati qui riportati solo gli articoli che interessano direttamente l'attività delle biblioteche.

Costituzione della Repubblica Italiana con le modifiche della Legge costituzionale 18 ottobre 2001, n. 3.

Art. 117. La potestà legislativa è esercitata dallo Stato e dalle Regioni nel rispetto della Costituzione, nonché dei vincoli derivanti dall'ordinamento comunitario e dagli obblighi internazionali.

Lo Stato ha legislazione esclusiva nelle seguenti materie:

a) politica estera e rapporti internazionali dello Stato; rapporti dello Stato con l'Unione europea; diritto di asilo e condizione giuridica dei cittadini di Stati non appartenenti all'Unione europea;
b) immigrazione;
c) rapporti tra la Repubblica e le confessioni religiose;
d) difesa e Forze armate; sicurezza dello Stato; armi, munizioni ed esplosivi;
e) moneta, tutela del risparmio e mercati finanziari; tutela della concorrenza; sistema valutario; sistema tributario e contabile dello Stato; perequazione delle risorse finanziarie;
f) organi dello Stato e relative leggi elettorali; referendum statali; elezione del Parlamento europeo;
g) ordinamento e organizzazione amministrativa dello Stato e degli enti pubblici nazionali;
h) ordine pubblico e sicurezza, ad esclusione della polizia amministrativa locale;
i) cittadinanza, stato civile e anagrafi;
l) giurisdizione e norme processuali; ordinamento civile e penale; giustizia amministrativa;
m) determinazione dei livelli essenziali delle prestazioni concernenti i

diritti civili e sociali che devono essere garantiti su tutto il territorio nazionale;

n) norme generali sull'istruzione;

o) previdenza sociale;

p) legislazione elettorale, organi di governo e funzioni fondamentali di Comuni, Province e Città metropolitane;

q) dogane, protezione dei confini nazionali e profilassi internazionale;

r) pesi, misure e determinazione del tempo; coordinamento informativo statistico e informatico dei dati dell'amministrazione statale, regionale e locale; opere dell'ingegno;

s) tutela dell'ambiente, dell'ecosistema e dei beni culturali.

Sono materie di legislazione concorrente quelle relative a: rapporti internazionali e con l'Unione europea delle Regioni; commercio con l'estero; tutela e sicurezza del lavoro; istruzione, salva l'autonomia delle istituzioni scolastiche e con esclusione della istruzione e della formazione professionale; professioni; ricerca scientifica e tecnologica e sostegno all'innovazione per i settori produttivi; tutela della salute; alimentazione; ordinamento sportivo; protezione civile; governo del territorio; porti e aeroporti civili; grandi reti di trasporto e di navigazione; ordinamento della comunicazione; produzione, trasporto e distribuzione nazionale dell'energia; previdenza complementare e integrativa; armonizzazione dei bilanci pubblici e coordinamento della finanza pubblica e del sistema tributario; valorizzazione dei beni culturali e ambientali e promozione e organizzazione di attività culturali; casse di risparmio, casse rurali, aziende di credito a carattere regionale; enti di credito fondiario e agrario a carattere regionale. Nelle materie di legislazione concorrente spetta alle Regioni la potestà legislativa, salvo che per la determinazione dei principi fondamentali, riservata alla legislazione dello Stato.

Spetta alle Regioni la potestà legislativa in riferimento ad ogni materia non espressamente riservata alla legislazione dello Stato.

Le Regioni e le Province autonome di Trento e di Bolzano, nelle materie di loro competenza, partecipano alle decisioni dirette alla formazione degli atti normativi comunitari e provvedono all'attuazione e all'esecuzione degli accordi internazionali e degli atti dell'Unione europea, nel rispetto delle norme di procedura stabilite da legge dello Stato, che disciplina le modalità di esercizio del potere sostitutivo in caso di inadempienza.

La potestà regolamentare spetta allo Stato nelle materie di legislazione esclusiva, salva delega alle Regioni. La potestà regolamentare spetta alle Regioni in ogni altra materia. I Comuni, le Province e le Città metropolitane hanno potestà regolamentare in ordine alla disciplina dell'organizzazione e dello svolgimento delle funzioni loro attribuite.

Le leggi regionali rimuovono ogni ostacolo che impedisce la piena parità degli uomini e delle donne nella vita sociale, culturale ed economica e promuovono la parità di accesso tra donne e uomini alle cariche elettive.

La legge regionale ratifica le intese della Regione con altre Regioni per il migliore esercizio delle proprie funzioni, anche con individuazione di organi comuni.

Nelle materie di sua competenza la Regione può concludere accordi con Stati e intese con enti territoriali interni ad altro Stato, nei casi e con le forme disciplinati da leggi dello Stato.

Art. 118. Le funzioni amministrative sono attribuite ai Comuni salvo che, per assicurarne l'esercizio unitario, siano conferite a Province, Città metropolitane, Regioni e Stato, sulla base dei principi di sussidiarietà, differenziazione ed adeguatezza.

I Comuni, le Province e le Città metropolitane sono titolari di funzioni amministrative proprie e di quelle conferite con legge statale o regionale, secondo le rispettive competenze.

La legge statale disciplina forme di coordinamento fra Stato e Regioni nelle materie di cui alle lettere b) e h) del secondo comma dell'articolo 117, e disciplina inoltre forme di intesa e coordinamento nella materia della tutela dei beni culturali.

Stato, Regioni, Città metropolitane, Province e Comuni favoriscono l'autonoma iniziativa dei cittadini, singoli e associati, per lo svolgimento di attività di interesse generale, sulla base del principio di sussidiarietà.

Leggi 5

IL CODICE DEI BENI CULTURALI E DEL PAESAGGIO

Dal decreto legislativo 22 gennaio 2004, n. 42, «Codice dei beni culturali e del paesaggio». Sono qui riportati gli articoli che più direttamente riguardano l'attività delle biblioteche.

PARTE PRIMA
Disposizioni generali

Art. 1. *Principi*

1. In attuazione dell'articolo 9 della Costituzione, la Repubblica tutela e valorizza il patrimonio culturale in coerenza con le attribuzioni di cui all'articolo 117 della Costituzione e secondo le disposizioni del presente codice.

2. La tutela e la valorizzazione del patrimonio culturale concorrono a preservare la memoria della comunità nazionale e del suo territorio e a promuovere lo sviluppo della cultura.

3. Lo Stato, le regioni, le città metropolitane, le province e i comuni assicurano e sostengono la conservazione del patrimonio culturale e ne favoriscono la pubblica fruizione e la valorizzazione.

4. Gli altri soggetti pubblici, nello svolgimento della loro attività, assicurano la conservazione e la pubblica fruizione del loro patrimonio culturale.

5. I privati proprietari, possessori o detentori di beni appartenenti al patrimonio culturale sono tenuti a garantirne la conservazione.

6. Le attività concernenti la conservazione, la fruizione e la valorizzazione del patrimonio culturale indicate ai commi 3, 4 e 5 sono svolte in conformità alla normativa di tutela.

Art. 2. *Patrimonio culturale*

1. Il patrimonio culturale è costituito dai beni culturali e dai beni paesaggistici.

2. Sono beni culturali le cose immobili e mobili che, ai sensi degli articoli 10 e 11, presentano interesse artistico, storico, archeologico, etnoantropologico, archivistico e bibliografico e le altre cose individuate dalla legge o in base alla legge quali testimonianze aventi valore di civiltà.

3. Sono beni paesaggistici gli immobili e le aree indicati all'articolo 134, costituenti espressione dei valori storici, culturali, naturali, morfologici ed estetici del territorio, e gli altri beni individuati dalla legge o in base alla legge.

4. I beni del patrimonio culturale di appartenenza pubblica sono destinati alla fruizione della collettività, compatibilmente con le esigenze di uso istituzionale e sempre che non vi ostino ragioni di tutela.

Art. 3. *Tutela del patrimonio culturale*

1. La tutela consiste nell'esercizio delle funzioni e nella disciplina delle attività dirette, sulla base di un'adeguata attività conoscitiva, ad individuare i beni costituenti il patrimonio culturale ed a garantirne la protezione e la conservazione per fini di pubblica fruizione.

2. L'esercizio delle funzioni di tutela si esplica anche attraverso provvedimenti volti a conformare e regolare diritti e comportamenti inerenti al patrimonio culturale.

Art. 4. *Funzioni dello Stato in materia di tutela del patrimonio culturale*

1. Al fine di garantire l'esercizio unitario delle funzioni di tutela, ai sensi dell'articolo 118 della Costituzione, le funzioni stesse sono attribuite al Ministero per i beni e le attività culturali, di seguito denominato «Ministero», che le esercita direttamente o ne può conferire l'esercizio alle regioni, tramite forme di intesa e coordinamento ai sensi dell'articolo 5, commi 3 e 4. Sono fatte salve le funzioni già conferite alle regioni ai sensi dei commi 2 e 6 del medesimo articolo 5.

2. Il Ministero esercita le funzioni di tutela sui beni culturali di appartenenza statale anche se in consegna o in uso ad amministrazioni o soggetti diversi dal Ministero.

Art. 5. *Cooperazione delle regioni e degli altri enti pubblici territoriali in materia di tutela del patrimonio culturale*

1. Le regioni, nonché i comuni, le città metropolitane e le province, di seguito denominati «altri enti pubblici territoriali», cooperano con il Ministero nell'esercizio delle funzioni di tutela in conformità a quanto disposto dal Titolo I della Parte seconda del presente codice.

2. Le funzioni di tutela previste dal presente codice che abbiano ad oggetto manoscritti, autografi, carteggi, documenti, incunaboli, raccolte librarie non appartenenti allo Stato o non sottoposte alla tutela statale, nonché libri, stampe e incisioni non appartenenti allo Stato, sono esercitate dalle regioni.

3. Sulla base di specifici accordi od intese e previo parere della Conferenza permanente per i rapporti tra lo Stato, le regioni e le province autonome di Trento e Bolzano, di seguito denominata «Conferenza Stato-regioni», le regioni possono esercitare le funzioni di tutela anche su raccolte librarie private, nonché su carte geografiche,

spartiti musicali, fotografie, pellicole o altro materiale audiovisivo, con relativi negativi e matrici, non appartenenti allo Stato.

4. Nelle forme previste dal comma 3 e sulla base dei principi di differenziazione ed adeguatezza, possono essere individuate ulteriori forme di coordinamento in materia di tutela con le regioni che ne facciano richiesta.

5. Gli accordi o le intese possono prevedere particolari forme di cooperazione con gli altri enti pubblici territoriali.

6. Le funzioni amministrative di tutela dei beni paesaggistici sono conferite alle regioni secondo le disposizioni di cui alla Parte terza del presente codice.

7. Relativamente alle funzioni di cui ai commi 2, 3, 4, 5 e 6, il Ministero esercita le potestà di indirizzo e di vigilanza e il potere sostitutivo in caso di perdurante inerzia o inadempienza.

Art. 6. *Valorizzazione del patrimonio culturale*

1. La valorizzazione consiste nell'esercizio delle funzioni e nella disciplina delle attività dirette a promuovere la conoscenza del patrimonio culturale e ad assicurare le migliori condizioni di utilizzazione e fruizione pubblica del patrimonio stesso. Essa comprende anche la promozione ed il sostegno degli interventi di conservazione del patrimonio culturale.

2. La valorizzazione è attuata in forme compatibili con la tutela e tali da non pregiudicarne le esigenze.

3. La Repubblica favorisce e sostiene la partecipazione dei soggetti privati, singoli o associati, alla valorizzazione del patrimonio culturale.

Art. 7. *Funzioni e compiti in materia di valorizzazione del patrimonio culturale*

1. Il presente codice fissa i principi fondamentali in materia di valorizzazione del patrimonio culturale. Nel rispetto di tali principi le regioni esercitano la propria potestà legislativa.

2. Il Ministero, le regioni e gli altri enti pubblici territoriali perseguono il coordinamento, l'armonizzazione e l'integrazione delle attività di valorizzazione dei beni pubblici.

Art. 8. *Regioni e province ad autonomia speciale*

1. Nelle materie disciplinate dal presente codice restano ferme le potestà attribuite alle regioni a statuto speciale ed alle province autonome di Trento e Bolzano dagli statuti e dalle relative norme di attuazione.

Art. 9. *Beni culturali di interesse religioso*

1. Per i beni culturali di interesse religioso appartenenti ad enti ed istituzioni della Chiesa cattolica o di altre confessioni religiose, il Ministero e, per quanto di competenza, le regioni provvedono, relativamente alle esigenze di culto, d'accordo con le rispettive autorità.

2. Si osservano, altresì, le disposizioni stabilite dalle intese concluse ai sensi dell'articolo 12 dell'Accordo di modificazione del Concordato lateranense firmato il 18 febbraio 1984, ratificato e reso esecutivo con legge 25 marzo 1985, n. 121, ovvero dalle leggi emanate sulla base delle intese sottoscritte con le confessioni religiose diverse dalla cattolica, ai sensi dell'articolo 8, comma 3, della Costituzione.

TITOLO I
Tutela

CAPO I
Oggetto della tutela

Art. 10. *Beni culturali*

1. Sono beni culturali le cose immobili e mobili appartenenti allo Stato, alle regioni, agli altri enti pubblici territoriali, nonché ad ogni altro ente ed istituto pubblico e a persone giuridiche private senza fine di lucro, che presentano interesse artistico, storico, archeologico o etnoantropologico.

2. Sono inoltre beni culturali:

a) le raccolte di musei, pinacoteche, gallerie e altri luoghi espositivi dello Stato, delle regioni, degli altri enti pubblici territoriali, nonché di ogni altro ente ed istituto pubblico;

b) gli archivi e i singoli documenti dello Stato, delle regioni, degli altri enti pubblici territoriali, nonché di ogni altro ente ed istituto pubblico;

c) le raccolte librarie delle biblioteche dello Stato, delle regioni, degli altri enti pubblici territoriali, nonché di ogni altro ente e istituto pubblico.

3. Sono altresì beni culturali, quando sia intervenuta la dichiarazione prevista dall'articolo 13:

a) le cose immobili e mobili che presentano interesse artistico, storico, archeologico o etnoantropologico particolarmente importante, appartenenti a soggetti diversi da quelli indicati al comma 1;

b) gli archivi e i singoli documenti, appartenenti a privati, che rivestono interesse storico particolarmente importante;

c) le raccolte librarie, appartenenti a privati, di eccezionale interesse culturale;

d) le cose immobili e mobili, a chiunque appartenenti, che rivestono un interesse particolarmente importante a causa del loro riferimento con la storia politica, militare, della letteratura, dell'arte e della cultura in genere, ovvero quali testimonianze dell'identità e della storia delle istituzioni pubbliche, collettive o religiose;

e) le collezioni o serie di oggetti, a chiunque appartenenti, che, per tradizione, fama e particolari caratteristiche ambientali, rivestono come complesso un eccezionale interesse artistico o storico.

4. Sono comprese tra le cose indicate al comma 1 e al comma 3, lettera *a*):

a) le cose che interessano la paleontologia, la preistoria e le primitive civiltà;

b) le cose di interesse numismatico;

c) i manoscritti, gli autografi, i carteggi, gli incunaboli, nonché i libri, le stampe e le incisioni, con relative matrici, aventi carattere di rarità e di pregio;

d) le carte geografiche e gli spartiti musicali aventi carattere di rarità e di pregio;

e) le fotografie, con relativi negativi e matrici, le pellicole cinematografiche ed i supporti audiovisivi in genere, aventi carattere di rarità e di pregio;

f) le ville, i parchi e i giardini che abbiano interesse artistico o storico;

g) le pubbliche piazze, vie, strade e altri spazi aperti urbani di interesse artistico o storico;

h) i siti minerari di interesse storico od etnoantropologico;

i) le navi e i galleggianti aventi interesse artistico, storico od etnoantropologico;

l) le tipologie di architettura rurale aventi interesse storico od etnoantropologico quali testimonianze dell'economia rurale tradizionale.

5. Salvo quanto disposto dagli articoli 64 e 178, non sono soggette alla disciplina del presente Titolo le cose indicate al comma 1 e al comma 3, lettere *a*) ed *e*), che siano opera di autore vivente o la cui esecuzione non risalga ad oltre cinquanta anni.

TITOLO II
Fruizione e valorizzazione

CAPO I
Fruizione dei beni culturali

Art. 101. *Istituti e luoghi della cultura*

1. Ai fini del presente codice sono istituti e luoghi della cultura i musei, le biblioteche e gli archivi, le aree e i parchi archeologici, i complessi monumentali.

2. Si intende per:

a) «museo», una struttura permanente che acquisisce, conserva, ordina ed espone beni culturali per finalità di educazione e di studio;

b) «biblioteca», una struttura permanente che raccoglie e conserva un insieme organizzato di libri, materiali e informazioni, comunque editi o pubblicati su qualunque supporto, e ne assicura la consultazione al fine di promuovere la lettura e lo studio;

c) «archivio», una struttura permanente che raccoglie, inventaria e conserva documenti originali di interesse storico e ne assicura la consultazione per finalità di studio e di ricerca;

d) «area archeologica», un sito caratterizzato dalla presenza di resti di natura fossile o di manufatti o strutture preistorici o di età antica;

e) «parco archeologico», un ambito territoriale caratterizzato da importanti evidenze archeologiche e dalla compresenza di valori storici, paesaggistici o ambientali, attrezzato come museo all'aperto;

f) «complesso monumentale», un insieme formato da una pluralità di fabbricati edificati anche in epoche diverse, che con il tempo hanno acquisito, come insieme, una autonoma rilevanza artistica, storica o etnoantropologica.

3. Gli istituti ed i luoghi di cui al comma 1 che appartengono a soggetti pubblici sono destinati alla pubblica fruizione ed espletano un servizio pubblico.

4. Le strutture espositive e di consultazione nonché i luoghi di cui al comma 1 che appartengono a soggetti privati e sono aperti al pubblico espletano un servizio privato di utilità sociale.

Leggi 6

LEGISLAZIONE REGIONALE SULLE BIBLIOTECHE

Sono qui riportate solo le disposizioni legislative fondamentali in vigore. Per le modificazioni successive e per ogni altra indicazione si rinvia a Dario D'Alessandro, Il codice delle biblioteche, *Milano, Editrice Bibliografica, 2002, pp. 209-454.*

Regione Abruzzo	LR	1 giugno 1977, n. 22
	LR	16 settembre 1998, n. 77
Regione Basilicata	LR	21 maggio 1980, n. 37
Regione Calabria	LR	19 aprile 1985, n. 17
	LR	26 aprile 1995, n. 25
Regione Campania	LR	4 settembre 1974, n. 49
	LR	29 maggio 1980, n. 54
	LR	3 gennaio 1983, n. 4
Regione Emilia-Romagna	LR	24 marzo 2000, n. 18
Regione Friuli Venezia Giulia	LR	18 novembre 1976, n. 60
Regione Lazio	LR	24 novembre 1997, n. 42
Regione Liguria	LR	20 dicembre 1978, n. 61
Regione Lombardia	LR	14 dicembre 1985, n. 81
Regione Marche	LR	10 dicembre 1987, n. 39
Regione Molise	LR	11 dicembre 1980, n. 37
Regione Piemonte	LR	19 dicembre 1978, n. 78
Regione Puglia	LR	17 aprile 1979, n. 22
	LR	23 ottobre 1993, n. 10
Regione Sardegna	DPR	22 maggio 1975, n. 480
	DPR	19 giugno 1979, n. 348
Regione Sicilia	DPR	30 agosto 1975, n. 635
	LR	1 agosto 1977, n. 80
Regione Toscana	LR	1 luglio 1999, n. 35
Regione Umbria	LR	3 maggio 1990, n. 37
Regione Valle d'Aosta	LR	17 giugno 1992, n. 28
Regione Veneto	LR	5 settembre 1984, n. 50
Provincia autonoma di Bolzano	LP	7 novembre 1983, n. 41
Provincia autonoma di Trento	LP	30 luglio 1987, n. 12

Leggi 7

LE BIBLIOTECHE NELL'ORDINAMENTO DELLE AUTONOMIE LOCALI

Dal D. LGS. 18 agosto 2000, n. 267, «Testo unico delle leggi sull'ordinamento degli enti locali». Sono qui riportati gli articoli che più direttamente riguardano l'attività delle biblioteche.

TITOLO I
Disposizioni generali

Art. 1. *Oggetto*

1. Il presente testo unico contiene i principi e le disposizioni in materia di ordinamento degli enti locali.

2. Le disposizioni del presente testo unico non si applicano alle regioni a statuto speciale e alle province autonome di Trento e di Bolzano se incompatibili con le attribuzioni previste dagli statuti e dalle relative norme di attuazione.

3. La legislazione in materia di ordinamento degli enti locali e di disciplina dell'esercizio delle funzioni ad essi conferite enuncia espressamente i principi che costituiscono limite inderogabile per la loro autonomia normativa. L'entrata in vigore di nuove leggi che enunciano tali principi abroga le norme statutarie con essi incompatibili. Gli enti locali adeguano gli statuti entro 120 giorni dalla data di entrata in vigore delle leggi suddette.

4. Ai sensi dell'articolo 128 della Costituzione le leggi della Repubblica non possono introdurre deroghe al presente testo unico se non mediante espressa modificazione delle sue disposizioni.

Art. 2. *Ambito di applicazione*

1. Ai fini del presente testo unico si intendono per enti locali i comuni, le province, le città metropolitane, le comunità montane, le comunità isolane e le unioni di comuni.

2. Le norme sugli enti locali previste dal presente testo unico si applicano, altresì, salvo diverse disposizioni, ai consorzi cui partecipano enti locali, con esclusione di quelli che gestiscono attività aventi rilevanza economica ed imprenditoriale e, ove previsto dallo statuto, dei consorzi per la gestione dei servizi sociali.

Art. 3. *Autonomia dei comuni e delle province*

1. Le comunità locali, ordinate in comuni e province, sono autonome.

2. Il comune è l'ente locale che rappresenta la propria comunità, ne cura gli interessi e ne promuove lo sviluppo.

3. La provincia, ente locale intermedio tra comune e regione, rappresenta la propria comunità, ne cura gli interessi, ne promuove e ne coordina lo sviluppo.

4. I comuni e le province hanno autonomia statutaria, normativa, organizzativa e amministrativa, nonché autonomia impositiva e finanziaria nell'ambito dei propri statuti e regolamenti e delle leggi di coordinamento della finanza pubblica.

5. I comuni e le province sono titolari di funzioni proprie e di quelle conferite loro con legge dello Stato e della regione, secondo il principio di sussidiarietà. I comuni e le province svolgono le loro funzioni anche attraverso le attività che possono essere adeguatamente esercitate dalla autonoma iniziativa dei cittadini e delle loro formazioni sociali.

CAPO I
Comune

Art. 13. *Funzioni*

1. Spettano al comune tutte le funzioni amministrative che riguardano la popolazione ed il territorio comunale, precipuamente nei settori organici dei servizi alla persona e alla comunità, dell'assetto ed utilizzazione del territorio e dello sviluppo economico, salvo quanto non sia espressamente attribuito ad altri soggetti dalla legge statale o regionale, secondo le rispettive competenze.

2. Il comune, per l'esercizio delle funzioni in ambiti territoriali adeguati, attua forme sia di decentramento sia di cooperazione con altri comuni e con la provincia.

CAPO II
Provincia

Art. 19. *Funzioni*

1. Spettano alla provincia le funzioni amministrative di interesse provinciale che riguardino vaste zone intercomunali o l'intero territorio provinciale nei seguenti settori:

a) difesa del suolo, tutela e valorizzazione dell'ambiente e prevenzione delle calamità;
b) tutela e valorizzazione delle risorse idriche ed energetiche;

c) valorizzazione dei beni culturali;
d) viabilità e trasporti;
e) protezione della flora e della fauna parchi e riserve naturali;
f) caccia e pesca nelle acque interne;
g) organizzazione dello smaltimento dei rifiuti a livello provinciale, rilevamento, disciplina e controllo degli scarichi delle acque e delle emissioni atmosferiche e sonore;
h) servizi sanitari, di igiene e profilassi pubblica, attribuiti dalla legislazione statale e regionale;
i) compiti connessi alla istruzione secondaria di secondo grado ed artistica ed alla formazione professionale, compresa l'edilizia scolastica, attribuiti dalla legislazione statale e regionale;
l) raccolta ed elaborazione dati, assistenza tecnico-amministrativa agli enti locali.

2. La provincia, in collaborazione con i comuni e sulla base di programmi da essa proposti promuove e coordina attività, nonché realizza opere di rilevante interesse provinciale sia nel settore economico, produttivo, commerciale e turistico, sia in quello sociale, culturale e sportivo.

3. La gestione di tali attività ed opere avviene attraverso le forme previste dal presente testo unico per la gestione dei servizi pubblici locali.

TITOLO V
Servizi e interventi pubblici locali

Art. 112. *Servizi pubblici locali*

1. Gli enti locali, nell'ambito delle rispettive competenze, provvedono alla gestione dei servizi pubblici che abbiano per oggetto produzione di beni ed attività rivolte a realizzare fini sociali e a promuovere lo sviluppo economico e civile delle comunità locali.

2. I servizi riservati in via esclusiva ai comuni e alle province sono stabiliti dalla legge.

3. Ai servizi pubblici locali si applica il capo III del decreto legislativo 30 luglio 1999, n. 286, relativo alla qualità dei servizi pubblici locali e carte dei servizi.

Art. 113. *Forme di gestione*

1. I servizi pubblici locali sono gestiti nelle seguenti forme:
a) in economia, quando per le modeste dimensioni o per le caratteristiche del servizio non sia opportuno costituire una istituzione o una azienda;

b) in concessione a terzi, quando sussistano ragioni tecniche, economiche e di opportunità sociale;
c) a mezzo di azienda speciale, anche per la gestione di più servizi di rilevanza economica ed imprenditoriale;
d) a mezzo di istituzione, per l'esercizio di servizi sociali senza rilevanza imprenditoriale;
e) a mezzo di società per azioni o a responsabilità limitata a prevalente capitale pubblico locale costituite o partecipate dall'ente titolare del pubblico servizio, qualora sia opportuna in relazione alla natura o all'ambito territoriale del servizio la partecipazione di più soggetti pubblici o privati;
f) a mezzo di società per azioni senza il vincolo della proprietà pubblica maggioritaria a norma dell'articolo 116.

Strumenti 1

PROSPETTO DELL'ISBD
preliminary consolidated edition

Da International federation of library associations and institutions, International Standard Bibliographic Description (ISBD), Edizione consolidata preliminare, *Edizione italiana a cura dell'Istituto centrale per il catalogo unico delle biblioteche italiane e per le informazioni bibliografiche, Roma, ICCU, 2009. Lo standard è pubblicato in forma elettronica sul sito web dell'IFLA, su quello dell'ICCU e all'indirizzo <http://www.webcitation.org/675QZrdFF>. Sono state apportate lievissime modifiche per la diversa impaginazione.*

Ciascun'area, a eccezione della prima, e preceduta da punto, spazio, linea, spazio (. –)

1. Area del titolo e della formulazione di responsabilità

Elementi

1.1 Titolo proprio (*Obbligatorio*)
[ ] 1.2 Designazione generale del materiale (*Facoltativo*)
= 1.3 Titolo parallelo (*Condizionato e Ripetibile*)
: 1.4 Complemento del titolo (*Condizionato e Ripetibile*)
1.5 Formulazioni di responsabilità
/ Prima formulazione di responsabilità (*Obbligatorio*)
; Successiva formulazione di responsabilità (*Condizionato e Ripetibile*)

2. Area dell'edizione

Elementi

2.1 Formulazione di edizione (*Obbligatorio*)
= 2.2 Formulazione parallela di edizione (*Facoltativo e Ripetibile*)
2.3 Formulazioni di responsabilità relative all'edizione
/ Prima formulazione di responsabilità (*Obbligatorio*)
; Successiva formulazione di responsabilità (*Condizionato e Ripetibile*)
, 2.4 Ulteriore formulazione di edizione (*Obbligatorio e Ripetibile*)
2.5 Formulazioni di responsabilità che seguono un'ulteriore formulazione di edizione

/ Prima formulazione di responsabilità (*Obbligatorio*)
; Successiva formulazione di responsabilità (*Condizionato e Ripetibile*)

3. Area specifica del materiale o del tipo di risorsa

Elementi

3.1 Dati matematici (risorse cartografiche) (*Obbligatorio e Ripetibile*)
3.2 Formulazione di presentazione musicale (musica notata) (*Obbligatorio*)
3.3 Numerazione (Seriali) (*Obbligatorio*)

4. Area della pubblicazione, produzione, distribuzione, etc.

Elementi

4.1 Luogo di pubblicazione, produzione e/o distribuzione
Primo luogo (*Obbligatorio*)
; Successivo luogo (*Condizionato e Ripetibile*)
: 4.2 Nome dell'editore, produttore e/o distributore (*Obbligatorio e Ripetibile*)
[ ] 4.3 Formulazione di funzione del distributore (*Facoltativo*)
, 4.4 Data di pubblicazione, produzione e/o distribuzione (*Obbligatorio*)
(4.5 Luogo di stampa, manifattura o incisione (*Condizionato e Ripetibile*)
: 4.6 Nome dello stampatore, della manifattura, dell'incisore (*Condizionato e Ripetibile*)
,) 4.7 Data di stampa o di manifattura (*Condizionato*)

5. Area della descrizione fisica

Elementi

5.1 Designazione specifica del materiale ed estensione della risorsa (*Obbligatorio*)
: 5.2 Altri particolari fisici (*Condizionato*)
; 5.3 Dimensioni, Formato (per le risorse monografiche antiche) (*Condizionato*)
\+ 5.4 Formulazione di materiale allegato (*Facoltativo e Ripetibile*)

6. Area della serie

Nota: La formulazione di serie si racchiude entro parentesi tonde. Se vi sono due o più formulazioni di serie, ciascuna si racchiude entro parentesi tonde.

Elementi

6.1 Titolo proprio della serie, della sottoserie o della risorsa monografica multiparte (*Obbligatorio*)

= 6.2 Titolo parallelo della serie, della sottoserie o della risorsa monografica multiparte (*Condizionato e Ripetibile*)

: 6.3 Complemento del titolo della serie, della sottoserie o della risorsa monografica multiparte (*Condizionato e Ripetibile*)

6.4 Formulazioni di responsabilità relative alla serie, alla sottoserie o alla risorsa monografica multiparte

/ Prima formulazione di responsabilità (*Condizionato*)

; Successiva formulazione di responsabilità (*Condizionato e Ripetibile*)

6.5 International Standard Serial Number (ISSN) della serie o della sottoserie (*Obbligatorio*)

6.6 Numerazione all'interno della serie, della sottoserie o della risorsa monografica multiparte (*Condizionato*)

7. Area delle note (*Condizionata e Ripetibile*)

8. Area dell'identificatore della risorsa e delle condizioni di disponibilità

8.1 Identificatore della risorsa (*Obbligatorio*)
Impronta (per le risorse monografiche antiche) (*Facoltativo*)

= 8.2 Titolo chiave (per le risorse continuative) (*Condizionato*)

: 8.3 Condizioni di disponibilità e/o prezzo (*Facoltativo e Ripetibile*)

( ) 8.4 Qualificazioni (*Facoltativo e Ripetibile*)

Note generali sulla struttura dell'ISBD

A. L'*edizione consolidata preliminare*, da cui è stato tratto questo prospetto, indica se ciascun elemento della descrizione debba essere considerato *Obbligatorio*, *Condizionato* o *Facoltativo*, specificando nel paragrafo 0.1.3 che:
- Obbligatorio: l'elemento è richiesto in tutte le situazioni in cui sia applicabile; ciò è indicato nel testo con «si dà» o «si danno».
- Condizionato: l'elemento è richiesto in presenza di determinate condizioni del tipo «se è necessario per l'identificazione o se è ritenuto importante per gli utenti del catalogo». In assenza di queste condizioni, l'uso dell'elemento è facoltativo.
- Facoltativo: l'elemento si può includere od omettere a discrezione dell'agenzia; ciò è indicato nel testo con «facoltativo» o con «può».

In realtà l'*edizione consolidata definitiva*, pubblicata nel 2011, indica solo la condizione di *Obbligatorietà* dell'area 1 e degli elementi ritenuti indispensabili per qualsiasi descrizione ISBD, inoltre indica che alcuni elementi sono *Obbligatori se l'informazione è disponibile* o *applicabile* alla risorsa descritta, e infine specifica quali aree ed elementi possono essere considerati *Ripetibili*.
L'edizione definitiva dello standard assegna molta importanza a questa informazione e mette in evidenza le etichette *Obbligatorio* e *Obbligatorio se disponibile* o *applicabile* anche accanto alle intitolazioni dei singoli elementi, specificando nel contempo che le Agenzie bibliografiche nazionali devono utilizzare tutti gli elementi obbligatori per la creazione delle registrazioni definitive, e raccomandando che questa modalità di creazione della notizia bibliografica sia seguita anche dalle altre biblioteche che condividono fra loro le registrazioni bibliografiche.

B. Le aree 3 (Specifica del materiale o del tipo di pubblicazione), 6 (Collezione), 7 (Note) e 8 (Numeri identificativi) si possono, se necessario, ripetere.

C. Nello schema, le espressioni «prima formulazione...», «successiva formulazione...» e simili, indicano l'ordine in cui queste informazioni sono date nella descrizione e non hanno altro significato.

D. Tutte le volte che informazioni di norma associate a un'area o elemento si presentano nella pubblicazione come parte linguisticamente inscindibile da un'altra area o elemento si trascrivono come sono.

Strumenti 2

APPENDICE C
Designazioni generiche del materiale

Da Regole italiane di catalogazione. REICAT, *Roma, ICCU, 2009, p 565.*

I termini elencati sono raccomandati come designazioni generiche del materiale, di solito utilizzate nei cataloghi come filtri per l'interrogazione e visualizzate (con l'espressione verbale o con un simbolo) sia nella registrazione bibliografica completa sia in liste o elenchi delle pubblicazioni reperite a seguito di una ricerca[1].

Non sono stati inclusi materiali non pubblicati o che comunque non siano comunemente presenti nelle biblioteche, ma quando e necessario si possono aggiungere ulteriori termini, p.es. *manoscritti* (cfr. il cap. 6).

Se il contenuto della pubblicazione rientra in piu designazioni (p.es. una carta geografica accompagnata da un opuscolo o un'audioregistrazione con l'aggiunta di materiale video) si tiene conto della componente che prevale.

Testi

Comprende le pubblicazioni testuali a stampa o in microformato (anche se costituite prevalentemente da illustrazioni), ma esclude i documenti grafici (p.es. i manifesti destinati all'affissione, anche se contengono un testo) e i documenti elettronici.

***Musica scritta** (o **Musica notata**)*

Comprende le pubblicazioni musicali a stampa e le pubblicazioni di musica scritta in altre forme (p.es. in microforma, su CD-ROM o accessibili a distanza tramite una rete informatica).

[1] In ciascuna registrazione bibliografica si puo indicare, di solito, una sola designazione generica del materiale. Se possono essere registrate piu designazioni si aggiungono eventuali altre designazioni applicabili e, per pubblicazioni costituite da materiali diversi, si puo sostituire il termine *Multimediali* con le designazioni appropriate (p.es. *Testi* e *Documenti elettronici* per una pubblicazione costituita da un volume a stampa e un CD-ROM).

Documenti grafici

Comprende il materiale grafico a stampa (p.es. manifesti, cartoline e stampe) o da proiezione fissa (p.es. diapositive e trasparenti), ma esclude i documenti cartografici.

Documenti cartografici

Comprende le pubblicazioni a contenuto cartografico, a stampa o d'altro genere, in qualsiasi formato o supporto (p.es. in microforma, su CD-ROM o accessibili a distanza tramite una rete informatica).

Oggetti

Comprende soltanto materiali che non rientrano nelle altre categorie, inclusi quelli costituiti da parti o pezzi di diverso genere (tra i quali possono esservi materiali testuali o grafici).

Audioregistrazioni

Videoregistrazioni e filmati

Documenti elettronici

Comprende i documenti che richiedono l'impiego di un elaboratore elettronico, ma esclude audioregistrazioni e videoregistrazioni su supporti elettronici fruibili anche con apparecchiature diverse (p.es. compact disc e DVD-Video). Per la musica scritta e i documenti cartografici si preferiscono le designazioni relative.

Multimediali

Comprende i documenti costituiti da piu unita che rientrano in almeno due tra le categorie precedenti.

Strumenti 3

APPENDICE D
Designazioni specifiche del materiale

Da Regole italiane di catalogazione. REICAT, *Roma, ICCU, 2009, p. 567.*

I termini elencati, da utilizzare come designazioni specifiche del materiale nell'area 5, comprendono solo materiali pubblicati e comunemente descritti nei cataloghi di biblioteca.

Non sono stati inclusi materiali non pubblicati o che comunque non siano comunemente presenti nelle biblioteche, ma quando e necessario si possono aggiungere ulteriori termini, p.es. per nuovi materiali o per oggetti di qualsiasi genere da descrivere nel catalogo (cfr. il par. 4.5.1.1 B).

Altri termini sono utilizzati nell'area 5 per l'indicazione dell'estensione, particolarmente per materiali costituiti da parti di tipo diverso, o per allegati: p.es. *pezzi*, *facsimili*, *libretto*, *tabellone*, *carte da gioco*, etc.

Testi
I termini che seguono si possono utilizzare anche per documenti grafici o di altro genere a cui siano applicabili.

cartella	*per il materiale pubblicato in una cartella o un contenitore analogo*
fascicolo	*per periodici e seriali (o come allegato)*
foglio	
manifesto	*usato per:* locandina, poster
numero	*per periodici e seriali, se non sono applicabili* fascicolo *o* volume
parti	*per pubblicazioni antiche*
pieghevole	
scheda	
volume	

in microforma
bobina di microfilm
microfiche
spezzone di microfilm

Musica scritta
*Per le designazioni specifiche delle pubblicazioni musicali vedi l'*Appendice E delle REICAT.

Documenti grafici
Si impiegano anche i termini per le pubblicazioni testuali.

cartolina
diapositiva
filmina
fotografia
grafico
grafico murale
puzzle
stampa *usato per:* incisione, xilografia, litografia, *etc.*
trasparente *usato per:* lucido

Documenti cartografici

carta
carta murale
globo
immagine di telerilevamento
mappa
modello
pianta

Oggetti

gioco
kit di laboratorio
modello

Audioregistrazioni

audiocassetta
compact disc
disco sonoro
dual disc
DVD-Audio

Videoregistrazioni e filmati

disco Blu-ray
DVD-Video
Video CD
videocassetta
videodisco

Documents elettronici

su supporti materiali

CD-i

CD-ROM

DVD-ROM

floppy disk

Photo CD

accessibili a distanza

Si impiegano anche i termini per la musica scritta e i documenti cartografici.

base di dati	
file audio	
file video	
immagine	
numero	*per periodici o seriali designati in questo modo o con termini equivalenti*
testo elettronico	
volume	*per periodici o seriali designati in questo modo*

Strumenti 4

LE REGOLE ITALIANE DI CATALOGAZIONE. REICAT

Da Regole italiane di catalogazione. REICAT, *Roma, ICCU, 2009. Sono qui presentate, per scopi didattici e in alcuni casi in forma abbreviata, solo alcune regole principali, riportate sotto il loro numero, all'interno del sommario delle* REICAT.

0. Introduzione

0.4. ELEMENTI DI ACCESSO E DI SELEZIONE

Nei cataloghi elettronici tutte le informazioni presenti nelle registrazioni bibliografiche (o in registrazioni d'altro genere) dovrebbero costituire un *elemento di accesso* [...].

Le norme indicano quali elementi di accesso devono essere garantiti. Altri elementi, dello stesso genere o di genere diverso, possono comunque essere aggiunti quando si ritiene opportuno o per esigenze particolari. [...]

0.4.3. Elementi di accesso controllati

Le norme prevedono il controllo esauriente e uniforme degli elementi di accesso costituiti da *titoli* e *nomi di persone o enti* responsabili per l'opera o una sua espressione.

Gli elementi d'accesso controllati, a questo scopo, sono costituiti rispettivamente da:

a) *titoli uniformi* e titoli di rinvio ad essi;

b) *intestazioni uniformi* e intestazioni di rinvio ad esse.

0.4.3.1. Titoli uniformi

Per *titolo uniforme* si intende il titolo con cui un'opera, o una sua parte, viene identificata ai fini catalografici. Titoli che si riferiscono a opere diverse ma che risulterebbero identici vengono distinti mediante qualificazioni (par. 0.4.3.5) o altri elementi appropriati, quando non è sufficiente la visualizzazione della relativa intestazione principale (par. 0.4.3.4). [...]

0.4.3.2. Intestazioni

Per *intestazione* si intende l'espressione formulata allo scopo di costituire un elemento di accesso controllato a una o più registrazioni, consentirne il raggruppamento e facilitarne l'ordinamento. È costituita da un nome (o una denominazione) eventualmente integrato da altri elementi.

Il termine *intestazione* viene utilizzato, nelle norme, per indicare l'espressione che identifica nel catalogo una *persona* o un *ente* collegati a un'opera o a una sua espressione da una relazione di responsabilità. Il termine non viene invece usato per riferirsi a *titoli*, anche se costituiscono elementi di accesso controllati.

0.4.3.3. Intestazione uniforme

Per *intestazione uniforme* si intende l'espressione scelta per rappresentare univocamente una *persona* o un *ente*. Ogni persona e ogni ente devono essere rappresentati da una sola intestazione e questa deve riferirsi a una sola entità. Se una persona o un ente sono conosciuti con più nomi o più forme di un nome si adotta per l'intestazione uno solo dei nomi o una sola forma. [...]

Nomi non adottati per l'intestazione uniforme sono registrati come intestazioni di rinvio.

0.4.3.4. Intestazione principale

0.4.3.4 A. Le norme distinguono le *relazioni di responsabilità* per un'opera secondo *tre gradi* (responsabilità principale, coordinata, secondaria) a cui corrispondono tre tipi di legame tra il *titolo uniforme* dell'opera e l'*intestazione uniforme* per una persona o un ente che possono dare origine a trattamenti diversi: *intestazione principale*, *intestazioni coordinate*, *intestazioni secondarie*.

L'*intestazione principale* è sempre unica e può essere assente (in questi casi, tradizionalmente, si dice che il titolo funge da intestazione principale). Se presente, può essere accompagnata da una o due *intestazioni coordinate*.

Le norme indicano, per le diverse situazioni, quale elemento si sceglie come intestazione principale per un'opera (cap. 17).

0.4.3.5. Qualificazioni

Le qualificazioni sono elementi che in un titolo uniforme o in un'intestazione si aggiungono al titolo di un'opera o al nome di una persona o di un ente per distinguerli da altri con lo stesso titolo o nome.

0.4.3.6. Rinvii e richiami

I rinvii rimandano a un titolo uniforme o a un'intestazione uniforme da un altro titolo (o forma del titolo) o da un altro nome (o forma del nome) diversi da quelli adottati e sono quindi unidirezionali.

I richiami (o rinvii reciproci) collegano due o piu titoli uniformi o intestazioni uniformi in relazione tra loro (p.es. i titoli uniformi di due opere derivate l'una dall'altra oppure i nomi di due enti collegati [...].

9. Titoli uniformi

9.0. DEFINIZIONE E AMBITO DI APPLICAZIONE

9.0.1. Definizione

Il *titolo uniforme* (*t.u.*) è il titolo con cui un'opera, o una sua parte, viene identificata ai fini catalografici. Coincide di solito con uno dei titoli con cui l'opera si presenta nelle pubblicazioni, o con cui è tradizionalmente conosciuta o citata, o può essere formulato dal catalogatore sulla base delle indicazioni che seguono. [...].

9.0.2. Funzioni del titolo uniforme

Il titolo uniforme ha le seguenti funzioni:

a) identificare un'opera, distinguendola da eventuali opere diverse con lo stesso titolo;
b) raggruppare le edizioni di un'opera pubblicate con titoli differenti o varianti, nella stessa lingua o in lingue diverse, o in diversi mezzi o forme di realizzazione;
c) consentire una presentazione ordinata e strutturata delle opere di un autore e delle edizioni di ciascuna opera;
d) consentire la segnalazione di relazioni tra opere distinte ma connesse tra loro.

9.1. SCELTA DEL TITOLO UNIFORME

Il titolo uniforme per un'opera si basa sul titolo con cui l'opera stessa è generalmente identificata. Può trattarsi del titolo originale, scelto dall'autore o assegnato nella prima pubblicazione dell'opera, di una sua variante o di un titolo adottato nelle edizioni successive, delle parole iniziali del testo (*incipit*), di un titolo tradizionale o convenzionale o di un'altra designazione comunemente usata. [...].

14. Relazioni di responsabilità

14.1. DEFINIZIONE E AMBITO DI APPLICAZIONE

14.1.1. Responsabilità per la concezione e la realizzazione di un'opera e delle sue espressioni

Per *responsabilità*, ai fini catalografici, si intende la relazione che lega un'*opera* o una delle sue *espressioni* a una o più *persone* o *enti* che l'hanno concepita, composta, realizzata, modificata o eseguita. Sono compresi le persone e gli enti che hanno assunto formalmente queste responsabilità pur non avendo svolto le relative attività.

14.2.3. Responsabilità principale, coordinata e secondaria

14.2.3 A. Le norme distinguono le responsabilità per un'opera secondo *tre gradi*, a cui corrispondono tre tipi di legame tra il titolo uniforme dell'opera e l'intestazione uniforme per una persona o un ente:

a) *responsabilità principale* (o primaria), per la persona o l'ente che è l'unico o il principale autore dell'opera, o il primo tra non più di tre coautori;

b) *responsabilità coordinata*, per le persone o enti che hanno pari responsabilità per l'opera rispetto alla persona o ente a cui è assegnata la responsabilità principale;

c) *responsabilità secondaria* (o subordinata), per le persone o enti che hanno per l'opera una responsabilità di grado inferiore rispetto alle precedenti (curatori, direttori, etc.), una responsabilità condivisa tra più di tre coautori oppure una responsabilità incerta o attribuita erroneamente.

Le responsabilità per particolari espressioni sono considerate sempre *secondarie*, senza ulteriori distinzioni di grado (p.es. nel caso di un'edizione curata da una persona con la collaborazione di altri).

14.2.3 B. Ai tre gradi di responsabilità corrispondono rispettivamente:

1) l'*intestazione principale* (*i.p.*);
2) le *intestazioni coordinate* (*i.c.*);
3) le *intestazioni secondarie* (*i.s.*).

L'intestazione principale è sempre unica e può essere assente. In questo caso per ordinare più registrazioni in un'unica serie alfabetica si utilizza direttamente il titolo uniforme.

Le intestazioni coordinate possono essere una o due e sono applicabili solo in presenza di un'intestazione principale.

Le intestazioni secondarie possono essere presenti o assenti e possono riguardare una o più persone ed enti.

17. Responsabilità per l'opera

Un'opera può avere come autore, o autori:

a) persone o enti sconosciuti o comunque non identificabili in maniera sufficiente ai fini catalografici (par. 17.0);

b) una persona o un ente di cui si conosce il nome, o che è comunque identificato (par. 17.1);
c) più persone o enti di cui si conosce il nome, o che sono comunque identificati (par. 17.2 e 17.3).

17.0. OPERE ANONIME O DI ATTRIBUZIONE CONTROVERSA

17.0.1. Opere di cui non si conosce l'autore

Un'opera di cui non si conosce l'autore (opera anonima) non ha intestazione principale.

[...]

17.0.3. Opere di attribuzione controversa o attribuite erroneamente

Un'opera attribuita in maniera dubitativa o controversa a una o più persone (o enti), senza che un'attribuzione sia generalmente accettata, si considera anonima e non ha intestazione principale. Si tratta allo stesso modo un'opera che sia stata attribuita a una persona (o a un ente) o pubblicata sotto il suo nome, ma che sia generalmente considerata apocrifa, non attribuibile alla persona stessa (o all'ente) e di autore ignoto.

Si assegna un'intestazione secondaria alle persone (o enti) ai quali l'opera è o è stata attribuita, possibilmente aggiungendo un'espressione esplicativa.

17.1. OPERE DI UN SINGOLO AUTORE

17.1.1. Opere di cui si conosce l'autore

17.1.1 A. Un'opera di cui si conosce l'autore ha come intestazione principale il suo nome, nella forma da preferire secondo i cap. 15 e 16. Rientrano tra le opere di un singolo autore anche quelle di più persone identificate da un nome di gruppo (ente) o da uno pseudonimo collettivo che si presenta come il nome di una persona.

17.1.2. Opere generalmente attribuite a un autore

Un'opera generalmente attribuita a un autore e pubblicata o registrata come sua ha come intestazione principale il suo nome, anche se l'attribuzione non è del tutto certa o accettata da tutti.

17.1.3. Attribuzioni errate o fittizie di opere di cui si conosce l'autore

Se un'opera di cui si conosce l'autore è presentata in un'edizione come opera di altro autore, o attribuita a un autore fittizio o immaginario, si assegna l'intestazione principale all'autore reale, secondo la norma generale.

17.2. OPERE IN COLLABORAZIONE

Un'opera che risulta dalla collaborazione di più persone o enti di cui si conosce il nome, o di cui più persone o enti si assumono la responsabilità, ha come intestazione principale:

a) la persona o l'ente che viene presentato come autore principale (par. 17.2.1), *oppure*

b) il primo tra due o tre coautori (o autori principali), se non c'è un unico autore presentato come principale (par. 17.2.2).

Se gli autori (o gli autori presentati come principali) sono più di tre l'opera non ha intestazione principale (par. 17.2.3).

Agli autori che non costituiscono l'intestazione principale si assegnano intestazioni coordinate o secondarie, obbligatorie o facoltative, secondo le norme che seguono. [...].

Non costituiscono opere in collaborazione le raccolte di opere preesistenti di autori diversi [...].

17.2.2. Opere in collaborazione tra due o tre coautori

Un'opera di due o tre coautori ha come intestazione principale quello nominato per primo, con intestazioni coordinate per il secondo e il terzo. Si considerano coautori le persone o enti che hanno collaborato a un'opera, anche con parti o contributi distinti, e sono presentati sullo stesso piano (senza distinzione tra autori principali e collaboratori, o tutti come autori principali).

17.2.3. Opere in collaborazione tra più di tre autori

17.2.3 A. Le opere che risultano dalla collaborazione di più di tre persone o enti, senza l'indicazione di uno, due o tre autori principali, non hanno intestazione principale. Sono comprese le opere che per loro natura sono costituite da una pluralità di contributi di autori diversi, che possono variare nel tempo (**p.es. i giornali e molti generi di periodici**), o sono il risultato di numerose attività di tipo diverso (p.es. le opere cinematografiche).

Se gli autori o collaboratori sono indicati nella fonte primaria si assegna un'intestazione secondaria a quello nominato per primo; altre intestazioni secondarie sono facoltative. [...]

17.3.1. Raccolte

Una raccolta di due o più opere (o parti o brani di opere) preesistenti, di autori diversi o anonime, **pubblicata con un titolo d'insieme che la identifica come un'opera**, non ha intestazione principale.

Si assegna un'intestazione secondaria al curatore, direttore o raccoglitore, se indicato nella fonte primaria o in fonti complementari.[...].

18.4. RESPONSABILITÀ PER LE RACCOLTE DI UNO STESSO AUTORE O SENZA UN TITOLO D'INSIEME
Al responsabile (curatore, direttore, etc.) di una raccolta di opere o brani di opere di uno stesso autore (o di due o tre autori in collaborazione tra loro), oppure di una raccolta di opere o brani di opere di autori diversi o anonime, pubblicata **senza un titolo d'insieme che la identifichi come un'opera**, si assegna un'intestazione secondaria se è indicato nella fonte primaria o in fonti complementari.

17.4. RESPONSABILITÀ DI ENTI
Le norme che seguono integrano quelle generali, che si applicano sia alle persone sia agli enti, con indicazioni specifiche per particolari tipi di opere o condizioni di responsabilità. Per la definizione di ente, il nome idoneo a identificarlo e i suoi cambiamenti vedi i par. 16.0.1

16.0.1. Definizione
Un ente è un'organizzazione, un'istituzione o un gruppo di persone anche a carattere temporaneo o occasionale **che assume**, ufficialmente o nelle sue attività, un particolare nome o denominazione con cui si identifica.

Sono compresi gli enti territoriali (autorità politiche e amministrative) e i loro organi, le organizzazioni internazionali, gli enti religiosi, le associazioni, i comitati o collettivi, le fondazioni, le aziende, imprese e ditte anche individuali, gli studi professionali, i gruppi letterari, artistici e musicali, i congressi, le esposizioni, le fiere, i festival e altre manifestazioni, le spedizioni scientifiche, etc.

17.4.0. Opere di carattere ufficiale o di altro genere con intestazione a un ente
Hanno come intestazione principale il nome di un ente:
a) le opere che sono il risultato di un'attività svolta collettivamente da un gruppo di persone che ha adottato una denominazione con cui si identifica, *oppure*
b) le opere, redatte da una o più persone o provenienti da altra fonte, che un ente ha approvato o fatto proprie, di solito tramite procedure formali, ed emanato o diffuso a suo nome e con la sua autorità.
Sono comprese:
a) le opere di carattere normativo o amministrativo con cui un ente regola, esplica o registra le sue attività (par. 17.4.0.1) e quelle che abbiano comunque carattere ufficiale (par. 17.4.0.2);

b) le opere di carattere documentario o informativo prodotte o diffuse dall'ente riguardo alla propria attività (par. 17.4.0.3);
c) le opere di altro genere che siano il prodotto dell'attività dell'ente o di cui esso abbia assunto pienamente la responsabilità.

Se l'ente riveste responsabilità di tipo diverso (p.es. di promotore o curatore dell'opera), o se la sua responsabilità per l'opera è dubbia, gli si assegna un'intestazione secondaria, secondo le norme generali.

17.4.0.1. Opere di carattere normativo e amministrativo

17.4.0.1 A. Gli atti o documenti di carattere normativo o amministrativo con i quali un ente regola, esplica o registra le sue attività hanno come intestazione principale il nome dell'ente stesso. Sono compresi statuti, regolamenti, leggi e decreti, ordinanze, circolari, deliberazioni, sentenze e altri atti giudiziari, verbali, bilanci o rendiconti e documenti analoghi.

17.4.0.2. Altre opere di carattere ufficiale

Hanno l'intestazione principale all'ente anche le opere che, pur non avendo natura strettamente normativa o amministrativa, hanno carattere ufficiale, cioè sono presentate o risultano come approvate, fatte proprie o emanate a nome e con l'autorità dell'ente stesso. Sono compresi programmi, dichiarazioni, rapporti o relazioni ufficiali.

Hanno l'intestazione principale ad enti religiosi le opere liturgiche o d'altro genere (p.es. i catechismi) che abbiano carattere ufficiale, ma non le opere considerate testi sacri, che si trattano come opere anonime.

17.4.0.3. Opere di carattere documentario e informativo

Le opere che, pur non avendo natura normativa o amministrativa o carattere evidentemente ufficiale, hanno la funzione di informare sull'attività dell'ente o di documentarla (p.es. elenchi di membri o soci, cataloghi di prodotti o servizi, opuscoli e guide informative), hanno come intestazione principale il nome dell'ente quando sono da esso prodotte o diffuse e non è indicata una responsabilità personale, o questa si presenta come subordinata, con espressioni come *a cura di*, *redazione di*, etc.. […]

17.4.3. Periodici, raccolte e collezioni

17.4.3 A. Le pubblicazioni periodiche o seriali prodotte da un ente hanno come intestazione principale il suo nome se sono esplicitamente ed esclusivamente dedicate ad atti o documenti normativi o amministrativi, o comunque di carattere ufficiale.

All'ente si assegna invece un'intestazione secondaria, secondo le norme generali, se il periodico comprende contributi di diversi autori o di carattere informativo, anche insieme ad atti o documenti normativi o amministrativi.

17.4.4. Congressi, esposizioni e altre manifestazioni

Congressi, esposizioni e alcune manifestazioni d'altro genere che si svolgono in un periodo di tempo ben definito e si presentano con un nome che li identifica sono considerati *enti a carattere occasionale*. Ad essi si assegnano intestazioni principali o secondarie per le opere che rientrano nella loro responsabilità, secondo le norme generali che precedono e le indicazioni specifiche fornite di seguito.

17.4.4.1. Atti e documenti di congressi e riunioni analoghe

17.4.4.1 A. Gli atti di congressi (convegni, conferenze, seminari, riunioni, assemblee, concili, etc.) e le risoluzioni o altri documenti da essi approvati o emanati hanno come intestazione principale:

a) il nome che identifica il congresso stesso, se esiste e figura nella fonte primaria, *oppure*

b) il nome dell'ente che ha tenuto il congresso, se questo è indicato con termini generici oppure con un'espressione che comprende il nome dell'ente e non sarebbe identificante senza di esso.

Negli altri casi l'opera non ha intestazione principale; al nome del congresso si può assegnare un'intestazione secondaria[...].

L'intestazione è obbligatoria se il congresso fa parte di una successione numerata.

17.4.4.2. Cataloghi e altre pubblicazioni di esposizioni

17.4.4.2 A. I cataloghi e le altre pubblicazioni di esposizioni o mostre, occasionali o tenute periodicamente, hanno come intestazione principale:

a) il nome dell'ente che ha organizzato l'esposizione, se questa è dedicata esplicitamente a presentare le sue raccolte o attività, o comunque materiale che gli appartiene, *oppure*

b) il nome che identifica l'esposizione stessa, se esiste e figura nella fonte primaria.

Se l'esposizione non è identificata da un nome, o se l'espressione che si riferisce alla mostra ha la funzione di spiegare il titolo e non comprende una numerazione, non si assegna un'intestazione principale. Al nome dell'esposizione si può assegnare un'intestazione secondaria [...]; l'intestazione è obbligatoria se l'esposizione fa parte di una successione numerata. [...]

18. Responsabilità per particolari espressioni

18.2. RESPONSABILITÀ PER LE TRADUZIONI
Per le traduzioni o versioni in una lingua diversa, compresi i dialetti e le forme antiche o moderne di una certa lingua, si assegna un'intestazione secondaria al traduttore se è indicato nella fonte primaria.

15. Intestazioni uniformi per le persone

15.1. SCELTA DEL NOME
L'intestazione uniforme per una persona si basa sul nome con il quale la persona stessa è generalmente identificata. Può trattarsi del nome reale o di una sua variante, di un nome assunto, di un predicato nobiliare, di uno pseudonimo o di un soprannome, di una designazione tradizionale o di un'espressione comunque sufficiente a identificare la persona nel catalogo.

Il nome con cui una persona è generalmente identificata è di norma quello che la persona stessa usa o adotta per le sue opere e si determina sulla base delle loro edizioni nella lingua originale. [...]

15.1.1. Nome prevalentemente usato
Il nome con cui una persona è prevalentemente presentata nelle edizioni delle sue opere in lingua originale si adotta come intestazione anche se non si tratta del nome reale o della forma originale o più completa.

15.1.1.1. Pseudonimi, nomi assunti e soprannomi
15.1.1.1 A. Se una persona nelle edizioni delle sue opere e presentata prevalentemente con uno pseudonimo, un nome assunto o un soprannome, lo si adotta come intestazione uniforme. Dal nome reale, se conosciuto, si fa rinvio.
15.1.1.1 B. Se la persona usa il nome reale e uno o più pseudonimi, senza che uno tra questi nomi sia chiaramente prevalente, si preferisce il nome reale.

15.2. ELEMENTI DEL NOME E LORO ORDINE
Quando il nome di una persona è costituito da più elementi quello che meglio la identifica, secondo l'uso della *persona* stessa, dell'*epoca* e del *paese* a cui appartiene, assume la prima posizione.

L'intestazione è in *forma diretta* se gli elementi del nome sono dati nell'ordine che hanno normalmente nell'uso linguistico. L'intestazione è in *forma inversa* se presenta in prima posizione un elemento che non è il primo nell'uso linguistico; in questo caso gli elementi che normalmente lo precedono vengono trasposti alla fine del nome, senza alterarne l'ordine, e sono preceduti da una virgola.

15.2.2. Nomi di persone vissute in epoca moderna o contemporanea

15.2.2.1. Uso nazionale per la scelta del primo elemento

15.2.2.1 A. Per le persone vissute in epoca moderna o contemporanea il primo elemento è scelto secondo l'uso del paese a cui la persona appartiene o apparteneva.

15.2.2.1 B. Le persone vissute in epoca moderna o contemporanea sono per lo più identificate con il cognome, o nome di famiglia, seguito dal prenome o nome personale, in forma inversa, [...].

16. Intestazioni uniformi per gli enti

16.1. SCELTA DEL NOME

L'intestazione uniforme per un ente si basa sul nome con il quale l'ente stesso è generalmente identificato. [...] che l'ente stesso usa o adotta per le sue opere e si determina sulla base delle sue pubblicazioni nella lingua originale. [...]

16.1.1. Nome prevalentemente usato

16.1.1 A. Il nome con cui un ente è prevalentemente presentato nelle sue pubblicazioni in lingua originale si adotta come intestazione anche se non si tratta della denominazione ufficiale o della forma più completa del nome.

16.1.1.1. Sigle e altre espressioni abbreviate

16.1.1.1 A. Il nome scelto per l'intestazione uniforme può essere una sigla, un acronimo o altra espressione abbreviata, se il suo uso è prevalente.

16.1.4. Enti territoriali

Per *enti territoriali* (o autorità territoriali), ai fini catalografici, si intendono gli enti che esercitano funzioni di governo o amministrative, anche limitate, su un determinato territorio, o dichiarano di esercitarle. [...] Gli Stati e gli altri *enti territoriali* si registrano, quando possibile, sotto il nome geografico generalmente usato per indicarli e che fa parte di norma della loro denominazione ufficiale o completa (come sostantivo o aggettivo). [...]

Si preferisce però la denominazione completa o tradizionale dello Stato (o altro ente territoriale) se essa è l'unica o comunque la più idonea a identificarlo in maniera chiara e corretta.

Il nome geografico e la denominazione dello Stato (o altro ente territoriale) si danno nella forma italiana, se d'uso corrente, o altrimenti nella lingua del paese.

16.1.5. Enti religiosi

Per *enti religiosi*, ai fini catalografici, si intendono le chiese e le altre organizzazioni religiose, gruppi o sette, gli istituti e comunità di vita religiosa, i loro organi, circoscrizioni territoriali o istituzioni locali, le federazioni o associazioni di enti religiosi e le riunioni di membri di un ente religioso.

16.1.5.1. Chiese, organizzazioni e gruppi religiosi

16.1.5.1 A. Per gli enti religiosi si adotta come intestazione uniforme, secondo le norme generali, il nome con cui sono prevalentemente identificati nelle loro pubblicazioni, nella forma italiana se usata comunemente dall'ente stesso, [...]. Dalle forme non adottate si fa rinvio.

Strumenti 5

LE DIECI CLASSI E LE CENTO DIVISIONI DELLA CLASSIFICAZIONE DECIMALE DEWEY (CDD)

Da Melvil Dewey, Classificazione Decimale Dewey e indice relativo. Edizione 22, *edizione italiana a cura della Biblioteca Nazionale Centrale di Firenze, 4 voll., Roma,* AIB, *2009, vol. II, p. v-vi.*

Le dieci classi principali

000	Scienza degli elaboratori, informazione e opere generali
100	Filosofia e psicologia
200	Religione
300	Scienze sociali
400	Linguaggio
500	Scienza
600	Tecnologia
700	Arti e attività ricreative
800	Letteratura
900	Storia e geografia

Le cento divisioni

000	Scienza degli elaboratori, conoscenza e sistemi
010	Bibliografie
020	Biblioteconomia e scienza dell'informazione
030	Enciclopedie e raccolte di notizie
040	[non assegnato]
050	Riviste, giornali e seriali
060	Associazioni, organizzazioni e musei
070	Media di notizie, giornalismo, editoria
080	Citazioni
090	Manoscritti e libri rari
100	Filosofia
110	Metafisica
120	Gnoseologia

130 Parapsicologia e occultismo
140 Scuole di pensiero filosofico
150 Psicologia
160 Logica
170 Etica
180 Filosofia antica, medievale e orientale
190 Filosofia occidentale moderna

200 Religione
210 Filosofia e teoria della religione
220 La Bibbia
230 Cristianesimo e teologia cristiana
240 Pratica e osservanza cristiana
250 Pratica pastorale e ordini religiosi cristiani
260 Organizzazione, servizio sociale e culto cristiano
270 Storia del cristianesimo
280 Denominazioni cristiane
290 Altre religioni

300 Scienze sociali, sociologia e antropologia
310 Statistiche
320 Scienza politica
330 Economia
340 Diritto
350 Amministrazione pubblica e scienza militare
360 Problemi e servizi sociali
370 Educazione
380 Commercio, comunicazioni e trasporti
390 Usi e costumi, galateo e folclore

400 Linguaggio
410 Linguistica
420 Inglese e antico inglese
430 Tedesco e lingue parenti
440 Francese e lingue parenti
450 Italiano, romeno e lingue parenti
460 Spagnolo e portoghese
470 Latino e lingue italiche
480 Greco classico e moderno
490 Altre lingue

500	Scienza
510	Matematica
520	Astronomia
530	Fisica
540	Chimica
550	Scienze della Terra e geologia
560	Fossili e vita preistorica
570	Scienze della vita; biologia
580	Piante (Botanica)
590	Animali (Zoologia)

600	Tecnologia
610	Medicina e salute
620	Ingegneria
630	Agricoltura
640	Governo della casa e della famiglia
650	Gestione e relazioni pubbliche
660	Ingegneria chimica
670	Manifattura
680	Manifattura per specifici usi
690	Edifici e costruzione

700	Arti
710	Paesistica e pianificazione territoriale
720	Architettura
730	Scultura, ceramica e lavoro in metallo
740	Disegno e arti decorative
750	Pittura
760	Grafica
770	Fotografia e computer art
780	Musica
790	Sport, giochi e intrattenimenti

800	Letteratura, retorica e critica
810	Letteratura americana in inglese
820	Letteratura inglese e in antico inglese
830	Letteratura tedesca e di lingue parenti
840	Letteratura francese e di lingue parenti
850	Letteratura italiana, romena e di lingue parenti

860	Letteratura spagnola e portoghese
870	Letteratura latina e letterature italiche
880	Letteratura greca classica e moderna
890	Altre letterature

900	Storia
910	Geografia e viaggi
920	Biografia e genealogia
930	Storia del mondo antico (fino al 499 ca.)
940	Storia d'Europa
950	Storia dell'Asia
960	Storia dell'Africa
970	Storia del Nordamerica
980	Storia del Sudamerica
990	Storia di altre aree

Strumenti 6

TAVOLA ESPLICATIVA DEI CODICI DELLA GUIDA E DEL CAMPO 100 DI UNIMARC

Posizioni della guida UNIMARC (Record label, o Leader)

Dato	Numero caratteri	Codici utilizzabili
(0-4) Lunghezza	5	(cinque cifre)
(5) Stato della registrazione	1	c = corretto d = cancellato n = nuovo o = registrazione di livello inferiore p = registrazione precedentemente fornita incompleta (CIP)
(6) Tipo di registrazione	6	a = materiale a stampa b = materiale manoscritto c = partiture musicali a stampa d = partiture musicali manoscritte e = materiali cartografici a stampa f = materiali cartografici manoscritti g = materiali video i = audioregistrazioni non musicali j = audioregistrazioni musicali k = materiale grafico bidimensionale l = risorsa elettronica m = multimediali r = manufatti e oggetti tridimensionali
(7) Livello bibliografico	1	a = analitico m = monografia s = periodico c = collezione
(8) Livello gerarchico (rispetto ad altro record)	1	# = non definito 0 = senza relazione gerarchica 1 = livello più alto 2 = al di sotto del livello più alto
(9) Non definita	1	#
(10) Lunghezza degli indicatori	1	(contiene sempre 2)

(*segue*)

Dato	Numero caratteri	Codici utilizzabili
(11) Lunghezza degli identificatori di sottocampo	1	(contiene sempre 2)
(12-16) Posizione del carattere iniziale del primo campo	5	(cinque cifre)
(17) Livello di codifica UNIMARC	1	# = completamente codificato 1 = codifica senza esame del documento 2 = CIP 3 = codifica ridotta
(18) Tipo di catalogazione descrittiva	1	# = interamente conforme a ISBD n = non conforme a ISBD i = parzialmente conforme a ISBD
(19) Non definita	1	#
(20) Lunghezza della «lunghezza campo»	1	Sempre 4
(21) Lunghezza della «posizione di campo»	1	Sempre 5
(22) Lunghezza della parte definita dall'implementazione	1	Non definita - Sempre 0
(23) Non definita	1	#

Esempio di Guida UNIMARC

Posizioni	0-4	5	6-9	10	11	12-16	17-19	20-23
Codici	00778	n	am0#	2	2	00265	###	450#

00778nam0#2200265###450

La registrazione è lunga 778 caratteri (0-4), si tratta di un nuovo record (5), riguarda una pubblicazione a stampa (6), monografica (7) e non ha legami con altre registrazionei (8); la notizia è stata catalogata con il libro in mano (17); è interamente conforme a ISBD (18).

Campo 100 di UNIMARC – Dati codificati

Nome del dato	Pos.	N. car.	Codici	Esempio
DATA DI REGISTRAZIONE DEL RECORD (OBBLIGATORIA)	0-7	8	YYYYMMDD	20020214
TIPO DI DATA DELLA PUBBLICAZIONE	8	1	a = risorsa continuativa correntemente pubblicata b = risorsa continuativa non più pubblicata c = risorsa continuativa il cui stato di pubblicazione è sconosciuto d = monografie complete in un anno e = riproduzione di un documento f = monografia con data incerta g = monografia che dura più di un anno h = monografia con date di copyright i = monografia con data di rilascio e produzione j = documento con data di pubblicazione dettagliata	d
DATA 1 DI PUBBLICAZIONE	9-12	4		2000
DATA 2 DI PUBBLICAZIONE	13-16	4		
TIPO DI PUBBLICO A CUI È DESTINATA LA PUBBLICAZIONE	17-19	3	a = ragazzi b = pre-primaria (0-5) c = primaria (5-10) d = bambini (9-14) e = giovani, adulti (14-20) d = adulti, saggistica m = adulti, generale u = sconosciuto	

(*segue*)

Nome del dato	Pos.	N. car.	Codici	Esempio
PUBBLICAZIONE GOVERNATIVA	20	1	a to h = varie tipologie di pubblicazione u = sconosciuto y = pubblicazione non governativa	y
RECORD MODIFICATO	21	1	0 = registrazione non modificata 1 = registrazione modificata	0
LINGUA DI CATALOGAZIONE (OBBLIGATORIA)	22-24	3	codice di tre caratteri	ita
CODICE DI TRA-SLITTERAZIONE	25	1	a = traslitterazione secondo le norme ISO b = altro d = norme ISO e altre norme y = non traslitterato	y
SET PRINCIPALE DI CARATTERI (OBBLIGATORIO)	26-29	4	01 = ISO 646 set latino di base 02 = ISO 37 set cirillico di base 03 = ISO 5426 set latino esteso 04 = ISO DIS 5427 set cirillico esteso 05 = set greco 06 = set caratteri africani 07 = set di caratteri georgiani 50 = Unicode, UTF-8	01##
SET DI CARATTERI AUSILIARIO	30-33	4	Stessi codici	
ALFABETO DEL TITOLO	34-35	2	ba = Latino ca = Cirillico da = Giapponese non specificato db = Giapponese - Kanji dc = Giapponese - Kana ea = Cinese fa = Arabo ...	ba

Esempio del campo 100

100## $a 20020214 d 2000 #### lll y 0 ita y 01## #### ba

NOTA BIBLIOGRAFICA GENERALE

Molte case editrici italiane pubblicano monografie di interesse biblioteconomico e bibliografico e, in alcuni casi, hanno attivato specifiche collane di bibliografia e biblioteconomia. Tra le case editrici che, oltre all'Editrice Bibliografica di Milano, sono impegnate con specifiche collane in questi settori, si segnalano Sylvestre Bonnard di Milano, Olschki di Firenze, Vecchiarelli di Manziana (Roma), Forum di Udine, Bulzoni e Carocci di Roma. Si ricorda inoltre che una significativa produzione editoriale in campo biblioteconomico ci è offerta dall'Associazione italiana biblioteche, dal Ministero per i beni e le attività culturali, dalle Regioni, dalle Province e dai Comuni, nonché da numerose biblioteche. Per allargare, approfondire e aggiornare le indicazioni di questo manuale si consiglia di consultare i loro cataloghi editoriali.

Biblioteconomia

Biblioteconomia. Principi e questioni, a cura di Giovanni Solimine e Paul Gabriele Weston, Roma, Carocci, 2007.

Biblioteconomia. Guida classificata, diretta da Mauro Guerrini, Milano, Editrice Bibliografica, 2007.

Guida alla biblioteconomia, a cura di Mauro Guerrini, con Gianfranco Crupi e Stefano Gambari, Milano, Editrice Bibliografica, 2008.

Alberto Salarelli, *Biblioteca e identità. Per una filosofia della biblioteconomia*. Milano, Editrice Bibliografica, 2008.

Alice Cazzaniga, *Biblioteche*, Milano. Edizioni Unicopli, 2008.

Giovanna Granata, *Introduzione alla biblioteconomia*, Bologna, Il mulino, 2009.

Shiyali Ramamrita Ranganathan, *Le cinque leggi della biblioteconomia*, traduzione e note a cura di Laura Toti, saggio introduttivo di Giovanni Solimine, Firenze, Le Lettere, 2010.

Maria Teresa Biagetti, *Biblioteconomia. Fondamenti e linee di sviluppo*, Milano, Franco Angeli, 2011.

Bibliografia

Wilhelm Totok - Rolf Weitzel, *Manuale internazionale di bibliografia*, edizione italiana aggiornata a cura di Piero Innocenti, Milano, Editrice Bibliografica, 1979-1983, 4 voll.

Alfredo Serrai, *Storia della bibliografia*, Roma, Bulzoni, 1988-2001, 11 voll.
Giovanni Solimine, *Controllo bibliografico universale*, Roma, AIB, 1995.
Rino Pensato, *Corso di bibliografia. Guida alla compilazione e all'uso dei repertori bibliografici*, Milano, Editrice Bibliografica, 2003[7].
Luigi Balsamo, *La bibliografia. Storia di una tradizione*, Firenze, Sansoni, 1992[2].
Andrea Martinucci, *Guida alla bibliografia internazionale*, Milano, Editrice Bibliografica, 1994.
Andare in biblioteca, a cura di Paolo Messina, Bologna, Il Mulino, 1998.
Alberto Petrucciani - Riccardo Ridi, *Guida alle fonti di informazione bibliografica*, Roma, AIB, 1998.
Piero Innocenti, *Metodi e tecniche nella ricerca bibliografica (Trilogia di Mary Poppins)*, Manziana, Vecchiarelli, 1999.
Donald F. McKenzie, *Bibliografia e sociologia dei testi*, Milano, Sylvestre Bonnard, 1999.
Gianna Del Bono, *La bibliografia. Un'introduzione*, Roma, Carocci, 2001.
Alfredo Serrai, *Il cimento della bibliografia,* Milano, Sylvestre Bonnard, 2001.
Carlo Maria Simonetti, *Osservazioni sul metodo bibliografico,* Milano, Sylvestre Bonnard, 2004.
G. Thomas Tanselle, *Letteratura e manufatti*, Firenze, Le Lettere, 2004. Alfredo Serrai - Fiammetta Sabba, *Profilo di storia della bibliografia*, Milano, Sylvestre Bonnard, 2005.
Marco Santoro - Antonella Orlandi, *Avviamento alla bibliografia*, Milano, Editrice Bibliografica, 2006.
Rino Pensato, *Manuale di bibliografia. Redazione e uso dei repertori bibliografici*, Milano, Editrice Bibliografica, 2007.
Attilio Mauro Caproni, *I pensieri dentro le parole. Scritti di teoria della bibliografia e altre cose*, Menziana, Vecchiarelli, 2008.
Una mente colorata. Studi in onore di Attilio Mauro Caproni per ii suoi 65 anni, promossi, raccolti, ordinati da Piero Innocenti, curati da Cristina Cavallaro, 3 tomi, Menziana, Vecchiarelli, 2007.
"Books seem to me to be Pestilent Things". Studî in onore di Piero Innocenti per i suoi 65 anni, promossi da Varo A. Vecchiarelli, raccolti e ordinati da Cristina Cavallaro, Menziana, Vecchiarelli, 2011
Fabio Venuda, *La citazione bibliografica nei percorsi di ricerca. Dalla galassia Gutenberg alla rivoluzione digitale*, Milano, Unicopli, 2012.

Repertori di biblioteche

Annuario delle biblioteche italiane, Roma, Palombi, 1969-1988, 6 voll.

Le biblioteche della amministrazione centrale dello Stato, a cura di Madel Crasta, Sandro Bulgarelli, Patrizia Valentini, Roma, AIB, 1990.

Biblioteche d'Italia. Le biblioteche pubbliche statali, Roma, Ufficio centrale per i beni librari e gli istituti culturali, 1993[2].

Repertorio delle biblioteche italiane, a cura di Francesco Marraro, Roma, Olgiata, 1993.

Catalogo delle biblioteche d'Italia, a cura dell'Istituto centrale per il catalogo unico, Milano, Editrice Bibliografica, 1993-2004. L'opera è divisa per regioni a ciascuna delle quali sono dedicati uno o più volumi.

Associazione bibliotecari ecclesiastici italiani, *Annuario delle biblioteche ecclesiastiche italiane 1995*, a cura di Luciano Tempestini, Milano, Editrice Bibliografica, 1995[2].

Strumenti per la catalogazione

Regole italiane di catalogazione. REICAT, a cura della Commissione permanente per la revisione delle regole italiane di catalogazione, Roma, ICCU, 2009.

Regole italiane di catalogazione. (REICAT). Bozza complessiva, [online, pdf], versione riveduta e aggiornata, a cura della Commissione permanente per la revisione delle regole italiane di catalogazione, Roma, ICCU, 2009, <http://www.iccu.sbn.it/upload/documenti/REICA_bozza_complessiva_genn2009.pdf> (ultimo accesso: maggio 2012), archiviato in WebCite <http://www.webcitation.org/67VOjxdW2>.

Regole di catalogazione per SBN, [online], a cura di Giuliana Sapori, CILEA, 2009, costantemente aggiornato, <http://manualesapori.cilea.it> (ultimo accesso: maggio 2012).

Biblioteca nazionale centrale di Firenze, *Nuovo Soggettario. Guida al sistema italiano di indicizzazione per soggetto. Prototipo del Thesaurus*, Milano, Editrice Bibliografica, 2006.

Biblioteca nazionale centrale di Firenze, *Nuovo Soggettario. Thesaurus*, [online], Firenze, 2007, ultimo aggiornamento febbraio 2012, <http://thes.bncf.firenze.sbn.it/ricerca.php> (ultimo accesso: agosto 2012).

Melvil Dewey, *Classificazione Decimale Dewey e indice relativo. Edi-*

zione 22, edizione italiana a cura del Gruppo di lavoro della Biblioteca nazionale centrale di Firenze, Roma, AIB, 2000, 4 voll.

Melvil Dewey, *Classificazione Decimale Dewey. Edizione Ridotta 14*, traduzione di Silvia Alessandri e Albarosa Fagiolini, Roma, AIB, 2006.

IFLA, *International standard bibliographic description. (ISBD),* [online, pdf], edizione consolidata preliminare, Roma, ICCU, 2010, <http://www.iccu.sbn.it/opencms/export/sites/iccu/documenti/InternationalStandardBibliographicDescriptionxISBDxok.pdf> (ultimo accesso: aprile 2012), archiviato in WebCite <http://www.webcitation.org/675QZrdFF>.

IFLA, *ISBD International standard bibliographic description,* [online, pdf], edizione consolidata, Roma, ICCU, 2012, <http://www.iccu.sbn.it/opencms/export/sites/iccu/documenti/2012/ISBD_2012_trad_it_online.pdf>, archiviato in Webcite <http://www.webcitation.org/69q3EuVwe>, (ultimo accesso: agosto 2012).

IFLA, *Requisiti funzionali per record bibliografici. Rapporto conclusivo*, edizione italiana, Roma, ICCU, 2000.

IFLA, *Requisiti funzionali per i dati di autorità. Un modello concettuale*, [online, pdf] edizione italiana, Roma, ICCU, 2010, <http://www.ifla.org/publications/functional-requirements-for-authority-data> (ultimo accesso: agosto 2012), archiviato in WebCite <http://www.webcitation.org/6766YqsOM>.

ACOLIT. *Autori cattolici e opere liturgiche. Una lista di autorità*, a cura di Mauro Guerrini, vol. I, *Bibbia, Chiesa Cattolica, Papi*; vol. II, *Ordini religiosi*; vol. III, *Opere liturgiche*, Milano, Editrice Bibliografica, 1998-2004.

IFLA, *UNIMARC manual. Bibliographic format*, 3. ed., München, K.G. Saur, 2008.

IFLA, *Unimarc concise bibliographic format. (2008)*, [online, pdf], <http://archive.ifla.org/VI/8/unimarc-concise-bibliographic-format-2008.pdf> (ultimo accesso: agosto 2012), archiviato in WebCite <http://www.webcitation.org/69q4LsQ9c>.

IFLA, *Unimarc bibliographic in italiano*, [online, pdf] basato sulla versione concise, 2009, <http://unimarc-it.wikidot.com/> (ultimo accesso: agosto 2012), archiviato in WebCite <http://www.webcitation.org/69q4eBzdV>.

Legislazione sulle biblioteche

Codice delle biblioteche italiane, Roma, Palombi, 1949.

Quirino Mancini, *Ordinamento e funzionamento delle biblioteche. Manuale della legislazione vigente delle biblioteche statali, soprintendenze ai beni librari ed altri istituti culturali*, nuova edizione riveduta e ampliata, Bresso, Cetim, 1977.

Nuova legislazione bibliotecaria, a cura di Vincenzo Davide Morlicchio, Sorrento, Di Mauro, 1990.

Giuseppe Vitiello, *Il deposito legale nell'Europa comunitaria*, Milano, Editrice Bibliografica, 1994.

Leggi in biblioteca, a cura di Rosaria Campioni, Bologna, Pàtron, 1998.

Ivana Pelliccioli, *La legislazione dell'ente locale*, 2 voll., Milano, Editrice Bibliografica, 1998.

Paolo Traniello, *Legislazione delle biblioteche in Italia*, Roma, Carocci, 1999.

Dario D'Alessandro, *Il codice delle biblioteche*, nuova edizione ampliata e aggiornata, Milano, Editrice Bibliografica, 2007.

I diritti della biblioteca. Accesso alla conoscenza, proprietà intellettuale e nuovi servizi, a cura di Cristina Borgonovo e Alessandra Scarazzato, Milano, Editrice Bibliografica, 2009.

Riviste

Giornale della libreria, organo ufficiale della Associazione italiana editori, mensile, dal 1888.

La Bibliofilìa. Rivista di storia del libro e di bibliografia, quadrimestrale, dal 1899.

Accademie e biblioteche d'Italia, a cura del Ministero per i beni e le attività culturali, trimestrale, dal 1927.

Libri e riviste d'Italia. Bimestrale di cultura editoriale e promozione della lettura, a cura del Ministero per i beni e le attività culturali e ambientali, dal 1949.

Bibliografia nazionale italiana. Nuova serie del Bollettino delle pubblicazioni italiane ricevute per diritto di stampa, redazione della Biblioteca nazionale centrale di Firenze, edizione dell'Istituto centrale per il catalogo unico, dal 1958. Continua nelle serie: *Monografie*, mensile, dal 1994; *Periodici*, semestrale, dal 1995; *Libri per ragazzi*, trimestrale, dal 1995; *Tesi di dottorato*, quadrimestrale, dal 1995; *Musica a stampa*, semestrale, dal 1997; *Libri scolastici*, annuale, dal 2003 al 2008 su DVD, pubblicazione sospesa. Le serie sono pubblicate su DVD con aggiornamenti bimestrali. Una banca dati cumulativa è disponibile online su abbonamento.

Bibliografia nazionale italiana. Catalogo alfabetico annuale, redazione, edizione e distribuzione come le precedenti serie mensili, annuale, dal 1958.

Bollettino AIB. Rivista italiana di biblioteconomia e scienze dell'informazione, trimestrale, dal 1961 al 2011. Continua con *AIB Studi. Rivista di biblioteconomia e scienze dell'informazione*.

Biblioteche oggi. Mensile di informazione, aggiornamento, dibattito, dal 1983, <http://www.bibliotecheoggi.it> (ultimo accesso: dicembre 2012).

Sfoglialibro. La biblioteca dei ragazzi, supplemento trimestrale a Biblioteche oggi, dal 1988 al 2011.

Nuovi Annali della scuola speciale per archivisti e bibliotecari, annuale, dal 1987.

Rara volumina. Rivista di studi sull'editoria di pregio e il libro illustrato, semestrale, dal 1994.

Culture del testo e del documento. Le discipline del libro nelle biblioteche e negli archivi, quadrimestrale, dal 1995.

Bibliotheca. Rivista di studi bibliografici, semestrale, dal 2002 al 2007.

Paratesto. Rivista internazionale, annuale, dal 2004.

Bibliologia. An International Journal of Bibliography, Library Science, History of Typography and the Book, annuale, dal 2005, <http://www.libraweb.net/riviste.php?chiave=84> (ultimo accesso: dicembre 2012).

Bibliotime. Rivista elettronica per le biblioteche, [online], quadrimestrale, dal 1998, <http://didattica.spbo.unibo.it/bibliotime/> (ultimo accesso: aprile 2012).

JLIS.it. Italian Journal of Library and Information Science. Rivista italiana di biblioteconomia, archvistica e scienza dell'informazione, [online], semestrale, dal 2010, <http://leo.cilea.it/index.php/jlis> (ultimo accesso: aprile 2012).

Digitalia web. Rivista del digitale nei beni culturali, [online], semestrale, dal 2005, <http://digitalia.sbn.it/genera.jsp> (ultimo accesso: aprile 2012).

Bollettino del C.I.L.E.A. Consorzio Interuniversitario Lombardo per l'Elaborazione Automatica, [online], bimestrale poi semestrale, dal 1996, <http://bollettino.cilea.it/> (ultimo accesso: aprile 2012). La versione cartacea, bimestrale, dal 1984.

AIB Studi. Rivista di biblioteconomia e scienze dell'informazione, quadrimestrale, dal 2012, <http://aibstudi.aib.it/> (ultimo accesso: agosto 2012). Continuazione del *Bollettino AIB. Rivista italiana di biblioteconomia e scienze dell'informazione*.

AIB *Notizie*, bimestrale, dal 1989. Dal 2011 consultabile solo online, <http://www.aib.it/pubblicazioni/aib-notizie/> (ultimo accesso: agosto 2012).
Bibliothecae.it. Rivista di studi semestrale, semestrale, dal 2012, <http://www.bibliothecae.it> (ultimo accesso: dicembre 2012).

NOTA BIBLIOGRAFICA RELATIVA AI SINGOLI CAPITOLI

Capitolo 1 - Il libro e la sua storia

Franco Riva, *Il libro italiano. Saggio storico tecnico. 1800-1965*, Milano, Scheiwiller, 1966.

S.H. Steinberg, *Cinque secoli di stampa*, Torino, Einaudi, 1982[4].

Carlo Federici - Libero Rossi, *Manuale di conservazione e restauro del libro*, Roma, NIS, 1983.

Elisabeth L. Eisenstein, *La rivoluzione inavvertita. La stampa come fattore di mutamento*, Bologna, Il Mulino, 1986.

Walter Ong, *Oralità e scrittura. Le tecnologie della parola*, Bologna, Il Mulino, 1986.

Armando Petrucci, *La scrittura, ideologia e rappresentazione*, Torino, Einaudi, 1986.

Gérard Genette, *Soglie. I dintorni del testo*, a cura di Camilla Maria Cederanno, Torino, Einaudi, 1989.

Marshall Mc Luhan, *La galassia Gutenberg. Nascita dell'uomo tipografico*, Roma, Armando, 1991[4].

Lorenzo Baldacchini, *Lineamenti di bibliologia*, Roma, NIS, 1992.

Lucien Febvre - Henri-Jean Martin, *La nascita del libro*, a cura di Armando Petrucci, Roma-Bari, Laterza, 1992[3].

Frances A. Yates, *L'arte della memoria*, Torino, Einaudi, 1993[2].

Ivan Illich, *Nella vigna del testo. Per una etologia della lettura*, Milano, Raffaello Cortina, 1994.

Giorgio Montecchi, *Il libro nel Rinascimento. Saggi di bibliologia*, Roma, Viella, 1997[2].

Elizabeth L. Eisenstein, *Le rivoluzioni del libro. L'invenzione della stampa e la nascita dell'età moderna*, Bologna, Il Mulino, 1995.

Storia della lettura nel mondo occidentale, a cura di Guglielmo Cavallo e Roger Chartier, Roma-Bari, Laterza, 1995.

Giuseppina Zappella, *Manuale del libro antico. Guida allo studio e alla catalogazione*, Milano, Editrice Bibliografica, 1996.

Angela Nuovo, *Il commercio librario nell'Italia del Rinascimento*, Milano, Franco Angeli, 2002[2].

Lorenzo Baldacchini, *Il libro antico*, nuova edizione aggiornata, Roma, Carocci, 2001.

Antonio Giardullo, *La conservazione dei libri. Materiali, tecniche, impianti*, Milano, Editrice Bibliografica, 1999.

Valentino Romani, *Bibliologia. Avviamento allo studio del libro tipografico*, Milano, Sylvestre Bonnard, 2000.
Giorgio Montecchi, *Itinerari bibliografici. Storie di libri di tipografi e di editori*, Milano, Franco Angeli, 2001
Lodovica Braida, *Stampa e cultura in Europa tra 15. e 16. secolo*, Roma-Bari, Laterza, 2001.
Giuseppina Zappella, *Il libro antico a stampa. Struttura, tecniche, tipologie, evoluzione*, Milano, Editrice Bibliografica, 2001-2004, 2 voll.
Roberta Cesana, *Editori e librai nell'era digitale. Dalla distribuzione tradizionale al commercio elettronico,* Milano, Franco Angeli, 2002.
Alberto Cadioli - Giuliano Vigini, *Storia dell'editoria italiana dall'Unità ad oggi*, Milano, Editrice Bibliografica, 2004^2.
Marco Paoli, *L'appannato specchio. L'autore e l'editoria italiana nel Settecento*, Lucca, Maria Pacini Fazzi, 2004.
Lorenzo Baldacchini, *Aspettando il frontespizio. Pagine bianche, occhietti e colophon nel libro antico*, Milano, Sylvestre Bonnard, 2004.
Giorgio Montecchi, *Il libro nel Rinascimento. Scrittura immagine testo e contesto*, volume secondo, Roma, Viella, 2005.
Angela Nuovo - Christian Coppens, *I Giolito e la stampa nell'Italia del XVI secolo*, Genève, Droz, 2005.
Tamquam explorator. Percorsi, orizzonti e modelli per lo studio dei libri, a cura di Maria Cristina Misiti, Menziana, Vecchiarelli, 2006.
Marco Santoro, *Storia del libro italiano. Libro e società in Italia dal Quattrocento al nuovo millennio. Nuova edizione riveduta e ampliata*, Milano, Editrice Bibliografica, 2008.
Giuseppe Vitiello, *Il libro contemporaneo. Editoria, biblioteconomia e comunicazione scientifica*, con contributi di José Afonso Furtado, Milano, Editrice Bibliografica, 2009.
Roberto Ventura, *Il senso della biblioteca. Tra biblioteconomia, filosofia e sociologia*, Milano, Editrice Bibliografica, 2011.
Tra i libri del passato e le tecnologie del presente. La catalogazione degli incunaboli, a cura di Lorenzo Baldacchini e Francesca Papi, Bologna, Compositori, 2011.
Lorenzo Baldacchini, *Alle origini dell'editoria in volgare. Niccolò Zoppino da Ferrara a Venezia: annali (1503-1544)*, Manziana, Vecchiarelli, 2011.

Capitoli 2 e 5 - Teoria e storia delle biblioteche

Gabriel Naudé, *Advis pour dresser une bibliothèque*, Parigi, Targa, 1627 (rist. anast. Lipsia, VEB Edition, 1963). Sono disponibili due

recenti traduzioni italiane: *Consigli per la formazione di una biblioteca*, a cura di Massimo Bray, Napoli, Liguori, 1992; *Avvertenze per la costituzione di una biblioteca*, a cura di Vittoria Lacchini, Bologna, Clueb, 1992.
Claude Clément, *Musei sive biblothecae tam privatae quam publicae extructio, instructio, cura, usus*, Lione, Jacob Prost, 1635.
Virginia Carini Dainotti, *La biblioteca pubblica istituto della democrazia*, Milano, Fabbri, 1964, 2 voll.
Virginia Carini Dainotti, *La biblioteca pubblica in Italia tra cronaca e storia (1947-1967). Scritti. Discorsi. Documenti*, Firenze, Olschki, 1969, 2 voll.
Alfredo Serrai, *Biblioteche e cataloghi*, Firenze, Sansoni, 1983.
Enzo Bottasso, *Storia della biblioteca in Italia*, Milano, Editrice Bibliografica, 1984.
Raccomandazioni per le biblioteche pubbliche, a cura dell'IFLA, Roma, AIB, 1988.
Luigi Crocetti, *Il nuovo in biblioteca e altri scritti*, Milano, Editrice Bibliografica, 1994.
Maria Teresa Biagetti, *Biblioteconomia italiana dell'Ottocento. Catalografia e teoria bibliografica nella trattatistica italiana*, Roma, Bulzoni, 1996.
Marielisa Rossi, *Bibliofilia, Bibliografia e Biblioteconomia alla corte dei Granduchi di Toscana Ferdinando III e Leopoldo II*, Menziana, Vecchiarelli, 1996.
Paolo Traniello, *La biblioteca pubblica. Storia di un istituto nell'Europa contemporanea*, Bologna, Il Mulino, 1997.
Eugenio Garin, *La biblioteca di san Marco*, Firenze, Le Lettere, 1999.
Giorgio De Gregori - Simonetta Buttò, *Per una storia dei bibliotecari italiani del 20. secolo. Dizionario bio-bibliografico 1900-1990*, Roma, AIB, 1999.
Giancarlo Volpato, *Biblioteche private, biblioteche pubbliche. Dalle biblioteche veronesi un'analisi storico-funzionale*, Menziana, Vecchiarelli, 2000.
Arnaldo Ganda, *Un bibliotecario e archivista moderno. Profilo biobibliografico di Tommaso Gar (1807-1871)*, Parma, Università degli Studi, Facoltà di Lettere e filosofia, 2001.
Gianna Del Bono, *La Biblioteca professionale di Desiderio Chilovi. Bibliografia e Biblioteconomia nella seconda metà dell'Ottocento*, Menziana, Vecchiarelli, 2002.
Alfredo Serrai - Bernardino Baldi, *La vita, le opere, la biblioteca*, Milano, Sylvestre Bonnard, 2002.
Michael Gorman, *I nostri valori. La biblioteconomia nel XXI secolo*, a cura Mauro Guerrini, Udine, Forum, 2002.

Virginia Carini Dainotti e la politica bibliotecaria del secondo dopoguerra, Atti del Convegno, Udine, 8-9 novembre 1999, a cura di Angela Nuovo, Roma, AIB, 2002.

Paolo Traniello, *Storia delle biblioteche in Italia. Dall'Unità ad oggi*, Bologna, Il Mulino, 2002.

La storia delle biblioteche. Temi, esperienze di ricerca, problemi storiografici, Convegno nazionale, L'Aquila, 16-17 settembre 2002, a cura di Alberto Petrucciani e Paolo Traniello, Roma, AIB, 2003.

Alfredo Serrai, *Angelo Rocca fondatore della prima biblioteca pubblica europea*, Milano, Sylvestre Bonnard, 2004.

Giovanni Solimine, *La biblioteca e il suo tempo. Scritti di storia della biblioteca*, Manziana, Vecchiarelli, 2004.

Giovanni Solimine, *La biblioteca. Scenari, culture, pratiche di servizio*, Roma-Bari, Laterza, 2004.

Michael Gorman, *La biblioteca come valore. Tecnologia, tradizione e innovazione nell'evoluzione di un servizio*, a cura di Mauro Guerrini, Udine, Forum, 2004.

Alfredo Serrai, *Domenico Passionei e la sua biblioteca*, Milano, Sylvestre Bonnard, 2004.

Desiderio Chilovi, *Scritti scelti editi e inediti*, a cura di Gianna del Bono, Firenze, Le Lettere, 2005.

Paolo Traniello, *Le biblioteche italiane oggi*, Bologna, Il Mulino, 2005.

Gianna Del Bono, *Storia delle Biblioteche fra settecento e novecento. Saggio bibliografico. I cataloghi di biblioteca della collezione Diomede Bonamici*, Menziana, Vecchiarelli, 2007[2].

Pensare le biblioteche. Studi e interventi offerti a Paolo Traniello, a cura di Angela Nuovo, Alberto Petrucciani e Graziano Ruffini, Roma, Sinnos, 2008.

Attilio Mauro Caproni, *Il labirinto dell'intelligenza. La biblioteca privata. Un paradigma della bibliografia*, Menziana, Vecchiarelli, 2009.

Belle le contrade della memoria. Studi su documenti e libri in onore di Maria Gioia Tavoni, a cura di Federica Rossi, Paolo Tinti, Granarolo dell'Emilia, Pàtron, 2009.

Vivarelli, Maurizio, *Un'idea di biblioteca. Lo spazio bibliografico della biblioteca pubblica*, Manziana, Vecchiarelli, 2010.

Roberto Ventura, *Il senso della biblioteca. Tra biblioteconomia, filosofia e sociologia*, Milano, Editrice Bibliografica, 2011.

Riccardo Ridi, *Etica bibliotecaria. Deontologia professionale e dilemmi morali*, Milano, Editrice Bibliografica, 2011.

Capitoli 3 e 4 - La biblioteca pubblica ieri e oggi

Cassiodoro Marco Aurelio Senatore, *Institutiones*, a cura di R.A.B. Mynors, Oxford, Clarendon Press, 1937.

Giovanni Cecchini, *Le biblioteche pubbliche degli enti locali*,. Roma, Edizioni di Storia e Letteratura, 1957.

La biblioteca pubblica in Italia. Compiti istituzionali e principi generali di ordinamento e di funzionamento, Roma, AIB, 1965.

Enzo Bottasso, *La biblioteca pubblica. Esperienze e problemi*, Torino, AIB, 1973.

Giulia Barone - Armando Petrucci, *Primo: non leggere. Biblioteche e pubblica lettura in Italia dal 1861 ai nostri giorni*, Milano, Mazzotta, 1976.

Manlio Pastore Stocchi, *La biblioteca del Petrarca*, in *Storia della cultura veneta*. Vol. II, *Il Trecento*, Vicenza, Neri Pozza, 1976, pp. 536-565.

I Congressi 1965-1975 dell'Associazione Italiana Biblioteche, a cura di Diana La Gioia, Roma, AIB, 1977.

Luigi De Gregori, *La mia campagna per le biblioteche (19251957)*, presentazione di Angela Vinay, introduzione e note di Giorgio De Gregori, Roma, AIB, 1980.

I fondi librari antichi delle biblioteche. Problemi e tecniche di valorizzazione, a cura di Maurizio Festanti e Luigi Balsamo, Firenze, Olschki, 1981.

Paolo Traniello, *Biblioteche e regioni*, Firenze, Giunta Regionale Toscana - La Nuova Italia, 1983.

Francesco Barberi, *Schede di un bibliotecario (1933-1975)*, Roma, AIB, 1984.

Luciano Canfora, *La biblioteca scomparsa*, Palermo, Sellerio, 1986^{8}.

Biblioteche scolastiche. Realizzazioni e prospettive di riforma, a cura di Rita Borghi e Franco Neri, Milano, Editrice Bibliografica, 1988.

La memoria del sapere, a cura di Pietro Rossi, Roma-Bari, Laterza, 1988.

Biblioteche e autonomie locali. Problemi e prospettive dopo la legge 142, a cura di Massimo Cecconi, Milano, Editrice Bibliografica, 1991.

La biblioteca efficace. Tendenze e ipotesi di sviluppo della biblioteca pubblica negli anni '90, a cura di Massimo Cecconi, Giuseppe Manzoni, Dario Salvetti, Milano, Editrice Bibliografica, 1992.

Paolo Traniello, *Biblioteche pubbliche: il quadro istituzionale europeo*, Roma, Sinnos, 1993.

Ettore Fabietti e le biblioteche popolari, a cura di Paolo M. Galimberti e Walter Manfredini, Milano, AIB Lombardia - Società Umanitaria, 1994.

Giornate lincee sulle biblioteche pubbliche statali (Roma, 21-22 gennaio 1993), Roma, Accademia Nazionale dei Lincei, 1994.
La biblioteca e il suo pubblico. Centralità dell'utente e servizi d'informazione, a cura di Massimo Accarisi e Massimo Belotti, Milano, Editrice Bibliografica, 1994.
Modelli e strategie in un'indagine nazionale sulle biblioteche pubbliche, Milano, Editrice Bibliografica, 1996.
Luca Ferrieri, *La promozione della lettura in biblioteca. Modelli e strategie in un'indagine nazionale sulle biblioteche pubbliche*, Milano, Editrice Bibliografica, 1996.
La lettura come progetto. La pratica del leggere tra nuovi scenari e strategie di promozione, a cura di Massimo Belotti, Milano, Editrice Bibliografica, 1997.
Giovanni Di Domenico - Michele Rosco, *Comunicazione e marketing della biblioteca. La prospettiva del cambiamento per la gestione efficace dei servizi*, Milano, Editrice Bibliografica, 1998.
La biblioteca tra spazio e progetto. Nuove frontiere dell'architettura e nuovi scenari tecnologici, V Conferenza Nazionale per i beni librari, Milano, Editrice Bibliografica, 1998.
Biblioteca e nuovi linguaggi. Come cambiano i servizi bibliotecari nella prospettiva multimediale, a cura di Ornella Foglieni, Milano, Editrice Bibliografica, 1999[2].
Antonella Agnoli, *Biblioteca per ragazzi*, Roma, AIB, 1999.
Anna Galluzzi, *La valutazione delle biblioteche pubbliche. Dati e metodologie delle indagini in Italia*, Firenze, Olschki, 1999.
Bibliotecario nel 2000. Come cambia la professione nell'era digitale, a cura di Ornella Foglieni, Milano, Editrice Bibliografica, 1999.
La biblioteca amichevole. Nuove tecnologie per un servizio orientato all'utente, a cura di Ornella Foglieni, Milano, Editrice Bibliografica, 2000.
La qualità del sistema biblioteca, a cura di Ornella Foglieni, Milano, Editrice Bibliografica, 2001.
Nerio Agostini, *La gestione della biblioteca di ente locale*, Milano, Editrice Bibliografica, 2004[2].
Comunicare la biblioteca, a cura di Ornella Foglieni, Milano, Editrice Bibliografica, 2002.
La biblioteca ibrida, a cura di Ornella Foglieni, Milano, Editrice Bibliografica, 2003.
La biblioteca condivisa, a cura di Ornella Foglieni, Milano, Editrice Bibliografica, 2004.
Anna Galluzzi, *Biblioteche e cooperazione. Modelli, strumenti, esperienze in Italia,* Milano, Editrice Bibliografica, 2004.

La biblioteca per ragazzi oggi, a cura di Romano Vecchiet, Milano, Editrice Bibliografica, 2004.
Professione bibliotecario. Come cambiano le strategie di formazione, a cura di Carlo Federici, Claudio Gamba, Maria Laura Trapletti, Milano, Editrice Bibliografica, 2005.
Gabriele Mazzitelli, *Che cos'è la biblioteca*, Roma, Carocci, 2005.
Biblioteche private in età moderna e contemporanea, Atti del convegno internazionale, Udine, 18-20 ottobre 2004, a cura di Angela Nuovo, Milano, Sylvestre Bonnard, 2005
Paolo Traniello, *Biblioteche e società*, Bologna, Il Mulino, 2005.
Michele Santoro, *Biblioteche e innovazione. Le sfide del nuovo millennio*, Milano, Editrice Bibliografica, 2006.
Giovanni di Domenico, *La biblioteca per progetti. Metodologia e applicazioni del project management in ambito biblioteconomico*, Milano, Editrice Bibliografica, 2006.
Tra libri, lettere e biblioteche. Saggi in memoria di Benedetto Aschero, a cura di Piero Scapecchi e Giancarlo Volpato, Milano, Editrice Bibliografica, 2007.
Patrizia Lucchini, *La formazione dell'utente. Metodi e strategie per apprendere la biblioteca*, Milano, Editrice Bibliografica, 2007.
Claudio Gnoli, *La biblioteca semantica. Tecniche e metodi per applicare l'organizzazione della conoscenza alla gestione dei servizi*, Milano, Editrice Bibliografica, 2007.
Antonella Agnoli, *Le piazze del sapere. Biblioteche e libertà*, Roma-Bari, Laterza, 2009.
Anna Galluzzi, *Biblioteche per la città. nuove prospettive di un servizio pubblico*, Roma, Carocci, 2009.
Il mondo in biblioteca, la biblioteca nel mondo. Verso una dimensione internazionale del servizio e della professione, a cura di Massimo Belotti, Milano, Editrice Bibliografica, 2010.
Alison Jane Pickard, *La ricerca in biblioteca. Come migliorare i servizi attraverso gli studi sull'utenza*, introduzione, traduzione e cura di Elena Corradini, Editrice Bibliografica, 2010.
Antonella Agnoli, *Caro sindaco, parliamo di biblioteche*, Milano, Editrice Bibliografica, 2011.
L'Italia delle biblioteche. Scommettendo sul futuro nel 150° anniversario dell'Unità nazionale, a cura di Massimo Belotti, Milano, Editrice Bibliografica, 2012.

Capitoli 6-13 - Organizzazione della biblioteca, gestione delle raccolte e catalogazione

Carlo Revelli, *Il catalogo per soggetti*, Roma, Bizzarri, 1970 (ristampato nel 2011 dalla casa editrice Le lettere di Firenze).

Alfredo Serrai, *Del catalogo alfabetico per soggetti*, Roma, Bulzoni, 1987.

Quaderno RICA. Esempi per lo studio delle regole italiane di catalogazione per autori, Roma, ICCU, 1981.

Elisa Grignani - Annarita Zanobi, *Classificare con la CDD*, Milano, Editrice Bibliografica, 1984.

Carlo Carotti - Rita Carrarini, *I periodici nelle biblioteche pubbliche*, Milano, Editrice Bibliografica, 1985.

Rossella Caffo, *Analisi e indicizzazione dei documenti: l'accesso per soggetto all'informazione*, Milano, Editrice Bibliografica, 1988.

Carlo Carotti, *Gli acquisti in biblioteca. Formazione e accrescimento del patrimonio documentario*, Milano, Editrice Bibliografica, 1989.

Paola Vidulli, *Progettare la biblioteca*, Milano, Editrice Bibliografica, 1989.

Ferruccio Diozzi, *Il management della biblioteca*, Milano, Editrice Bibliografica, 1990.

Carlo Maria Simonetti, *Manuale e guida pratica per la classificazione*, Firenze, NIS, 1990.

Benedetto Aschero, *Teoria e tecnica dell'indicizzazione per soggetto*, nuova edizione riveduta e ampliata, Milano, Editrice Bibliografica, 1993[2].

Pierantonio Bolognini - Ismaele Pedrini, *Manuale del catalogatore: una guida per le biblioteche pubbliche*, nuova ed. riveduta e aggiornata, Milano, Editrice Bibliografica, 1993[5].

Rossella Dini, *ISBD(S). Introduzione ed esercizi*, Milano, Editrice Bibliografica, 1995[2].

Paola Ferro - Anna Rita Zanobi, *Esercizi di soggettazione e classificazione. Due tecniche di indicizzazione a confronto*, Milano, Editrice Bibliografica, 1995.

Luigi Crocetti - Rossella Dini, *ISBD(M). Introduzione ed esercizi*, Milano, Editrice Bibliografica, 1996[4].

Carlo Revelli, *Il catalogo*, nuova edizione con aggiornamenti, Milano, Editrice Bibliografica, 2008[4].

Elisa Grignani - Annarita Zanobi, *Guida Dewey. Introduzione alla Edizione 20 della CDD*, Milano, Editrice Bibliografica, 1993.

Luigi Crocetti, *Classificazione Decimale Dewey*, Roma, AIB, 1994.

Lezioni di biblioteconomia, Firenze, Edizioni Regione Toscana, 1994.
Milvia Priano, *La struttura del soggettario*, Milano, Editrice Bibliografica, 1994.
Marielisa Rossi, *Il libro antico dal XV al XIX secolo. Analisi e applicazione della seconda edizione dell'ISBD(A)*, Firenze, Olschki, 1994.
Carlo Carotti, *Costruzione e sviluppo delle raccolte*, Roma, AIB, 1997.
Giuseppe Ammendola, *Automazione e multimedialità in biblioteca. Interventi e riflessioni (1986-1994)*, a cura di Claudio Di Benedetto, Milano, Editrice Bibliografica, 1998.
Meris Bellei, *Analisi*, Roma, AIB, 1998.
Ferruccio Diozzi, *Documentazione*, Roma, AIB, 1998.
Maria Chiara Giunti, *Soggettazione*, Roma, AIB, 1998.
Mauro Guerrini, *Catalogazione*, Roma, AIB, 1999.
La catalogazione delle risorse elettroniche in rete, Roma, ICCU, 1999.
Giovanni Solimine, *Le raccolte delle biblioteche*, Milano, Editrice Bibliografica, 1999.
Dario Salasso - Delia Duccoli - Maurilio Orecchi, *La gestione delle risorse umane in biblioteca*, Milano, Editrice Bibliografica, 1999.
Paola Ferro - Anna Rita Zanobi, *Nuovo manuale del catalogatore*, Milano, Editrice Bibliografica, 1999.
Mauro Guerrini, *Riflessioni su principi, standard, regole e applicazioni. Saggi di storia, teoria e tecnica della catalogazione*, Udine, Forum, 1999.
Antonio Scolari, *UNIMARC*, Roma, AIB, 2000.
A.C. Foskett, *Il soggetto*, Milano, Editrice Bibliografica, 2001.
Carlo Ghilli - Mauro Guerrini, *Introduzione a FRBR. Functional requirements for bibliographic records. Requisiti funzionali per record bibliografici*, Milano, Editrice Bibliografica, 2001.
Stefano Gambari - Mauro Guerrini, *Definire e catalogare le risorse elettroniche: un'introduzione a ISBD(ER), AACR2 e metadati,* saggio introduttivo di Paul Gabriele Weston, Milano, Editrice Bibliografica, 2002.
Biblioteca nazionale centrale di Firenze, *Per un nuovo Soggettario*, Milano, Editrice Bibliografica, 2002.
Nicola Tangari, *Standard e documenti musicali: i numeri, i modelli, i formati*, Milano, Editrice Bibliografica, 2002.
Authority control. Definizioni ed esperienze internazionali, Atti del convegno internazionale, Firenze, 10-12 febbraio 2003, a cura di Mauro Guerrini e Barbara B. Tillett, Roma, AIB, 2003.
Mauro Guerrini - Lucia Sardo, *Authority control*, Roma, AIB, 2003.
Maria Cristina Bassi, *La catalogazione delle risorse informative in Internet*, Milano, Editrice Bibliografica, 2003.

Roberto Ventura, *La biblioteca al servizio dell'utente. Customer satisfaction e strategie di management*, Milano, Editrice Bibliografica, 2004.
Carlo Bianchini, *Riflessioni sull'universo bibliografico. Funzioni, oggetti e modelli della catalogazione per autore e per titolo*, Milano, Sylvestre Bonnard, 2005.
Mauro Guerrini, *Verso nuovi principi e nuovi codici di catalogazione*, a cura di Carlo Bianchini, Milano, Sylvestre Bonnard, 2005.
Nerio Agostini, *Gestire una piccola biblioteca. Manuale della One Person Library*, Milano, Editrice Bibliografica, 2005.
Alberto Petrucciani - Simona Turbanti, *Manuale pratico di catalogazione*, Milano, Editrice Bibliografica, 2006.
Stefano Parise, *La formazione delle raccolte nelle biblioteche pubbliche. Dall'analisi dei bisogni allo sviluppo delle collezioni*, Milano, Editrice Bibliografica, 2008.
Valeria Baudo, *Come cambiano i servizi bibliotecari per ragazzi. Nuove tecnologie e nuove prospettive per le biblioteche pubbliche e scolastiche*, Milano, Editrice Bibliografica, 2008.
Vanda Broughton, *Costruire thesauri. Strumenti per indicizzazione e metadati semantici*, Milano, Editrice Bibliografica, 2008.
Giovanni Di Domenico, *Biblioteconomia e culture organizzative. La gestione responsabile della biblioteca*, Milano, Editrice Bibliografica, 2009.
Chiara Bernardi, *Le biblioteche e il mercato del libro : analisi di settore e prospettive di sviluppo*, Bologna, Il Mulino, 2009.
Marco Muscogiuri, *Biblioteche. Architettura e progetto. Scenari e strategie di progettazione*, Santarcangelo di Romagna, Maggioli, 2009.
Alison Jane Pickard, *La ricerca in biblioteca. Come migliorare i servizi attraverso gli studi sull'utenza*, Milano, Editrice Bibliografica, 2010.
Roberto Ventura, *La biblioteca rende. Impatto sociale e economico di un servizio culturale*, Milano, Editrice Bibliografica, 2010.
Nerio Agostini, *Il bibliotecario di ente locale. Il ruolo professionale nel processo di pianificazione, programmazione e gestione delle risorse umane nella pubblica amministrazione*, Milano, Editrice Bibliografica, 2010.
Caterina Ramonda, *La biblioteca per ragazzi raccontata agli adulti. Viaggio in un mondo che non finirà di sorprenderti*, Milano, Editrice Bibliografica, 2011.
Stefano Parise, *Dieci buoni motivi per andare in biblioteca*, Milano, Editrice Bibliografica, 2011.
Antonella Agnoli, *Caro sindaco, parliamo di biblioteche*, Milano, Editrice Bibliografica, 2011.

Nerio Agostini, *Le 100 parole del bibliotecario di ente locale. Prontuario di rapida consultazione*, Milano, Editrice Bibliografica, 2011.
Leggere Ranganathan, a cura di Mauro Guerrini, Roma, AIB, 2011.
Laura Ballestra, *Information literacy in biblioteca. Teoria e pratica*, Milano, Editrice Bibliografica, 2011.
Mauro Guerrini, *I Principi internazionali di catalogazione (ICP. Universo bibliografico e teoria catalografica all'inizio del XXI secolo*, Milano, Editrice Bibliografica, 2012.
Chiara Faggiolani, *La ricerca qualitativa per le biblioteche. Verso la biblioteconomia sociale*, Milano, Editrice Bibliografica, 2012.

Capitoli 14-15 - Il servizio di reference e l'informatizzazione

Paul Gabriele Weston - Attilio Pernigotti, *La biblioteca nel computer. Vol. I: Come automatizzare?*, Città del Vaticano, Biblioteca Apostolica Vaticana, 1990.
Aurelio Aghemo, *Informare in biblioteca*, Milano, Editrice Bibliografica, 1997[2].
L'informazione immediatamente utilizzabile. Dal quick reference alle basi dati fattuali, a cura di Paola Costanzo Capitani, Firenze, IFNIA, 1992.
La catalogazione derivata. Procedure di ricerca e trasferimento di registrazioni bibliografiche da basi di dati e cd-rom, a cura di Paul Gabriele Weston, Città del Vaticano, Biblioteca Apostolica Vaticana, 1993.
Carla Basili - Corrado Pettenati, *La biblioteca virtuale. L'accesso alle risorse informative in rete*, Milano, Editrice Bibliografica, 1994[2].
Giovanni Solimine - Paul Gabriele Weston, *Criteri di valutazione dei sistemi di automazione per biblioteca*, Firenze, IFNIA, 1994.
Carla Leonardi, *Il reference in biblioteca*, Milano, Editrice Bibliografica, 1995.
Riccardo Ridi, *Internet in biblioteca*, Milano, Editrice Bibliografica, 1996.
Carla Basili, *La biblioteca in rete. Strategie e servizi nella Società dell'informazione*, Milano, Editrice Bibliografica, 1998.
Carla Leonardi, *I servizi di informazione al pubblico*, Milano, Editrice Bibliografica, 1999.
Nicholas Negroponte, *Essere digitali*, Milano, Sperling paperback, 1999.
Paul Gabriele Weston, *Il catalogo elettronico. Dalla biblioteca cartacea alla biblioteca digitale,* Roma, Carocci, 2002.

Paola Capitani, *Il servizio informativo. Iter di formazione e proposte di gestione*, Milano, Editrice Bibliografica, 2003.
Marco Calvo - Fabio Ciotti - Gino Roncaglia - Marco Zela, *Internet 2004. Manuale per l'uso della rete*, Roma-Bari, Laterza, 2004, <http://www.laterza.it/internet/leggi/internet2004/index.html>.
Jean-Claude Guédon, *Per la pubblicità del sapere. I bibliotecari, i ricercatori, gli editori e il controllo dell'editoria scientifica*, Pisa, PLUS, 2004, <http://bfp.sp.unipi.it/ebooks/guedon.html> (ultimo accesso: aprile 2012).
Alberto Salarelli, *Bit-a-brac. Informazione e biblioteche nell'era digitale*, Reggio Emilia, Diabasis, 2004.
Maria Stella Rasetti, *La biblioteca trasparente. L'istruzione all'utenza come strategia organizzativa*, Pisa, ETS, 2004.
Fabio Metitieri - Riccardo Ridi, *Biblioteche in rete. Istruzioni per l'uso*, Nuova ed. riv. e aggiornata, Roma-Bari, Laterza, 2005, <http://www.laterza.it/bibliotecheinrete/>.
Daniela Canali, *Standard per la biblioteca digitale. Nuovi linguaggi di codifica per l'informazione*, Milano, Editrice Bibliografica, 2006.
Fabio Ciotti - Gino Roncaglia, *Il mondo digitale. Introduzione ai nuovi media*, Roma-Bari, Laterza, 2006.
Alberto Salarelli - Anna Maria Tammaro, *La biblioteca digitale*, Milano, Editrice Bibliografica, 2006.
Riccardo Ridi, *La biblioteca come ipertesto. Verso l'integrazione dei servizi e dei documenti*, Milano, Editrice Bibliografica, 2007.
Patrizia Lucchini, *La formazione dell'utente. Metodi e strategie per apprendere la biblioteca*, Milano, Editrice Bibliografica, 2007.
Rossana Morriello, *La gestione delle raccolte digitali in biblioteca*, Milano, Editrice Bibliografica, 2008.
Guédon, Jean-Claude, *Open Access. Contro gli oligopoli nel sapere*, [pdf, online], a cura di F. Di Donato, Pisa, ETS, 2009, <http://www.edizioniets.com/Scheda.asp?N=9788846725172> (ultimo accesso: settembre 2011).
Elena Boretti, *I servizi di informazione nella biblioteca pubblica. Competenze e metodi per collaborare nel reference tradizionale e digitale*, Milano, Editrice Bibliografica, 2009.
Di Donato, Francesca, *La scienza e la rete. L'uso pubblico della ragione nell'età del Web*, [pdf, online], Firenze, Firenze university press, 2009, <http://www.fupress.com/Archivio/pdf/3867.pdf> (ultimo accesso: settembre 2011).
Roberto Raieli, *Nuovi metodi di gestione dei documenti multimediali. Principi e pratica del MultiMedia Information Retrieval*, Milano, Editrice Bibliografica, 2010.

Gino Roncaglia, *La quarta rivoluzione. Sei lezioni sul futuro del libro*, Roma-Bari, Laterza, 2010.

Di Donato, Francesca, *Lo stato trasparente. Linked open data e cittadinanza attiva*, Pisa, ETS, 2011.

Maria Cassella, *Open Access e comunicazione scientifica*, Milano, Editrice Bibliografica, 2012.

Alberto Salarelli, *Introduzione alla scienza dell'informazione*, Milano, Editrice Bibliografica, 2012.

GLOSSARIO E SIGLARIO

Sono riportate solo le voci che interessano più da vicino la preparazione di base di quanti si avvicinano al lavoro in biblioteca. Per ulteriori informazioni si rinvia ai glossari cui qui si è fatto riferimento: Giuliano Vigini, *Glossario di biblioteconomia e scienza dell'informazione,* Milano, Editrice Bibliografica, 1985 (ora disponibile presso Lampi di stampa); Ferruccio Diozzi, *Glossario di biblioteconomia e scienza dell'informazione*, Milano, Editrice Bibliografica, 2003.

AACR2 Anglo-American Cataloguing Rules. Seconda edizione delle regole di catalogazione angloamericane, pubblicate nel 1978 a cura di Michael Gorman e Paul W. Winkler, e aggiornate nel 1993.

ABEI Associazione dei Bibliotecari Ecclesiastici Italiani.

Abstract Breve e accurata sintesi del contenuto di un documento, generalmente senza note aggiuntive d'interpretazione o critica.

Accesso Il mezzo o la procedura mediante la quale un documento o un'informazione diventano reperibili e identificabili (accessibili) dall'utente.

Acquisizioni I documenti entrati a far parte di una biblioteca per acquisto, scambio o dono attraverso apposite procedure di carattere tecnico-amministrativo.

Acronimo Nome abbreviato formato dalle lettere iniziali delle parole che formano il nome completo ed esteso. Ad esempio: ONU - Organizzazione delle Nazioni Unite.

AIB Associazione Italiana Biblioteche.

AIDA Associazione Italiana per la Documentazione Avanzata.

AIE Associazione Italiana Editori.

ALA American Library Association.

Alerting Service All'interno di un sistema di gestione dell'informazione è un servizio che informa i lettori accreditati, segnalando, di solito per posta elettronica, l'uscita di novità bibliografiche, documenti, sommari dei fascicoli di periodico o altro, sulla base di specifici profili d'interesse configurati dagli stessi lettori.

ALI Associazione Librai Italiani.

ALICE Archivio Libri Italiani su Calcolatore Elettronico. Base di dati comprendente tutti i titoli pubblicati nell'area di lingua italiana attualmente disponibili in commercio e, inoltre, i titoli dei libri esauriti a partire dal 1979.

ANNAMARC Automazione Nella NAzionale. Formato standard italiano per lo scambio dei dati bibliografici su supporto magnetico (non più in uso e sostituito dall'UNIMARC), realizzato all'interno di un progetto, avviato nel 1973, dalla Biblioteca nazionale centrale di Firenze per l'elaborazione elettronica dei dati della Bibliografia nazionale italiana.

ANSI American National Standards Institute.

Antitaccheggio Sistema utilizzato da biblioteche e librerie perproteggere i libri dai furti. È costituito da due o più antenne che segnalano il passaggio non autorizzato di libri grazie a un elemento magnetico inserito nel libro.

Agenzia Bibliografica Nazionale Istituzione bibliotecaria che, in ogni Paese, ha il compito di compilare la Bibliografia Nazionale per le pubblicazioni ricevute grazie alla legge sul deposito obbligatorio. Contribuisce allo sviluppo del Controllo Bibliografico Universale, col compito di adottare i sistemi internazionali di normalizzazione nella registrazione delle notizie, e di provvedere all'organizzazione di un authority file delle intestazioni prodotte.

ASCII American Standard Code for Information Interchange.

ASP Application Service Provider. Si tratta di un modello di erogazione di servizi informatici, nel quale l'hardware e il software sono gestiti centralmente dal fornitore di servizi (Service Provider), dal produttore o dall'azienda che commercializza il software, invece di essere installati presso il cliente, ad esempio la biblioteca.

Autenticazione Procedura attraverso la quale gli utenti definiscono la propria identità e i relativi diritti di accesso e di utilizzo verso un sistema informatico. L'autenticazione avviene attraverso l'attribuzione a un utente di un identificativo (*userid*) e di una parola chiave (*password*), o, nel caso di grandi istituzioni, attraverso il riconoscimento del numero IP (*Internet Protocol Number*) che identifica in Internet ognuno dei computer che appartengono all'istituzione.

Authority file Lista di termini controllati. Archivio dei record di autorità che hanno il compito di individuare e registrare la forma corretta dei nomi, dei titoli e dei soggetti utilizzati come accessi alle notizie bibliografiche.

Back up Nell'informatica, l'operazione con la quale si effettuano le copie di sicurezza di archivi di dati e programmi su un supporto esterno alla memoria di massa (hard disc) dell'elaboratore, per consentirne il ripristino in caso di danneggiamenti e malfunzionamenti.

Banca dati Archivio elettronico che raccoglie informazioni strutturate, accessibili attraverso molteplici canali di interrogazione. Le banche dati possono essere disponibili su CD-ROM o in versione on-line.

Base dati L'insieme dei dati, omogenei per contenuto e per formato, che costituiscono la base di un archivio bibliografico e che sono interrogabili via terminale utilizzando le chiavi di accesso previste.

BICI Book Item and Contribution Identifier. Codice che permette di contrassegnare e identificare un libro, ad esempio in un'opera in più volumi, o un contributo interno ad un libro, principalmente in funzione dei servizi di prestito interbibliotecario e di fornitura di documenti (Inter-library loan e document delivery).

BNI Bibliografia Nazionale Italiana.

BOMS Bollettino delle Opere Moderne Straniere. Pubblicazione avviata dalla Biblioteca nazionale centrale di Roma, nel 1886, per documentare le nuove accessioni di opere straniere nelle biblioteche statali.

Browser Software usato per interpretare l'HyperText Markup Language (HTML) in una pagina web. Nella navigazione in Internet permette l'accesso ai contenuti ipermediali presenti in rete.

Campo Nell'informatica, area di un record bibliografico destinata ad accogliere un solo elemento o gruppo omogeneo di dati (campo autore, campo titolo, campo descrizione, titolo ecc.).

CDD Classificazione Decimale Dewey.

CD-R CD-Recordable (CD-Registrabile), scrivibile una sola volta con un masterizzatore ma leggibile molte volte con un normale lettore per CD-ROM.

CD-ROM Compact Disc-Read Only Memory. Disco ottico utilizzato in sola lettura; ha la capacità di memorizzare una grande quantità di informazioni e dati.

CD-RW CD-ReWritable (CD-Riscrivibile), permette di cancellare e riscrivere i dati con l'ausilio di un masterizzatore e di software dedicato. I lettori di CD-ROM più recenti sono in grado di leggere anche i CD-RW.

CDU Classificazione Decimale Universale.

CIP Cataloging In Publication. Catalogazione di un libro effettuata prima della sua pubblicazione da una biblioteca nazionale, da un'agenzia bibliografica o da altro servizio incaricato, con lo scopo di riprodurne i dati bibliografici essenziali all'interno dell'opera stessa, normalmente sul verso del frontespizio.

Codice a barre Codice di identificazione di un libro, di un lettore (tramite la tessera) o di altro prodotto, costituito da una sequenza di linee o barre verticali, di diverso spessore e a diversa distanza, destinate alla lettura per mezzo di una penna ottica o di uno scanner collegati a un calcolatore. In biblioteca è vantaggiosamente utilizzato nella gestione informatizzata del prestito.

Colophon Nel libro antico riportava, alla fine del testo, tutti i dati della pubblicazione. Oggi, quando è presente, fornisce di solito solo informazioni sulla stampa.

Conversione Nell'informatica, il processo di trasformazione dei dati da una forma all'altra o il passaggio da un sistema di elaborazione ad un altro con relativo adattamento di programmi, procedure e formati.

Copyright Insieme di norme e di procedure giuridiche che garantiscono il diritto dell'autore allo sfruttamento economico esclusivo di un'opera. Esso può essere trasferito ad altri soggetti: editori, distributori ecc.

CUBI Nome con cui è comunemente noto il «Catalogo cumulativo 1886-1957 del Bollettino delle pubblicazioni italiane ricevute per diritto di stampa dalla Biblioteca nazionale centrale di Firenze».

DDC Dewey Decimal Classification.

Deposito legale L'adempimento delle norme di legge relative alla consegna agli organismi competenti delle copie d'obbligo di ogni novità e nuova edizione prima della loro distribuzione e commercializzazione.

Document Delivery Attività svolta da un servizio bibliotecario o da un centro di documentazione, che ha il compito di fornire al lettore i documenti richiesti. Il document delivery si svolge oggi attraverso consegne di documenti cartacei, analogici e digitali e riguarda, di solito, articoli di periodico o contributi interni ad una monografia.

Download L'azione di trasferire file o pagine web da un host o da un server a un client. L'azione opposta viene generalmente definita upload.

DVD-ROM Il DVD-ROM (Digital Versatile Disk - Read Only Memory) è un tipo di DVD, distinto dai DVD video, all'apparenza identico ad un CD-ROM ma con una memoria molto superiore. Viene impiegato come supporto per le banche dati (legislative, di periodici a testo pieno...) che contengono quantità di informazioni molto elevate.

EAN Acronimo di European Article Numbering. Si tratta del codice a barre di identificazione dei prodotti. Esso viene generalmente apposto sul lato destro in basso della quarta di copertina. Nella codifica EAN i numeri di identificazione internazionale del prodotto libro sono 978 e 979.

E-book Abbreviazione di electronic book. Libro elettronico o, più in generale, ogni tipo di pubblicazione realizzata su supporto digitale.

Enunciato di programma Istruzione che definisce il nome, descrive brevemente il funzionamento e in alcuni casi fornisce altre informazioni su di un programma.

Ethernet È la più diffusa tecnologia per l'implementazione di reti locali (LAN). Introdotta e sviluppata da Xerox, Digital e Intel, è specificata nello standard IEEE 802.3.

Ex libris Contrassegno indicante la proprietà di un libro.

Formato di scambio Formato standard utilizzato per lo scambio di record bibliografici, ad esempio MARC21, UNIMARC.

FRAD Functional Requirements for Authority Data. Requisiti funzionali per i dati di autorità, modello concettuale elaborato dal gruppo di lavoro FRANAR per gestire e organizzare all'interno di un sistema per il controllo di autorità le entità relative alle responsabilità, *Persona* ed *Ente*, definite nel gruppo 2 del modello FRBR, e *Family* introdotta dallo stesso modello FRAD. Il modello è stato pubblicato dall'IFLA nel 2009.

FRANAR Identifica il gruppo di lavoro sui Functional Requirements and Numbering of Authority Records, organizzato dall'IFLA per studiare e definire i requisiti funzionali dei record di autorità e la possibilità di creare un International Standard Authority Data Number con la funzione di identificatore dei dati soggetti a controllo di autorità.

FRBR Functional Requirements for Bibliographic Records. Requisiti funzionali di una registrazione bibliografica individuati dallo studio di uno specifico gruppo di lavoro IFLA. Il rapporto del gruppo di lavoro è stato pubblicato nel 1998.

FRSAD Functional Requirements for Subject Authority Data. Requisiti funzionali per gestire in un sistema di controllo di autorità i dati di soggetto, le entità definite nel Gruppo 3 del modello FRBR, ossia *Concetto*, *Oggetto*, *Evento* e *Luogo*. Il modello è stato pubblicato dall'IFLA nel 2009.

Frontespizio (Title page) Pagina, di norma all'inizio del libro, che dà le informazioni sulla pubblicazione: autore, titolo, editore, luogo e anno di stampa ecc.

Full-text Registrazione in un database (o simile risorsa elettronica) dell'intero testo dei documenti memorizzati.

Home Page La schermata principale o la schermata di apertura di un documento sotto forma di ipertesto di un sito world wide web. Le home page sono un sottinsieme delle pagine web che presentano informazioni sui sistemi, servizi e prodotti e, in aggiunta, forniscono collegamenti ad altri documenti correlati e ad altri siti web, sotto forma di parole, di URL ecc.

Host Un computer connesso in rete che, dotato di specifico software, rende disponibili file o servizi a utenti remoti.

HTML HyperText Markup Language. Linguaggio informatico sviluppato come applicazione dell'SGML (Standard Generalized Markup Language, ISO 8879) per facilitare lo scambio elettronico e la visualizzazione di semplici documenti ipertestuali usando Internet. Si è sviluppato insieme al world wide web ed è il linguaggio in cui vengono attualmente scritte le pagine web.

HTTP HyperText Transfer Protocol. Protocollo informatico usato per richiedere e trasferire un file ipertestuale nel web.

ICCU Istituto Centrale per il Catalogo Unico delle biblioteche italiane e per le informazioni bibliografiche, del Ministero per i beni culturali e le attività culturali.

ICR Software per il riconoscimento ottico dei testi (OCR) che utilizza tecniche di autoapprendimento proprie dell'intelligenza artificiale.

IFLA International Federation of Library Associations and institutions. Organismo internazionale che ha lo scopo di raggruppare le associazioni bibliotecarie dei singoli paesi e di promuovere le attività di cooperazione nel campo della biblioteconomia e della bibliografia.

ILL Inter-Library Loan. Sigla con la quale si indica il prestito interbibliotecario.

Incunabolo Termine con il quale vengono designati i libri a stampa più antichi, dai primi esemplari prodotti sino all'anno 1500 compreso.

Information retrieval Insieme delle operazioni che permettono la ricerca ed il recupero di informazioni archiviate in formato elettronico.

Internet Insieme di reti di trasmissione dati che connettono elaboratori elettronici eterogenei su scala mondiale, sulla base di accordi fra le organizzazioni che gestiscono le singole reti nazionali e di un protocollo comune di trasmissione dati (TCP/IP).

ISBD International Standard Bibliographic Description. Standard internazionale di descrizione bibliografica elaborato dall'IFLA e ormai adottato in numerosi paesi.

ISBN International Standard Book Number. Codice numerico internazionale che identifica in modo univoco l'edizione di un'opera pubblicata da un determinato editore.

ISO International Organization for Standardization.

ISSN International Standard Serial Number. Codice numerico internazionale che identifica in modo univoco le pubblicazioni in serie.

LAN Local Area Network.

Letteratura grigia L'insieme dei documenti non pubblicati in forma convenzionale, destinati per gran parte all'uso interno dell'ente che li produce o per il quale sono stati prodotti, e non sono disponibili attraverso i normali canali commerciali: tesi di laurea, rapporti interni, giornali aziendali, documenti ufficiali ecc.

Licenza d'uso Contratto stipulato con i detentori del copyright che stabilisce termini e condizioni per l'utilizzo di risorse elettroniche.

MARC MAchine-Readable Cataloging. Formato di scambio sviluppato dalla Library of Congress di Washington, nel 1965, per il trattamento e la diffusione di dati bibliografici. Prima prende il nome di LCMARC (1960-), poi USMARC (1980-), ora MARC21 (2000-).

Menù Lista, presentata su uno schermo video di un elaboratore, delle varie opzioni tra le quali un programma consente di scegliere le operazioni da effettuare.

MetaOpac Motore di ricerca bibliografica, di solito accessibile via web, che per mezzo di un'unica interfaccia permette al lettore di interrogare contemporaneamente più OPAC.

Microfiche Scheda di pellicola fotografica trasparente in cui sono contenute immagini, in formato ridotto, di dati o documenti.

Microfilm Rotolo o bobina di pellicola fotografica in cui sono contenute immagini, in formato ridotto, di dati e documenti.

Microforma Ogni forma di microriproduzione su pellicola o su carta.

MODEM MOdulator-DEModulator. Apparecchio di collegamento telefonico di un terminale a una rete telefonica, o di trasmissione dati, che converte (modula) i segnali digitali del computer in impulsi analogici (necessari per trasmettere i dati lungo la linea telefonica) e, in fase di ricezione, riconverte (demodula) gli impulsi analogici in segnali digitali.

Numero di ingresso Numero progressivo assegnato a ciascun documento che entra a far parte di una collezione libraria.

OCLC Online Computer Library Center (precedentemente Ohio College Library Center).

OCR Optical Character Recognition. Lettura ottica dei caratteri. Software particolare che consente il riconoscimento ottico dei caratteri di un testo presenti su una pagina, grazie all'utilizzo di uno scanner, e il loro trasferimento nella memoria dell'elaboratore in forma elettronica.

Online Riferito ad apparecchiature o unità di elaborazione (personal computer o terminale) in collegamento attivo, direttamente connesse e sotto il controllo dell'unità centrale.

OPAC Online Public Access Catalogue.

Open Access Il movimento Open Access si propone, per mezzo della

Rete, di promuovere e rendere l'accesso alla letteratura scientifica libero e illimitato. L'obiettivo del movimento è quello di rendere liberamente accessibili i risultati della ricerca, attualmente diffusi per mezzo delle riviste inserite nel circuito editoriale commerciale, secondo due direttrici, fra loro non alternative ma complementari: la prima prevede l'auto archiviazione (*self-archiving*) su appositi archivi elettronici ad accesso aperto (*Open Archives* Istituzionali o tematici) effettuata dagli stessi autori degli articoli *peer-reviewed* già pubblicati nelle riviste scientifiche esistenti e viene definita la *Green road*; la seconda invece considera fondamentali la creazione e la diffusione di una nuova generazione di riviste scientifiche, che rispettino e promuovano i principi espressi nel manifesto dell'Open Access Initiative, che pubblichino lavori di qualità soggetti al controllo di comitati editoriali, scientifici, o sottoposti al *peer-reviewing*, ma che consentano in modo permanente e gratuito il libero accesso e utilizzo degli articoli pubblicati, questa seconda via è indicata come la *Gold road*.

Open Source Si riferisce in genere a qualunque programma il cui codice sorgente è reso disponibile dagli autori per essere modificato e adoperato da altri sviluppatori.

RDA Resource Description and Access. Nuovo codice di catalogazione anglo-americano, realizzato in collaborazione dalle Associazioni bibliotecarie e dalle Agenzie bibliografiche nazionali di Stati Uniti, Regno Unito, Canada e Australia. Il Joint Steering Committee for Development of RDA (JSC) è infatti costituito dall'American Library Association, l'Australian Committee on Cataloguing, la British Library, il Canadian Committee on Cataloguing, il CILIP (Chartered Institute of Library and Information Professionals) e la Library of Congress.

Record Nell'informatica, insieme di campi, di contenuto e formato standard, considerati come unità. In ambito catalografico si identifica con una registrazione bibliografica o di autorità.

RICA Regole Italiane di Catalogazione per Autori. Compendio delle norme che regolano in Italia l'attività di compilazione del catalogo alfabetico per autori. Pubblicato nel 1979, è stato sostiuito nel 2009 dalle REICAT.

REICAT Regole Italiane di Catalogazione. Nuovo codice italiano di catalogazione bibliografica elaborato dall'ICCU (Istituto Centrale per il Catalogo Unico e per le informazioni bibliografiche), che rinnova completamente la struttura concettuale delle precedenti Regole Italiane di Catalogazione per Autori (RICA), accogliendo le indicazioni, le strutture e i modelli emersi a livello internazionale, espressi nel rapporto conclusivo dello studio FRBR e nei Princìpi Internazionali di Catalogazione e adottando per la descrizione bibliografica lo standard *ISBD* nella sua ultima revisione pubblicata dall'IFLA, la *consolidated edition.*

RLG Research Libraries Group.

RLIN Research Libraries Information Network.

SBN Servizio Bibliotecario Nazionale.

SICI Serial Item and Contribution Identifier. Questo identificatore si basa sul numero ISSN e per mezzo di una serie di codici permette di identificare uno specifico fascicolo di periodico, o un particolare contributo interno al fascicolo (ad esempio un articolo). Le caratteristiche del SICI sono descritte nello standard ANSI Z39.56-1996.

SGML Standard Generalized Mark-up Language. Formato standardizzato (ISO 8879) per l'archiviazione di file grafici e di testo.

Sistema bibliotecario Gruppo di biblioteche indipendenti ed autonome che si accordano per conseguire obiettivi comuni nel servizio agli utenti.

Soggettario Elenco alfabetico dei termini, e dei relativi richiami e rinvii, giudicati concettualmente e linguisticamente più idonei ad esprimere il contenuto di un documento e pertanto utilizzati o proposti come intestazioni standard di soggetto. Il Soggettario pubblicato nel 1956 dalla Biblioteca Nazionale Centrale di Firenze (BNCF) è stato recentemente sostituito dal *Nuovo soggettario*, realizzato dalla stessa BNCF e pubblicato nel 2006 dall'Editrice Bibliografica. Il *Nuovo soggettario* è costituito da una solida parte normativa e da un utile e aggiornato Thesaurus consultabile online.

Spoglio Descrizione bibliografica ed indicizzazione dei singoli articoli contenuti in un periodico o in un volume miscellaneo.

TCP/IP Transmission Control Protocol/Internet Protocol. Protocollo di trasmissione dati, proprio della rete Internet, che consente la comunicazione tra elaboratori eterogenei.

Thesaurus Lessico dei termini relativi a un ambito generale o specifico di conoscenze, collegati tra loro in una rete gerarchica e relazionale. Il thesaurus, composto di descrittori ordinati sia alfabeticamente che in modo sistematico, ha lo scopo di fornire un vocabolario normalizzato e controllato, utilizzabile nelle fasi di indicizzazione, ricerca e recupero dei documenti.

UNI Sigla dell'Ente Nazionale Italiano di unificazione. Ha il compito di provvedere alla formulazione di standard nei vari settori, in accordo e in collegamento con gli organismi internazionali.

UNIMARC UNIversal MAchine-Readable Cataloging. Progetto di standardizzazione del formato di comunicazione sviluppato, con il sostegno dell'IFLA, per favorire lo scambio internazionale di informazioni bibliografiche.

URL Uniform Resource Locator. L'indirizzo univoco che identifica una risorsa disponibile in Internet.

WWW World Wide Web. Software, sviluppato dal CERN di Ginevra, che organizza le risorse informative disponibili in Internet con menù ordinati per disciplina, che guida l'utente con modalità di reperimento delle informazioni di tipo ipertestuale, e consente di ottenere nel documento visualizzato immagini e testi contemporaneamente.

XML eXtensible Markup Language. È una versione dello standard SGML che permette a chi programma e sviluppa in ambiente web di creare funzionalità addizionali.

Z39.50 Protocollo di comunicazione che consente ad applicazioni client installate su pc di interrogare, anche contemporaneamente e con un'unica interfaccia, più database bibliografici residenti su server remoti. Standard di riferimento sono la norma ISO 23950 e, per gli Stati Uniti, la norma ANSI/ISO Z39.50.

Finito di stampare
nel mese di ottobre 2020
presso Rotomail Italia S.p.A. – Vignate (MI)